Aulas de Psicologia
e de Metafísica

Henri Bergson nasceu em Paris em 1859. Estudou na École Normale Supérieure de 1877 a 1881 e passou os 16 anos seguintes como professor de filosofia. Em 1900 tornou-se professor no Collège de France e, em 1927, ganhou o Prêmio Nobel de Literatura. Bergson morreu em 1941. Além deste livro, escreveu *Matéria e memória, O riso, A evolução criadora, A energia espiritual, Memória e vida* e *Cursos sobre a filosofia grega* (todos publicados por esta Editora).

Henri Bergson

Aulas de Psicologia e de Metafísica

Clermont-Ferrand, 1887-1888

*Edição de Henri Hude
com a colaboração
de Jean-Louis Dumas*

Prefácio de Henri Gouhier

Tradução
ROSEMARY COSTHEK ABÍLIO

SÃO PAULO 2014

Esta obra foi publicada originalmente em francês com o título
COURS I – LENÇONS DE PSYCHOLOGIE ET DE MÉTAPHYSIQUE
por Presses Universitaires de France, Paris
Copyright © Presses Universitaires de France
Copyright © 2014, Editora WMF Martins Fontes Ltda.,
São Paulo, para a presente edição.

1ª edição 2014

Tradução
ROSEMARY COSTHEK ABÍLIO

Acompanhamento editorial
Luzia Aparecida dos Santos
Revisões gráficas
Ana Maria de O. M. Barbosa
Maria Regina Ribeiro Machado
Edição de arte
Katia Harumi Terasaka
Produção gráfica
Geraldo Alves
Paginação
Studio 3 Desenvolvimento Editorial

Dados Internacionais de Catalogação na Publicação (CIP)
(Câmara Brasileira do Livro, SP, Brasil)

Bergson, Henri
   Aulas de psicologia e de metafísica : Clermont-Ferrand, 1887-1888 / Henri Bergson ; edição de Henri Hude, com a colaboração de Jean-Louis Dumas ; prefácio de Henri Gouhier ; tradução Rosemary Costhek Abílio. – São Paulo : Editora WMF Martins Fontes, 2014. – (Biblioteca do pensamento moderno)

   Título original: Cours I : leçons de psychologie et de métaphysique : Clermont-Ferrand, 1887-1888.
   ISBN 978-85-7827-828-1

   1. Metafísica 2. Psicologia I. Hude, Henri. II. Dumas, Jean-Louis. III. Gouhier, Henri. IV. Título. V. Série.

14-02051   CDD-150.1

Índices para catálogo sistemático:
1. Filosofia da psicologia   150.1

Todos os direitos desta edição reservados à
Editora WMF Martins Fontes Ltda.
Rua Prof. Laerte Ramos de Carvalho, 133 01325.030 São Paulo SP Brasil
Tel. (11) 3293.8150 Fax (11) 3101.1042
e-mail: info@wmfmartinsfontes.com.br http://www.wmfmartinsfontes.com.br

SUMÁRIO

Prefácio por Henri Gouhier IX
Introdução por Henri Hude XIX

CURSO DE PSICOLOGIA

5ª aula – Seu objeto. Características próprias dos fatos que ela estuda 3
6ª aula – Distinção entre fatos psicológicos e fatos fisiológicos. A psicologia fisiológica 9
7ª aula – Método da psicologia. I: O método subjetivo 15
8ª aula – Método da psicologia. II: O método objetivo e a experimentação 22
9ª aula – Classificação dos fatos psicológicos 28
10ª aula – O prazer e a dor 37
11ª aula – A sensação e o sentimento 43
12ª aula – As inclinações 53
13ª aula – As inclinações *(continuação)* 58
14ª aula – As paixões 68
15ª aula – As paixões *(continuação)* 74

16ª aula – Classificação das operações intelectuais.
A consciência 81
17ª aula – A consciência *(continuação)* 89
18ª aula – A consciência *(continuação)*....................... 97
19ª aula – Os sentidos e a percepção exterior 105
20ª aula – Os sentidos e a percepção exterior *(continuação)*.. 118
21ª aula – A razão. Os princípios diretores do conhecimento 126
22ª aula – Os princípios diretores do conhecimento
(continuação)... 135
23ª aula – Os princípios diretores do conhecimento
(continuação)... 143
24ª aula – Os princípios diretores do conhecimento
(continuação)... 154
25ª aula – As noções primeiras ou ideias racionais . 158
26ª aula – As noções primeiras ou ideias racionais
(continuação)... 165
27ª aula – A memória 169
28ª aula – A associação de ideias.............................. 181
29ª aula – A imaginação (faculdade da alma) 189
30ª aula – A abstração 198
31ª aula – A generalização 205
32ª aula – O juízo... 210
33ª aula – O raciocínio... 218
34ª aula – A linguagem 227
35ª aula – A linguagem *(continuação)*...................... 236
36ª aula – O instinto.. 244
37ª aula – O hábito 257
38ª aula – A vontade 269
39ª aula – A liberdade... 275
40ª aula – A liberdade *(continuação)*....................... 284
41ª aula – A liberdade *(continuação)* 292
42ª aula – Relações entre o físico e o moral............. 296

43ª aula – Relações entre o físico e o moral *(continuação)*.......... 304
44ª aula – Elementos de psicologia comparada 311

CURSO DE METAFÍSICA

1ª aula – Do valor objetivo do conhecimento......... 325
2ª aula – Ceticismo 332
3ª aula – Ceticismo *(continuação)*............. 337
4ª aula – Idealismo................ 341
5ª aula – Idealismo *(continuação)* 345
6ª aula – Dogmatismo 348
7ª aula – A evidência e o critério de certeza.......... 351
8ª aula – A certeza, a crença, a dúvida................... 357
9ª aula – Diferentes concepções da matéria 367
10ª aula – A matéria *(continuação e fim)*. Diferentes concepções da vida................... 373
11ª aula – Diferentes concepções da vida 376
12ª aula – Diferentes concepções da vida *(continuação)* 382
13ª aula – Vitalismo..................... 385
14ª aula – Animismo 387
15ª aula – A alma; materialismo, espiritualismo..... 392
16ª aula – As diversas concepções da natureza. Materialismo, espiritualismo, panteísmo, idealismo................ 401
17ª aula – Existência de Deus..................... 409
18ª aula – Existência de Deus *(continuação e fim)*. Atributos de Deus............................. 415
19ª aula – Atributos de Deus *(final)*. A Providência 420
20ª aula – A Providência *(continuação e final)*. O problema do mal. O otimismo e o pessimismo......................... 425

21ª aula – O pessimismo 429
22ª aula – Imortalidade da alma 433
23ª aula – Religião natural 437
24ª aula – Definição da metafísica 441
25ª aula – Relações com as outras ciências 445

Notas
 I. Notas do curso de psicologia 451
 II. Notas do curso de metafísica 475

Posfácio – A criação do bergsonismo 489
Índice dos nomes de autores 509

PREFÁCIO

Em seu testamento datado de 8 de fevereiro de 1937, portanto de quatro anos antes de sua morte em 3 de janeiro de 1941[1], Henri Bergson escreveu:
"Declaro haver publicado tudo o que queria oferecer para o público. Portanto, proíbo formalmente a publicação de qualquer manuscrito ou de qualquer trecho de manuscrito de minha autoria que possa ser encontrado entre meus papéis ou em outro lugar. Proíbo a publicação de qualquer curso, de qualquer aula, de qualquer conferência de que alguém possa ter tomado nota ou que eu mesmo possa ter anotado. Proíbo igualmente a publicação de minhas cartas e oponho-me a que se contorne essa proibição como foi feito no caso de J. Lachelier, cujas cartas foram postas à disposição dos leitores da Bi-

---

1. Bergson morreu em 3 de janeiro de 1941, data indicada por Floris Delattre, sobrinho por afinidade do filósofo, em Les dernières années de Bergson, *Etudes bergsoniennes* [Os últimos anos de Bergson. Estudos bergsonianos], extrato da *Revue philosophique*, março-agosto de 1941, p. 6. A data que frequentemente aparece, 4 de janeiro, foi mencionada por Paul Valéry, "Allocution à l'occasion du decès de M. Henri Bergson" [Alocução por ocasião do falecimento do sr. Henri Bergson], Academia Francesa, sessão de 9 de janeiro de 1941.

blioteca do Institut [de France]*, sendo que ele proibira que as publicassem. Quem envia uma carta conserva sua propriedade literária absoluta. É usurpar-lhe esse direito divulgar o conteúdo de sua carta para o público, mesmo restrito, que frequenta uma biblioteca. Por que uma violação da propriedade literária teria necessariamente de assumir a forma impressa? Peço a minha mulher e a minha filha que processem judicialmente qualquer pessoa que desatenda às proibições que acabo de formular. Elas deverão exigir a supressão imediata do que houver sido publicado."[2]

Note-se não apenas o tom muito vivo desse texto como também o cuidado de estender ao máximo o alcance das proibições. Assim, quando Bergson quer prevenir "o caso de J. Lachelier", pensamos muito naturalmente naquela coletânea de cartas preparada pelo filho de Lachelier e publicada por seu neto, coletânea não comercializada, impressa num pequeno número de exemplares "oferecidos a título pessoal aos amigos da filosofia e aos admiradores de Jules Lachelier"[3]*. Ora, Bergson leu na Advertência ao Leitor que a correspondência deixada por Lachelier é abundante demais para ser reproduzida integralmente; por isso, escolheram-se algumas cartas e inclusive somente algumas foram mantidas* in extenso; *em geral publicaram-se as passagens que tinham um interesse filosófico; e o*

---

* O Institut de France foi criado em 1795, com a missão de "coletar as descobertas, aperfeiçoar as artes e as ciências". Seu objetivo era – e ainda é – "reunir e fazer trabalharem juntas as elites científicas, literárias e artísticas da nação". Suas cinco Academias originais atuam até hoje: a Academia Francesa (a mais antiga, de letrados, estadistas, advogados, médicos) e as Academias de Inscrições e Belas-Letras (estudo das línguas e civilizações), de Ciências, de Belas-Artes e de Ciências Morais e Políticas. (N. da T.)

2. Texto citado em Rose-Marie Mossé-Bastide, *Bergson éducateur*, Paris, PUF, 1955, p. 352.

3. Jules Lachelier, *Lettres, 1856-1918* [Cartas, 1856-1918], 1933, todos os direitos reservados (sem nome de editor).

editor prossegue: "Aliás, para permitir que o leitor que assim o queira se reporte facilmente ao texto completo, depositamos na Biblioteca do Institut de France, com vários manuscritos, a cópia integral de todas as cartas coletadas..."[4] *Quando Bergson em seu testamento evoca "o caso de J. Lachelier", não se dá ao trabalho de proibir o subterfúgio de imprimirem exclusivamente para alguns privilegiados; isso fica evidente depois do que ele acaba de escrever: proíbe o depósito de suas cartas numa biblioteca onde seria permitido consultá-las.*

Bergson não invoca as razões banais geralmente apresentadas para justificar a proibição de tornar públicos documentos que pertencem à vida privada: textos escritos ao correr da pena, linguagem livre, confidências, alusões a "terceiros" etc. Portanto, há outra coisa.

A mesma questão surge quando se trata dos cursos. É normal que um professor não queira correr o risco de ver publicado com seu nome o texto de uma aula mal compreendida; mas Bergson não afasta apenas as notas menos ou mais corretamente tomadas por um estudante: proíbe a publicação das suas, se alguma fosse encontrada. Também aqui há algo mais que a legítima desconfiança com relação a quem transforma a fala em palavras escritas.

Esse algo mais está indicado na primeira frase de nosso texto: "Declaro haver publicado tudo o que queria oferecer ao público." É a ideia que Bergson faz da filosofia que lhe dita aqui sua conduta.

A ideia que Bergson faz da filosofia é a que encontra em Descartes. É ele mesmo que nos diz: "Pretendemos continuar a obra dos cartesianos."[5] *De fato, o que Descartes queria?*

---

4. *Ibid.*, Advertência, pp. 5-6, não assinada, mas, assim como a Introdução, visivelmente de autoria de B. G. L., neto de Lachelier.

5. "Le parallélisme psychophysique et la métaphysique positive" [O paralelismo psicofísico e a metafísica positiva], Société française de

Uma filosofia em que a metafísica fosse tão cientificamente estabelecida quanto a física. Não é isso que Bergson dava a entender com a expressão "metafísica positiva"[6]? Como o bergsonismo não é o cartesianismo, onde está a diferença? No contexto histórico: na época de Descartes, a matemática desempenhava o papel de ciência-modelo: oferecia um ideal de inteligibilidade que satisfazia a inteligência; daí uma filosofia da natureza que fosse uma espécie de matemática aplicada: "toda minha física nada mais é que geometria"[7]; daí também uma "metafísica" que tivesse a mesma evidência "que a das demonstrações de geometria"[8]. Mas em meados do século XIX há também uma biologia positiva; aí estão, portanto, ciências que são perfeitamente dignas desse nome e cujos resultados fundamentados na observação e na experimentação oferecem um outro modelo de inteligibilidade que não a evidência do matemático[9]. Quando Bergson fala de "metafísica positiva", o adjetivo introduz no pensamento esse novo modelo.

Se a filosofia é ciência, o comportamento do filósofo será o do cientista. O cientista desaparece por trás da ciência; o físico ou o biólogo não anuncia hipóteses que não conseguiu verificar. Bergson, consequentemente, quer deixar com seu nome apenas problemas resolvidos. Distingue o que pensa como homem e o que sabe como filósofo; o que sabe como filó-

---

philosophie, sessão de 2 de maio de 1901; citação extraída de Henri Bergson, *Mélanges* [Miscelâneas], textos publicados e anotados por André Robinet, Paris, PUF, 1972, p. 493.

6. Expressão empregada no título do texto citado na nota anterior. Resumimos aqui nosso primeiro capítulo de *Bergson et le Christ des Evangiles* [Bergson e o Cristo dos Evangelhos], Paris, Fayard, 1961; depois Vrin, 1987, principalmente pp. 41-8.

7. Au R. P. Mersenne [Ao padre Mersenne], 27 de julho de 1638, Descartes, *Oeuvres*, ed. Adam et Tannery, nova apresentação, Vrin, t. II, 1969, p. 268.

8. Au R. P. Mersenne, 15 de abril de 1630, *ibid.*, t. I, p. 144.

9. "Le parallélisme psychophysique...", p. 488.

sofo escreve em seus livros; o que pensa como homem permanece nesse diálogo consigo mesmo que é a vida interior. É por isso que Bergson, como acabamos de ver, tomou todas as precauções possíveis para frustrar a curiosidade daqueles que não respeitassem, mesmo em metafísica, o que poderíamos chamar de ética da pesquisa científica.

Não se pode pensar em esquecer os termos do testamento nem em atenuar-lhes o significado propriamente filosófico; é o bergsonismo que dita as proibições, e num tom que exclui toda e qualquer conciliação. Mas o testamento foi escrito em 1937, quatro anos antes da morte de Bergson; a presente compilação será publicada cem anos depois de Os dados imediatos da consciência, *alguns anos antes daquele em que a obra de Bergson cairá em domínio público. Agora as circunstâncias são radicalmente diferentes; essa diferença se deve a um fato: Bergson entrou para a história da filosofia, onde se juntou a Platão e Aristóteles, Descartes e Espinosa, Kant e Hegel; não vemos por que não seria tratado como seus predecessores*[10]*!*

Ser histórico é tornar-se objeto de erudição, e a erudição não escolhe: tudo o que interessa a Descartes é interessante, o historiador é soberano na galeria dos homens ilustres, de viris illustribus; *ninguém se pergunta se Pascal teria gostado de uma edição paleográfica de suas anotações; ninguém se pergunta se uma edição integral de seu diário e de suas notas teria realmente agradado a Maine de Biran. Quando entra no que Charles Du Bos chamava de "o céu dos fixos"*[11]*, o homem ilustre não mais se pertence completamente, na medida em que pertence também a quem escreve a História.*

---

10. Questão já abordada no Prefácio de *Mélanges*, pp. xiii-xiv.

11. Charles Du Bos, *Approximations*, sexta série, Paris, Corrêa, 1934, p. 404.

Os fatos, aliás, mostraram a fragilidade das disposições tomadas por Bergson ante as dimensões históricas do bergsonismo. Em 1949 são publicadas, com autorização de Jeanne Bergson, cartas a Albert Adès, bem como algumas notas manuscritas do filósofo para uma conversa que considerou necessária depois de ler um artigo de Albert Adès que lhe dizia respeito[12]. *Estava criado então um precedente; Albert Neuburger, cunhado de Bergson, dificilmente podia recusar a priori os pedidos de autorização; muito sensatamente, decidiu responder favoravelmente quando a carta apresentasse um interesse filosófico, isso com a concordância de Jean Wahl, Vladimir Jankélévitch, Jean Guitton*[13]. *Entretanto, é certo que cartas de Bergson foram publicadas sem nenhuma autorização, talvez simplesmente porque os filósofos das gerações seguintes ignoravam as proibições do testamento ou julgavam que elas já haviam caducado.*

As disposições de Bergson com relação a seus cursos foram respeitadas com muito mais rigor do que as referentes à sua correspondência. Sem dúvida podem ser encontrados na superabundante bibliografia bergsoniana alguns artigos que ecoam certas aulas de Bergson. Mas, quando em 1954 Rose-Marie Mossé-Bastide apresentou à Sorbonne sua tese sobre Bergson e Plotino, proibiram-na de extrair citações das au-

---

12. *Adès chez Bergson*, Paris, 1949; em *Mélanges* encontram-se: notes de Bergson pour Adès, pp. 1302-3; Bergson à Adès, 20 e 26 de abril de 1912; ver também: à Mme Adès, 24 de abril de 1921, pp. 1332-3.

13. Em seu testamento, Bergson confiava à mulher e à filha o trabalho de zelar pelo cumprimento das disposições sobre a não publicação de suas cartas e de seus cursos. Mas, receando contrassensos que distorcessem seu pensamento e mesmo interpretações mal-intencionadas, indicava à mulher e à filha os nomes de alguns filósofos para ajudarem-nas a restabelecer a verdade. Na época que nos interessava, três ainda estavam vivos: Jean Wahl, Vladimir Jankélévitch, Jean Guitton (texto citado em R.-M. Bastide, p. 854, nota 1).

las de Bergson sobre Plotino, cuidadosamente anotadas por Désiré Roustan e conservadas na Biblioteca Victor-Cousin[14]. *Cerca de vinte anos depois, Maurice de Gandillac utilizava livremente essas mesmas anotações para preparar seu importante artigo "Le Plotin de Bergson"*[15]. *O simples fato de conservar tais notas numa biblioteca onde estariam acessíveis já contrariava uma disposição claramente especificada do testamento... Ora, hoje há cursos de Bergson na Ecole Normale Supérieure* da rua d'Ulm, no Collège de France, na Biblioteca Victor Cousin e, evidentemente, no fundo Bergson da Biblioteca Doucet*[16]; *se podem ser consultados, como impedir o leitor de levá-los em consideração num artigo ou num livro, como impedi-lo de extrair-lhes citações, como não*

---

14. Ver Rose-Marie Mossé-Bastide, *Bergson et Plotin*, Paris, PUF, 1959, Introdução, pp. 9-12.

Mossé-Bastide tinha diante de si os dois cursos dados por Bergson em 1897-1898 no Collège de France, onde estava substituindo Charles Lévêque: *La psychologie de Plotin* e Explication de Plotin, *Ennéade*, IV (*Mélanges*, p. 413); o curso de sábado em 1901-1902; Explication de Plotin, *Ennéade*, VI (*Mélanges*, pp. 112-3).

A tese foi defendida em 15 de maio de 1954. No exemplar datilografado, as citações extraídas dos cursos haviam sido suprimidas; entretanto, com a concordância de Jeanne Bergson e de Neuburger, algumas passagens muito manifestamente próximas dos cursos haviam sido reproduzidas em caracteres diferentes dos utilizados no corpo da obra; a ausência de aspas devia excluir a paternidade de Bergson, a diferença de caracteres devia excluir a de Mossé-Bastide. Após a defesa, Mossé-Bastide remanejou completamente seu livro; em 1959 foi impressa uma nova versão, na qual os cursos de Bergson sobre Plotino não são mais mencionados, exceto numa breve história da obra na Introdução.

15. *Revue de Théologie et de Philosophie*, Lausanne, 1973, nº 11.

* Sobre a Ecole Normale Supérieure e o Collège de France, ver as notas 4 e 5 da Introdução. (N. da T.)

16. Mencionamos aqui apenas cursos atualmente depositados em bibliotecas onde podem ser consultados (às vezes com uma autorização dada por um representante da família). Isso não quer dizer que não existam outros cursos de Bergson conservados em arquivos familiais.

chegaria um dia em que sua publicação seria uma exigência da História?

Que um jovem filósofo, Henri Hude, se proponha a editar os cursos de Bergson, tarefa ao mesmo tempo ingrata e apaixonante, não será um sinal da presença de Bergson no pensamento contemporâneo? E deve-se agradecer à família Neuburger haver reconhecido isso tão justamente.

Evidentemente, é impensável apresentar os textos desta compilação como sendo de Bergson. Seria falso colocar antes de uma citação: "Bergson escreveu" ou mesmo "Bergson disse:...", visto que a fórmula exata seria: "Bergson teria dito..." Em resumo, devemos nunca esquecer que não é Bergson que faz uso da pena.

As Presses Universitaires de France publicaram: Henri Bergson, Oeuvres, *Ed. du Centenaire, 1ª ed., 1959, um volume em papel-bíblia contendo os livros e coletâneas publicados pelo próprio Bergson, exceto a tese em latim* Quid Aristoteles de loco senserit *e* Durée et simultanéité *[Duração e simultaneidade]. Em 1972, o mesmo editor publicava: Henri Bergson,* Mélanges, *um volume em papel-bíblia contendo uma tradução da tese latina,* Durée et simultanéité, *os muitos textos publicados pelo filósofo mas acidentalmente, por assim dizer – o que não significa sem importância, pois o acidental pode ser ocasião para esclarecimentos filosoficamente notáveis, como por exemplo aquela sessão da Société française de Philosophie de 2 de maio de 1901, que mencionamos há pouco. Não teria sido normal planejar um terceiro volume nos mesmos moldes para os cursos de Bergson?*

Essa ideia não foi adotada precisamente para evitar todo e qualquer equívoco. Diante de três volumes com o mesmo formato, com a mesma apresentação tipográfica, com o nome do mesmo autor na capa, como não considerar espontaneamente os cursos de Henri Bergson como o tomo III de suas

Oeuvres? *Um critério simples e radical permite que se afaste qualquer possibilidade de confusão: nos volumes* Oeuvres *e* Mélanges, *todos os textos foram escritos por Bergson, o que evidentemente não significa que no segundo tenham todos o mesmo alcance filosófico; no volume* Cours, *nenhum texto foi escrito por Bergson; sem dúvida, há passagens cujo estilo é tão bergsoniano que se pode indagar se o professor não as teria ditado; mas a suposição só seria admissível no caso de cursos dados num liceu; de qualquer forma, continua a haver um intermediário entre a palavra falada e a palavra escrita, o que é suficiente para criar uma diferença de origem e, portanto, de natureza entre a* percepção da mudança *que se pode ler em* La pensée et le mouvant [*O pensamento e o movente*] e La psychologie de Plotin, *aulas conservadas nas anotações de Désiré Roustan, atualmente depositadas na Biblioteca Victor-Cousin.*

Uma vez aceita a possibilidade de divulgar cursos de Bergson a partir das anotações de que dispomos, uma pergunta se impunha: como?

Nessas anotações nem tudo tem o mesmo interesse. Bergson professor de liceu não é necessariamente bergsoniano. Suas aulas de história da filosofia estão ligadas às bibliografias da época em que as preparava. Portanto, podia-se pensar em trechos escolhidos, publicados numa ordem cronológica e interligados por um comentário destacando o que eles trazem para uma história do pensamento do filósofo.

Mas a ideia de escolha inclui sua própria crítica. É sempre delicado separar um texto de seu contexto; uma aula bem construída é uma totalidade em que cada parte deve seu sentido à sua situação. E, principalmente, toda escolha implica um ponto de vista: aqui, ela seria teleguiada pela ideia que aquele que escolhe tem do bergsonismo. Daí uma outra resposta para a pergunta que fazemos: colocar todos os cursos atualmente acessíveis à disposição dos historiadores de Bergson, que os utilizarão em seus trabalhos.

Pode-se ver qual é o sentido dos dois projetos considerados. O primeiro une a apresentação dos textos com o modo de utilizá-los ou, mais exatamente, certo modo de utilizá-los que implica uma escolha. O segundo constitui um dossiê contendo todos os textos, disponibilizados assim para aqueles que, como pesquisadores ou amadores bem-informados, desejarem recorrer a eles para compreenderem melhor o pensamento do filósofo. Esse segundo projeto é o que foi adotado. Portanto, a presente obra é uma coletânea de documentos reproduzidos tão fielmente quanto os manuscritos o permitem, acompanhados de notas históricas que lembram sua origem ou complementam certas referências.

HENRI GOUHIER

INTRODUÇÃO

O destino de Bergson é dos mais estranhos.
Aí está um pensador que já em vida foi reconhecido como um grande filósofo e um dos maiores; que atraía multidões e fascinava; que, como Plotino outrora, detinha os desesperados à beira do suicídio; que despertava vocações de sábios e de pensadores; que parecia devolver ao pensamento algo de virgem e de vivaz; que marcou fortemente sua geração e a seguinte, até nós. Lia-se de um só fôlego, numa noite, com fervor, entre amigos fiéis, a mais recente publicação de suas raras obras. Influência, entusiasmo, paixão: palavras fracas para evocar o que é de outra ordem, algo mais que humano, como um sopro vindo de um outro mundo, superior.

E entretanto aí está um filósofo que não fez escola. Teve numerosos discípulos, mas dos quais a maioria se separou dele, ostensivamente no caso de alguns. Brilha na esfera dos fixos, mas solitário e misterioso. Não se pode ignorá-lo, ele sugere, inspira: não ensina realmente. Escreve uma língua límpida. O fundo de seu pensamento escapa.

Os exegetas mais penetrantes gastaram seus talentos com ele. Erudição, rigor, sutileza, simpatia: nada pouparam para captá-lo. Mas comparem-se várias dessas obras muito notáveis. Elas concluem em sentidos inversos e são quase igualmente convincentes. A culpa é dos intérpretes? Mas pretender captar Bergson é querer agarrar água.

Os discípulos, inicialmente entusiastas, logo hesitam. Forçam-se a dar crédito. Acusam-se de julgar Bergson segundo critérios que ele não teria aceitado. Tentam elevar-se seguindo-o para sublimidades de pensamento nas quais as críticas que rechaçam pareceriam baixas e deslocadas. Mas se cansam. Têm de estar sempre à sua procura e nunca podem descansar à sombra da certeza de havê-lo encontrado.

Enquanto o entusiasmo cai, a crítica cresce e exacerba-se. Os fatos positivos e precisos que Bergson cita enfatizam secamente a vaporosidade aparente de suas experiências filosóficas. As categorias fortemente antitéticas parecem forçadas. O delineamento global desse pensamento, caso exista, se desvanece e se metamorfoseia quando se tenta traçá-lo. O brilho das grandes teorias embaça-se: mistura de hipotético e de "poético". Será um romance? Sobre pontos essenciais e sobre os princípios, nenhuma resposta clara: indecisão ou equívoco. Pensa-se que Bergson tinha uma alma, mas que não soube dar-se um corpo.

Tinha Bergson um corpo? Ou pedir-lhe que se revestisse de um seria conhecê-lo mal? Deve seu pensamento permanecer aporético e sugestivo, tema inesgotável para variações indefinidas? Ou se deverá fechar um pouco o leque das interpretações possíveis? Talvez se venha a saber melhor quando, concluída a publicação dos cursos, for possível analisá-los.

INTRODUÇÃO   XXI

Os cursos de Bergson

Ao longo de sua carreira, Bergson lecionou sucessivamente em várias cadeiras de filosofia. Pouco depois de sua *agrégation** em 1881, vamos encontrá-lo lecionando no liceu de Clermont-Ferrand, a partir de 1883, em classe de *baccalauréat***, até sua defesa de tese em 1889. Em seguida vamos vê-lo ensinando em classe de *khâgne**** no liceu Henri-IV, de 1890 a 1898. Depois passa a professor adjunto na Ecole Normale Supérieure**** durante dois ou três anos, antes de ser nomeado professor no Collège de France*****, em 1900.

---

* Concurso de âmbito nacional, muito difícil e seletivo, para o exercício do magistério nos *lycées* (e em algumas faculdades). Ao candidato aprovado é conferido o título de *professeur agrégé*, a mais alta classificação do magistério secundário francês. (N. da T.)

** Ou seja, classe composta de alunos do ano terminal do *lycée* – que, por sua vez, é o período e o estabelecimento de ensino em que são cursados os três últimos anos do segundo grau. Esse ano terminal encerra-se com exames nacionais, um dos quais é o *baccalauréat* (coloquialmente, *bac*). *Baccalauréat* é também o diploma e o grau que são outorgados após esse exame e dão acesso aos estudos superiores. (N. da T.)

*** Apelido dado à classe (*première supérieure* ou *rhétorique supérieure*) composta de alunos que, após obterem o *baccalauréat*, cursavam nos liceus um ano suplementar de preparação para ingresso na Ecole Normale Supérieure. Por volta de 1890 os principais liceus começaram a acrescentar, antes da *khâgne*, uma classe de *lettres supérieures* (*hypokhâgne*). Esse modelo – assim como os apelidos – vigora até hoje. (N. da T.)

**** A Ecole Normale Supérieure, estabelecimento público de ensino superior e de pesquisa, foi criada em 1794, em princípio para formar professores do ensino secundário e de algumas faculdades. Logo se tornou (e é até hoje) um ponto de convergência da elite científica e literária e uma meta para os jovens em busca de uma formação de altíssimo nível. À sua história estão ligadas eminentes figuras das ciências, das letras, da política e das finanças. (N. da T.)

***** Fundado em 1530 por Guilherme I, o Collège de France ainda mantém as mesmas características e o mesmo objetivo: ensinar "o saber

Dessa longa carreira docente restam-nos marcas importantes. São os Cursos, cuja publicação empreendemos e dos quais apresentamos hoje o primeiro volume.

Esses Cursos não são aulas redigidas por Bergson. Não são anotações preparatórias menos ou mais desenvolvidas. Mas, se não vêm de sua pena, saem de sua boca. Em termos técnicos, trata-se de "reportações" [(*reportationes*)], isto é, anotações de alunos, tomadas ao vivo – e muito fiéis, a julgarmos por todos os critérios de crítica interna e externa.

Em primeiro lugar, de acordo com o testemunho de todos os que puderam ouvi-lo, Bergson "falava como um livro". Dava uma aula totalmente magistral. Como falava sem pressa e sem voltar atrás, os alunos não tinham nenhuma dificuldade em escrever sob ditado um texto literariamente impecável.

Bergson não podia falar sem pensar nem repetir-se sem repensar. Suas aulas quase sempre são profundamente pensadas, meditadas. É por isso que, mesmo que escrúpulos nos impeçam de publicá-las em forma de um novo tomo das *Oeuvres complètes*, como explicou Henri Gouhier em seu Prefácio, é indiscutível que constituem obras filosóficas no pleno sentido da palavra.

Sobre a autenticidade dessas lições, nenhuma dúvida séria é possível. O estilo, a presença da própria personalidade, os títulos formais, a transmissão contínua dos manuscritos, os testemunhos sólidos concorrem para estabelecê-la.

---

que está se construindo". Sempre ocupou uma posição única no ensino superior francês: não parte de programas fixos nem prepara para nenhum diploma; os cursos são abertos a todos, sem inscrição prévia, de frequência livre e com temáticas definidas em função dos últimos desenvolvimentos da ciência. Cada novo professor é escolhido pelos mais antigos numa assembleia que leva em consideração seus trabalhos, e não seus títulos. (N. da T.)

INTRODUÇÃO XXIII

Os alunos de Bergson conservaram suas anotações com tanto cuidado quanto as haviam tomado. Os que tiveram percepção bastante para sentir o que havia de excepcional em seu professor e para guardar cuidadosamente seus cadernos de anotações tornaram-se mais tarde, em sua maioria, homens célebres ou pelo menos de boa reputação e muito estimados. Basta citarmos o historiador Jules Isaac, Désiré Roustan, que foi presidente da banca de *agrégation* antes da Segunda Guerra, ou ainda (o que pode causar surpresa) Alfred Jarry, o dr. C. Blondel etc.

O *corpus* dos cursos de Bergson

O conjunto desses cursos forma um verdadeiro *"corpus* filosófico". De fato, eles podem ser divididos tematicamente em três categorias:

1º As exposições gerais sobre o programa oficial da classe de *baccalauréat*, que era então o mesmo da classe de *khâgne*. Bergson trata sucessivamente, após uma introdução geral, de lógica, psicologia, moral e metafísica. Em Clermont, consegue cumprir todo o programa. Em Paris isso às vezes lhe é mais difícil. Essas aulas constituirão a matéria dos dois primeiros volumes desta edição.

2º Os cursos de história da filosofia, que por sua vez se subdividem em dois subgrupos. O primeiro abrange as exposições gerais de história da filosofia que o programa oficial prescreve. O segundo compreende diversos comentários sobre obras ou cursos sobre a história de um tema filosófico etc. Citamos como exemplo um curso sobre "O destino do homem" de Fichte. Essa segunda categoria fornecerá a matéria dos dois volumes seguintes.

3º Diversos cursos tratando mais de matérias do que de autores e períodos, porém sem apresentarem o caráter enciclopédico dos cursos da primeira categoria. Por exemplo, cursos sobre a teoria da personalidade ou sobre ideias gerais. Essas aulas foram pronunciadas na Ecole Normale ou no Collège de France.

História e estabelecimento do texto deste primeiro volume

Este volume I contém dois cursos de Bergson: um curso de psicologia e um curso de metafísica. Esses dois cursos representam aproximadamente metade de um programa anual que compreende também uma lógica e uma moral, que em breve serão levadas ao conhecimento do público. Convinha começar por um primeiro volume simultaneamente antigo pela data e abrangente pelo conteúdo.

A psicologia e a metafísica formam o miolo do ensino bergsoniano. As teses de metafísica têm efetivamente a característica de serem também hipóteses em psicologia e, como tais, sujeitas a comprovação ou refutação pelos fatos psicológicos. Portanto, uma psicologia realmente científica incorpora-se a uma metafísica positiva.

Atualmente esses textos se encontram na Biblioteca Jacques-Doucet; foram depositados em 1981 por Jean Guitton, que se tornara seu proprietário em 1940. Ele estava então mobilizado como oficial e lotado em Clermont-Ferrand. Entrou em contato com Joseph Désaymard, que lhe doou os volumes de anotações que compõem esse curso completo de filosofia. Jean Guitton conseguiu colocá-los a salvo durante a invasão alemã, de modo que pôde recuperá-los depois da guerra.

Joseph Désaymard publicou em 1910 um livro intitulado *H. Bergson à Clermont-Ferrand*. Ele não fora aluno de Bergson. Mas, apaixonado desde muito cedo pela carreira do filósofo, realizara uma preciosa obra de conservação. É em seu testemunho formal, relatado por Jean Guitton, que nos apoiamos (isso sem considerar os critérios internos) para admitir a autenticidade bergsoniana destas aulas.

Os cursos de Bergson entregues por Désaymard a Jean Guitton apresentam-se em forma de dois grossos volumes datilografados. Não se trata do que hoje seria chamado de cópia mimeografada. Mesmo então tal coisa já existia, e na Biblioteca Mazarine há resumos e pró-memórias desse tipo, datados dos anos 1890, para uso dos alunos de Bergson. Mas nesse caso são textos muito resumidos, ao passo que os cursos que apresentamos aqui trazem o eco direto de uma fala.

Isso nos obriga a admitir um intermediário a mais entre o aluno de Bergson e o texto de que dispomos. Não é o caso mais frequente no *corpus* dos cursos.

O que se pode dizer desse intermediário é que se trata de um datilógrafo pouco experiente (em datilografia), mas muito conscencioso. Não se sabe se é o próprio Désaymard. Notam-se alguns erros comuns de ortografia. Em algumas raras passagens o texto da aula está evidentemente corrompido. O datilógrafo não corrigiu. Mas é provável que a adulteração não provenha dele. No conjunto, o número muito pequeno de passagens problemáticas, do ponto de vista do estabelecimento do texto, dá a convicção de que o datilógrafo não era uma pessoa ignorante das coisas filosóficas, mas muito escrupulosa e bastante desprovida de iniciativa. Por isso é muito possível que os erros de datilografia simplesmente reproduzam os erros existentes no próprio caderno do aluno. Assim sendo, não há por que lamentarmos demais o fato de termos apenas uma cópia dele. No final das contas, esse texto datilografado parece muito confiável.

Aliás, essa é uma característica geral de tudo o que nos resta dos cursos de Bergson. Indiscutivelmente ela se explica pela simplicidade do estilo de Bergson, sempre transparente e tão bem ordenado que mesmo o aluno menos dotado podia seguir sem dificuldade as explanações de seu professor.

Indicamos em nota o texto do manuscrito quando nos pareceu necessário modificá-lo por evidentes razões de sentido. O leitor verá que elas são pouco numerosas.

Datação

Existe apenas uma indicação para datar este curso. Trata-se de uma inscrição manuscrita de Jean Guitton, no topo da primeira página do primeiro volume datilografado. Ali figura a data: 1888-1889. Se tivéssemos de confiar sem reserva nessa anotação, teríamos em mãos o curso ministrado por Bergson no mesmo ano em que se preparava para defender sua tese sobre *Os dados imediatos da consciência*. Mas, lendo essas aulas, parecia-nos que sua doutrina era mais antiga que a do próprio *Ensaio*. A intensificação do espiritualismo, o refluxo do mecanicismo no *Ensaio*, em comparação com o conteúdo destas aulas, levavam-nos a recuar um pouco a data em que haviam sido proferidas.

Aliás, essa inscrição não data de 1940, e sim de 1981, quando Jean Guitton doa seus dois volumes para a Biblioteca Doucet. Conjeturávamos se ele tomava essa data de 1888-1889 no sentido literal ou simplesmente para representar o fato – indubitável – da anterioridade dos cursos com relação ao *Ensaio sobre os dados imediatos*. Apresentamos-lhe a questão e ele nos declarou que a data devia ser entendida no sentido literal. E isso vinha de Désaymard. Jean Guitton, pouco dado a preocupar-se com detalhes eruditos, era entretanto muito categórico sobre esse ponto.

Apesar disso, nossas dúvidas persistiam. Mas, na ausência de provas materiais, não se vê como rejeitar testemunhos formais e qualificados. Entretanto, assinalamos no Curso de psicologia[1] uma indicação interessante.

No *Ensaio*[2], Bergson faz referência a trabalhos de Hirn sobre a circulação dos gases, publicados em 1886. É razoável pensar que Bergson dificilmente teria tomado conhecimento deles antes de 1887. Mas também seria bastante surpreendente que Bergson tivesse tomado conhecimento deles muito mais tarde, ainda que não se possa afastar definitivamente isso. De fato, parece que sua principal preocupação em Clermont foi adquirir uma forte cultura científica, de primeira mão e totalmente atualizada. Esse cuidado inspira-o a acompanhar de muito perto a atualidade científica e proceder sem demora às leituras indispensáveis.

Ora, essa leitura parece ter modificado sua ideia sobre a natureza íntima do calor. Por outro lado, a doutrina

---

1. Curso de psicologia de Clermont, 1887-1888, p. 65 [do caderno do aluno].

2. *Essai sur les données immédiates de la conscience*, p. 96, na edição do Centenário, PUF, 1959.

N. B. – Neste volume, sempre que citamos uma obra de Bergson, a indicação da página refere-se à edição do Centenário.

Quando citamos um curso de Bergson, a indicação da página é a do caderno de anotações do aluno. O curso de Clermont enche dois cadernos; as aulas de psicologia ocupam as páginas 12 a 174 do caderno I; as de metafísica, as páginas 75 a 137 do caderno II. No presente volume, a indicação dessas páginas é feita no corpo do texto, por números entre colchetes.

dos cursos sobre essa mesma questão é precisamente aquela que a leitura de Hirn demoliu. É possível, portanto, que essas aulas sejam anteriores à leitura de Hirn, que deve necessariamente ter sido feita entre 1887 e 1889.

Assim, essas aulas poderão ser tanto mais recentes quanto mais tardia tiver sido a leitura de Hirn. É o que uma indicação do *Essai*, na página 96, permite pensar.

De fato, ali Bergson qualifica de "recentes" as experiências de Hirn. Como na época elas datam de no mínimo cinco anos atrás e a ciência já andava bastante depressa, parece que aqui Bergson atribui às experiências propriamente ditas uma característica pertencente apenas à leitura que ele teria feito de seu relato. É bem verdade que Bergson cita em nota a data do livro de Hirn e não corrige seu próprio texto. Também é verdade que "recente" é um termo com sentido bastante elástico e que Bergson poderá ter complementado sua nota num outro momento e não a relacionado novamente com o contexto que ela devia esclarecer. E talvez isso seja mesmo o mais provável.

Nossa hipótese, portanto, seria que Bergson teria lido Hirn durante o ano de 1888, depois de haver tratado a parte de psicologia do programa oficial, na qual se encontra a referência que estamos analisando. Assim, seria possível que os Cursos aqui apresentados tivessem sido proferidos no ano de 1887-1888. Portanto, seria preciso admitir o valor substancial do testemunho de Désaymard: 1888-1889 estaria correto como ordem de grandeza, por assim dizer. O erro seria apenas de um ano e se explicaria por um lapso devido simultaneamente à celebridade da data de 1888-1889 e à identidade parcial dessa data com a de 1887-1888, que consequentemente adotamos, até informação mais ampla e a título de hipótese plausível.

E o que Bergson professor ensinava?

Suponhamos que uma catástrofe nos tenha tirado de Bergson todos os livros que ele publicou em vida e que a fortuna caprichosa nos tenha conservado apenas seus cursos. A hipótese não é descabida. Foi o que aconteceu com Aristóteles. Que ideia faríamos de Bergson?

Bergson seria para nós acima de tudo um professor. E, para que não haja ambiguidade no que dissermos, falaremos ora de Bergson ora do prof. Bergson. O primeiro é o autor dos livros e das teses que eles contêm. O segundo proferiu os cursos e ensinou as doutrinas que neles se leem. Com essa distinção evitamos prejulgar precipitadamente a identidade ou a diferença desses dois personagens históricos.

Esse professor é sistemático. A unidade constitui para ele a primeira exigência da mente. A possibilidade de uma unidade sistemática de nossos pensamentos é o primeiro critério da veracidade deles. Não há dúvida de que às vezes é preciso conjugar evidência racional e certeza moral[3]. Mas esta ainda depende de uma unidade possível entre certas verdades e nossa personalidade inteira. Isso significa que haverá uma estreita relação entre a teoria da liberdade e a da verdade.

Quando se considera a totalidade do ensino dispensado por Bergson entre 1883 e a primeira década do século XX, pode-se sem dificuldade distinguir um sistema, cuja presença se torna cada vez mais discreta, mas que, mesmo então, nunca está ausente do segundo plano de seu pensamento.

---

3. Ver neste volume: Curso de metafísica de Clermont-Ferrand, 1887-1888, pp. 91-5 e p. 131, nota 40.

Esse sistema é uma nova monadologia, modificada, depois da crítica kantiana e para enfrentá-la, no sentido de uma atenuação do idealismo filosófico. A harmonia preestabelecida cede lugar a uma interação real das substâncias, análoga à simpatia estoica. É nesse contexto que deve colocar-se então a definição de intuição como simpatia.

O prof. Bergson chega progressivamente a um novo realismo. Conserva de Leibniz as tendências dinamistas e pampsíquicas. Sublinha fortemente a solidariedade de todos os seres no cosmos. Mas, paralelamente, enfatiza a individualidade, tanto dos organismos como das almas e dos espíritos[4].

Esse sistema é nitidamente espiritualista. É bem verdade que o termo pode prestar-se a confusões. De fato, abrange dois movimentos históricos diferentes.

Primeiramente, a ideologia eclética da qual Victor Cousin foi o maior representante. Preocupado sobretudo com as consequências práticas das doutrinas, o ecletismo prefere deixar pairar certa névoa sobre os princípios. A precisão poderia desfazer a frágil coesão de um partido ao qual o ecletismo quer fornecer um quadro de pensamento flexível e acolhedor.

Em segundo lugar, uma corrente de pensadores antes de tudo interessados em meditação e em verdade. Maine de Biran foi o primeiro deles. Bergson é o maior. Esses retomam, depois de Kant, a tradição cartesiano-leibniziana. Veem em Descartes menos o herói do idealismo e o príncipe do racionalismo do que um discípulo de santo Agostinho e que renova o pensamento deste após o aparecimento das ciências físicas. Tendem todos a

---

4. Ver principalmente, no último volume a ser publicado, o *Cours sur les idées générales* [Curso sobre as ideias gerais], pp. 10 ss.

estabelecer, de maneira positiva, uma metafísica que conclui pela realidade do espírito individual, pessoal, por sua liberdade e pela existência de um Deus pessoal, em harmonia com a tradição bíblica.

Ora, é assim que o prof. Bergson parece ser.

Seu curso de metafísica organiza-se tendo em vista a resposta a dar à questão de Deus. Estabelece o poder que tem o espírito de alcançar a verdade e o ser. Em seguida, eleva-se na escala dos seres: materiais, vivos, espirituais, até um conhecimento de um Deus, do qual demonstra a existência e os principais atributos. Esse Deus é criador no sentido bíblico do termo. Seu principal atributo é a Bondade. Bergson refuta sucessivamente ateísmo, agnosticismo e panteísmo.

Dualidade entre os livros e os cursos

Dificilmente se pode negar que existe certa diferença entre os livros e os cursos de Bergson. Mas qual é ela precisamente? Isso é o que não é fácil definir. Propomos aqui apenas alguns pontos de vista gerais, a título de hipóteses de trabalho.

A primeira impressão é a de uma diferença nítida. Qual a relação entre um escritor delicado, insinuante, infinitamente nuançado, e um professor com um dogmatismo um pouco rígido? Entre uma reflexão que se presta a várias interpretações plausíveis, sutil a ponto de tornar-se inapreensível, e um professor que se posiciona firmemente, que se compromete sem equívoco, que é antes de tudo sólido e claro?

Duas hipóteses são possíveis. Ou o prof. Bergson apresenta a seus alunos apenas um pensamento impessoal, quando muito a parte mais impessoal de seu pensamento, ou ainda seu pensamento cuidadosamente despersonalizado; ou então o prof. Bergson é Bergson: seus cursos expressam o fundo de seu pensamento claramente e sem rodeios.

Pareceria natural adotar a primeira hipótese. É o que havíamos começado a fazer, pelo menos para os cursos de Clermont. Mas, pouco a pouco, razões fortes fizeram-nos mudar de opinião. Vamos nos limitar a dar alguns exemplos.

Na primeira hipótese, é lógico supor que Bergson, falando para um público novato, se ajuste à sua fragilidade e só lhe mostre seu pensamento revestido das formas exotéricas, digamos assim, da religiosidade tradicional. Os livros seriam, portanto, menos claramente espiritualistas que os cursos. E de fato é essa a impressão que se tem inicialmente.

Mas, em seguida, descobre-se que provavelmente é o contrário. Toda vez que se podem comparar sem dúvida possível as afirmações dos cursos com as dos livros, constata-se que os livros acentuam a orientação fundamental dos cursos, em vez de situarem-se na retaguarda. É o que acontece com o *status* do mecanicismo, muito mais favorável nos cursos que nos livros. A mesma observação pode ser feita sobre o evolucionismo. Por exemplo, o curso de Clermont admite sem dificuldade o inatismo lamarckiano das características adquiridas.

Por outro lado, logo se descobre que esse ensino está muito ligado a tudo o que é permitido considerar como o pensamento autêntico de Bergson. Isso não transparece apenas em comparações doutrinais, mas principalmente nas estruturas do pensamento.

Por exemplo, compare-se o plano seguido pelo prof. Bergson nas aulas sobre Deus, no curso de metafísica de Clermont, com o plano seguido por Bergson tratando de

INTRODUÇÃO

Deus em *As duas fontes da moral e da religião*[5]. Uma apresentação em quadro será mais eloquente:

Cursos	As duas fontes
A existência de Deus estabelecida com base na aspiração à justiça – e a dedução de um Deus vivo Deus principalmente Amor Deus criador porque Amor A Providência – o problema do mal – pessimismo e otimismo A imortalidade da alma	Os Profetas de Israel e a justiça Da existência de Deus (o Deus a quem se ora, não o objeto dos filósofos) Da natureza de Deus (Deus Amor) Criação e Amor O problema do mal – o otimismo A sobrevivência

No estado atual de nossos conhecimentos, nada prova que Bergson tenha recorrido a seus cursos de metafísica no momento em que redigia esse terceiro capítulo de *As duas fontes*. Mas, além de nada provar o contrário, uma conclusão mínima parece impor-se: essa ordem seguida em seu curso de jovem professor podia ter-lhe parecido bastante essencial e fundamentalmente correta para que a recuperasse naturalmente no momento de apresentar, em sua última obra, seu pensamento mais íntimo sobre os problemas mais graves.

Assim, por mais escolares que sejam estes cursos, não devem ser menosprezados. Até mesmo incitam a excluir do termo "escolar" qualquer nuance de menosprezo. Contêm um pensamento coeso, radicalmente fundamentado, claramente formulado, firmemente argumentado, ricamente informado. Não é o menor mérito destes

---

5. *Les deux sources de la morale et de la religion*, cap. 3, pp. 1179-201.

cursos o fato de fornecerem, se não um modelo de pedagogia filosófica, pelo menos uma notável concretização da ideia ou do ideal de um ensino filosófico tão rico e profundo no conteúdo quanto modesto e acessível na apresentação.

Por fim, quem ler o Posfácio deste volume encontrará ali um estudo sobre "A criação do bergsonismo". Nele resumimos nossas conclusões sobre o desenvolvimento da reflexão bergsoniana em Clermont e sobre a gênese do *Ensaio sobre os dados imediatos*. Se o que ali dizemos for verdade, será preciso admitir que os cursos devem ser recebidos como obra do filósofo, e não como simples marca de seu funcionamento social, visto que permitem aclarar o processo de invenção do próprio bergsonismo[6].

HENRI HUDE

---

6. Ver o Posfácio deste volume I, sobre "A criação do bergsonismo".

CURSO DE
PSICOLOGIA
44 aulas

Estas aulas de psicologia ocupam as páginas 12 a 174 do primeiro caderno de anotações do aluno.

As páginas desse caderno estão indicadas entre colchetes no corpo do texto.

Nas aulas, as notas do editor têm chamadas em números sobrescritos e foram agrupadas no final do volume.

5ª Aula

*Seu objeto. Características próprias
dos fatos que ela estuda*

[12] A psicologia ou ciência da alma propõe-se estudar a alma humana, a analisar e descrever as operações que ela empreende. – Portanto, antes de mais nada, devemos delimitar claramente sua área, estabelecer quais são os fatos de que se ocupará e quais são, ao contrário, os que pertencem a outras ciências.

Assim sendo, vamos tentar determinar o que caracteriza o fato psicológico, tentar distingui-lo dos outros fatos ou fenômenos. O meio mais simples será usar exemplos.

Penso nessa dor bem característica que sentimos quando espetamos o dedo, com um alfinete, por exemplo. Isso é um fato; essa dor existe incontestavelmente e posso dizer que o alfinete tocou e picou um certo ponto da superfície de minha pele, ponto que ocupa no espaço um lugar perfeitamente determinado. – Mas a dor que sinto, onde está ela? Não adiantará afirmar que está na extremidade de meu dedo, pois, se estivesse ali, poderíamos vê-la, tocá-la, acabaríamos descobrindo um ponto onde essa dor habita. Ora, isso é impossível e absurdo. Quando dizemos que estamos sentindo uma dor no dedo, queremos dizer que a causa física dessa dor, ou seja, a ponta do alfinete, foi colocada nesse lugar do dedo. Mas o dedo, por si só, não pode sentir; ele é apenas matéria, e tanto isso é verdade que se pode até mesmo sentir dores num dedo que não se tem mais. É bem conhecida a ilusão das pessoas amputadas, que têm sensações no membro que perderam. Isso ocorre porque, por um efeito do hábito, localizamos certas dores ou certos prazeres em determinadas partes do corpo. Mas essas dores e esses prazeres não estão ali nem em outro lugar. Não estão em lugar nenhum. Uma dor ou um prazer são fenômenos, fatos que existem, que ocorrem, isso é incontestável, mas que não têm extensão. Pois, se pudéssemos indicar um lugar preciso onde se encontram, poderíamos vê-los ou tocá-los, ou colocá-los em evidência por meio de um experimento ou de um processo físico qualquer. – Ora, isso é impossível; e o que estamos dizendo de uma dor como a picada será verdade *a fortiori* para aquela dor de outro tipo, que é chamada de dor moral. Imagino que a perda de um amigo me cause tristeza. Essa tristeza tem um começo e em geral tem um fim; tem uma duração. Mas onde está ela? Alguns a situam no coração. Realmente, quando estamos tristes dizemos que nosso coração está pesado. Mas seria inútil dissecar o coração para procurar a tristeza. Ela não está ali; não está ali nem em outro lugar. É verdade que o fisiologista Claude Bernard conseguiu demonstrar que determinadas emoções, e mesmo a maioria das emoções, repercutem no coração; que, quando estamos tristes, por exemplo, o sangue aflui para aquele órgão de tal modo que realmente ficamos com o coração pesado; que, ao contrário, o sangue reflui para as extremidades [13] quando estamos alegres, e então realmente ficamos com o coração leve. Mas esses são fenômenos fisiológicos que acompanham as emoções; não são as emoções propriamente ditas, pois elas não ocupam lugar no corpo humano. Assim, temos aqui certos fatos: uma dor física, uma dor moral, uma sensação, um sentimento, que existem incontestavelmente, que têm uma certa duração, um certo tempo, e que entretanto não têm um lugar no espaço, não são localizáveis.

Passemos agora a uma outra categoria de exemplos: neste momento estou refletindo sobre minhas chances de ser aprovado num exame difícil. É o que se costuma chamar de uma ideia (a palavra ideia não está empregada aqui no sentido filosófico, como veremos; mas não importa). – Quanto mais reflito, mais os pensamentos de toda espécie se cruzam e se entrecruzam em meu espírito; e, se eu fixar por muito tempo minha atenção nas chances favoráveis e nas chances contrárias, alternadamente embalado pela esperança e atormentado pelo receio, posso acabar sentindo uma violenta dor de cabeça. – O povo explica esse tipo de fato dizendo que é a cabeça que pensa. Mas, como isso seria possível? Se o pensamento ficasse dentro da cabeça, ocuparia um lugar ali; e quem dissecasse os tecidos que a formam acabaria encontrando o pensamento na ponta do escalpelo. – Isso não acontece e nunca acontecerá. O cérebro realmente é o órgão do pensamento; é até mesmo provável que não possamos pensar sem que fenômenos físicos ou químicos se operem simultaneamente no cérebro. Mas o cérebro não é o pensamento e o pensamento não mora no cérebro, pois, se residisse nele, seria encontrado. E forçosamente não está em outro lugar. Portanto, não está em lugar nenhum; não tem um lugar no espaço; tem uma duração, como o sentimento, mas não tem extensão.

Finalmente, para concluir essa enumeração, vamos considerar uma terceira ordem de fatos: uma resolução tomada, uma decisão, por exemplo. Digo a mim mesmo que vou começar a estudar para ser aprovado no exame. Tomo essa resolução num certo momento determinado; portanto, é possível designar para ela um lugar na duração, no tempo; mas será possível atribuir-lhe um lugar no espaço? É verdade que posso dizer que fui eu que tomei essa resolução e que estou aqui e não em outro lugar. Mas será mesmo o eu que está aqui, que reside nesta sala quando me movimento? É o corpo. Mas essa força que chamo de *eu*, que chamo de *mim*, não posso dizer que ela esteja no meu corpo, pois, se estiver, está onde? – Portanto, é para facilitar a linguagem que localizamos, isto é, fixamos num lugar determinado os fenômenos ou objetivos que acabamos de examinar. Na realidade, eles não são localizáveis. Esses diferentes fatos pertencem a categorias distintas, sem dúvida, e todos se produzem na duração, todos ocupam um certo tempo; mas não têm extensão, estão fora do espaço e escapam a ele. São chamados de fatos psicológicos.

Definimos os fatos psicológicos de um modo preciso dizendo que esses fatos têm como característica própria poderem ser localizados na duração mas não no espaço, ocuparem tempo mas não extensão.

É nisso, aliás, que se distinguem dos fatos físicos. Um fenômeno físico, a queda de uma pedra, por exemplo, também ocupa tempo. Essa queda começa e termina em momentos determinados; mas é possível indicar o ponto do espaço onde ela começa e o ponto do espaço onde termina. Portanto, é um fato físico; portanto, não é um fenômeno psicológico.

Essa diferença radical que separa os fenômenos psicológicos dos outros fatos estudados pela ciência acarreta outras [14] diferenças.

Os fenômenos que acontecem diariamente no mundo material nos são revelados pelos sentidos. Nossos sentidos, como veremos, têm como órgãos nervos, um sistema nervoso; e precisamente porque esses nervos são tocados por coisas externas é que tomamos conhecimento dessas coisas. Fenômenos físicos que não impressionarem nossos sentidos não podem ser conhecidos por nós e permanecem ignorados para sempre. Mas, justamente porque nossos sentidos só entram em ação quando seus órgãos receberem uma estimulação física, esses sentidos só podem perceber objetos extensos. Percebemos, por exemplo, um odor: isso acontece porque moléculas se desprenderam do objeto odorante e vieram tocar nossa mucosa. Mas a molécula é algo que tem uma grandeza, que tem extensão, que ocupa espaço; e quando um fenômeno não ocupa uma extensão, quando não tem um lugar no espaço, como nossos sentidos poderiam percebê-lo? – Essa simples observação é suficiente para sugerir-nos que os fenômenos chamados de psicológicos não podem ser conhecidos pelos sentidos. Então, como temos conhecimento deles? Por uma faculdade especial, que teremos oportunidade de estudar com detalhes e que se chama consciência. É ela que nos informa que estamos tristes ou que estamos alegres, que tomamos uma resolução, que nossos pensamentos se voltam para um determinado bem. A consciência é, portanto, uma faculdade de observação interior. É como uma luz projetada sobre os fatos dessa ordem particular que são chamados de psicológicos. A consciência, como falaremos mais adiante, é essa nossa faculdade ou esse nosso poder de conhecermos a nós mesmos. É um sentido interno. – Portanto, ao passo que os fatos do mundo físico são conhecidos pelos sentidos, os fatos psicológicos só podem ser percebidos pela consciência. Por isso frequentemente são chamados de fatos ou fenômenos de consciência.

Por fim, devemos destacar que todo fenômeno que ocupa extensão se presta à medição. Assim, medimos uma dilatação, uma atração, um movimento etc., mas, inversamente, só podemos medir o que ocupa extensão. Isso porque toda medida implica uma superposição efetuada ou possível. Dizer que uma coisa é o dobro de uma outra é dizer que esta aqui, posta naquela ali, caberia nela duas vezes. Dizer que 6 é o dobro de 3 é simplesmente expressar que 3 metros, por exemplo, podem ser postos duas vezes numa extensão de 6 metros; que, se tivermos 6 maçãs, por exemplo, poderemos obter as 6 maçãs alinhando 3 maçãs e 3 maçãs. Não há outro modo de entender a medida. Dizer que uma temperatura é duas vezes mais alta que uma outra é dizer que a coluna termométrica, contada num caso a partir de zero, pode ser posta duas vezes na coluna termométrica contada a partir de zero no mesmo termômetro em outras circunstâncias. – Ora, os fatos psicológicos, como não ocupam espaço, não podem ser superpostos; portanto, não são mensuráveis. Realmente, o que significaria uma dor ser o dobro de uma outra dor? Concebe-se bem, a rigor, que uma dor é mais intensa do que uma outra, que sofreremos mais com a perda de um amigo íntimo do que com uma picada no dedo, mas ninguém ousaria afirmar que a primeira dor seja dez, quinze vezes maior do que a segunda. Aqui a medição é impossível. Não há grandezas desse tipo capazes de uma superposição viável. Essa é uma terceira característica do fato psicológico. Apesar de real, apesar de passível de intensidade, ele possui uma intensidade que não pode ser medida.

Portanto, para concluir, o fato psicológico é aquele que, ocupando um lugar na duração, não ocupa um lugar na extensão[1]; que, escapando aos sentidos, só é percebido pela consciência; por fim, que, apesar de sujeito a intensidade, não admite medida.

6ª Aula
Distinção entre fatos psicológicos e fatos fisiológicos
A psicologia fisiológica

[15] Antes de expormos nosso método em psicologia, precisamos examinar as pretensões de uma certa escola que nega a legitimidade de uma psicologia possuidora de seu método próprio e que gostaria de reduzir a psicologia à fisiologia. É a escola da psicologia fisiológica, cujo chefe é o alemão Wundt. – Os pontos de vista dessa escola não deixam de ter analogia com os que já há algum tempo eram sugeridos por um célebre filósofo francês, Auguste Comte, o chefe da escola positivista –.

Primeiro vamos estabelecer claramente a distinção que nos parece que deve existir entre o fato psicológico e o fato fisiológico.

Se formos acreditar nos materialistas, o sentimento, o pensamento, a vontade seriam apenas, como dizem eles, funções do cérebro. Dizem que o cérebro secreta o pensamento como o fígado secreta a bílis. Os chamados fenômenos psicológicos sempre se reduzem a movimentos moleculares, a fenômenos físicos ou químicos que se produzem no sistema nervoso. Mas, então, por que instituir uma ciência especial cujo objeto seria estudar o sentimento e o pensamento, sendo que o estudo do cérebro é amplamente suficiente? Não existe uma ciência distinta que estude os movimentos do coração; esse estudo cabe à fisiologia. Então, por que existiria uma ciência especial para examinar ou esmiuçar as funções do cérebro? Isso deve ser simplesmente um capítulo da fisiologia.

É fácil responder atacando o próprio princípio dessa argumentação. Realmente, será possível confundir o fato psicológico com o fato fisiológico e considerar o pensamento, o sentimento, a vontade como funções do sistema nervoso? – Em fisiologia entende-se por função um conjunto de movimentos. Quando, por exemplo, se diz que a digestão é uma função, entende-se com isso que se pode observar um sistema de movimentos bem coordenados, cujo resultado é a assimilação dos alimentos. Assim, dizer que o pensamento é uma função do cérebro é admitir, como aliás admitem esses filósofos, que o pensamento pode ser identificado com movimentos moleculares que se realizam no cérebro. – Ora, sob essa forma a teoria é evidentemente insustentável. Pois, afinal, que semelhança se pode encontrar entre os deslocamentos de moléculas e uma ideia, a ideia de filosofia, por exemplo? Por mais que se analisasse um movimento, nele se encontraria uma certa velocidade, uma certa direção, mas nunca se descobriria a consciência, isto é, a faculdade de tomar conhecimento de si mesmo e de outras coisas. Eles têm razão de dizer que o fígado secreta a bílis, pois basta dissecar o fígado para encontrar a bílis. Mas, quando dizem que o cérebro secreta o pensamento, enunciam uma proposição ininteligível, pois, por mais que dissequem o cérebro, nele encontrarão matéria cerebral, poderão observar deslocamentos de moléculas, porém nunca encontrarão nem o pensamento nem o sentimento.

Isso porque entre o fato psicológico e o fato fisiológico há profundas diferenças, que já observamos quando distinguíamos os fatos psicológicos dos fenômenos físicos em geral. O fato fisiológico é realmente apenas um fenômeno físico ou um conjunto de fenômenos físicos ou químicos.

[16] Portanto, ele é localizável. Assim, podemos dizer que a digestão se opera em órgãos bem determinados; podemos descrever as artérias, as veias, o coração, nos quais ocorre a circulação. Todos esses fatos ocupam um lugar, podem ser vistos e tocados. Também podemos atribuir um lugar para os fenômenos cerebrais; eles ocorrem no cérebro. Mas os fenômenos do pensamento, do sentimento, da vontade não são localizáveis. Essa é uma diferença fundamental, já observada, entre os fenômenos psicológicos e os fisiológicos.

– É bem verdade que os materialistas e os positivistas a contestam. Muitos chegam a afirmar que é possível localizar os fatos psicológicos. Já no início do século XIX, Gall e Spurzheim, dois alemães, fundaram uma ciência, a frenologia, que se baseava inteiramente na possibilidade de localizar no cérebro as diferentes faculdades da alma. – Eles acreditavam que podiam atribuir ao espírito, ao sentimento, à memória, à faculdade artística, à energia, à honestidade etc. sedes determinadas no cérebro. Cada uma das circunvoluções desse órgão correspondia, segundo aqueles filósofos, a uma diferente capacidade da alma, de tal modo que simplesmente examinando o crânio era possível dizer quais eram as aptidões ou os talentos de uma pessoa. Essa teoria foi abandonada já há muito tempo. Hoje todo mundo admite que essa tentativa de localização mental é, no mínimo, prematura. Mas os fisiologistas, em sua maioria, são de opinião que o princípio dessa ciência não é desprovido de verdade e que, por meio de observações pacientes e minuciosas, será possível localizar os fatos intelectuais e morais. Um fisiologista bastante conhecido, o dr. Broca, provou que nos afásicos, isto é, nos que manifestam consideráveis distúrbios no modo de falar e nos quais a representação não se faz mais entre o signo e a coisa significada, a terceira circunvolução frontal esquerda do cérebro está danificada. Uma lesão dessa circunvolução provoca distúrbios da linguagem, às vezes até mesmo a perda da fala. Portanto, é nessa circunvolução que reside a faculdade de falar, de compreender signos, faculdade que distingue o homem do animal. Muito haveria a dizer sobre a localização cerebral. Os numerosos trabalhos dos fisiologistas sobre esse ponto não são concordantes, e ainda não está absolutamente demonstrado que, quanto à linguagem propriamente dita, se tenha chegado a resultados definitivos. Muitos afirmam que, quando essa terceira circunvolução frontal esquerda sofre uma lesão, indiscutivelmente ocorrem distúrbios da fala, mas que em muitos casos eles desaparecem. A conclusão seria que uma outra circunvolução do cérebro se encarregou de efetuar o mesmo trabalho. – Mas, por fim, vamos admitir como provados os resultados que alguns fisiologistas consideram como tais, vamos admitir que a localização das faculdades seja possível, seja até mesmo efetuada em certos casos, num caso em particular[2]. Acaso os trabalhos de Broca provam que a fala reside num ponto determinado do cérebro? Tal asserção não teria sentido. Tudo o que as pesquisas estabelecem é que essa circunvolução do cérebro é o instrumento material, o órgão da fala, que sem esse órgão o entendimento dos signos é impossível. Mas daí a afirmar que esse órgão é idêntico ao entendimento dos signos há uma grande distância, há um abismo; o entendimento dos signos é na verdade um fato de consciência, algo que não se pode ver nem tocar e que nunca será encontrado nessa circunvolução, por mais minuciosa que seja a análise, por mais potente que seja o microscópio. Portanto, localiza-se o instrumento material da alma sem o qual o fato psicológico não ocorreria, mas não se localiza o fato psicológico propriamente dito.

Também se veria que todo fato fisiológico pode ser estudado no microscópio ou de outro modo e, portanto, pode ser percebido pelos sentidos. Ao contrário, os sentidos nunca perceberam e nunca perceberão um fato [17] psicológico.

Também ainda, os fatos fisiológicos, embora sejam difíceis de medir por causa de sua complexidade, não escapam totalmente à medição. Assim, é possível indicar a dimensão das células nervosas, é possível medir seu movimento. Mas acaso algum dia alguém mediu uma ideia ou uma resolução voluntária?

Finalmente, para concluir, poderíamos dizer que os fatos fisiológicos têm todos um mesmo objeto, ou seja, a manutenção da vida e a conservação do indivíduo e da espécie; a digestão, a circulação etc. não têm outro objetivo. – Ora, entre os fatos psicológicos há sem dúvida, como veremos, os que tendem para essa mesma finalidade; mas a maioria ultrapassa infinitamente essa finalidade. Nossa vida moral inclui a ciência, a arte, a religião, mas não se consegue de modo algum ver como as células nervosas, se só elas existissem, viriam coordenar-se de modo que gerassem esses grandes pensamentos e esses belos sentimentos, que, aliás, não são nem um pouco necessários para a conservação da existência. Portanto, há uma diferença radical entre o fato psicológico, conhecido pela consciência, pela reflexão interior, e o fato fisiológico, que é apenas um fenômeno físico-químico, perceptível para os sentidos e localizável no espaço.

Entretanto, é preciso reconhecer que a fisiologia pode prestar imensos serviços à psicologia e que nesse sentido a psicologia fisiológica não deve ser desdenhosamente rejeitada. Pois, se é impossível confundir um fato psicológico com um fato fisiológico, um pensamento com um movimento cerebral, ainda assim é muito plausível que esses fenômenos se correspondam, que sejam, como se diz em matemática, função um do outro, isto é, que um determinado fenômeno psicológico provavelmente corresponda a um fato fisiológico também determinado. Essa estreita correspondência entre a alma e o corpo, entre os fenômenos do pensamento ou do sentimento e os fenômenos nervosos, é algo que várias vezes teremos oportunidade de ressaltar. Se o homem possuísse instrumentos de observação suficientemente aperfeiçoados, se pudesse acompanhar no cérebro, na medula espinhal, nos filamentos nervosos todos os movimentos executados pelas moléculas ou átomos, poderia, por assim dizer, acompanhar em todas suas fases a operação pela qual é gerado um pensamento ou um sentimento[3].

Vamos tomar um exemplo. Durante alguns meses ou anos, diversas vezes tive dores de estômago. Essas dores que senti são fatos psicológicos percebidos pela consciência. Depois, um belo dia me dou conta de que meu caráter se deteriorou, de que me tornei melancólico e taciturno. Novamente é a consciência que me informa isso. Sem dúvida é possível que as dores de estômago sejam a causa física desse estado moral de tristeza. Mas não é certeza; talvez haja outras causas. A observação pela consciência não me informa que os primeiros estados, os de dor física, sejam necessariamente causas do último. Mas agora vou supor que processos de observação infinitamente aperfeiçoados me permitam analisar num momento qualquer a substância nervosa. Poderei acompanhar dia após dia e mesmo hora após hora as modificações causadas nessa substância e estabelecer irrefutavelmente que as dores acumuladas provocaram essa transformação nervosa que corresponde à melancolia. E, em vez de ter em mãos apenas alguns elos da corrente, como acontece quando se observa unicamente por meio da consciência, eu possuiria todos os elos intermediários.

Efetivamente, entre os fenômenos que se produzem em nosso corpo, há muitos que não chegam até a consciência e que a [18] observação fisiológica pode ser a única a evidenciar. Portanto, o método fisiológico talvez possa, algum dia, prestar imensos serviços. Mas por enquanto, como veremos, os resultados obtidos têm pouquíssima importância em comparação com os que a observação interna pela consciência fornece.

7ª Aula

Método da psicologia
I: O método subjetivo

Como o fato psicológico é conhecido pela consciência, o método por excelência empregado em psicologia deverá ser um método de observação interior. A consciência ou, como também se diz, a reflexão interna é o instrumento de conhecimento a que sempre se deverá recorrer na pesquisa dos fatos e leis psicológicos. Às vezes se dá a esse método o nome de método subjetivo. Veremos que em filosofia se entende por subjetivo tudo o que é interior ao eu, tudo de que tomamos conhecimento unicamente pela consciência. O eu e o sujeito são dois termos sinônimos.

Ao contrário, dá-se o nome de objeto a tudo o que é exterior ao eu. Assim, a sensação de uma picada de alfinete é algo subjetivo, pois a sensação só existe no eu, na pessoa moral. Mas o arranhão feito pelo alfinete, arranhão esse que tem uma forma, que ocupa uma extensão, é algo objetivo. Portanto, o método objetivo é aquele que recorrerá a outras fontes, e não aos testemunhos da consciência. Disso se conclui, por fim, que o método por excelência em psicologia será o método subjetivo, a reflexão interna, a observação pela consciência.

Convém examinarmos agora quais são as vantagens e quais são os inconvenientes desse método. O método subjetivo tem sobre todos os outros a grande vantagem de, primeiramente, não poder nos enganar e, em segundo lugar, de não poder ignorar os fatos dos quais a alma é o palco. Vamos insistir sucessivamente nesses dois pontos.

Em primeiro lugar, ele não pode nos enganar: a consciência, pelo menos num certo sentido, é infalível. E realmente, como se explica que nossos sentidos nos enganem com tanta frequência? Em muitos casos, é porque as coisas são diferentes do que parecem. Penso que estou vendo um cilindro e é um prisma, ou vice-versa. – Mas, quando se trata de um fato psicológico, a consciência não pode vê-lo diferente do que é, porque ele é exatamente o que parece. Para ele, parecer e ser são uma coisa só. – Por exemplo, se julgo ter uma sensação de picada, realmente a tenho. Que diferença pode haver entre ter uma sensação e imaginar que a tenho? A diferença só existe nas palavras; não existe nas coisas. Sem dúvida posso acreditar que um alfinete está me picando, sendo que não há alfinete, mas a sensação não consiste nisso. Essa crença é apenas uma suposição referente à causa da sensação. Essa suposição pode ser falsa, errônea, mas quanto à picada não há meio-termo: ou julgo senti-la e realmente a sinto, ou não a sinto. – O mesmo acontecerá com todos os fenômenos psicológicos. [19] Que diferença uma pessoa poderá fazer entre julgar que está triste e realmente estar, entre amar e julgar que ama? Os moralistas e os romancistas farão sim, é bem verdade, uma diferença entre esses dois estados; vão empenhar-se em provar com exemplos que alguém julga ter um sentimento e que isso é pura imaginação. Mas o que acabam provando é que esse sentimento não era duradouro. A pessoa julgava que ele duraria, mas se evaporou. Enquanto julgava que o sentia, incontestavelmente o sentia. – Portanto, a consciência tem sobre as outras faculdades de observação essa superioridade de não poder perceber outra coisa em vez do que é, pois não recorre, como as outras, a um instrumento diferente de si mesma, que talvez altere a verdade. Um microscópio talvez deforme os objetos que examinarmos com ele. O próprio olho não vê as coisas tais como são: a física nos prova isso. – Mas é impossível que um fenômeno de consciência seja diferente do que parece, pois no seu caso a aparência e a existência são a mesma coisa. É por isso que as observações dos fisiologistas, por exemplo, estão sujeitas a uma infinidade de contestações, que os estudos feitos sobre o cérebro, sobre o sistema nervoso, são sempre discutidos e muitas vezes reduzidos a nada por outros trabalhos, ao passo que as análises psicológicas feitas pelos grandes moralistas, pelos psicólogos eminentes, são eternas[4].

Dizíamos, em segundo lugar, que a consciência não pode ignorar nenhum dos fatos psicológicos.

Esse é realmente um segundo privilégio que ela não compartilha com nenhum outro instrumento de observação. Quantos fatos permanecem ignorados pelo físico, pelo químico, pelo astrônomo! Por mais potentes que sejam o microscópio ou o telescópio, sempre se podem conceber instrumentos ainda mais potentes que nos revelarão novos mundos no infinitamente pequeno ou no infinitamente grande. Mas a consciência não pode ignorar nenhum dos fatos que tem a função de conhecer; pois um fato psicológico só existe com a condição de ser conhecido pela reflexão interior, pela consciência. Como imaginar uma sensação, um sentimento, dos quais não tivéssemos nenhuma consciência? Já não seria uma sensação nem um sentimento, pois não podemos sentir sem perceber que sentimos. Foi em vão que alguns psicólogos imaginaram fatos psicológicos inconscientes[5]. Mostraremos mais adiante que essa é uma hipótese ininteligível ou uma expressão malfeita. Portanto, a consciência sabe tudo o que se passa na alma e percebe sem erro ou ilusão de nenhuma espécie o que ali se passa.

Mas não se deve ignorar que a observação pela consciência apresenta graves inconvenientes, que estão ligados muito mais à natureza dos fatos observados do que ao método utilizado para conhecê-los. É que os fatos psicológicos são de uma complexidade extrema, de uma complexidade perto da qual os fenômenos físicos, químicos etc. parecem extraordinariamente simples. Veremos que as percepções, as ideias mais elementares, as de uma árvore, de uma mesa, de um objeto material qualquer, são na verdade compostas de um número considerável e quase infinito de ideias elementares, das quais essa percepção ou essa ideia é apenas a reunião ou a síntese. Como será então quando passarmos para noções mais elevadas, que são utilizadas em matemática e em metafísica?

Ora, a consciência nos revela sem dúvida a existência do fato psicológico, mas na maior parte do tempo é incapaz de pôr em evidência a infinita multiplicidade de elementos que concorreram para sua formação. Certamente um esforço de reflexão, uma atenção contínua permitem-nos analisar até certo ponto o fenômeno psicológico e esclarecê-lo em partes. Mas essas partes, por sua vez, são sempre [20] grupos muito complexos, e mesmo o psicólogo mais perspicaz nunca chega até os elementos simples que integram o conjunto.

É justamente por isso que o método psicológico de observação pela consciência, excelente quando se trata de descrever simplesmente os fenômenos psicológicos, é extremamente fraco quando lhe pedimos as causas, o porquê dos fenômenos. É que quase sempre essas causas são de uma complexidade infinita. Neste momento uma ideia atravessa subitamente minha mente, a ideia de infinito, por exemplo. Se eu quisesse saber exatamente por que essa ideia se apresenta a meu espírito neste momento, teria de recapitular todas as ideias, todos os sentimentos que se sucederam em minha mente desde o dia em que nasci. Pois todas essas ideias formam uma cadeia ininterrupta, todos esses fatos psicológicos provavelmente estão interligados. E para explicar o estado atual de minha mente eu teria sobretudo de levar em conta as influências hereditárias, ancestrais, que se exercem sobre mim neste momento. Pois uma infinidade de hábitos mentais, de inclinações, de disposições, de vícios e virtudes me foi transmitida por meus ancestrais[6] desde os tempos mais remotos. Um fato psicológico que ocorre num determinado indivíduo está recheado, por assim dizer, com todo o passado desse indivíduo e de seus ascendentes.

Diante de tal complexidade, como pretender chegar a uma análise exata e a um número restrito de causas? É isso que leva a psicologia, como veremos, a enunciar tão poucas leis, isto é, proposições gerais estabelecendo relações de causa e efeito.

Ela é hoje, e ainda será por muito tempo, praticamente apenas uma ciência descritiva, ou seja, uma ciência incompleta, algo intermediário entre a ciência propriamente dita e a literatura. Pode-se até mesmo conjeturar se algum dia a psicologia chegará a ser uma ciência precisa, como a astronomia, como a física ou a química, como a própria fisiologia. Isso porque a ciência verdadeiramente digna desse nome é a que possuir instrumentos de medida, a que for capaz de recorrer ao cálculo, a que resultar em fórmulas matemáticas. Uma ciência é tanto mais avançada quanto mais se aproximar da forma matemática. Ora, os fatos psicológicos não são mensuráveis, como já dissemos no início. É duvidoso que algum dia o cálculo tenha domínio sobre eles; portanto, é duvidoso que a psicologia, a não ser que renove totalmente seus métodos e até certo ponto seu próprio objeto, algum dia seja algo além de uma descrição menos ou mais profunda da alma humana.

São esses os grandes inconvenientes do método subjetivo, ou, falando mais precisamente, essa é a grande dificuldade, a dificuldade quase insuperável que opõe o fato psicológico, por sua própria natureza, à ciência rigorosa e matemática.

Apenas a título de informação, citaremos objeções muito menos graves, objeções quase pueris, levantadas contra o método de observação pela consciência.

Disseram, por exemplo, que o psicólogo observava a si mesmo por meio da consciência, mas não observava os outros homens, e que assim chegava a conclusões totalmente pessoais. Afirmam que nada prova que um outro encontrará em sua consciência o que encontro na minha. Seria o mesmo que criticar o anatomista por não dissecar todos os corpos vivos sem exceção e por generalizar os resultados fornecidos pela observação de um único cadáver. Toda ciência é obrigada a admitir que os fatos e as leis são os mesmos para todos os indivíduos de uma mesma espécie, exceto no caso de anomalias, de doenças físicas ou [21] morais.

Contudo, entre essas velhas objeções contra o método de observação interna, há uma que não deixa de ter alguma pertinência. – Acaso a observação pela consciência, dizem alguns filósofos, não altera o que pretende observar? Certos fenômenos psicológicos não são de tal natureza que se transformam quando dirigimos a atenção para eles? Podem-se citar todas as paixões, por exemplo. Um capítulo especial é dedicado a esse estudo em psicologia. – Pretende-se analisar as paixões; mas, se tento analisar a paixão enquanto a estou sentindo, será que realmente a sentirei? Acaso ela não tem como característica essencial ser irrefletida, excluir a reflexão interna? Assim que me disponho a analisar minha cólera, ela desaparece. – Há muita verdade nessa objeção e isso até mesmo explica que o estudo das paixões seja em psicologia um dos que apresentam os resultados menos satisfatórios. Mas é preciso notar que há uma infinidade de fatos psicológicos que não eliminamos ao observá-los. São inclusive os mais numerosos. E mesmo no caso de que estamos tratando, o das paixões, não é impossível observar retrospectivamente por meio da memória. Os romancistas descrevem-nos frequentemente e com muita exatidão paixões que eles próprios sentiram.

Uma observação grave contra o método de observação pela consciência foi apresentada por Wundt[7], cujas ideias foram traduzidas para o francês por Théodule Ribot (*La psychologie allemande contemporaine*[8] [*A psicologia alemã contemporânea*]). Segundo ele, o sistema nervoso é palco de uma infinidade de fenômenos, dos quais apenas alguns chegam à consciência de modo que se tornem fatos psicológicos; os outros permanecem no estado de simples movimentos moleculares. Assim, o psicólogo que observa com sua consciência os fenômenos A, B, C, D, E, F, G deixa de lado os fatos inconscientes B, C, D, E, que explicam a transição entre A e F, os únicos cuja existência sua consciência lhe revela. Nessa teoria a psicologia seria tão somente uma ciência falsa e desconexa, incapaz de captar as relações que existem entre dois fatos consecutivos. Nós responderemos que a fisiologia pode complementar a psicologia, mas não poderia substituí-la.

8ª Aula

Método da psicologia
II: O método objetivo e a experimentação

A observação pela consciência é o procedimento essencial em psicologia, mas não é o único. A observação pela consciência precisa ser controlada, frequentemente até mesmo esclarecida, e dá-se o nome de método objetivo ao conjunto de procedimentos usados em psicologia que são diferentes do método de reflexão interna.

Existem ciências que estão inteiramente relacionadas com a psicologia, explicam seus resultados e portanto deverão ser utilizadas pela psicologia. Vamos enumerar essas diversas ciências.

1º *Psicologia comparada* – [22] É uma ciência criada recentemente e que abrange principalmente o estudo do animal do ponto de vista psicológico. Veremos que foram feitos trabalhos notáveis sobre o instinto, sobretudo pelos naturalistas da escola de Darwin. Essa ciência tem condições de abarcar uma extensão muito grande. Isso porque entre o homem civilizado e inteligente, cujas faculdades atingiram o mais alto grau de perfeição hoje realizável, e o animal, mesmo o mais bem dotado, existe uma infinidade de intermediários. O selvagem não sente nem raciocina exatamente como nós. A criança não conduz suas ideias como o adulto. Já há muito tempo se vem observando uma diferença do ponto de vista intelectual e moral entre o homem e a mulher. Assim, o estudo comparado das raças humanas, das idades, dos sexos, faz parte da psicologia comparada. – Será que é preciso mostrar como a psicologia propriamente dita pode tirar proveito de tal estudo? Dissemos que a grande dificuldade em psicologia tinha origem na enorme complexidade dos fatos com que essa ciência trabalha. Num sentimento, numa ideia, numa paixão que parecem simples entra uma multiplicidade tão considerável de elementos que o filósofo logo de início fica desconcertado; e já mostramos aqui que os fatos psicológicos não podem ser analisados com a mesma precisão que os fenômenos ou objetos do mundo físico, justamente por causa de sua complexidade. Portanto, não haveria uma grande vantagem em observar sentimentos, ideias, paixões do mesmo tipo em seres imperfeitamente desenvolvidos ou, pelo menos, cujo desenvolvimento não atingiu a mesma perfeição que em nós? Teríamos então alguma possibilidade de lidar com fenômenos que seriam da mesma ordem sem apresentar a mesma complexidade[9]. – É indiscutível que o fenômeno da associação de ideias ficaria consideravelmente esclarecido se pudéssemos estudá-lo no animal. Ainda não se conseguiu chegar a isso. – Mas alguns filósofos, como Herbert Spencer, por exemplo, já utilizaram as observações feitas sobre o selvagem e os dados da etnologia. Quando se trata de noções muito complexas, como, por exemplo, a noção de dever, de moralidade, é fácil compreender que para reencontrar a origem, para acompanhar a formação de semelhantes ideias, seja muito útil considerá-las no estado rudimentar em seres que têm apenas num grau ínfimo a noção de moralidade. Desse modo, a pura e simples hipótese será substituída pela observação. – Por fim, recentemente foi fundada na França e na Alemanha uma nova ciência que tem como objeto o estudo da criança. Citamos na França Pérez. Infelizmente, é duvidoso que a psicologia colha desses estudos um proveito muito grande, porque a criança nasce com uma infinidade de tendências hereditárias e, justamente por esse motivo, as ideias, os sentimentos, as paixões da infância frequentemente são algo tão complexo, tão inextricável quanto os mesmos fatos psicológicos no adulto. Não se deve julgar que cada homem reproduza, por assim dizer, em sua história pessoal a evolução da humanidade e que a inteligência da criança se encontre no mesmo estado que a do homem nos tempos remotos, que a da humanidade na infância. As influências hereditárias tornam impossível tal assimilação.

2º *Psicologia mórbida* – Já há algum tempo se vem estudando a alienação mental do ponto de vista psicológico. O louco é um personagem interessante de ser observado. Isso se deve a uma razão muito simples: a loucura consiste numa desordem intelectual cuja natureza ainda não está bem definida, isso é verdade, mas o que é incontestável é que no louco há interversão ou reviravolta na ordem das ideias. Ora, assim como só se conhece bem um órgão do corpo quando se estudou a doença, assim como a fisiologia tem como complemento indispensável a patologia, assim também a psicologia mórbida pode fornecer à psicologia propriamente dita informações [23] valiosas. Basta entrar num hospício, basta conversar com o sujeito doente para perceber, por exemplo, que as associações de ideias que se produzem nele são do mesmo tipo que as de uma inteligência saudável, porém com a diferença que o sentimento de medida, o senso das proporções, está ausente. O louco, como o homem quando está sonhando, quase sempre é incapaz de avaliar com exatidão as sensações que experimenta ou as ideias que concebe. – Muito recentemente essa ciência acaba de ser aumentada com um capítulo novo. Estamos nos referindo aos estudos tão interessantes sobre o sonambulismo[10] provocado ou hipnotismo, realizados por médicos célebres, particularmente Charcot, Richet, aos quais devemos acrescentar outros menos célebres: Binet e Feré.

3º *Filologia ou ciência das línguas* – Teremos oportunidade de mostrar que a ciência da linguagem, que aliás se inspira na psicologia, pode também fornecer-lhe dados úteis. Isso porque a linguagem nada mais é que a expressão do pensamento. Ela é, por assim dizer, como uma projeção exterior; é o pensamento materializando-se por meio de um conjunto de sons. Ora, se é assim, o estudo das relações que existem entre as palavras poderá informar-nos sobre a relação que existe entre as ideias. – Vamos tomar um exemplo. Entre as ciências filológicas, a gramática comparada nos mostra que, nas mais diversas línguas, existem as mesmas relações entre os diferentes termos da oração. O que concluir disso, senão que essas relações se devem à própria constituição de nosso espírito e estão ligadas à própria maneira como nossas ideias se sucedem e se combinam? Disso vêm informações valiosas para a lógica, uma parte da qual, como veremos, pouco difere de certos capítulos da gramática geral.

– A filologia prestou outros serviços à psicologia. De fato, a mitologia comparada, que hoje é apenas um capítulo da filologia, permitiu que remontássemos até a origem das superstições antigas, e a ciência da etimologia, como veremos, fornece ao estudo das associações de ideias uma infinidade de exemplos ou de documentos inesperados.

4º *História* – Durante muito tempo, considerou-se a história como um complemento indispensável dos estudos psicológicos. Acaso não é necessário, diziam, unir ao estudo do homem de hoje o do homem em todos os tempos? – Há alguma verdade nessa observação. – Mesmo assim, até agora a psicologia parece ter dispensado esse auxílio. Seria um tanto difícil citar uma teoria psicológica importante para a qual a história tenha fornecido documentos significativos. É que a história naturalmente só é conhecida pelos textos, e os textos, memórias, documentos oficiais etc. quase sempre têm como autores pessoas pouco habituadas à reflexão filosófica. Por isso, a história nos informa sobre a superfície, sobre a parte externa das coisas, mas o andamento das ideias quase sempre nos escapa, ou então somos obrigados a reconstituí-lo por meio da hipótese. – Mas pode-se predizer que no futuro a história prestará serviços; pois hoje estão estudando essa ciência de um ponto de vista psicológico, o que quase não haviam tentado fazer até então. Nossos descendentes serão mais felizes que nós: terão sobre a psicologia de nossa época detalhes que não temos e nunca teremos sobre a psicologia das épocas passadas.

[24] 5º *Literatura* – Será que é preciso mostrar como os grandes escritores, prosadores ou poetas, historiadores ou filósofos foram todos, em maior ou menor grau, psicólogos? O que é a poesia senão a tradução, a expressão do que há de mais elevado na alma? O que é o drama senão a encenação das paixões? a comédia, senão o re-

trato dos caracteres? – Seria fácil mostrar que se pode julgar o valor de um escritor pela profundidade de suas análises psicológicas. É desnecessário insistir nesse ponto que nos é familiar –.

Agora, para terminar, só falta dizermos uma palavra sobre a experimentação em psicologia.

Deve-se notar que todos os processos descritos até aqui são processos de observação. Observar e experimentar são duas coisas diferentes. O observador constata o que é ou parece. O experimentador tenta produzir pessoalmente, em circunstâncias menos ou mais favoráveis à observação, fenômenos que deseja observar. – A experimentação é o método de análise por excelência. De fato, raramente a observação é suficiente para revelar-nos os elementos de que uma coisa é composta. Poderíamos olhar indefinidamente a água sem saber que ela é formada de hidrogênio e oxigênio. Mas, quando, colocando juntos esses dois gases e fazendo passar uma faísca elétrica, obtemos água, esse é um experimento conclusivo. – Portanto, seria desejável que em psicologia a experimentação tivesse seu lugar ao lado da observação, que pudéssemos produzir artificialmente os fatos psicológicos em condições determinadas. Então saberíamos como eles são feitos, nós pessoalmente os teríamos feito, por assim dizer.

Infelizmente, é duvidoso que seja possível fazer nascerem ou produzir à vontade os fatos psicológicos que se caracterizam precisamente pelo imprevisto. – Como cultivar artificialmente uma paixão ou um sentimento? Em última análise isso é possível; uma pessoa pode, por imaginação, colocar-se em certas condições. Assim, o romancista facilmente imaginará que está sentindo a paixão que quer descrever e desse modo a descreverá melhor ainda. Mas isso só é possível em casos muito raros.

– Entretanto poderíamos dizer que algumas ciências acessórias que dependem da psicologia admitem a experimentação. Podemos citar como exemplo a pedagogia: é possível experimentar sistemas educacionais, perceber a influência que exercem sobre o andamento e o desenvolvimento das ideias ou dos caracteres. O mesmo poderíamos dizer da legislação, embora as experiências do legislador frequentemente custem bem caro para seu país.

Se a experimentação psicológica propriamente dita é difícil, pode-se dizer o mesmo da experimentação fisiológica? Veremos durante o curso que a psicologia fisiológica e a psicofísica sugeriram experiências referentes à intensidade, à duração das sensações e que nesse sentido a experimentação indireta, aquela que se volta mais para os órgãos ou instrumentos materiais da alma do que para a alma propriamente dita, não é impossível e é relativamente fácil.

9ª Aula

Classificação dos fatos psicológicos

Uma classificação definitiva praticamente só pode resultar de um estudo profundo dos objetos que se pretende classificar. Por isso seu lugar é no final da ciência, e não no início. Por outro lado, [25] a própria complexidade dos fatos psicológicos faz com que não se possa estudá-los em bloco; é preciso dividi-los em categorias, ainda que apenas para maior facilidade. Portanto, é necessário ou pelo menos útil apresentar uma classificação talvez provisória, mas que mesmo assim se baseia em características tais que não se possa considerá-la como puramente artificial.

Ora, mesmo o exame mais sumário dos fatos psicológicos permite-nos distinguir categorias suficientemente diferentes umas das outras; é fácil comprovar isso.

Considero inicialmente o fato psicológico aparentemente mais simples: um prazer ou uma dor, uma alegria ou uma tristeza, uma inclinação ou uma paixão. Esses fatos não deixam de ter analogias uns com os outros. Realmente, os dois primeiros se repetem em todos os seguintes. A alegria e a tristeza, como mostraremos durante o curso, são apenas um prazer ou uma dor suficientemente duradouros e cuja causa imediata não é uma impressão física; não é preciso ter estudado psicologia para saber isso. A inclinação e a paixão também não são termos independentes do prazer e da dor: segundo alguns psicólogos, a atração pelo prazer e o medo da dor é que são a origem das inclinações e das paixões; segundo outros, é porque temos inclinações ou paixões que sentimos prazer ou dor, conforme essas tendências sejam atendidas ou contrariadas. Mas tanto uns como outros admitem a correlação do prazer e da dor, por um lado, com a inclinação e a paixão, por outro lado. Esses são fatos psicológicos bastante simples, que ninguém ignora e que à primeira vista apresentam certa analogia.

Vamos indagar se realmente não haveria entre esses fenômenos uma característica essencial em comum. Quando sinto um prazer, por exemplo, sem dúvida esse prazer tem sempre uma causa. Mas não é necessário que eu me represente essa causa ou que pense nela para sentir esse prazer. Assim, para algumas pessoas o sabor do açúcar é agradável. Esse é um prazer; mas, para sentir esse prazer, não é preciso pensar no torrão de açúcar que o causa. O prazer que sinto pode ser concebido independentemente do objeto externo que o produz. – Comunicam-me a morte de um amigo e isso me entristece. Essa tristeza tem uma causa independente de mim, mas, uma vez produzida, existe por si mesma; e a prova disso é que o tempo passa, deixo de pensar em meu amigo perdido e mesmo assim me resta no coração uma vaga tristeza. Ela tinha uma causa, continua a ter uma causa, porém não penso mais nela, o que prova que essa tristeza existe e subsiste independentemente da causa que lhe deu origem. – Da mesma forma, na maioria das vezes uma inclinação e uma paixão têm um objeto, transportam-nos para uma pessoa ou uma coisa exterior a nós. Mas é possível conceber a inclinação e a paixão sem esse objeto que elas perseguem. Diz-se que existem almas amantes; elas têm uma inclinação para amar. Talvez não tenham encontrado um objeto que lhes pareça digno dessa afeição. Portanto, a inclinação pode existir independentemente do objeto no qual seria aplicada. – Aí está, portanto, uma característica positiva comum aos fatos psicológicos que havíamos agrupado após um exame sumário. Esses fatos se produzem na alma ou, em todo caso, se manifestam nela independentemente da representação da causa externa, objetiva, que lhes deu origem.

Mas esses objetos têm mais uma característica em comum, agora negativa. Quer se trate de um prazer ou de uma dor, de uma alegria ou de uma tristeza, de uma inclinação ou de uma paixão, o fenômeno sempre se produz em mim, sem que eu tenha sido consultado. Veremos, ao longo de nosso percurso, [26] que a vontade pode exercer uma influência considerável sobre o prazer, a dor ou a paixão. Entretanto é apenas uma influência, nunca será uma autoridade absoluta. Esses fatos aparecem independentemente de nós e já é muito se, uma vez produzidos, deixarem-se governar ou controlar por nós.

Pois bem, esses fenômenos que, por um lado se produzem espontaneamente na alma, independentemente de nossa vontade e que, por outro lado, têm em comum não implicarem uma representação, serem puramente afetivos, chamam-se fenômenos de sensibilidade, sentimentos ou sensações, inclinações ou paixões.

Existe uma outra categoria de fatos psicológicos que têm com os anteriores uma característica em comum. Refiro-me, por exemplo, a uma ideia ou uma associação de ideias, um juízo, um raciocínio etc.

Esses são fenômenos em que sem dúvida a atividade de nosso eu tem participação. É necessária alguma iniciativa pessoal, alguma energia, para encadear solidamente as ideias, para fazer delas raciocínios lógicos. – Entretanto, é preciso dizer que, se essa iniciativa pessoal se observa em certos casos, é em casos excepcionais. Habitualmente não temos liberdade para pensar numa coisa em vez de numa outra. Por exemplo, neste momento penso em Victor Cousin. Não chamei essa ideia, ela me vem porque estou abordando o estudo da filosofia, cujo programa Victor Cousin[11] esquematizou na França. Assim, essa ideia apresentou-se por si só, e basta refletirmos um pouco para vermos que a maior parte das ideias e mesmo dos juízos está nesse caso. É apenas por exceção que fixamos nosso espírito, que conseguimos abstrair-nos das coisas que nos cercam para pensarmos somente num número determinado de objetos. – Essa é, portanto, uma nova categoria de fatos psicológicos dos quais o eu não pode ser considerado o criador.

Mas esses fatos se distinguem dos anteriores por implicarem sempre a representação de um objeto independente de nós. Penso em Victor Cousin. Esse personagem é exterior a meu pensamento. Tem uma existência objetiva independente de mim. Mesmo quando penso num objeto imaginário, em Hércules, por exemplo, represento-o como algo exterior a meu pensamento. Atribuo-lhe, talvez apenas por um instante, uma existência objetiva. Não posso, como no caso da sensação, no caso de um prazer ou de uma dor, por exemplo, acreditar que estou lidando com um simples estado de minha alma. Esse novo estado implica a representação ou mesmo a existência de coisas que não são eu. Imaginem o Universo totalmente destruído, imaginem até mesmo extintas também todas as obras do espírito. A rigor, o fenômeno sensível seria possível para o homem que sobrevivesse nessas ruínas, mas já não haveria pensamento, pois pensar é sempre pensar em alguma coisa. Penso em mim, por exemplo. Esse é um fato intelectual, pois há desdobramento da consciência. É como se houvesse duas pessoas: uma que observa e a outra que é observada, uma que é o objeto e a outra que é o sujeito.

Dá-se o nome de fatos intelectuais àqueles fenômenos que, independentes de nós até certo ponto, têm como característica em comum implicarem uma representação. Não são mais apenas afetivos, como os anteriores: são representativos.

Por fim, existem fatos ou fenômenos psicológicos que diferem dos anteriores por dependerem ou parecerem depender inteiramente de nós; quando parecem, julgamos ser seus autores. Parece-nos que poderiam não ter se produzido, que isso dependia de nós; e, antes mesmo de surgirem, dizíamos a nós mesmos que sua produção estava em nosso poder. Estarão ou não estarão? [27] Aparentemente isso depende de nós. Sem dúvida uma análise profunda desses fatos mostra que muito frequentemente nossa liberdade é incompleta, às vezes até mesmo que é ilusória: o fenômeno devia produzir-se mesmo quando pensávamos que tínhamos de escolher entre ele e seu contrário. Mas aqui só estamos nos ocupando das aparências, e é indiscutível que, quando digo comigo:

quero mover meu braço, quero escrever, quero passear, parece-me que sou sempre totalmente livre para tomar ou não tomar essas decisões –.

Dá-se o nome de determinações voluntárias aos fatos dessa terceira categoria. Consistem basicamente numa escolha real ou aparente entre dois contrários.

Distinguiremos assim três categorias de fatos psicológicos: Fatos sensíveis. – Fenômenos intelectuais. – Determinações voluntárias. – Entretanto, trataremos de incorporar a esta última categoria de fenômenos os fatos instintivos e os fatos do hábito. Pois o instinto e o hábito, como veremos, são apenas as condições ou os efeitos de determinações voluntárias –.

Às vezes se expressa de modo diferente essa divisão dos fatos psicológicos em três categorias, dizendo que a alma possui três faculdades: Sensibilidade. – Inteligência. – Vontade –.

O que se entende por faculdades da alma? Muitos criticaram a filosofia por cindir a alma humana, por dividi-la em compartimentos, por cortá-la em três pedaços: sensibilidade, inteligência e vontade. Uma objeção como essa só pode ser levantada por pessoas alheias aos estudos filosóficos. – De fato, em última análise, poderiam considerar as faculdades da alma como sendo apenas categorias dela. Dariam o nome de sensibilidade, por exemplo, ao conjunto de fatos sensíveis, o nome de vontade à totalidade das determinações voluntárias e de inteligência à massa de fatos intelectuais. Muitos psicólogos e particularmente os empíricos não dão outro sentido à palavra faculdade: é um termo cômodo para designar uma categoria de fatos psicológicos. – Nós, entretanto, iremos mais longe que eles e, de nossa parte, vemos no termo faculdade algo mais que isso: uma faculdade é uma potência ou uma energia da alma, uma capacidade de gerar ou de receber certas coisas. – A sensibilidade, a inteligência, a vontade são respectivamente potências de sentir, de pensar e de querer.

Faculdade significa precisamente poder de fazer. Isso porque a alma é sem dúvida uma força, mas uma força capaz de irradiar-se numa infinidade de direções. Podemos considerar uma a uma as direções principais e dar-lhes nomes: obtemos assim faculdades. Portanto, distinguir na alma três faculdades não é dividi-la. Ela é inteiramente sensibilidade, inteiramente inteligência, inteiramente vontade, dependendo do ponto de vista. Uma mesma fonte de calor pode dilatar uma barra de cobre, ferver água, produzir uma combinação química, sem dividir-se para isso. É uma mesma força irradiando-se em vários sentidos ao mesmo tempo ou sucessivamente. A alma humana está no mesmo caso.

Mostramos que se podiam distinguir três faculdades na alma, mas não provamos que essas três faculdades fossem as únicas.

Essa questão de saber se não poderiam ser atribuídas à alma ainda outras faculdades foi debatida entre os psicólogos deste século. – No fundo essa questão não tem grande importância. Foi principalmente para facilitar o estudo que os fatos psicológicos foram divididos em classes ou em categorias: será possível reduzir ou aumentar o [28] número dessas categorias conforme isso parecer menos ou mais útil. – Entretanto, a lógica exige que se reduza tanto quanto possível o número dessas subdivisões, que não haja subdivisões inúteis. Só esse ponto de vista é que deve ser adotado.

Porém nos vemos diante de psicólogos que tenderiam muito a multiplicar o número de faculdades da alma. Citamos em particular Jouffroy[12], um psicólogo deste século, que distingue, além das três faculdades gerais aceitas por nós no curso, uma faculdade de expressão e uma faculdade locomotora. – Não vemos necessidade de considerar a faculdade de expressar-se por signos, pela linguagem, como uma faculdade especial. Veremos que esse é um caso particular da associação de ideias, auxiliada pelo hábito, pela memória e pela generalização. – Quanto à faculdade locomotora, seria esse poder que temos de mover nosso corpo, de submetê-lo, em certos casos, à nossa vontade; mas para que distinguir uma faculdade locomotora, sendo que a vontade tem precisamente a função de tomar decisões e fazer participar delas o corpo, ao qual a alma está unida? De duas coisas uma: ou os movimentos de que se fala são movimentos involuntários, que não dependem de nós, como os movimentos do coração, do pulmão ou do estômago, e então não são fatos psicológicos: é à fisiologia que cabe estudá-los; ou esses movimentos são movimentos voluntários, e então por que atribuí-los a uma outra força que não a vontade?

Essa tendência para multiplicar as faculdades da alma é encontrada sobretudo nos filósofos escoceses e particularmente em Thomas Reid[13]. Esses filósofos, tão logo se veem na presença de um fato psicológico novo, imaginam uma faculdade nova. Assim, algumas pessoas apreciam as velhas coisas: instinto de conservação, dizem os escoceses; outras gostam da novidade, das inovações: instinto de novidade, dizem eles, como se bastasse dar um nome novo a um fato para explicá-lo.

A verdade é que é preciso reduzir o mais possível o número de classes e de categorias das faculdades. Consequentemente, agora é fácil ver *a priori* que todos os fatos psicológicos, quaisquer que sejam, podem encaixar-se em nossa classificação, e que assim há apenas três faculdades.

Realmente, todo fenômeno psicológico é um estado da alma ou um ato realizado por ela, pois afinal não há meio-termo: ou a alma está ativa ou está passiva. Isso posto, quando a alma é passiva, somente dois casos podem apresentar-se: ou ela permanece fechada em si mesma, absorvida pela consciência do que se passa em si; ou não está absorvida por essa consciência e então se representa algum objeto exterior a si mesma. – Portanto, há no total apenas três casos possíveis: – ou a alma está ativa –, ou está passiva sem representação de objeto exterior –, ou está passiva também, mas com essa representação. – Isso significa que só é possível distinguir três categorias de fatos psicológicos: os fatos de atividade: instinto, vontade, hábito – os fatos sensíveis –, os fatos intelectuais.

Deve-se observar, aliás, que na verdade os três fenômenos que acabamos de distinguir quase sempre andam juntos. Seria bastante difícil designar um fato psicológico que fosse somente sensível, [29] um fenômeno que fosse somente intelectual: – Neste momento estou falando de filosofia. Evidentemente, a inteligência desempenha o papel principal. É preciso pensar nos psicólogos que trataram das faculdades da alma e resumir suas opiniões. Mas, se eu deixasse minha inteligência vagar a meu bel-prazer, bem depressa estaria pensando em outra coisa muito diferente. É preciso que um esforço de vontade mantenha minha atenção sobre esse ponto, que eu extraia algumas proposições simples de uma quantidade muito grande de observações. Portanto, a vontade intervém tanto quanto a inteligência. Por fim, não posso entregar-me a esse estudo filosófico sem sentir alguma emoção: será prazer, se a filosofia tiver para mim alguns encantos; será um sentimento de tédio menos ou mais profundo se eu preferir outra coisa; mas enfim um elemento afetivo se unirá ao elemento intelectual, e seria fácil mostrar que sempre é mais ou menos assim. – Mas, apesar de quase sempre unidos na prática, esses fenômenos permanecem distintos em sua essência. É por isso que vamos estudá-los separadamente e, seguindo o preceito de Descartes, vamos estudá-los indo do simples para o composto. Os fatos sensíveis são mais simples que os fatos intelectuais, nos quais muito frequentemente entram como elementos compostos, e as determinações voluntárias ou fenômenos de atividade, se deixarmos de lado o instinto e o hábito, supõem a sensação bem como a inteligência. Portanto, é pela sensibilidade que começaremos.

10ª Aula

O prazer e a dor

Os fatos sensíveis, como acabamos de dizer, são os mais simples dentre os fatos psicológicos. – Isso significa que são os mais difíceis de expormos: realmente, a análise tem algum domínio sobre os fatos complexos e, embora seu estudo possa ser mais difícil, ainda assim os resultados a que se chega podem sempre ser facilmente expressos pela linguagem. Ao contrário, um fato totalmente simples quase não pode ser definido por meio de palavras. Como explicar, como fazer compreender com palavras, a quem nunca tivesse sentido um prazer, se tal ser vivo existisse, em que consistem o prazer e a dor? Portanto, neste caso uma definição científica é coisa impossível.

No entanto, pode-se indagar quais são as condições em que geralmente se produzem esses dois fenômenos.

Devemos observar que essa questão está presente ao longo de todo o estudo da sensibilidade. Isso porque teremos sensações e sentimentos, inclinações e paixões; mas veremos que o prazer e a dor estão no fundo desses diferentes fenômenos.

Aristóteles parece ter apreendido muito claramente uma das características essenciais do prazer ao reduzi-lo à atividade livre. O prazer, dizia ele, é a atividade em flor; e o filósofo escocês Hamilton, insistindo nesse ponto, explicou bem como a execução de uma atividade inteiramente livre é um prazer, dentro de certos limites. A dor será então o resultado de uma coação; será como uma atividade reprimida –.

Vamos tentar explicar essa definição, se isso é uma definição, por meio de exemplos. Toda ação ou todo conjunto de ações pode ser um prazer ou uma dor, dependendo das circunstâncias em que essa ação ou essas ações ocorrem. É um prazer ler os grandes filósofos quando os lemos com o único objetivo de conhecê-los: a atividade que [30] praticamos então é livremente desenvolvida. Mas, se lemos esses mesmos filósofos a fim de nos prepararmos para um exame que precisamos prestar, o prazer é consideravelmente menor; pode tornar-se um aborrecimento. E necessariamente se tornaria, se não fosse o poder que têm os grandes filósofos de prender nossa atenção e fazer-nos esquecer o exame para o qual os estamos lendo. – Frequentemente se observou que os jogos mais interessantes são os que exigem o maior desenvolvimento de atividade física ou moral. Haverá algo mais fatigante para o espírito, com o passar do tempo, do que o jogo de xadrez ou o uíste? Para os que apreciam esses jogos é um prazer enorme entregar-se a eles. Isso porque a atividade que desenvolvem então, desenvolvem-na livremente, e apenas para desenvolvê-la. – Mas suponham que o espírito produza essa mesma quantidade de trabalho para resolver, por exemplo, um problema de geometria que é preciso resolver sob pena de fracassar num concurso ou em outra coisa. Já não será um prazer, será uma dificuldade ou um aborrecimento, uma dor ou uma tristeza. – É um prazer caminhar por caminhar; mas nem sempre é um prazer caminhar para fazer uma visita, por exemplo.

É que a ideia de um certo objetivo exerce sobre nossa atividade uma verdadeira coação. Note-se que entre o trabalho e o jogo a única diferença é essa. Tanto no trabalho como no jogo há dispêndio de energia; mas, enquanto no primeiro caso esse dispêndio é regulado pela ideia de um certo objetivo a atingir, no segundo caso ele é inteiramente livre. É isso que faz todo trabalho poder ser um jogo e todo jogo poder tornar-se um trabalho. Um ator não sente nenhum prazer em trabalhar na peça; é seu ofício: circunstâncias materiais ou outras obrigam-no a aparecer no palco em horas determinadas. Um amador sentirá um imenso prazer em trabalhar da mesma maneira ou pior. – O que parece um trabalho cansativo, como a resolução de um problema de geometria por um aluno, pode tornar-se um jogo ou um trabalho agradável, delicioso mesmo, para o matemático que lida com a matemática por lidar, sem nenhuma coação externa. Assim, há muita verdade na ideia de Aristóteles.

Apesar disso, Hamilton[14] viu acertadamente que devia ser-lhe introduzida uma correção. De fato, mesmo a ocupação mais agradável pode tornar-se um sofrimento, gerar uma dor, quando se prolonga demais. A repetição provoca o tédio, o cansaço, depois a aversão.

Se toda atividade livremente desenvolvida é um prazer, como se explica que o prolongamento dessa atividade possa ser um sofrimento? – Um recurso será dizer, é bem verdade, que a partir de um certo momento a atividade não é mais executada livremente. Mas isso não é resolver a questão, pois se trata justamente de saber por que num certo momento a pessoa já não sente vontade de executar essa atividade. – Por exemplo, um passeio é um prazer, mas, se esse prazer durar muito, causa fadiga. A questão é saber a que se deve essa transformação. – Foi por isso que Hamilton julgou que devia corrigir a definição então aceita do prazer e da dor. O prazer, diz ele, é um desenvolvimento de atividade, mas dentro de um certo limite. Para cada faculdade nossa existe uma certa dose de atividade a ser desenvolvida. Enquanto ela não for desenvolvida, sentimos necessidade de dispendê-la, e o prazer é tão somente a satisfação dessa necessidade. E se formos mais longe, se ultrapassarmos esse máximo de atividade que cabe a cada uma das energias da alma, o resultado é um sofrimento.

Não se deve ignorar que a fórmula de Aristóteles, mesmo corrigida, está longe de dar uma definição satisfatória do prazer e principalmente da dor. A palavra atividade é um termo bastante vago; ao contrário, nada é mais preciso que as palavras prazer e dor.

[31] Como caracterizar do mesmo modo e expressar numa única fórmula abstrata essa multiplicidade infinita de sensações ou de sentimentos agradáveis ou penosos de que nossa alma diariamente é o palco; sem contar que seria um tanto dificultoso encaixar nessa definição as sensações propriamente ditas? – A rigor se compreende que um sentimento de alegria ou de tristeza corresponda a uma movimentação ou a uma suspensão de nossa atividade. – Mas, quanto à sensação propriamente dita, uma sensação de odor ou de sabor, por exemplo, como se justificaria a fórmula de Aristóteles? Como diz muito acertadamente o filósofo inglês Stuart Mill, é bastante difícil

entender como há mais atividade livre desenvolvida em beber um copo de bom vinho do que em engolir ruibarbo. Basta tomar um remédio, querer tomá-lo, para achá-lo agradável? Acaso não realizamos de bom grado, e porque sentimos sua utilidade, uma infinidade de ações que resultam em dissabores, em aborrecimentos, até mesmo em dores?

Muitos imaginam resolver a dificuldade definindo o prazer como uma inclinação atendida. – A dor seria então uma inclinação contrariada. Supõe-se que a alma seja naturalmente levada a buscar certos objetos e a evitar outros. O prazer seria então o estado em que ela se encontra quando alcançou o que procurava. O sofrimento seria aquele estado de vazio, de inquietude em que ela se encontra quando não alcançou aquilo para o que se inclinava. No fundo essa definição não difere da anterior, pois afinal a atividade da alma só pode ser concebida sob forma de inclinação. Dizer que sentimos prazer quando desenvolvemos livremente nossa atividade é afirmar que o prazer se produz quando seguimos sem obstáculo nossa inclinação.

A definição que o filósofo holandês Espinosa dá do prazer e da dor, da alegria e da tristeza, é uma definição análoga às anteriores. "O prazer, diz ele, é a passagem de uma perfeição menor para uma perfeição superior. A dor consiste na transição de uma perfeição maior para uma perfeição menor." Se aprofundarmos o sentido do termo perfeição em Espinosa, vemos que esse termo é sinônimo de atividade. Para ele, um ser é tanto mais perfeito quanto mais ativo for. "Todo ser, diz ele, tende a perseverar no ser, isto é, a agir", de modo que para Espinosa o prazer também se reduz a um aumento de atividade, e a dor, inversamente, a uma diminuição dessa atividade.

Portanto, o problema não está resolvido. Seria preciso analisar as sensações de um modo mais profundo e mais completo do que foi feito até agora; seria preciso, sobretudo, conhecer exatamente suas condições fisiológicas.

Quem sabe se o que chamamos de prazer não seria o sentimento vago ou a sensação confusa que um objeto apropriado para manter nossa saúde nos causa, e se o instinto de conservação, conservação do indivíduo ou da raça, não estaria também no fundo desses estados psicológicos? Alguns psicólogos já entraram por esse caminho. Um deles, Charles Richet[15], tentou mostrar que os odores considerados desagradáveis, aqueles que nos fazem sentir certa dor, são odores espalhados por substâncias realmente perigosas, ou então são odores análogos a eles, e que, portanto, foi o instinto de conservação que pouco a pouco nos levou a evitar tais odores e a declará-los desagradáveis. Uma explicação desse tipo está ligada à teoria da evolução. Portanto, é muito problemática. Mesmo assim, é uma tentativa de levar a análise mais longe do que se havia levado até aqui.

[32] Na verdade, uma das grandes dificuldades do problema provém de não haver uma linha de demarcação bem nítida entre o prazer e o sofrimento. Esses dois estados seguem um ao outro e mesmo se superpõem reciprocamente. – Já há muito tempo se mostrou que o prazer é incompleto se não contrastar com uma dor que ele vem substituir. Platão atribui a Sócrates a invenção de uma alegoria: "O prazer e a dor, diz ele, depois de terem sido inimigos durante muito tempo, foram condenados por um deus a caminharem acorrentados um ao outro; assim que um aparece, o outro vem logo a seguir." – Realmente, a cessação da dor já não é um prazer muito grande? É mesmo o *summum bonum* dos epicuristas. – A privação ou mesmo, muitas vezes, a continuação de um prazer não é uma dor? Alguns filósofos, partindo disso,

chegaram a afirmar que o prazer era um estado puramente negativo da alma. Consistiria na supressão da dor, que é nosso estado natural. Tal asserção é encontrada sobretudo nos pessimistas; pois é uma característica do pessimismo considerar a dor como um estado normal e o prazer como uma interrupção passageira da dor. – Há muito exagero nisso. O que se deve dizer é que a dor é um estado positivo como o próprio prazer, e que ela não é sem utilidade na vida. Segundo observa Leibniz, como saberíamos que nosso corpo está doente e exige cuidados, se a dor não viesse avisar-nos? Esse é um ponto a que voltaremos quando discutirmos as teorias pessimistas[16].

11ª Aula

A sensação e o sentimento

As sensações e os sentimentos são chamados por um nome em comum: são emoções, isto é, estados afetivos da alma produzidos por uma estimulação. São, em sua maioria, prazeres ou dores. É por isso que o estudo do prazer e da dor deve preceder o da sensação e do sentimento.

Deixando de lado o cunho geral que é comum a ambos, a sensação e o sentimento apresentam características distintas:

A / A sensação. – Chama-se sensação todo estado de alma que tem como causa imediata uma impressão física, ou seja, falando com mais precisão, uma mudança ocorrida no estado do sistema nervoso: a anatomia mostra-nos que das diversas partes do corpo partem nervos que, por desvios menos ou mais longos, vão chegar ao cérebro. Já foram comparados com fios telegráficos que vão convergir num escritório central[17]. Toda modificação que ocorrer nesses nervos, e particularmente no ponto onde eles terminam, pode dar origem a uma sensação, embora a sensação nem sempre ocorra. Assim, um alfinete espetado na pele produz determinações nervosas do tato; daí uma estimulação do sistema nervoso que se traduz em nós pela sensação de uma picada. Um raio de sol que toca nossa retina, ou seja, a expansão do nervo óptico, determina uma estimulação nervosa, de que resulta para nossa alma a sensação de luz ou de cor; e assim sucessivamente.

Essa definição da sensação permite-nos dividir em categorias as diferentes sensações.

Seu número é indefinido. Como enumerar essa infinidade [33] de estados agradáveis ou dolorosos, muitas vezes mesmo quase indiferentes, pelos quais nossa alma passa? Quantos sabores diferentes, quantos odores, quantas dores possíveis! São tão numerosos quanto as doenças, e felizmente não conhecemos todas elas.

Entretanto, visto que uma sensação procede de uma excitação do sistema nervoso, o melhor modo de classificar as sensações será basear-se na consideração das diversas partes do sistema nervoso que são sua causa, ou antes, sua ocasião fisiológica. Ora, primeiramente, existem nervos cuja função é colocar o cérebro em ligação com os diversos órgãos dos sentidos, com o olho, o ouvido etc. – Como há cinco sentidos: visão, audição, tato, paladar e olfato, já podemos distinguir cinco categorias de sensações bem determinadas. Realmente, ninguém confundirá uma sensação visual e uma sensação tátil, por exemplo. Isso se deve à diferença dos órgãos que servem de instrumentos.

Mas há uma sexta categoria de sensações, que nem todos os psicólogos admitem, mas que apesar disso pode ser acrescentada sem inconveniente às anteriores. São as sensações que poderíamos chamar de orgânicas. – Alguns psicólogos realmente admitiram como sexto sentido o sentido vital, cuja função seria informar-nos sobre o estado geral de nosso organismo. De fato, não temos como uma sensação de bem-estar quando nossa saúde é satisfatória? E acaso às diversas doenças não correspondem sensações que não são sensações visuais, nem olfativas, nem gustativas, e sim sensações gerais? – Quanto a nós, não julgamos necessário distinguir um sexto sentido, se realmente o nome de sentido for dado a uma faculdade de percepção com auxílio de um órgão especial. Mas, sem acreditarmos num sentido vital, podemos muito bem dizer que existe um grupo de sensações sem grande analogia entre si, é bem verdade, mas que apresentam essa característica em comum de informar-nos sobre o estado geral de nosso organismo. São as sensações cuja causa material, fisiológica, não pode ser determinada com precisão. Vamos chamá-las de sensações orgânicas e assim distinguiremos seis categorias principais de sensação.

Não conviria levar a redução mais longe do que fizemos?

Alguns psicólogos afirmaram que as sensações talvez fossem redutíveis à unidade, assim como os objetos materiais: todos sabem que sob essa variedade infinita de objetos, de corpos que impressionam nossos sentidos, a química e a física encontraram um elemento derradeiro, o átomo. Não se poderia afirmar que cada uma de nossas sensações é um composto de sensações elementares, de tal modo que a repetição de uma mesma sensação explicasse todas as sensações aparentemente mais diversas? Essa é a hipótese desenvolvida por Herbert Spencer e por toda a escola evolucionista.

Não vamos nos deter nessa teoria, pois nos parece ininteligível sustentar que uma sensação, como a sensação de cor, por exemplo, se componha de uma infinidade de outras sensações elementares, como a sensação de choque, por exemplo. Sem dúvida essa sensação é causada por um número enorme de choques sucessivos produzidos pelos átomos de éter que vêm impressionar nossa retina; mas a sensação de cor é algo especial, *sui generis*, que em nada se parece com o choque. – Sem dúvida se poderá demonstrar também que o som só é percebido graças a uma série de vibrações que se transmitem para o nervo auditivo; assim, naquilo que chamamos de ruído há um número considerável de choques sucessivos[18]. Mas o que é múltiplo nesses dois exemplos é a causa física da sensação, não é a própria sensação; esta é indecomponível. – Mesmo assim, essa teoria evolucionista [34] é uma tentativa que merece ser elogiada. Pois o que os evolucionistas[19] se propõem fazer aqui é submeter a sensação a um estudo científico. Só se pode estudar cientificamente um objeto quando se consegue convertê-lo em elementos simples. Na verdade, a sensação, sem a menor dúvida, escapa a um estudo científico, precisamente porque as diversas sensações nada têm em comum, porque não seria possível reduzir umas às outras.

Os filósofos, psicólogos e fisiologistas contemporâneos que estudaram a sensação tinham em vista mais ou menos o mesmo objetivo que os evolucionistas. Também eles quiseram instituir um estudo científico e mesmo matemático dessa ordem de fatos.

No primeiro lugar entre os fisiologistas, devem ser citados os psicofísicos: o alemão Fechner[20] é o fundador de uma doutrina chamada psicofísica. Seu objeto foi submeter a sensação, se for possível, a uma lei matemática. Não haveria um meio de estabelecer uma relação entre a intensidade da sensação e a da excitação física que a causou? – Vamos explicar isso com exemplos triviais: todo mundo já observou que, quando se duplica, por exemplo, o número de músicos de uma orquestra, a sensação sonora que o ouvinte tem não é tão intensa quanto se poderia esperar no início: a diferença quase não é sensível. Um coro composto de quatrocentos ou quinhentos executantes produz sem dúvida um barulho mais considerável do que um coro de vinte pessoas. Entretanto, todas as vezes em que um número tão grande de executantes foi reunido, o efeito produzido sobre o público foi sempre inferior ao que se esperava. – Se vocês erguerem um peso de 10 quilos, sentirão uma certa sensação de fadiga. Acrescentem 1 ou 2 quilos a esse peso e a diferença, do ponto de vista da sensação, mal será perceptível. Portanto, parece que a sensação não aumenta na mesma proporção que a excitação física que a causa. No caso da música, por exemplo, a excitação física é uma orquestra dez, vinte vezes mais encorpada. Portanto, a excitação é dez, vinte vezes mais considerável. A sensação é mais intensa, sem dúvida, mas a diferença entre essa sensação e a anterior está longe de ser o que se poderia esperar.

Os psicofísicos indagaram se não existia uma lei matemática que permitisse determinar a intensidade da sensação quando fosse dada a intensidade da excitação. Trata-se, em outras palavras, de descobrir como varia a sensação quando a excitação varia. – Fechner, depois de realizar numerosas experiências que geralmente trataram da sensação de peso, considerou que devia estabelecer este princípio, intitulado lei de Fechner: "A sensação varia na mesma proporção que o logaritmo da excitação."

Vamos explicar o sentido dessa fórmula. Tomem-se duas progressões, uma geométrica, isto é, na qual cada um dos termos seja obtido multiplicando-se o anterior por uma quantidade constante, e a outra aritmética, isto é, uma série de números cada um dos quais seja obtido pela adição de uma mesma quantidade ao anterior; se a primeira progressão começar por 1 e a segunda por 0, diz-se que cada termo da segunda progressão é o logaritmo do termo correspondente da primeira. – Assim, considero a série de números:

1 – 10 – 100 – 1.000 – 10.000 – 100.000 – etc.

Essa é uma progressão geométrica: cada termo é obtido multiplicando-se o anterior por uma quantidade constante 10. – Considero em seguida a série de números:

0 – 1 – 2 – 3 – 4 – 5 – etc.

[35] Essa é uma progressão aritmética: cada termo é obtido acrescentando-se uma unidade ao termo anterior. – Diz-se que 3 é o logaritmo de 1.000, 5 é o de 100.000 etc. –.

Adotando-se o sistema de logaritmos que acabamos de dar como exemplo, a lei de Fechner significará o seguinte: dada uma sensação igual a 10, uma orquestra de 10 músicos, por exemplo, se o número de músicos tornar-se igual a 100, a nova sensação, em vez de ser 10 vezes mais considerável que a sensação primitiva, será igual a apenas o dobro dessa sensação; 1.000 músicos produzem apenas três vezes mais som que 10 músicos. Os discípulos de Fechner, dos quais os principais são Delboeuf[21] e Héring, dedicaram-se a outros estudos e a novas experiências.

O resultado disso é que a lei de Fechner é muito contestável, mesmo para os que admitem a possibilidade de um cálculo da sensação –.

Iremos ainda mais longe: indagaremos se tal lei não é viciosa até mesmo em seu princípio; pois afinal o que significa uma sensação ser o dobro, o triplo de uma outra? Uma explicação como essa pode ter um sentido? Acaso já não mostramos que só é possível medir o que pode ser superposto a um objeto do mesmo tipo? Portanto, só se mede aquilo que é localizável no espaço. A sensação é um fato psicológico que escapa a toda e qualquer medição. Não há dúvida de que se pode medir a causa; nada mais simples do que contar os músicos de uma orquestra, mas nos declaramos incapaz de compreender um som ser o dobro de um outro som. Tudo o que a lei de Fechner pode expressar é que a sensação aumenta mais lentamente do que a excitação, ou seja, para uma diferença bastante considerável na intensidade da excitação não há diferença perceptível na intensidade da sensação correspondente.

Pesquisas de ordem muito diferente foram feitas pelo fisiologista Weber. – Ele indagou que relação existia entre a nitidez de uma sensação e o lugar que a causa física dessa sensação ocupa na superfície do corpo, ou, falando mais claramente, quais são os diferentes graus de sensibilidade das diferentes partes do corpo. Utilizava para isso um compasso com duas pontas e indagava que distância era preciso dar às duas hastes do compasso para que as duas pontas, aplicadas simultaneamente na superfície da pele, dessem duas sensações de picada muito distintas. Onde a pele é muito sensível, basta uma distância muito pequena; onde é menos sensível, essa distância é maior; e pode-se considerar a sensibilidade das diferentes partes do corpo como inversamente proporcional à distância mínima que se deve dar às duas hastes do compasso para que duas sensações distintas se produzam. Essas pesquisas levaram a resultados precisos, mas dos quais até agora a psicologia não conseguiu tirar nenhuma conclusão.

B / O sentimento – Assim como a sensação, o sentimento é um estado puramente afetivo da alma. – A diferença é que, enquanto a sensação tem como causa imediata uma excitação física, o sentimento sempre deriva menos ou mais de uma ideia, de um fato intelectual, de uma representação. Sem dúvida o sentimento pode ter como causa primeira uma impressão física, mas essa impressão sempre começou por gerar uma ideia ou um juízo e foi na sequência do fenômeno intelectual que o sentimento surgiu.

Na verdade, num caso desses a excitação física é apenas uma ocasião, e não uma causa. Exemplo: fico sabendo que uma grande vitória foi conquistada por nossas tropas. Sinto alegria por isso; esse é um sentimento. Sem dúvida esse sentimento teve como ocasião uma excitação física. [36] Porque um mensageiro abriu a boca e emitiu certos sons que vieram impressionar meu ouvido, ou porque caracteres impressos num jornal produziram certa excitação em minha retina é que me encontro alegre. Sem essas duas excitações, sem essas ocasiões, eu não sentiria alegria. Mas são apenas ocasiões; não são causas. Isso porque a verdadeira causa de minha alegria é a ideia que faço da grandeza, da glória de minha pátria[22], fato puramente intelectual. Meu sentimento não está ligado a uma impressão física. E a prova disso é que duas excitações físicas que não têm nenhuma semelhança entre si: uma excitação do nervo acústico por palavras pronunciadas, no primeiro caso; uma excitação do nervo óptico por caracteres impressos, no segundo caso, produzem exatamente o mesmo sentimento na alma. Para a sensação as coisas aconteciam de um modo muito diferente. Cada nervo sensitivo dava lugar a uma sensação bem determinada. Mas aqui a impressão física é apenas uma ocasião, e a verdadeira causa é essa ideia, essa representação que ocorre em minha inteligência.

Assim como a sensação, o sentimento é ou agradável à alma ou desagradável. O que se chama prazer ou dor na sensação chama-se alegria ou tristeza quando se trata de um sentimento. Portanto, a alegria poderia ser definida como um prazer que tem uma causa moral, intelectual, e a tristeza como uma dor cuja causa é igualmente uma representação.

Justamente disso se conclui que a alegria e a tristeza são coisas menos efêmeras que o prazer e a dor propriamente ditos. Pois o prazer e a dor, por estarem indissoluvelmente ligados à excitação física que os causa, duram apenas quanto durar essa mesma excitação; ao passo que a alegria e a tristeza, nascidas de uma causa moral, podem durar indefinidamente, porque nossa memória, por assim dizer, não tem limites –.

Uma classificação definitiva dos sentimentos ainda está por fazer. Classificações podem ser encontradas na *Ética* de Espinosa[23], no *Tratado das paixões* de Descartes; mas esses dois filósofos misturam o sentimento e a paixão, pois no século XVII a palavra paixão tinha um sentido muito mais amplo do que hoje. – Facilita bastante dividir os sentimentos em grupos: os que se relacionam com o presente, os que se relacionam com o passado e, por fim, os que se relacionam com o futuro.

1º *Sentimentos que se relacionam com o presente* – São a alegria e a tristeza, de um modo geral. Se a alegria presente é representada como devendo perdurar, como sem limites no tempo, chama-se segurança. Se a causa dessa alegria não parece que vá prolongar-se além do tempo presente, disso resultam inquietude, receio etc. Portanto, esses diversos sentimentos – segurança, inquietude, receio – são apenas variedades da alegria e da tristeza, geradas por diferenças na representação das causas.

2º *Sentimentos que se relacionam com o passado.* – Nem todos receberam um nome. Há um sentimento *sui generis* que temos ao lembrar as misérias, os perigos pelos quais podemos ter passado. É um sentimento de tristeza, de alegria, e às vezes esses dois sentimentos estão misturados: de tristeza, porque sempre resta algo do que sofremos; de alegria, porque nos achamos felizes por havermos sofrido tantas provações e termos saído delas. Lucrécio nos diz que é doce contemplar da praia um navio açoitado pela tempestade; a mesma coisa acontece quando contemplamos a nós mesmos no passado. Contemplamos um outro eu separado do eu de hoje, que luta e que sofre.

[37] Quando à lembrança dessas tristezas passadas vem juntar-se a ideia de uma ou várias pessoas determinadas que as causaram, a tristeza sentida chama-se rancor, ressentimento. – Inversamente, a lembrança de alegrias hoje desaparecidas pode encher nossa alma de uma tristeza vaga (saudade) por causa da comparação que fazemos entre o que éramos então e o que somos hoje; ou então, para os corações de têmpera mais rija, essa lembrança poderá gerar uma alegria nova (regozijo): diremos conosco que no fim das contas tivemos nossa parcela das alegrias da vida e nos consolaremos dos infortúnios presentes. – Quando à lembrança dessa alegria se junta a lembrança de pessoas que a causaram, temos um sentimento de reconhecimento –.

3º *Sentimentos que se relacionam com o futuro* – Se o futuro aparecer-nos com um aspecto risonho, sentimos por antecipação uma parte da alegria que acreditamos que sentiremos então. É o sentimento chamado de esperança. Frequentemente se observou que a esperança da felicidade futura era mais doce que a própria felicidade.

Isso talvez se deva a que a imaginação, entregue a si mesma, se representa essa felicidade futura sob uma infinidade de formas igualmente possíveis. – Mais tarde, forçosamente apenas uma dessas formas se realizará, com exclusão de todas as outras, e assim o futuro será menos rico do que a representação que dele fazemos. – Ao contrário, se o que nos representamos é uma tristeza futura, desde já ela se expressa por uma tristeza vaga chamada temor, e o temor, dependendo de seu grau de intensidade, pode tornar-se pavor, terror, horror.

12ª Aula

As inclinações

O prazer e a dor, a sensação e o sentimento são estados da alma, mas esses estados supõem movimentos, ou pelo menos tendências ao movimento, inclinações, como se diz. O que é realmente o prazer senão uma inclinação satisfeita, a dor senão uma inclinação contrariada? Portanto, anteriormente a esses estados, existem necessidades, apetites naturais que exigem satisfação. Na verdade, a inclinação é o próprio fundamento de nossa natureza. Todo ser vivo, antes mesmo de pensar ou de querer, possui certas tendências naturais ou instintivas, sem as quais não poderia conservar-se, nem desenvolver-se, nem aperfeiçoar-se.

Antes de aprofundar mais essa questão, antes de procurar a origem das inclinações, é preciso enumerá-las; e, para que essa enumeração seja sistemática, o melhor é classificá-las.

Costuma-se dividir as inclinações em três categorias, de acordo com o objeto para o qual elas tendem. Esse objeto é triplo: nós mesmos, os outros homens e por fim o que está acima de nossos semelhantes e de nós, Deus, o infinito e as grandes ideias relacionadas: o belo, a verdade, o bem.

Essa classificação deixa a desejar sob muitos aspectos. Pode-se indagar, por exemplo, se o homem é realmente capaz de sentir inclinação para as ideias. Quando amamos a verdade, por exemplo, não será porque nela encontramos nosso próprio bem, tomando-se a palavra bem em seu sentido mais elevado; e assim essa não seria uma inclinação [38] que se remete a nós mesmos? Seja como for, para facilitar o estudo distinguiremos as três categorias que acabamos de enumerar:

1º as inclinações pessoais, que às vezes são chamadas de egoístas;
2º as inclinações simpáticas ou altruístas;
3º as inclinações impessoais, que às vezes são chamadas de superiores.

Não há uma quarta categoria de inclinações, pois as inclinações que nos levam para coisas inanimadas, para vegetais, minerais, para uma boneca ou para animais podem sempre ser reduzidas a inclinações egoístas ou simpáticas. – Ou amamos uma flor por causa dela mesma, mas então a estamos personificando, ou a amamos por causa do perfume que espalha. No primeiro caso o que sentimos é uma inclinação simpática, no segundo caso é uma inclinação egoísta. – Assim também uma casa, uma boneca, um animal qualquer, um cachorro, um gato, por exemplo, podem ou ser amados por eles mesmos, e então os consideramos como amigos, personificamo-los, ou então serem amados pelo prazer que nos fazem sentir, pelos serviços que nos prestam.

I. Inclinações pessoais – Pode-se distinguir um número tão grande delas que também aqui será necessária uma classificação. O homem é ao mesmo tempo corpo e alma, matéria e espírito. Algumas de suas inclinações visam ao bem-estar material ou corporal: são chamadas de apetites. Outras se relacionam com a alma, ou seja, tendem para o desenvolvimento de todas nossas faculdades morais. São as inclinações propriamente ditas. Alguns filósofos do século XVII reduziram assim todas as inclinações pessoais a duas principais: o amor ao ser e o amor ao bem-estar; de um lado a preocupação com a simples conservação e do outro a preocupação com o desenvolvimento do aperfeiçoamento moral e intelectual.

Os apetites propriamente ditos são tão numerosos quanto as funções com que estão relacionados. De fato, a cada função do corpo vivo corresponde um apetite, o qual é tão somente uma tendência natural para exercer essa função e dessa forma conservar a si mesmo. Há inclinações que se relacionam com a digestão: a fome, a sede são apetites. Há outras que correspondem à locomoção: o desejo de movimentar-se, de não ficar parado no mesmo lugar. Cada sentido nosso é uma função, cada um deles também aspira a exercer-se ao máximo: os apetites são tantos quantas são as inclinações. É inútil enumerá-los um a um.

A enumeração das inclinações pessoais refere-se à alma e apresenta mais interesse. Dizíamos que a cada função corresponde um apetite, a cada faculdade da alma corresponde uma inclinação. Lembramos que havíamos distinguido três faculdades: sensibilidade, inteligência, vontade. Por menos que vocês tenham observado a si mesmos, devem ter percebido que instintivamente procuravam desenvolver essas três faculdades-mestras, que sentiam certo prazer nisso e que esse prazer era sempre desejado ou desejável.

Consideremos primeiramente a sensibilidade. – Não há dúvida de que cada um de nós tem uma inclinação para exercê-la, para desenvolvê-la tanto quanto possível: o gosto que as multidões sempre tiveram pelas emoções de toda espécie é prova disso. Por que frequentavam as lutas de gladiadores? Por que inclusive hoje vamos ao teatro para chorar? É que a tristeza tem seu próprio encanto; é que temos uma inclinação para sentir emoções, quaisquer que sejam, mesmo desagradáveis. Qualquer uma é melhor do que não sentir nenhuma. A ausência de toda e qualquer emoção é o vazio absoluto, é o tédio. Já se [39] observou que em certas épocas o gosto pela melancolia se propagava, e isso causou surpresa; mas não é nada extraordinário se refletirmos que a coisa mais terrível para uma de nossas faculdades é não exercer-se, e que na falta de paixões, de emoções doces e agradáveis, a tristeza e a dor têm encantos para nós. Santo Agostinho pronunciou uma frase que é muito citada: "Eu amava amar: *amabam amare*", dizia ele. Portanto, o que acontece é que há prazer em desenvolver nossa sensibilidade, qualquer que seja o objeto para o qual ela se direcione e independentemente desse objeto.

O desenvolvimento da inteligência provoca em nós, quando não é acompanhado de um esforço muito cansativo, um prazer que foi classificado entre os mais doces. Não há nada mais agradável do que instruir-se, contanto que nenhuma preocupação externa venha interferir! Vemos que os próprios animais já têm uma tendência para aperfeiçoarem sua inteligência. O instinto da curiosidade e da imitação, tão notável em certos animais, particularmente no macaco, é um exemplo disso. É lamentável que no gênero humano essa inclinação às vezes degenere, que a preocupação com as grandes coisas, com as grandes verdades, seja substituída pela curiosidade mesquinha, pelo desejo de saber o que acontece na casa do vizinho, por exemplo. Mas mesmo sob essa forma identificamos uma inclinação muito elevada, apesar de quase irreconhecível, aquela que nos leva a buscar a verdade para possuí-la e sem outra satisfação além dessa. A curiosidade, que aplicada às pequenas coisas se torna um defeito, a indiscrição, pode, quando escolhe um objeto mais elevado, o conhecimento da natureza, por exemplo, ser o estimulante do gênio. Assim, o amor à ciência, a busca desinteressada da verdade, essa é a inclinação da alma com relação à inteligência.

Por fim, consideremos a vontade. – Todo mundo sabe que é uma necessidade imperiosa desenvolver em si a faculdade de querer. Já na criança se nota essa preocupação com o mando. Acaso não a vemos, em suas brincadeiras, escolher chefes, e principalmente procurar ser ela a escolhida? Ambição é o nome que se dá a essa inclinação, porém desde que vise à dominação, ao poder pelo poder. Num ensaio notável[24], um moralista muito conhecido, Prévost-Paradol, distingue duas espécies de ambição: uma que não merece esse nome, porque é apenas uma forma do amor à riqueza, ao prazer; é a ambição mesquinha daqueles que visam comandar, a serem os senhores, a fim de se apossarem das vantagens materiais ligadas ao poder. Mas há uma outra ambição, a verdadeira inclinação da vontade: é a inclinação para comandar por comandar, para ser o senhor para saber que se pode querer e querer grandemente, de modo que aquilo que se quer se torne a própria realidade. Essa foi a ambição dos grandes homens, ambição frequentemente condenável, por causa das consequências que às vezes provoca, mas que é moral em seu princípio.

Ao lado dessas inclinações que poderiam ser chamadas de elementares, há outras que resultam das combinações entre elas. Poderíamos multiplicá-las infinitamente. Todo gosto é uma inclinação e, se for uma inclinação pessoal, só pode resultar da combinação das inclinações enumeradas. É uma análise que cada um poderá fazer por si. O amor à riqueza, o instinto de propriedade, será uma forma de inclinação para desenvolver a sensibilidade, a inteligência e a vontade. De fato, por que amamos o dinheiro, se não for porque ele nos permite desfrutar certas emoções e cultivar nossa inteligência e mesmo, em certa medida, comandar os outros?

13ª Aula

As inclinações (continuação)

[40] II. Inclinações simpáticas ou altruístas – Todas essas inclinações têm uma raiz comum. Todas derivam da simpatia, da qual são apenas formas diversas.

A simpatia, como a palavra indica, é essa nossa tendência para sentir o que os outros sentem, para compartilhar suas alegrias e seus reveses. – Há uma simpatia totalmente física que não dominamos e cuja razão talvez deva ser procurada nas condições fisiológicas de nossa natureza. Assim, não podemos ver pessoas bocejarem com frequência sem bocejarmos também. A visão de lágrimas leva-nos insensivelmente à tristeza. Acaso podemos olhar um hércules qualquer levantar um peso com grande dificuldade sem repetirmos mentalmente esse esforço e exteriorizarmos isso pelas contrações de nossos músculos ou de nosso rosto? – Mas ao lado dessa inclinação puramente fisiológica há uma outra, de ordem mais relevante. Dificilmente podemos presenciar um sofrimento sem compartilharmos dele, sem sofrermos também. Isso é a piedade.

Inversamente, tomamos parte nas alegrias de nossos amigos, às vezes mesmo nas alegrias de um estranho, como acontece quando estamos no teatro.

Qual é a origem dessa inclinação? Esse é um problema que poderemos tentar elucidar mais tarde. Por enquanto, vamos indagar quais são as inclinações que derivam dela, ou mais precisamente quais são as diversas formas da simpatia. Também aqui vamos situar as inclinações de acordo com seu objeto. Há inclinações que se relacionam com a família. Assim, humanidade, pátria, família são três círculos cada vez mais estritos[25]. Inclinações simpáticas ou filantrópicas, inclinações patrióticas, inclinações domésticas são as três classes de inclinações que correspondem a eles.

1º *Amor à humanidade* – Piedade, caridade, filantropia são os nomes dados a essa inclinação. São tendências da sensibilidade; são também virtudes, pois, embora sejamos naturalmente propensos a elas, dificilmente podemos segui-las na prática sem aceitarmos algum sacrifício, e é nesse sacrifício que consiste a virtude. É por isso que no curso de moral teremos de voltar a essas inclinações; então as chamaremos de deveres, de virtudes. – Às vezes são colocadas nessa categoria as chamadas inclinações eletivas: são as inclinações cujo objeto é um ser humano, mas um ser que foi especialmente escolhido por nós, não porque é um ser humano, não porque é um concidadão, não porque é um parente, mas porque é ele que tem qualidades ou defeitos que nos agradam: o amor e a amizade são as duas formas dessa simpatia, são as duas inclinações eletivas –.

2º *Amor à pátria* – O amor à pátria é um instinto profundamente enraizado. Às vezes precisa ser despertado.

É raro não o encontrarmos muito vivaz justamente onde o julgávamos dormente. – Veremos aqui que se discute sobre sua origem. Alguns acreditam que é tão antigo quanto a própria humanidade. Outros veriam nele um hábito, alguns até mesmo um logro; mas não importa. O instinto existe e pode assumir muitas formas, pois há [41] diversas maneiras de amar a pátria, e pode-se dizer que essa inclinação está ligada a todas as outras, visto que ninguém poderia aperfeiçoar a si mesmo sem contribuir de alguma forma para a grandeza, a prosperidade da pátria. – Este é um paradoxo muito antigo: o amor à pátria, a inclinação patriótica, pode ser um obstáculo para o amor à humanidade. Acaso não devemos auxiliar-nos mutuamente, todos nós? dizem às vezes. Por que estabelecer barreiras? Por que preferir os que por acidente falam a mesma língua, vivem sob as mesmas leis que nós? Um sábio estoico dizia: minha pátria é o mundo inteiro. Não temos de discutir aqui essa questão de moral; a psicologia limita-se a observar os fatos e deles extrair consequências. Ora, a observação psicológica nos mostra que esses dois instintos, amor à pátria e amor à humanidade, longe de se excluírem, pressupõem-se mutuamente. Quem não ama sua pátria, seus concidadãos, é quem não sabe fazer sacrifícios. Como pedir-lhe que ame a humanidade inteira? Quem cultiva as virtudes cívicas ao mesmo tempo que prefere seus compatriotas saberá, se for o caso, pensar em outros além de si mesmo. – E por isso os que professam amar todo mundo indiferentemente são os que amam apenas a si mesmos; daí o sentido desfavorável erroneamente associado à palavra filantropia.

3º *Amor à família* – Vêm por fim as inclinações domésticas, o amor à família, aos pais, aos irmãos e irmãs. Também aqui, como veremos no curso de moral, há muitas discussões, particularmente sobre a questão de saber se essas inclinações são naturais, se são inatas, se sempre o foram, se não seriam um produto artificial da civilização. Por enquanto isso não nos interessa. Constatemos que essas inclinações existem hoje, que na maior parte do tempo são as mais profundas e as mais duradouras dentre as inclinações simpáticas. – Também aqui encontramos novamente o paradoxo que contestávamos há pouco. Platão nos diz que as inclinações domésticas, o amor à família, são capazes de retardar ou impedir o desenvolvimento das inclinações patrióticas. Platão nos expõe em sua *República* um sistema de educação. Ele gostaria que a criança fosse criada pelo Estado, que nem sequer conhecesse seus pais, que se habituasse desde a infância à ideia de que é cidadão. Assim as inclinações domésticas, o amor à família, cederiam seu lugar para o amor ao país. Responderemos com a mesma objeção ao que consideramos um sofisma análogo, e isso nos será ainda mais fácil porque já na Antiguidade Aristóteles se encarregou disso. Como amar a pátria, diz ele, se já não se tiver uma família para amar? Acaso não é no seio da família que se aprende a pensar nos outros, a fazer pequenos sacrifícios para mais tarde fazer grandes? Não é no lar que tem lugar a escola do patriotismo, a aprendizagem das virtudes cívicas? E ele tinha razão, pois as inclinações simpáticas são de tal forma que umas pressupõem as outras, e ninguém poderá ser um homem de bem se não amar tanto sua pátria como sua família.

Já admitimos que as chamadas inclinações simpáticas formavam uma categoria à parte e que portanto eram distintas das inclinações pessoais. Essa distinção não é aceita por todos os filósofos. Alguns quiseram reduzir as inclinações altruístas às inclinações egoístas.

Segundo eles, a simpatia seria apenas uma forma disfarçada de amor a si mesmo, e uma pessoa nunca poderia amar nada além de si mesma: estamos fazendo alusão aqui principalmente à doutrina de um moralista do século XVII que é ao mesmo tempo um de nossos grandes escritores, La Rochefoucauld.

[42] Segundo esse filósofo, o princípio, a raiz de todas nossas inclinações, de todos nossos sentimentos, quaisquer que sejam, é o que se chama de amor-próprio, ou seja, na linguagem de hoje, o amor a si mesmo. No fundo de nossas aspirações aparentemente mais puras, por trás dos sentimentos ou inclinações que parecem mais desinteressados, segundo ele existe apenas a preocupação com o interesse pessoal. "O que os homens denominaram amizade, diz ele, é tão somente uma troca de favores, um comércio em que o amor-próprio, isto é, o amor a si mesmo, sempre busca algo a ganhar. A gratidão, diz ele, é semelhante à boa-fé do mercador, é um modo de fazer o comércio funcionar, isto é, de receber novos benefícios. A piedade é uma hábil previsão dos males por vir, o que significa que, se nos apiedamos dos outros homens é porque prevemos que um dia poderemos sofrer como eles e necessitar de seu auxílio. A recusa dos elogios, a modéstia, diz ele, é apenas o desejo de ser elogiado duas vezes, e assim sucessivamente." Assim, refinando e sutilizando, facilmente se conseguirá mostrar que todo sentimento, toda inclinação têm por objeto um prazer e, consequentemente, no fundo são egoístas.

Há alguma verdade nessa doutrina; é certo que o amor a si mesmo, o egoísmo, muitas vezes assume a forma do desinteresse. Também é certo que querer reduzir o número das inclinações dominantes, buscar uma redução à unidade, converter, se for possível, a simpatia em amor a si mesmo, tudo isso nada tem que não seja conforme com as tendências habituais da ciência. A ciência deve visar à simplicidade, e não é proibido indagar se não é um erro diferenciar o amor a si mesmo e o amor a outrem.

Entretanto, quando La Rochefoucauld chega a negar a simpatia, a piedade desinteressada, a gratidão sincera, o amor e a amizade, está se expondo a graves objeções. – Tomemos um sentimento, como a gratidão, por exemplo. "A gratidão, diz ele, é apenas um cálculo; é o desejo secreto de receber novos favores." Vamos admitir isso por um instante. Se a gratidão for um cálculo correto, é porque então engana aquele que é seu objeto. Ele se julga amado por causa de si mesmo e só é amado por causa do favor que se espera. Mas, se ele se deixa enganar assim, acaso não é porque concebe uma gratidão desinteressada? Portanto, tem a ideia dessa gratidão, e de onde lhe vem essa ideia se uma gratidão assim nunca tiver sido praticada por ninguém? Por mais que se diga que o que há é uma ilusão de sua parte, toda ilusão precisa ser explicada. Portanto, será preciso explicar-nos de onde veio essa ideia de gratidão, se a verdadeira gratidão nunca tiver existido na terra. Mas justamente porque declara essa gratidão uma hipocrisia na maioria dos casos, La Rochefoucauld admite que existe uma verdadeira, da qual esta aqui é apenas o simulacro. – "A piedade, diz ele, é apenas uma hábil previsão dos males que a própria pessoa poderá ter de sofrer." Mas, se é assim, por que inventaram a palavra piedade? Como explicar a origem de tal termo? Por que não dizer simplesmente previsão dos males por vir? A expressão será mais precisa, mais clara. Se os homens inventaram uma outra palavra, é porque essa palavra corresponde a uma outra ideia, é porque a ideia de piedade representa para nós algo que não é uma hábil previsão; e justamente porque existe uma piedade falsa que é apenas um cálculo, é inevitável que exista uma piedade verdadeira, uma piedade sincera da qual esta aqui é apenas um arremedo.

Sem dúvida a simpatia totalmente desinteressada é coisa rara; mesmo na amizade mais pura, mesmo na inclinação em que entra uma parcela mínima de cálculo, procurando bem sempre se encontrará um resquício de egoísmo e de amor a si mesmo; refinando muito e [43] jogando com as palavras, seria possível sustentar que, como o sacrifício tem encantos para quem o faz, mais uma vez é seu prazer pessoal que a pessoa busca ao sacrificar-se.

Mas quem não vê que há uma grande diferença entre o prazer tomado como um objetivo e o prazer que vem como resultado? Fingir simpatia, desinteresse, sacrifício, quando se tem como objeto o prazer pessoal, é hipocrisia. Mas desfrutar um prazer por ter se devotado, é precisamente nisso que consistem a beleza e a sublimidade do sacrifício. Diremos, portanto, que a simpatia se distingue claramente do amor a si mesmo porque, se o prazer juntar-se a ela, e de fato quase sempre se junta, esse prazer é um resultado, um efeito, e não uma finalidade.

III. Aspirações superiores – Chegamos finalmente às inclinações de ordem superior, àquelas aspirações elevadas da alma que são chamadas de amor à verdade, ao belo, amor ao bem.

O amor à verdade é inato a todos os homens. Assim, dizíamos no início deste estudo que ele se revela já na criança pequena por esse instinto que se chama curiosidade. A necessidade de uma explicação, mesmo fútil, mesmo superficial, a pergunta "por que" que vagueia continuamente em nossos lábios, são os indícios inequívocos da existência de tal instinto, de tal inclinação. Queremos entender e, nesse sentido, a necessidade de ciência é uma das mais naturais, mais profundamente enraizadas.
– O animal vive no meio do mundo material, contente

por sentir prazeres, sem se preocupar com as causas. Mas o desejo de entender, de encadear fatos, de remontar aos princípios, isso é próprio do homem, isso é que o distingue do animal, isso é que valoriza sua sensibilidade.
– É bem verdade que, se o homem é o único animal que busca a verdade, é também o único que sabe mentir. Mas nem é preciso mostrar que a mentira, por mais frequente que seja, nunca faz parte de nossa natureza. Não mentimos pelo prazer de mentir. Mentimos para obter alguma vantagem, algum proveito material. Como diz o filósofo escocês Reid, dizemos a verdade como comemos com apetite e mentimos como tomamos um remédio. Sempre que seguimos nossa natureza e não temos nenhum interesse em vista, dizemos a verdade. Portanto, essa é uma inclinação natural.

O amor ao belo é comum ao homem e a alguns animais. – Os naturalistas contemporâneos e particularmente os darwinistas mostraram que nos pássaros, por exemplo, há algum sentimento de beleza. Sabem apreciar uma bela voz e uma rica plumagem; mas neles esse sentimento não é desinteressado. É um meio a que a natureza recorre para perpetuar as vantagens individuais de alguns e para melhorar a raça. – O homem ama o belo pelo belo. O sentimento estético, como é chamado, é um sentimento desinteressado. É diferente do prazer puro e simples, como veremos. O belo não é a mesma coisa que o agradável. O que prova que realmente existe aí uma inclinação natural, e não uma necessidade artificial, uma necessidade adquirida, é que, tão longe quanto podemos remontar na história da humanidade, encontramos a atenção para as coisas belas. Frequentemente esse instinto é grosseiro, frequentemente se equivoca, mas seus próprios descaminhos provam que ele existe. O homem pré-histórico desenhava em ossos. Encontraram-se restos dessa arte primitiva. A vaidade, cuja existência nessas idades muito remotas nos é demonstrada pelos ornamentos, [44] pelos braceletes que foram encontrados, é uma forma de instinto[26] estético.

Por fim, o amor ao bem, o instinto moral, se podemos chamá-lo assim, sem a menor dúvida também é um sentimento desinteressado. Mais adiante veremos que alguns filósofos o contestam. Tentou-se reduzir esse instinto, ou essa inclinação, ao amor ao prazer ou à preocupação com a utilidade. Tentaremos demonstrar que não se poderiam explicar assim as características essenciais do bem moral, sua invariabilidade e principalmente a força com que se impõe a nós, a característica de obrigação.

Será que agora é preciso mostrar que essas três inclinações têm um princípio em comum? Se o homem é capaz de amar algo além de si mesmo, algo além dos outros homens, então é porque concebe a existência de algo que não está aqui na Terra, que ele não vê, que ele não toca, que escapa aos sentidos e que está situado fora do mundo material e finito em cujo meio vivemos. Esse princípio superior é espírito, pois escapa aos sentidos; é infinito, pois é encontrado em todas as coisas e entretanto está acima de todas as coisas. Quando falamos de Deus, é nesse princípio que estamos pensando, pois para nós Deus é justamente a perfeição absoluta, o ser que personifica a verdade, o belo, o bem, o infinito em suma. Nesse sentido, pode-se dizer que o sentimento religioso é por excelência a aspiração de nossa natureza. Todas as inclinações superiores se reduzem a essa.

Seria preciso agora, para esgotar este estudo da inclinação, buscar a origem das tendências ou aspirações de nossa natureza. De onde vêm nossas inclinações? Têm uma causa, e essa causa pode ser determinada? Até agora essa questão não foi tratada de um modo explícito pelos filósofos.

Entretanto foram feitas tentativas. O esforço mais notável nesse sentido é o de Espinosa[27]. Numa obra notável, a *Ética*, Espinosa tenta reduzir toda inclinação e toda paixão a uma única tendência fundamental, a tendência de todo ser a perseverar no ser. Todo ser, simplesmente porque existe, tende a continuar a existir e se esforçará por todos os meios possíveis para perseverar no ser. Assim, todas as inclinações pessoais se reduziriam ao zelo pela conservação e pelo autodesenvolvimento; as inclinações simpáticas terão como única razão de existir a alegria que nos fazem sentir, alegria que é como um aumento de nós mesmos, uma expansão de nosso eu; e sempre pela mesma razão, pela alegria que obtemos disso, é que buscamos a verdade, que cultivamos as ciências, que nos apegamos ao belo e que praticamos o bem, fonte de toda tranquilidade para a alma. Assim, o desejo de conservar-se e de aumentar-se, de existir o máximo possível, é, segundo Espinosa, o fundamento de nossa natureza, e todas as inclinações seriam apenas variações sobre esse tema.

A teoria da evolução de Herbert Spencer quase nada fez além de reproduzir essa ideia, de desenvolvê-la fundamentando-se em argumentos extraídos das ciências naturais e imaginando uma evolução dos seres organizados.

De nossa parte, acreditamos ter mostrado, a propósito das inclinações simpáticas, que visamos a algo mais que o desenvolvimento de nossa própria pessoa. Com muito mais razão as aspirações superiores de nossa própria natureza serão aspirações desinteressadas.

14ª Aula

As paixões

[45] A inclinação é sempre boa em seu princípio, na medida em que é necessária ou útil. Já chegaram a afirmar, não sem alguma lógica, que a inclinação tende a fazer perseverar ou a aperfeiçoar o ser vivo, o ser humano. Não seria difícil verificar essa proposição, essa tese tanto sobre as inclinações pessoais como sobre as inclinações simpáticas, e mais ainda sobre as aspirações superiores de nossa natureza. A inclinação, portanto, é algo natural, moral.

A paixão sempre tem menos ou mais o aspecto de uma doença. É um estado violento de nossa sensibilidade, é uma inclinação pervertida e degenerada. Para dar uma definição precisa, convém descrever sumariamente algumas de suas características:

1º A paixão em geral é violenta e não sabe conter-se; já a compararam a uma torrente que se precipita, a um fogo devastador. O que ressalta dessas metáforas é esta verdade psicológica: que a paixão exclui a moderação, que nunca é possível designar-lhe previamente limites precisos, que ela é sempre capaz de ultrapassar tudo o que a imaginação houver figurado, mesmo de mais excessivo.

2º Justamente disso decorre que a paixão é exclusiva: onde existir, aspira a ocupar todo o espaço. – As inclinações equilibram-se mutuamente muito bem; vivem lado a lado. Podemos amar os outros, aspirar ao belo, ao bem, à verdade, sem por isso perder de vista nosso próprio interesse, nossa própria conservação. As inclinações não apenas não se excluem: elas se atraem, implicam umas nas outras. Já mostramos isso a propósito das inclinações domésticas, patrióticas etc. – Ao contrário, é raro que uma grande paixão possa admitir a proximidade de uma outra paixão ao seu lado, pois a paixão absorve a alma inteira, leva-nos a esquecer os objetos a que até então atribuíamos a maior importância; leva-nos a perder o senso do valor exato das coisas. Tudo se torna pequeno, infinitamente pequeno em comparação com o objeto único em que nos fixamos. Tanto é assim que, quando uma grande paixão acaba, um sentimento de vazio se produz na alma. Todos os romancistas já o observaram, já o descreveram; é uma tristeza vaga, é uma desesperança, a desesperança de uma alma que não sabe mais a que se apegar, porque havia se fixado por inteiro em algo que bruscamente lhe faltou. E precisamente porque a paixão é exclusiva, porque invade a alma inteira, é que ela não deixa nada atrás de si quando desaparece, e que as inclinações mais puras, mais nobres, extinguem-se ou minguam.

3º A paixão é uma exageração. O objeto a que ela se prende lhe parece sempre melhor do que é. Precisamente porque a grandeza aparente desse objeto ultrapassa infinitamente sua grandeza real é que a paixão parece tão natural para quem a sente e tão extraordinária para os que simplesmente a testemunham.

4º A inclinação atendida dá origem, como dizíamos, a um prazer, e esse prazer não é necessariamente a causa, a razão de ser dessa inclinação. É um resultado. Assim, saciar a fome é um prazer, mas não era visando a esse prazer que a pessoa sentia fome, pois a fome é uma necessidade, uma inclinação natural e o [46] prazer é aqui apenas um resultado. Provém de essa inclinação ser satisfeita. – Sem dúvida, às vezes acontece que comemos pelo prazer de comer, e não para matar a fome: é um erro. Com isso nos expomos a doenças, porque contrariamos a natureza e não estamos mais obedecendo à inclinação, já é a paixão que entra em jogo, é a gula que surge. A paixão toma como objetivo o prazer, e essa é uma das características essenciais desse estado de alma. O prazer, embora seja apenas um resultado no caso da inclinação, é um objetivo quando se trata da paixão: beber porque estamos com sede é um efeito da inclinação. Beber pelo prazer de beber é um efeito da paixão, é embriaguez. – Disso decorre que a paixão, apesar das aparências enganosas sob as quais se apresenta, no fundo é sempre egoísta. De nada adianta ela iludir-se, enganar a si mesma com sofismas e assim chegar a crer que o que tem em vista é o bem de outra pessoa. É sempre em seu prazer pessoal, em seu próprio prazer que a pessoa está pensando, mesmo que não reconheça isso; senão, não estamos mais falando de uma paixão, mas de uma inclinação, ou seja, de um estado reflexivo e ponderado da alma.

5º Disso decorre também que a paixão exclui a reflexão, o raciocínio calmo. Isso porque o estudo frio e atento do objeto que inspirou a paixão reduziria rapidamente esse objeto às suas verdadeiras dimensões, ao seu tamanho real. Mas o que caracteriza a paixão é precisamente ou excluir o raciocínio ou deturpá-lo. Pois, quando a paixão raciocina, e às vezes ela raciocina com muita sutileza, é unicamente para justificar-se a seus próprios olhos e convencer-se de que a imaginação realmente está figurando o objeto tal como ele é.

Agora já podemos definir a paixão. Diremos que é uma inclinação exagerada e, portanto, pervertida; é uma inclinação que, exagerando infinitamente seu objeto, tende para ele com violência, exclui a reflexão ou, se admitir o raciocínio, deturpa-o antes de utilizá-lo.

Visto que a paixão é uma espécie de doença, seria conveniente buscar suas causas e, se for possível, encontrar um remédio. – As causas da paixão podem ser divididas em pelo menos duas categorias. Umas poderiam ser chamadas de causas externas ou físicas; as outras, de internas ou psicológicas.

Causas externas ou físicas. – Entre as causas externas da paixão, citaremos na linha de frente as predisposições hereditárias. Alguns autores afirmaram que nascemos com os germes de uma infinidade de doenças e que a ocasião desenvolvia uma ou outra dessas doenças às quais estávamos menos ou mais predestinados. O mesmo se poderia dizer das doenças da alma, das paixões. Nascemos com germes que anseiam por se desenvolver. Os hábitos contraídos por nossos ancestrais transmitem-se de geração em geração, às vezes saltando muitas gerações para irem atingir um descendente, sem que se possa explicar por que a natureza fez essa opção. Todos sabem, por exemplo, que a embriaguez é um mal mais ou menos hereditário, o alcoolismo, como se diz. Mas não devemos exagerar as coisas e concluir disso que o homem não é responsável quando obedece à paixão. Pois, se não há fenômenos sem causa, se não há paixões sem uma certa predisposição natural, é sempre possível cortar o mal pela raiz, resistir à paixão mesmo nascente. Para isso basta um esforço de vontade.

[47] Portanto, é erroneamente que alguns romancistas contemporâneos têm considerado a paixão como uma força irresistível, até mesmo como uma chama sagrada que arde em nós e que deve ser alimentada. Essa ideia é falsa. A paixão nunca se desenvolve sem a cumplicidade da vontade.

Nossa constituição física, que muitas vezes depende de influências totalmente acidentais, não está alheia ao desenvolvimento, com frequência mesmo à eclosão das paixões. É incontestável que quem nascer com um estômago desenvolvido, com um estômago cujas dimensões ultrapassem o tamanho normal, terá uma tendência para a gula. Mas também nesse caso o moral pode reagir ao físico e, por um esforço de vontade, a pessoa sempre é capaz de habituar o organismo e de moderar suas necessidades. Consequentemente, mais uma vez não se deveria procurar nisso uma desculpa. Ao contrário, na maioria das vezes esse desenvolvimento exagerado de algumas partes do organismo, em vez de ser a causa da paixão, foi causado por ela. Se nos habituarmos a comer além do razoável, o estômago se dilata. Produzida essa dilatação, ela reage sobre a paixão que a causou, alimenta-a e exagera-a mais ainda. Mas de quem é a culpa, senão da própria paixão?

O clima é considerado por alguns como uma das causas produtoras da paixão. É certo que há paixões próprias de certos climas. As pessoas do Norte, segundo se diz, são propensas à cólera; as das regiões quentes, ao prazer imoderado. Essa influência do clima sobre a formação dos caracteres havia sido observada por Montesquieu, que afirmava que o governo, os costumes, as instituições de um país podem ser explicados principalmente pelo clima da região. Há alguma verdade nessa teoria, mas vemos as paixões mais variadas nascerem sob o mesmo céu: há cóleras meridionais. Sempre é possível libertar-se das influências termométricas.

O meio moral, sem dúvida, contribui mais para alimentar uma paixão do que o meio físico: a educação que recebemos, as pessoas no meio das quais vivemos, tudo isso molda nossa alma, predispõe-nos, se a orientação tiver sido má e a educação tiver sido viciosa, para a doença, para a paixão. Estamos nos referindo aqui principalmente a essas inclinações subordinadas que têm origem em preconceitos, em ideias pré-fabricadas, adotadas sem que a reflexão tranquila pudesse dedicar-se a um esforço de análise. A instrução bem compreendida, a educação inteligente, não é aquela que nos dá ideias, e sim aquela que nos ensina a formá-las nós mesmos, habituando-nos a refletir, a compreender, a analisar. Esta é a pior inimiga da paixão, pois não há paixão que resista à análise seca, à reflexão fria. A educação errada é a que se volta para a memória, e não para o raciocínio. Aquela pode favorecer a paixão ao favorecer os preconceitos.

Causas internas ou psicológicas – Se procurarmos entre as faculdades da alma aquela que incentiva a paixão, aquela que lhe fornece alimentos e lhe prepara decepções cruéis, vemos que essa faculdade é a imaginação. Vamos estudá-la mais tarde, vamos mostrar que o papel que desempenha é múltiplo; mas entre as funções que exerce, entre os trabalhos a que se dedica, aumentar ou diminuir as coisas reais é um dos principais. A imaginação exagera, altera as dimensões das coisas; e, como nossa inclinação, a inclinação que nos direciona para um objeto, é proporcional à importância que lhe atribuímos, não podemos exagerar suas dimensões sem ao mesmo tempo exagerarmos a inclinação que nos direcionava para ele. É essa inclinação exagerada, sem nenhuma proporção com o objeto a que se aplica, que denominamos paixão. Deve-se acrescentar que a paixão, tendo eclodido, reage [48] sobre a imaginação. Excita-a. O resultado disso é que o objeto aumenta ainda mais, continua aumentando, exagera-se sem limites em decorrência dessa ação mútua da paixão sobre a imaginação e da imaginação sobre a própria paixão. É por isso que tudo que for capaz de exercitar a imaginação, alimentá-la, também é capaz de favorecer o transbordamento da sensibilidade.

A vontade, sem nunca ser a causa da paixão, pode ser sua auxiliar, pois a paixão nascente predispõe a vontade a aceitar seu jugo. Poderíamos reagir, mas não queremos; achamos agradável nos deixarmos levar; depois, quando gostaríamos de voltar atrás, já não podemos. A vontade, inicialmente cúmplice, agora é vítima e, depois de consentir em deixar-se levar, acaba tornando-se incapaz de opor uma resistência ou uma recusa.

15ª Aula

As paixões (continuação)

Já descrevemos as características gerais da paixão, as causas que a fazem nascer. Antes de procurar algum remédio para ela, vamos indagar quais são as diferentes formas que a paixão pode assumir.

As paixões foram classificadas de diversas maneiras. Parece que a classificação mais natural é a que corresponder à classificação das inclinações. Se a paixão é apenas uma inclinação degenerada, pervertida, é natural que a cada inclinação corresponda uma paixão e que, portanto, essa segunda classificação seja paralela à primeira. Distinguiremos então: paixões pessoais ou egoístas; – paixões simpáticas ou altruístas; – paixões impessoais ou superiores.

Porém essa concepção não está totalmente a salvo de críticas. Se é verdade que a paixão é essencialmente egoísta, parece bastante estranho acreditar em paixões impessoais ou mesmo altruístas; entretanto, na falta de uma classificação mais científica, é essa que temos de seguir.

1º *Paixões pessoais ou egoístas* – Toda inclinação pessoal pode tornar-se paixão em consequência de sua exageração ou de sua perversão. Ter fome é uma inclinação natural; a gula é uma paixão. A mesma diferença existe entre a sede pura e simples, que é um instinto, e a embriaguez. Como dizíamos, tendemos naturalmente a desenvolver cada uma das faculdades de nossa alma: daí cada uma das inclinações. Essas inclinações podem tornar-se paixões quando são exclusivas, quando por sua violência se opõem a que alguma outra tendência coexista com elas. Assim, a ambição pode apoderar-se da alma e tornar-se amor à tirania, sede de poder. O amor, que é apenas uma inclinação no início, quando é ponderado, quando não altera as proporções do objeto amado, torna-se paixão, loucura mesmo, quando a alma se deixa absorver inteiramente por ele. Assim, já nas paixões denominadas pessoais poderíamos classificar a maioria das paixões denominadas simpáticas ou altruístas. De fato, o que caracteriza o amor que se tornou paixão é esse egoísmo em que se fundamenta. A pessoa não ama o objeto de seu amor por causa dele, mas por causa de si mesma.

[49] 2º *Paixões simpáticas ou altruístas* – De qualquer forma, ficará mais de acordo com o princípio de nossa classificação colocarmos o próprio amor nesta segunda categoria; mas o amor é uma paixão eletiva. – Poderíamos distinguir outras paixões altruístas correspondentes a cada uma das inclinações: assim, o amor à família torna-se uma paixão, louvável sem dúvida, por exemplo, numa mãe a quem esse amor absorve inteiramente. O amor à pátria deu origem a essa paixão que chamam de chauvinismo e que nos torna cegos até mesmo para os defeitos mais evidentes de nossos concidadãos. O amor à humanidade pode tornar-se uma paixão, paixão bastan-

te rara, deve-se dizer; mas a filantropia também inspirou loucuras generosas.

3º *Paixões impessoais ou superiores* – Há paixões que poderíamos chamar de impessoais, no sentido de que o objeto para o qual se voltam não é uma pessoa. – Todos sabem que se pode amar a ciência apaixonadamente, a ponto de por ela sacrificar tudo: família e até mesmo pátria. Foi essa paixão que Balzac quis descrever num de seus romances mais célebres, *A busca do absoluto*, em que nos mostra um alquimista que se apaixona pela busca da pedra filosofal a ponto de sacrificar-lhe sua fortuna. – O amor ao belo raramente dá origem a exageros como esse, porque, como veremos, o amor ao belo exclui a violência, a exacerbação; ele está na moderação, e os espíritos voltados para esse amor geralmente são almas em que reina uma certa paz. – Também o amor ao bem permanece no estado de inclinação, no sentido de que dificilmente poderia tornar-se paixão sem deixar de ser ele mesmo, pois o bem moral consiste em saber moderar-se, em desenvolver igualmente todas as faculdades da alma. Entretanto, o bem, quando não é compreendido, chegou a inspirar paixões muito condenáveis, como o fanatismo, por exemplo. Os que julgaram que podiam resumir a moralidade inteira numa fórmula e que se tornaram apóstolos violentos dela, que quiseram impô-la aos outros homens pela força, eram homens desencaminhados por uma paixão violenta, pelo fanatismo. Havia neles, talvez, não um amor exagerado ao bem moral, e sim uma perversão da ideia de bem.

Essa classificação, como se pode ver, é defeituosa, na medida em que não se baseia na característica essencial do objeto classificado: veremos em lógica que isso é necessário. – Esta ou aquela paixão poderia ser colocada indiferentemente numa ou noutra das três categorias e todas caberiam menos ou mais na primeira.

Bossuet, num tratado célebre, o *Tratado do conhecimento de Deus e de si mesmo*[28], tentou classificar as paixões de acordo com seu direcionamento. Isso porque toda paixão, segundo ele, é um desejo, e um desejo violento. Porém, entre as paixões, há as que nos conduzem para um certo objeto e há outras que nos afastam de tudo o que poderia ser um obstáculo a nosso desejo. As primeiras são chamadas por ele de paixões concupiscíveis e as segundas, de paixões irascíveis. As primeiras reduzem-se todas ao amor; as outras, ao ódio. Assim, a ambição será uma paixão concupiscível: realmente, ela nos leva, nos impulsiona para a busca das honrarias, da dignificação, da riqueza. A inveja será uma paixão irascível: realmente, ela nos desvia de um certo objeto, embora no fundo tenha como princípio um desejo; pois, se temos inveja, por exemplo, de uma pessoa rica, por causa de sua riqueza, é porque nós mesmos desejamos ser ricos. Portanto, é realmente um desejo que está na raiz também dessa paixão, mas ela se expressa por um certa aversão, um afastamento para com a mesma [50] pessoa que é seu objeto imediato. Será uma paixão irascível.

Essa classificação é irrefutável na medida em que, como todo movimento da alma é ou um movimento para trás ou um movimento para a frente, uma paixão tem mesmo de apresentar-se ou sob forma de paixão irascível ou como paixão concupiscível. – Apesar disso, poderíamos afirmar, não sem razão, que não há paixão que não assuma simultaneamente essa dupla forma, que não seja ao mesmo tempo irascível e concupiscível. Como amar um objeto apaixonadamente, com violência, sem ao mesmo tempo odiar tudo o que pudesse disputar conosco sua posse? A paixão caracteriza-se justamente por não admitir nada ao seu lado na alma. Podemos ter inclinação sem detestar o que nos detém ou nos atrasa na satisfação do desejo. Porém seria menos uma paixão do que o desejo de alguma coisa, se esse desejo não fosse sempre acompanhado do ódio violento a tudo que pudesse afastar--nos dela. Assim, a ambição é o amor às grandezas, não há dúvida, mas quantos ódios a ambição não inspira? Os grandes ambiciosos tiveram de sacrificar tudo o que lhes punha obstáculo. O mesmo se poderia dizer da maior parte das paixões; e, se toda paixão é o amor a alguma coisa ou a alguém, é também o ódio a certos homens ou a certos objetos.

Seja com for, um fato ressalta dessa longa enumeração. É que a palavra paixão ainda é um termo bastante vago e que nem todas as paixões são igualmente prejudiciais, igualmente condenáveis.

A ambiguidade da palavra paixão deu motivo para se formularem juízos muito contraditórios sobre esse estado de alma.

Certos moralistas antigos, os estoicos, por exemplo, condenavam sem reservas a paixão. O sábio é aquele que sufoca em si mesmo toda sensibilidade, para ouvir apenas a voz calma da razão. Alguns moralistas do século XVII foram igualmente severos: "Quando Deus quer punir os homens, diz Bourdaloue[29], não encontra castigo mais cruel do que entregá-los à paixão." E Malebranche chamou a paixão de loucura: "Na paixão, diz ele, o homem já não age, é agido *(agitur)*, ou seja, uma força age por ele."

Outros são de opinião que a paixão tem algo de bom, às vezes mesmo que ela é a mola de grandes e belas ações, que a razão fria e seca não basta, que é preciso que o coração participe. "O coração tem suas razões que a razão desconhece", disse Pascal[30]. Descartes distingue paixões boas e paixões más. Convém fazer as boas e as más se confrontarem. A mesma ideia foi retomada por Espinosa.

Nós aqui aceitamos esta última opinião. Toda paixão é uma exageração, e nesse sentido a razão fria sempre a condena; mas há exageros louváveis que envolvem sacrifício e que, embora contenham sempre uma parcela de egoísmo, entretanto são desinteressados. Não se poderia criticar uma mãe por amar apaixonadamente seus filhos, embora nesse amor excessivo haja algo que se parece muito com o egoísmo, o desejo de desfrutar prazeres violentos, e entretanto é honroso desfrutar tais prazeres, encontrar alegria no desprendimento, na abnegação –.

O amor apaixonado à pátria, à ciência, ao belo também são desculpáveis, louváveis mesmo. Mas essas paixões não são as mais frequentes, e julga-se a paixão em geral a partir dos exemplos mais comuns. Percebem-se então seus terríveis estragos e daí os juízos severos que são formulados sobre ela.

[51] Portanto, vamos indagar, para concluir, se existe um meio de sanar essa espécie de doença da alma, visto que na maior parte dos casos é uma doença.

Se é verdade que a causa mais frequente da paixão é uma predisposição hereditária e portanto um conjunto de condições fisiológicas, é muito natural indagar se nesse caso um tratamento físico não seria necessário ou pelo menos útil. A loucura é um desarranjo cerebral que se expressa por uma desordem intelectual. Os loucos são tratados por processos físicos; às vezes se consegue curá-los. A opinião de Descartes, por exemplo, era que um dia, graças aos avanços da ciência médica, a paixão poderia ser tratada do mesmo modo. Muitos fisiologistas e médicos contemporâneos, alienistas e legistas, são da mesma opinião, e Descartes, com sua genialidade habitual, antecipou-se à ciência de sua época. Isso porque a moral que Descartes expõe na terceira parte de seu *Discurso do método* é uma moral provisória. A moral definitiva se basearia na física, na fisiologia e no conhecimento das causas físicas e materiais da paixão. Há algum exagero em seu ponto de vista. Apesar disso, pode-se esperar que chegará um dia em que a ciência médica, sem curar todas as paixões, indicará remédios enérgicos, capazes de agir[31] poderosamente, sobretudo quando forem combinados com o esforço voluntário –.

A força da vontade: é ela que hoje temos de opor aos movimentos mais violentos, mais desordenados da alma. Com uma vontade enérgica sempre podemos nos tornar senhores de nós mesmos e inclusive nunca deixarmos de o ser. Para isso precisamos fixar nosso espírito, nossa inteligência, no objeto, reduzi-lo às suas proporções reais, destruir o edifício artificialmente construído pela imaginação, e essa concentração da inteligência, resultado de um esforço enérgico, triunfará até mesmo de uma paixão inveterada. Assim, suprimiremos o mal cortando-o pela raiz.

Mas convém não incentivar seu aparecimento, seu desenvolvimento. Portanto, é preciso afastar todas as causas acessórias, abster-se das más leituras, evitar os maus conselhos e principalmente os maus exemplos, usar da razão tanto quanto possível e, por fim, habituar-se à análise. Pois, se uma análise calma e tranquila às vezes tira o encanto das coisas, em compensação nos evita muitas ilusões. O espírito analítico é o pior inimigo da paixão; portanto, nunca é demais desenvolvê-lo. Foi à custa de refletir, de entender, de dissecar as coisas, por assim dizer, que grandes filósofos se colocaram acima das paixões humanas; devemos imitá-los, se pudermos.

16ª Aula

Classificação das operações intelectuais
A consciência

A inteligência é a faculdade de conhecer, isto é, de representar-se as coisas. Isso porque, como já tivemos oportunidade de dizer aqui, enquanto o fato sensível não implica a existência de um objeto externo, ou em todo caso não contém a representação desse objeto, todo ato intelectual, ao contrário, é menos ou mais representativo. Essa diferença leva a uma outra. O fato sensível, por ser eminentemente subjetivo, varia [52] muito de uma pessoa para outra. Nem todos temos os mesmos gostos e, por exemplo, o que causa prazer a um será indiferente ou mesmo insuportável para outro. O fato intelectual tem mais fixidez, na medida em que, se nem todos têm as mesmas ideias, ainda assim o mecanismo da inteligência, a maneira de ordenar as ideias, de agrupar umas com outras, é mais ou menos a mesma em todos.

O trabalho da inteligência é múltiplo. Daí um número bastante grande de faculdades intelectuais:

1º É preciso juntar os materiais do conhecimento, materiais com os quais construiremos ideias, opiniões ou raciocínios. Esses materiais nos são fornecidos por faculdades chamadas faculdades de aquisição ou faculdades intuitivas: os sentidos, que nos informam sobre o mundo exterior; a consciência, que nos inicia no mundo interior, se podemos falar assim; a razão, que nos revela as verdades superiores, os princípios eternos[32].

2º Uma vez acumulados os materiais, é preciso conservá-los, coordená-los e elaborá-los. Daí as faculdades ditas de conservação, de combinação e de elaboração do conhecimento, ou faculdades discursivas: a memória, a associação de ideias, a imaginação, a abstração, a generalização.

3º Uma vez os materiais coordenados e mesmo combinados entre si, é preciso extrair deles verdades, afirmações correspondentes a coisas reais, pois o objetivo da inteligência é conhecer a verdade; daí as faculdades de julgamento e de raciocínio.

4º Uma vez conhecida a verdade, é preciso transmiti-la aos outros e mesmo, para uso pessoal, encerrá-la em fórmulas precisas que a conservem, por assim dizer. Daí uma quarta categoria de faculdades: as faculdades de expressão, a capacidade de produzir signos e a linguagem.

A CONSCIÊNCIA – A consciência é a faculdade por meio da qual tomamos conhecimento do que chamamos aqui de fatos psicológicos. Esses fatos, como sabemos, caracterizam-se por não serem localizáveis no espaço, mas sim se ocuparem da duração. Não estando situados no espaço, não podem produzir impressão nos órgãos dos sentidos; e entretanto nos são conhecidos, pois falamos deles, pois existe uma ciência que os estuda, pois, por fim, cada um de nós sabe muito bem que é capaz, num determinado momento, de dizer o que se passa dentro de si, o que experimenta, o que pensa, o que quer e o que sente. É essa luz interior, esse sentido interior que não tem órgão, que chamamos de consciência. É uma faculdade de observação, mas de observação interna.

Uma questão muito importante se coloca já no início deste estudo: é saber se a consciência é uma faculdade especial ou se ela seria simplesmente a forma comum a todos os fatos psicológicos. Em outras palavras, será que todo fato psicológico é consciente? A consciência é apenas uma qualidade, um atributo desses fatos especiais, ou a consciência é separável deles? Existem fatos psicológicos que escapam à consciência, fatos psicológicos inconscientes? Em outras palavras, é o problema do inconsciente que se coloca já no início deste estudo.

Muitos filósofos afirmaram e ainda afirmam que existem fatos psicológicos inconscientes. Essa parece já ter sido a opinião de Leibniz, embora nele a teoria não esteja claramente formulada. É difícil dizer se Leibniz acreditava em [53] fatos psicológicos totalmente inconscientes ou se entende por inconsciência uma consciência muito fraca, muito vaga, uma consciência rudimentar. Teremos ocasião de voltar a essa distinção que ele estabelece entre a percepção distinta e a percepção confusa.

– O que é indiscutível é que filósofos contemporâneos afirmaram, apoiando-se em numerosos argumentos, que um fato psicológico pode produzir-se, pode existir sem que a consciência o ilumine, sem que a alma tome conhecimento dele quando se produz. Citamos na linha de frente Hartmann, Wundt e, na França, Taine. Hartmann é autor de uma obra intitulada *Filosofia do inconsciente*[33]. E, realmente, sobre o inconsciente foi fundada toda uma filosofia.

Os argumentos nos quais esses filósofos se baseiam são numerosos:

1º Leibniz já ressaltava que, quando ouvimos o ruído do mar, esse ruído se compõe de uma infinidade de sons elementares produzidos por todas as gotículas que se entrechocam. "Se temos consciência do ruído total, dizia ele, é porque cada um dos ruídos parciais, cada um dos ruídos elementares, causa impressão em nós." Entretanto, não temos consciência dessas sensações elementares. Não ouvimos, não percebemos o ruído produzido por cada gotícula, ou pelo menos não julgamos percebê-lo. Portanto, ouvimos esse ruído sem ouvi-lo. É uma percepção, mas uma percepção inconsciente; só se torna consciente por somar-

-se a uma infinidade de outras percepções semelhantes.
– Esse argumento foi diversificado, apresentado de diferentes maneiras. Consideremos uma floresta; se for primavera, perceberemos uma grande massa verdejante. Ora, como essa massa é composta da imensa multiplicidade das folhas que cresceram em todas as árvores, forçosamente percebemos cada folha, pois, se não as percebêssemos, o conjunto não produziria em nós nenhuma impressão. Entretanto, não temos consciência de ver distintamente, nem mesmo confusamente, cada folha. Portanto, essa representação ocorre em nós, mas inconscientemente. Existe, porém não temos consciência dela.

2º Poderiam invocar a memória, a associação de ideias, e encontrar no exercício dessas duas faculdades casos de inconsciência pelo menos aparente. Neste momento penso apenas no que estou fazendo ou no que estou dizendo. Entretanto, forçosamente tenho no espírito uma infinidade de outras ideias, visto que um esforço bastará para fazer surgir, para rememorar uma infinidade de imagens das coisas passadas, uma infinidade de lembranças latentes. Essas lembranças estão em mim, existem em minha alma, visto que posso despertar algumas delas hoje mesmo. Entretanto, não tenho consciência disso, visto que não penso nelas. E veremos aqui, a propósito da associação de ideias, que muito frequentemente uma ideia chama uma outra sem que se possa dizer que relação existe entre as duas. Donde se conclui dizendo que ideias inconscientes serviram de intermediárias.

3º Por fim, um argumento muito sólido é o que se conseguiu extrair das observações feitas recentemente sobre o hipnotismo e o sonambulismo provocado. Essas experiências evidenciaram os fatos seguintes: uma pessoa pode realizar uma ação com motivos perfeitamente determinados, sem entretanto ter, ao que parece, a menor consciência dos motivos a que obedece. Por exemplo, sugerem a um sujeito adormecido artificialmente a ideia de que dentro de quinze dias, numa hora determinada, deverá ir a um certo lugar; depois despertam-no. Ele perde toda lembrança, toda ideia do que lhe foi ordenado, mas no dia determinado e na hora determinada, julgando ceder a um capricho, ao desejo de dar um passeio, por exemplo, ele se encontrará no lugar designado, com uma exatidão surpreendente. Aí está [54] uma ordem que foi obedecida sem que aquele que a executa se dê conta sequer de que essa ordem lhe foi dada. Obedece inconscientemente.

O que devemos pensar dessas diversas razões? Acreditamos que é necessário estabelecer aqui uma distinção, aliás já feita, entre o fato psicológico e a impressão física ou material que o acompanha sempre e que algumas vezes até mesmo se produz sem ele. Acreditamos que aquilo que chamam de fato psicológico inconsciente é na realidade apenas um fato fisiológico, um fato físico; e é fácil demonstrar isso.

Consideremos o exemplo de Leibniz. Será possível sustentar que cada gotícula de água produza uma sensação na alma, mesmo uma sensação inconsciente? É infinitamente plausível que as vibrações executadas por todas as gotículas de água que se entrechocam deem origem a uma vibração total que é o resultado delas e que se transmite ao ouvido. Não há dúvida de que no mundo físico cada um dos choques executados por cada uma das gotículas existe separadamente. Mas é falso que cada um deles dê origem a uma sensação na alma, pois a sensação é produzida apenas pela totalidade desses choques compondo-se ou somando-se uns com os outros.

Em segundo lugar, invocam a memória, e de fato é certo que podemos pensar continuamente em todas as ideias que estão em nossa memória. Mas talvez estejam errados ao dizer que elas estão em nossa memória. Sem a menor dúvida seria falso admitir que a memória seja algo material, que o pensamento se confunda com o cérebro; nós já afastamos, já refutamos e aliás voltaremos a refutar essa tese materialista. Mas o que se pode afirmar é que a memória não pode observar-se, não pode exercer-se sem um cérebro que registre as condições físicas passadas. A cada lembrança corresponde no cérebro uma modificação no estado ou no agrupamento das células nervosas. É isso o que resta da lembrança, e a ideia desperta em nós quando uma excitação qualquer transforma em fato psicológico, em fato de consciência, esse estado puramente físico, puramente fisiológico do cérebro. Portanto, não há lembranças inconscientes: há estados fisiológicos que podem dar origem, em certos casos, a estados psicológicos –.

Diremos o mesmo dos supostos motivos inconscientes a que o sonâmbulo obedece depois de despertado. Um motivo não pode ser inconsciente, pois é chamado de motivo aquilo em vista do qual a pessoa se determina cientemente. Precisamente, alguém determinou durante o estado de sonambulismo no sujeito uma certa modificação cerebral de natureza ainda pouco conhecida, que num momento dado se traduzirá por um fato psicológico que é a intenção de executar num momento dado uma certa ação determinada.

Portanto, não admitimos fatos psicológicos inconscientes. – Observe-se, aliás, que não seria possível admiti-los sem contradizer-se. Realmente, o que seria um fato psicológico cuja consciência nos escapasse? Visto que um fato psicológico só existe enquanto percebido por nós, enquanto consciente, dizer que ele é inconsciente é dizer que não existe.

O que se pode admitir é que a consciência tem graus. Ao lado da consciência plena, distinta, que temos de uma sensação como a de queimadura, de picada, de uma ideia como a das coisas em que pensamos num momento exato, ao lado dessa consciência clara e distinta há uma outra vaga, confusa, encoberta, por assim dizer. É assim que ouvimos continuamente uma infinidade de pequenos ruídos que, sem dúvida, não nos escapam inteiramente, porque então não poderíamos mais dizer que os ouvimos, mas que apesar disso são como que eclipsados, como que repelidos para a sombra por ruídos mais distintos e mais consideráveis.

[55] Quantas coisas ouvimos, por exemplo, no que chamamos de silêncio; ruídos imperceptíveis chegam a nós na noite; ouvimo-los de dia, mas tão confusamente que não prestamos atenção neles. Portanto, se entendermos por inconsciência uma consciência fraca, abafada, confusa, como provavelmente Leibniz entendia, nada impede de acreditarmos nela. Mas há contradição manifesta em falar de um fato psicológico do qual não tivéssemos nenhuma espécie de consciência, pois então, por definição, ele já não seria um fato psicológico. Portanto, temos de supor que existe uma infinidade de graus entre essa consciência confusa que acabamos de mencionar e a consciência clara e distinta que acompanha uma sensação bem nítida, uma ideia bem definida, uma determinação assente.

Vamos tentar primeiramente determinar por uma análise precisa as características dessa consciência completa, perfeita, que é privilégio de apenas alguns fatos psicológicos. Quando experimento um sentimento, o de alegria ou de tristeza, por exemplo, tenho consciência dele, pois sei muito bem que o estou experimentando. Se eu não soubesse absolutamente disso, é porque não estaria experimentando nada. Mas, se a consciência é clara e distinta, algo mais vem juntar-se ao simples conhecimento que tomo do estado em que me encontro. Não apenas experimento esse sentimento, mas ao mesmo tempo me dou conta de que eu é que sou o palco dele. Em outras palavras, tomo conhecimento de uma certa força que chamo de eu ou mim. Tomo conhecimento de um ser do qual esse sentimento é apenas uma modificação, um estado passageiro; de modo que em toda consciência clara e distinta entram dois elementos: – 1º o conhecimento do que ocorre em mim agora neste momento; – 2º o conhecimento desse eu no qual ocorre algo –.

A prova de que realmente há aí duas coisas diferentes é que elas nem sempre vêm juntas. Quando o animal sente um prazer, por exemplo, é duvidoso que faça distinção entre ele mesmo e o que está sentindo. Entrega-se inteiramente a esse prazer e absorve-se nele. Acaso nós mesmos não passamos por estados análogos, não vivemos momentos, horas em que nos absorvemos inteiramente, por assim dizer, no que estamos sentindo? Perdemo-nos nisso a ponto de esquecermos de nós mesmos. O estado de bestialização, de embrutecimento é algo desse tipo. Então nos assemelhamos ao animal, ao ser bruto. Mas o estado de consciência clara, distinta, é um estado em que a pessoa distingue a si mesma, separa-se, abstrai-se, por assim dizer, do que está sentindo, ao mesmo tempo que sente, ao mesmo tempo que sabe que está sentindo.

Portanto, em todo ato de consciência clara entram dois elementos. Conforme essa percepção do eu (*der Ich*, como dizem os alemães) seja menos ou mais clara, a consciência será menos ou mais elevada. Portanto, há uma infinidade de graus na qualidade da consciência, assim como em sua quantidade. Pode-se conceber um ser cuja personalidade fosse tal que nunca, por assim dizer, se esquecesse de si mesma, um ser perfeito, em outras palavras, Deus. Nosso eu é imperfeito, pois com excessiva frequência nos deixamos levar pelo que estamos sentindo, sem reagir, sem planar acima do que se passa em nós. Porém, quanto mais avançada é nossa cultura intelectual, mais nossa personalidade se afirma. Na criança ela é muito menor; a criança está totalmente entregue ao que sente. Seu eu é móvel, variável; muda com as impressões que se sucedem nela. O mesmo acontece com as raças inferiores, com os povos que ainda estão na infância. No animal é duvidoso que haja uma impressão clara, distinta, da personalidade. Existem apenas impressões fugitivas, estados que se sucedem, e a percepção desses estados ou dessas impressões é cada vez menos nítida [56] à medida que o sistema nervoso vai sendo menos complexo. Nos animais inferiores, a sensibilidade é quase nula, sem dúvida como na maioria das plantas, como em todas, provavelmente. Há, portanto, uma série ininterrupta de consciências menos ou mais perfeitas, desde o homem, desde Deus mesmo, até o mundo inorgânico. Foi essa verdade que Leibniz pôs admiravelmente em evidência.

17ª Aula

A consciência (continuação)

Se a consciência não nos fornece apenas o conhecimento dos fatos psicológicos, e sim nos faz captar sob esses fenômenos um eu duradouro, um eu permanente, é porque ela nos faz penetrar até uma substância.

Chegou o momento de definirmos com precisão essa palavra. A substância, no sentido filosófico do termo, é esse algo de indescritível que serve de suporte para os fenômenos; uma infinidade de fatos psicológicos, sensações, sentimentos, ideias, determinações voluntárias sucede-se em nós, e entretanto, sob esses fenômenos que passam, alguma coisa permanece, pois dizemos sempre que é o mesmo eu que pensa, que sente e que quer. Assim, em cada um de nós há, de um lado, modificações da alma, e do outro lado o que permanece, o que é imutável, o eu, a substância que fica sob cada uma e sob o conjunto dessas modificações. Quando falamos de nós mesmos, nunca nos vem à mente dizermos que nosso eu tenha sido substituído por um outro. Transporto-me para vinte anos atrás; naquela época eu talvez não tivesse nenhuma das ideias que tenho hoje. Os sentimentos que eu tinha então não tenho mais. Já não me decidiria como me decidia naquela época. Nada em mim acontece da mesma maneira que então; entretanto continuo dizendo eu ou mim quando falo daquele ser de antigamente, e é precisamente o mesmo eu. Acharia estranho e ridículo se viessem me afirmar que se trata de um outro. Assim, embora todos os atos, todos os estados, todas as modificações desse eu tenham mudado, ele permaneceu idêntico a si mesmo, ele é portanto outra coisa que não essas modificações, outra coisa que não esses fenômenos; ele é substância. Assim a consciência nos revela a existência de uma substância que cada um de nós chama de eu ou mim. É fácil mostrar que não apenas o eu nos aparece como substância, mas que, além disso, é a única substância que conhecemos. Frequentemente se fala da substância material. Os corpos que nos cercam, que vemos, que tocamos, dão-nos a impressão de serem substâncias, mas uma análise, mesmo pouco profunda, logo nos mostra que conhecemos da matéria apenas qualidades, que não atingimos, que nunca atingiremos a substância, ou, como se costuma dizer, o substrato que as acompanha. Por exemplo, uma folha de papel me dá a impressão de ser uma coisa dotada de existência substancial. Entretanto, o que conheço dessa folha de papel[34]? Sua cor, primeiramente, mas essa cor, como veremos, nada mais é que uma certa impressão causada em nossa retina e consequentemente em nossa alma, em nossa inteligência. Sua resistência, mas essa também é uma qualidade que nos é conhecida apenas por uma impressão causada em nós. Tirem dessa folha de papel todas suas qualidades: forma, cor, resistência, peso etc.; o que resta? Ficaríamos muito atrapalhados para responder. Uma vez retiradas as qualidades, parece que nada sobrará, que sob esses fenômenos não encontraremos [57] uma substância. Portanto, um objeto material é para nós apenas uma aglomeração de qualidades; mas o mesmo não acontece com o eu. Tirem-lhe mentalmente todas suas qualidades, eliminem dele todos os fenômenos de que é o palco: apesar disso restará uma força, um ser bem determinado que nossa consciência percebe e que cada um de nós chama de eu ou mim. O eu é, portanto, a única substância que conhecemos realmente. Quando atribuímos aos corpos materiais as características de substância, é uma hipótese, é uma indução; não é um dado de experiência.

Vamos indagar agora quais são as características que essa substância-eu apresenta.

Justamente porque é uma substância, o eu é idêntico. Com isso queremos dizer que ele permanece sempre igual a si mesmo; que, se muda de aspecto, se fenômenos muito diversos se sucedem nele, nem por isso deixa de ser invariavelmente o mesmo eu. – Notem que unicamente o eu está nesse caso e que a natureza não nos oferece outros exemplos de identidade absoluta. Um objeto material em dois momentos sucessivos da duração não permanece o que era; prova disso é que, se compararmos esse objeto com o que era vários anos antes, percebemos uma mudança evidente. Ele se desgasta, se degrada, se altera. É que pouco a pouco, e em todos os momentos da duração, mudanças vão se operando nele. Então por que dizemos que é o mesmo objeto? Unicamente por comodidade de linguagem. E também porque somos levados, por uma ilusão antropomórfica muito natural, a nos representarmos as coisas como pessoas em tamanho pequeno. Fazemos delas seres análogos a nós, seres que permanecem idênticos, que permanecem eles mesmos, embora tudo tenha mudado neles. Supomos sob essas qualidades mutáveis algo permanente, em resumo uma substância análoga a esse eu que permanece idêntico embora fenômenos em número indefinido o modifiquem continuamente. – Portanto, a ideia de identidade é uma ideia que nos é fornecida pela consciência e unicamente pela consciência. É uma característica do eu e essa característica só pertence ao eu.

Diremos o mesmo da ideia de unidade. O eu nos aparece como um ser indivisível. Seria absurdo dizer que nosso eu possa cindir-se. Não temos consciência de havermos sido várias pessoas simultaneamente. Entretanto, quantos fenômenos diversos acontecem ao mesmo tempo! Quantos pensamentos coexistem em nosso espírito, quantos sentimentos lutam ou se harmonizam em nossa alma! E entretanto, apesar dessa infinidade de fatos psicológicos que coexistem em nossa alma, o eu não se divide, e a prova disso é que, enquanto penso, noto claramente que sinto e que quero; e, a despeito de todas essas operações diversas, não me divido, não me cindo. Tudo isso é diferente e entretanto tudo isso é uno. – Ora, essa ideia de unidade nunca nos teria sido fornecida pela contemplação do mundo exterior. Não há unidade nas coisas materiais. Certamente que digo uma folha de papel, mas esse hábito de linguagem provém de que inconscientemente, involuntariamente, sempre assimilamos menos ou mais o objeto material a uma pessoa. Pois afinal essa folha de papel é apenas um composto, uma aglomeração de várias qualidades diferentes. Ela é divisível numa infinidade de moléculas e de átomos. É infinitamente múltipla; e quando lhe dou um nome, e quando digo que ela é uma, é que involuntariamente suponho sob essas qualidades diversas algo como um eu que embasa todas, sem se dividir. Em outras palavras, projetamos para fora de nós mesmos as qualidades de nosso eu, tais como a consciência as revela para nós. Portanto, o eu é uno assim como é idêntico.

[58] Devemos destacar agora que o eu não é uma abstração. Ele nos é dado na vida psicológica diária como um ser atuante, como um ser ativo. A ação é sua característica essencial. A todo momento eu quero, eu me determino, tomo uma resolução, ou então fixo meu espírito em algo, reflito e, não importa o que faça, ajo sempre com menos ou mais intensidade, é certo, mas sem nunca me deter completamente. Portanto o eu nos aparece como uma força ativa ou, empregando a expressão filosófica, aparece-nos como uma causa. De fato, causa é para nós sinônimo de força ativa. – Salientaremos também aqui que o eu é a única força ativa, a única causa que conhecemos diretamente. Não observamos tais coisas na natureza, nunca percebemos nela causas propriamente ditas, nunca forças. Essa proposição aparentemente paradoxal foi demonstrada com total precisão pelo filósofo escocês David Hume[35]. Para esclarecê-la com um exemplo, consideremos uma bola de bilhar que vem bater numa outra. Geralmente dizemos que a primeira bola é causa do movimento da segunda e então nos representamos essa

bola como tendo exercido uma pressão, como tendo realmente feito força para empurrar a outra à sua frente. Entretanto, nossos sentidos não nos revelaram nada parecido; o que percebemos na realidade? Inicialmente o movimento da primeira bola; depois um som, um ruído, e depois em seguida o movimento da segunda bola. Percebemos apenas três fenômenos sucedendo-se; mas em parte alguma, em nenhum momento da operação, captamos sequer o menor sinal de uma influência, de uma força, e, quando dizemos que a primeira bola impulsionou a outra, também nesse caso somos vítimas de uma ilusão antropomórfica. Em outras palavras, imaginamos a primeira bola como uma espécie de pessoa, um eu inanimado que fosse capaz de fazer força e de exercer pressões. Deveríamos dizer simplesmente: a primeira bola chegou ao ponto onde estava a segunda e esta se pôs em movimento. É só isso que vemos e é só isso que há. Todo o restante é por conta de nossa imaginação, todo o restante provém de assimilarmos as coisas a nós mesmos. Ainda em outras palavras, para resumir, a relação de causa e efeito ou, como se diz, a relação de causalidade, nos é fornecida por nossa consciência. O conhecimento que temos dela deriva do sentimento que trazemos de nosso esforço pessoal. A percepção do mundo exterior nunca nos forneceria tal noção. Um ser que não se sentisse causa perceberia no universo apenas sucessões de fenômenos e nunca suporia entre eles outra relação além dessa.

O eu é uma causa, mas não é uma causa cega. Os atos que produzimos, é certo que os produzimos em virtude de uma força, mas essa força tende sempre para alguma coisa, tem um objetivo; é inteligente e pode-se dizer que tem em vista um fim. A ideia de finalidade ou, como se diz, a ideia de fim perseguido é uma ideia que nos vem da consciência, pois por ela sabemos que perseguimos fins e sem ela não teríamos nenhuma ideia do que pode significar tal busca. De fato, consideremos fora de nós as coisas ou fenômenos que parecem atestar a busca de um objetivo e de um fim, por exemplo, o mecanismo de um relógio. Sem dúvida, no estado atual das coisas, parece-nos evidente que esse mecanismo é obra de um trabalhador inteligente, que perseguiu um objetivo. Mas por quê? Porque temos lembrança de havermos trabalhado muitas vezes com vistas a um objetivo e ajustado as peças de um trabalho material ou outro com vistas a um fim. Senão, veríamos simplesmente engrenagens que se encaixam, movimentos que se produzem. Não poderia vir-nos a ideia de que há algo além disso, de que existe uma ideia com vistas à qual tudo isso trabalha. Que nos diz que os outros homens não são [59] autômatos, sem dúvida admiravelmente montados? Nossos sentidos não nos informam isso, pois nos mostram os movimentos que nossos semelhantes executam, permitem-nos ouvir os sons que eles emitem, mas se além disso os supomos inteligentes, se fazemos deles seres que agem com vistas a um fim, a um objetivo, é porque os julgamos por analogia com nós mesmos. Assim, também a ideia de finalidade nos é fornecida pela consciência e só pode ser fornecida por ela.

Há uma última ideia cuja origem deve ser buscada na consciência. O eu, como dizíamos, é um ser permanente, idêntico a si mesmo. É uno. Por outro lado, é o palco de uma infinidade de eventos que se sucedem nele. Ora, um ser que permanece idêntico no fundo, ao mesmo tempo que muda continuamente de aspecto, é um ser que dura. A ideia de duração, a ideia do tempo, nada mais é do que a consciência que tomamos da identidade de nosso ser sob a multiplicidade de suas modificações. Um ser que não muda não tem duração. Deus, por exemplo, não dura, está num presente eterno. Tudo o que aconteceu, acontece e acontecerá, tudo isso está reunido para ele num único instante; ele está fora do tempo. Um ser que mudasse continuamente e completamente, de alto a baixo, também não duraria, pois em cada momento sucessivo da duração não lhe restaria nada do que ele era no momento anterior. Sua existência recomeçaria, por assim dizer, a cada momento, a cada instante. Para ter consciência do tempo, para durar, é preciso que se permaneça idêntico a si mesmo no fundo e que, por outro lado, uma infinidade de modificações venha em todos os momentos sucessivos mudar, por assim dizer, a cor desse fundo. Portanto, o tempo não existe fora de nós: nada mais é que a consciência que tomamos, por um lado, de nossos estados psicológicos sucessivos e, por outro lado, da identidade de nosso eu. Prova disso é que medimos o tempo de acordo com o número, com a quantidade de fatos psicológicos que se sucederam em nós. O tempo parece mais longo quando viajamos, porque então um número muito grande de fatos novos nos atinge, nos impressiona, produz em nós sensações diferentes. Ele parece curto quando dormimos sem sonhar, porque, então, entre a vigília e o dia seguinte praticamente não houve fatos psicológicos intercalados. Portanto, está errado dizer que o tempo passa. Nós é que passamos, que duramos. A duração é algo totalmente relativo ao ser consciente; e quando nos representamos, antes do aparecimento do primeiro ser consciente, milhares e milhares de anos sucedendo-se num universo inanimado, é porque, sempre em virtude da mesma ilusão, nos recolocamos, nos transferimos pelo pensamento para aquele período, aquela época, supomos nela, recolocamos nela, sem percebermos, um ser consciente, um espectador que dura, que permanece o mesmo enquanto todas essas cenas se desenrolam diante dele; e é apenas nesse sentido que podemos falar do tempo, que podemos falar de futuro.

18ª Aula

A consciência (continuação)

Já mostramos que a consciência nos fazia captar, nos fazia conhecer uma pessoa, ou seja, um eu substância e causa, um eu uno e idêntico, um eu que dura e que se propõe fins. Na verdade, todas essas propriedades do eu decorrem, como se diz, de sua essência. É porque o eu é substância, porque é uma força ativa, que ele [60] possui esses diferentes atributos. Foi isso que tentamos estabelecer.

Agora vamos examinar as numerosas objeções levantadas contra essa doutrina.

Muitos filósofos não admitem que haja sob os fatos psicológicos um substrato, uma substância, um eu uno e idêntico que difere desses fatos, e por isso farão da substância em geral e da causa uma ideia muito diferente da nossa. Os filósofos a que nos referimos são principalmente contemporâneos. Pertencem à escola chamada empírica. Os principais são ingleses que já tivemos ocasião de mencionar: Stuart Mill, Bain, Herbert Spencer; na França podemos citar Taine, Ribot e muitos outros.

Segundo eles, o eu não existiria por si mesmo como substância ou força ativa; o eu seria apenas uma palavra. Segundo eles, esse é o nome coletivo que damos à soma ou ao conjunto dos fatos psicológicos. Há em nós sensações, sentimentos, ideias, lembranças. São todos fatos e, quando cada um de nós fala de si mesmo, quando diz eu ou mim, quer dizer com isso simplesmente a soma, a totalidade de suas sensações, de seus sentimentos, de suas ideias, de suas lembranças. – A suposta unidade do eu nada mais seria que a unidade de uma corrente. A corrente compõe-se de uma infinidade de elos, é apenas uma soma de elos. Entretanto dizemos uma corrente porque consideramos em bloco a totalidade dos elementos. Do mesmo modo, diremos um monte de pedras, e entretanto o monte não é nada mais que a soma das pedras acumuladas. Dizemos um copo de água, e entretanto o que qualificamos assim e que designamos com uma única palavra é apenas uma aglomeração de gotículas; e não há nada real, nada atualmente existente nesses diversos exemplos além dos elos, das pedras e das gotículas. É para facilitar a linguagem que damos um nome único a essa multiplicidade de pedras ou de elos ou de gotas de água. Pois bem! seria a mesma coisa no caso de nosso eu, de nossa pessoa. Denominamos eu uma soma de fatos psicológicos acumulados e, quando pretendemos, quando imaginamos que sob esses fatos psicológicos existe algo que os sustenta, um eu que é seu palco, uma substância da qual são apenas modificações, somos vítimas de uma ilusão da mesma espécie daquela que consistiria em dizer que resta alguma coisa quando mentalmente tiramos todas as pedras do monte de pedras ou todos os elos da cadeia.

Mas, pode-se objetar, então por que razão o eu nos aparece como uno, como idêntico, se é apenas um agregado, uma coleção de fatos psicológicos? Nossos sentimentos, nossas ideias, variam infinitamente; portanto nosso eu mudaria continuamente. – A isso os empiristas ou empíricos respondem, engenhosamente aliás, que é preciso descontar muito dessa suposta unidade ou identidade do eu. – Primeiramente, dizem eles, o eu de hoje está longe de ser o eu de vinte anos atrás ou de dez anos atrás; quantas coisas terão mudado desde então? Já não penso como pensava, não sinto como sentia. Mesmo quando me represento a meus próprios olhos tal como eu era então, espanto-me, surpreendo-me, tenho dificuldade em acreditar que ainda sou a mesma pessoa, e aliás já não sou, pois tudo em mim mudou e, se digo que ainda sou o mesmo eu, é porque mudanças, modificações foram se operando pouco a pouco, insensivelmente, cada dia trazendo fatos psicológicos novos, mas em número muito restrito em comparação com aqueles que já existiam; de modo que de um dia para o outro as modificações do eu são insensíveis; [61] as adições são como a gota d'água acrescentada a um copo já quase cheio. Mas, quando nos transportamos bruscamente para vários anos atrás, então a mudança nos aparece tal como é, ou seja, considerável, e só nos denominamos a mesma pessoa porque então imaginamos, intercalados, por assim dizer, todos aqueles dias durante os quais não podíamos dizer que éramos um eu diferente do eu da véspera. Assim, a identidade do eu é uma ilusão que se deve a essa soma de fatos de consciência que denominamos eu aumentar continuamente, é bem verdade, mas muito pouco de cada vez, de tal modo que em dois momentos sucessivos da duração a modificação é imperceptível. – E os empiristas acrescentam: podem-se citar casos, é bem verdade que anormais, casos patológicos de desdobramento da personalidade. Existem pessoas cuja personalidade se desdobra, no sentido de que têm realmente dois eus, às vezes até mesmo mais, que se sucedem um a um. Um certo sujeito, por exemplo, acreditará que é imperador ou sultão durante um mês ou dois ou durante alguns dias, depois voltará à sua personalidade primitiva, em seguida tornará a esquecê-la, e assim por diante; e em cada um desses dois estados ele se entrega inteiramente ao papel que desempenha: seu eu desdobra-se periodicamente. O mesmo fenômeno ocorre no caso do sonambulismo provocado. O operador pode sugerir ao sujeito adormecido uma mudança de personalidade e sua personalidade se modifica totalmente.

Assim, o eu não seria substância, o eu seria somente uma coleção de fenômenos. Não seria, não poderia ser declarado nem absolutamente uno nem inteiramente ou sempre idêntico.

Pode-se conceder aos empíricos que, se não tivéssemos sentimentos, sensações, se não nos representássemos ideias, em resumo, se nenhum fato psicológico se produzisse em nós, sem a menor dúvida não teríamos nenhuma consciência, nenhum conhecimento de nosso eu, pois só conhecemos o eu a propósito dos fatos psicológicos que o modificam. Mas há uma grande diferença entre isso e afirmar que o eu se confunde com a soma, com o conjunto dos fatos psicológicos.

Realmente, tal asserção é ininteligível. Uma soma não existe por si mesma. Só existem os elementos e sempre é preciso alguém para fazer a soma.

Vamos esclarecer esse ponto. Por um momento, admitiremos com os empíricos que não há eu substância, que existem apenas fatos psicológicos. Vamos designá-los respectivamente por A, B, C, D, E, F etc. São sensações, sentimentos, ideias. O fato A ocorre, depois o fato B sucede-o, e depois C, e depois D etc.

Das duas uma: – ou se admite que fora desses fatos nada existe, como pretendem os empiristas: então, quando A ocorreu e B sucede-o, o que resta daquele fato A? Não resta nada, não pode restar nada, pois, para que aquele fato A deixasse uma marca, seria preciso que a deixasse em algum lugar e, por hipótese, não resta nada. O mesmo se dirá do fato B: nada restará dele quando C sucedê-lo; mas então, como o eu seria uma soma, um agregado, uma aglomeração desses diversos fatos, se cada um deles se extingue tão logo acaba de ocorrer e nunca há mais de um em campo? – Resta a segunda hipótese: será preciso admitir que cada um desses fatos que se sucedem deixa algo de si ao desaparecer, e que essas diversas lembranças, porque são lembranças, se aglomeram para formar um eu. Estamos de acordo, mas então se está admitindo algo diferente de fatos psicológicos: admite-se a existência de um fundo permanente, por assim dizer, sobre o qual os fatos psicológicos desfilam, sucedem-se e deixam uma marca. Ora, esse fundo permanente nada mais é do que aquilo que chamamos de eu substância, de eu uno e [62] idêntico, distinto da soma dos fenômenos, visto que lhes dá sustentação, visto que lhes serve de substrato, de suporte ou de substância.

Nada prevalecerá contra essa objeção, e até mesmo o mais engenhoso dos filósofos empíricos, Stuart Mill, reconheceu-a quando declarou que sua teoria do eu era incapaz de explicar a lembrança, a memória. Realmente, se não houver um eu substância, um eu permanente que reste enquanto as sensações, os sentimentos e as ideias se sucedem, quem conservará sua lembrança? Cada um deles, substituído por outro assim que é produzido, irá desaparecendo para sempre. Mas então não se pode mais dizer que o eu é uma soma, pois, se for uma soma, é preciso que exista fora dos fatos psicológicos algum número ou alguma cifra que retenha a marca ou a lembrança desses fatos para somá-los, para fazer com eles um total. Ora, é esse "algum número" ou essa "alguma cifra", como queiram, que chamamos de eu e que é distinto da série de fenômenos.

Note-se que as comparações a que os empiristas recorrem se voltariam facilmente contra eles, sem contar que uma comparação nunca é uma razão.

Imaginem gotinhas d'água sucedendo-se indefinidamente no espaço. Elas nunca formarão uma aglomeração se não existir um vaso, um receptáculo, um fundo qualquer para recolhê-las. Pois bem! nosso eu está para os fatos psicológicos assim como o copo, o vaso duradouro está para as gotinhas de água que ali vão caindo. Ele os sustenta, os reúne, torna-os uma massa compacta.

Quanto aos casos de desdobramento da personalidade, são casos mórbidos que se explicam muito facilmente por uma lesão da memória: como dizíamos no início, o eu, apesar de distinto da soma dos fatos psicológicos, empresta-lhes sua cor, seu aspecto. Um copo cheio de líquido toma a cor desse líquido que o enche; entretanto distingue-se dele, existe por si mesmo. Pois bem! assim também nosso eu muda de aspecto conforme mudar o conjunto de fatos psicológicos que o enche, por assim dizer, que lhe dá sua natureza, que lhe transmite sua nuance. Basta então que eu esqueça uma parte de minha existência ou que todas minhas lembranças da vida real sejam bruscamente substituídas pela lembrança do que eu talvez tenha lido num romance ou representado em minha imaginação para que prontamente minha personalidade se transforme. Nesse sentido, o aspecto do eu depende inteiramente da soma dos fatos psicológicos que o ocupam. E ainda assim nosso eu não poderia nem por um instante ser confundido com essa coleção de fatos. A mesma razão explica por que um observador superficial pode imaginar que seu eu muda, que varia, que não é mais o que era antigamente. O que variou foi o conjunto de seus gostos, de seus desejos, de suas ocupações. Seu eu mudou de cor ou de tonalidade, poderíamos dizer.

Mas o fundo permaneceu o mesmo. Senão, como teria ele mudado? Quando digo: "Eu mudei", justamente com isso estou declarando que o eu continua o mesmo, mas que fatos diferentes se sucederam nele[36].

Os empiristas, depois de negarem que o eu seja uma substância, declaram também que ele não é causa. O escocês David Hume e o filósofo inglês Stuart Mill é que desenvolveram essa tese com mais força e sutileza.

Acreditamos, dizem eles, que percebemos em nós uma força ativa, imaginamos que tomamos consciência de um esforço. Na verdade, não percebemos nada disso, porque, tanto no eu como fora do eu, lidamos apenas com fenômenos que se sucedem; não percebemos [63] mais causalidade dentro de nós do que fora; quando falamos de causa e efeito, estamos nos referindo apenas a sucessões de eventos. Nunca apreendemos uma influência real.

Por exemplo, tenho a ideia de levantar meu braço e depois levanto-o. Quando digo que fui eu que levantei meu braço, quando declaro que sou a causa disso, estou simplesmente expressando que constatei sucessivamente dois fenômenos: – 1º a ideia que tive; – 2º o movimento que se realizou. Mas que a ideia tenha influído no movimento, que o primeiro fenômeno seja produtor do segundo, seja causa dele, é algo que a observação não me informa de maneira nenhuma. É uma simples suposição de minha parte, uma hipótese que não corresponde a nada real. Pois, dizem esses filósofos, só podemos conhecer fenômenos. A relação de causalidade não sendo um fenômeno, como poderia ser percebida? – Se no exemplo citado nos julgamos causa do movimento de nosso braço, é porque no passado observamos que, toda vez que tínhamos uma certa ideia, essa ideia era seguida de um movimento do braço. Então nos habituamos a associar os dois fenômenos de tal maneira que ficamos à espera de um quando o outro se produzir. Então basta que a ideia de levantar o braço se apresente a nosso espírito para que prontamente se apresente depois dela a ideia de que nosso braço se levantará ao mesmo tempo. E essa previsão do fenômeno é o que estamos expressando quando dizemos que a ideia é causa do movimento. Com isso queremos dizer simplesmente que os dois fenômenos sempre vieram juntos em nossa experiência passada; disso resulta uma associação de ideias em virtude da qual ficamos à espera de um desses fenômenos quando o outro se produz.

É fácil responder a essa teoria. Basta invocar primeiramente o testemunho da consciência. Ela nos revela algo mais do que fenômenos, visto que percebemos indiscutivelmente nosso poder, nossa força, isto é, uma influência real. Nenhum argumento pode prevalecer contra esse fato de observação. Dizem-me: você só percebe dois fenômenos: a ideia do movimento que vai realizar-se e depois o movimento realizando-se. Respondo que percebo outra coisa mais: o esforço intermediário que vem colocar-se entre o primeiro fenômeno e o segundo, essa manifestação de força interior que não é nada mais, nada menos que a atividade do eu.

E acrescento ainda: se o eu não é causa, se não buscamos em nós mesmos a ideia de força, como tal ideia pode existir em nosso espírito? De onde vem ela? Como é possível que exista um nome para designá-la? – Pois afinal os empiristas são os primeiros a reconhecer que não se devem procurar causas no mundo exterior, que dele percebemos apenas sucessões de fenômenos, e nesse ponto estamos de acordo com eles. Mas, quando vêm dizer-nos que dentro de nós não há mais causalidade do que fora, temos o direito de perguntar-lhes de onde então nos vem a ideia de causalidade. Como é possível que tal relação tenha um dia sido concebida por uma inteligência humana? Já que, segundo eles, nunca há nada mais que sucessões de fenômenos, por que não dizemos sucessão e por que dizemos causalidade? Evidentemente isso acontece porque há em nós outra coisa que não é uma sucessão pura, há atividade, há manifestação de força; e percebemos tão bem essa força, estamos tão habituados a tomar conhecimento dela, a constatá-la, que chegamos até a transportá-la para o mundo exterior, supondo influências, relações de causalidade, sendo que na natureza há efetivamente apenas simples sucessão.

Devemos concluir que a consciência nos faz perceber, acima dos fenô- [64] menos que se produzem na alma, por trás dos fatos psicológicos que se sucedem, que passam, que vão se substituindo uns aos outros, um eu uno e idêntico, um eu substância e causa ao mesmo tempo. É unicamente com essa condição que se pode explicar a própria multiplicidade de fenômenos que ocupam a alma, pois sem um fundo permanente esses fenômenos não deixariam marca e mesmo sua adição seria impossível. – No entanto, resta da teoria empírica ou empirística esta verdade: que a soma dos fatos de consciência é o que qualifica o eu, o que o distingue de um outro eu, o que lhe dá sua cor própria. Mas, se esses são elementos da personalidade, não se deve concluir daí que isso seja a personalidade propriamente dita.

19ª Aula

Os sentidos e a percepção exterior

Como dizíamos, a consciência nos revela um mundo interno, o mundo dos fatos psicológicos e o eu no qual esses fatos se passam.

Falta estudarmos a percepção exterior, ou seja, a consciência que tomamos das coisas exteriores a nós, daquelas que existem ou parecem existir no mundo que denominamos material. A matéria, o corpo: esse é o objeto da percepção exterior. Esse objeto difere da consciência por parecer situado num espaço, por parecer ocupar uma extensão. O mundo da extensão ou, como se diz vulgarmente, o mundo material: esse é o campo de nossos sentidos.

Surpreenderíamos enormemente uma pessoa não acostumada com as especulações filosóficas se lhe disséssemos que isso é assunto para um estudo muito difícil, e que essa ideia de matéria, de corpo material, aparentemente tão simples, tão clara que à primeira vista ninguém acreditaria que possa suscitar uma dificuldade ou um problema, essa ideia é, ao contrário, a mais complexa, a mais inextricável de todas nossas concepções. Entretanto é o que acontece, e vamos ver que, quanto mais se analisa essa concepção dos corpos materiais, mais ela se esquiva, a ponto de ser preciso sucessivamente pôr em dúvida a existência até mesmo de suas qualidades mais evidentes, a existência até mesmo da substância que parece sustentá-las.

Devemos começar dizendo que as descobertas da física e da química modernas tendem cada vez mais a evidenciar esta grande verdade: que no mundo material existem unicamente movimentos de moléculas ou de átomos. O que chamamos de qualidade de um corpo é na realidade apenas um deslocamento ou movimento dos átomos que o constituem.

Vamos explicar isso com exemplos: o calor, a luz e a cor, o som, o odor são algumas qualidades físicas dos corpos.

Tocamos um objeto material; dizemos que ele é quente, e o calor nos parece ser uma qualidade inerente ao corpo, uma qualidade localizada nele, e prova disso é que durante muito tempo se acreditou num fluido calórico disseminado no corpo, o que era apenas um modo de expressar que o calor é simplesmente uma coisa, que ele está dentro do corpo, que o corpo o contém. A física moderna veio derrubar essa [65] ideia; mostrou, provou, que o que chamamos de calor nada mais é que um movimento executado pelas moléculas da matéria. Esse corpo sólido que toco e que me parece contínuo é apenas a aglomeração de um número enorme de partes elementares, moléculas ou átomos, segundo esse corpo seja complexo ou simples. Esses elementos infinitamente pequenos são separados por distâncias também infinitamente pequenas, que escapam a todos nossos meios de observação. Mas a teoria demonstra que esses átomos executam nos intervalos oscilações periódicas extremamente rápidas e são essas vibrações que, percebidas por nossos sentidos, produzem em nós a impressão de calor. Portanto, o calor não é uma propriedade dos corpos, pelo menos o calor tal como o percebemos. É apenas uma impressão causada em nós. O que existe realmente e objetivamente é um movimento molecular. O corpo parece menos ou mais quente dependendo de suas vibrações serem menos ou mais rápidas. – Esse é um fato notável, evidenciado pelos experimentos de Hirn[37], Mayer, Joule e pelos outros inventores da teoria mecânica do calor.

Passemos para a cor; ela também parece estar no corpo; nós a consideramos uma qualidade das coisas, a objetivamos, como se diz em filosofia; e, na verdade, estamos tão habituados a esse modo de ver e de nos expressarmos que temos uma certa dificuldade em deixá-lo de lado. Entretanto, hoje está mais ou menos demonstrado que os elementos da matéria, se existem, são desprovidos de tal propriedade. De fato, os raios luminosos de diversas cores nada mais são que movimentos ou vibrações executados pelos átomos de um fluido muito sutil, imponderável, que os físicos chamaram de éter; movimentos, oscilações extraordinariamente rápidos são executados pelos átomos desse fluido em certas condições. Esses movimentos de átomos vêm transmitir-se aos corpos e são refletidos por eles, de modo que venham impressionar nossa retina. O que existe realmente da luz e da cor nada mais é que um movimento dos átomos do éter, movimento que produz em nós a impressão de luz ou de cor. Conforme as vibrações sejam menos ou mais rápidas, a luz toma para nós essa ou aquela cor. Esse é o fato muito curioso que foi demonstrado pelas experiências de Huyghens, Young e Fresnel. – Assim, também aqui vemos que aquilo que nos parecia ser uma qualidade inerente à matéria só existe como aparência, como impressão causada em nós, e que na própria matéria parece haver apenas um movimento molecular.

O estudo do som levou à mesma conclusão. Os corpos parecem sonoros, e dizemos que existem ruídos na natureza. Na verdade, o ruído existe apenas para nosso ouvido, e fora dele só existe uma coisa, aliás visível no microscópio e mesmo a olho nu: oscilações executadas pelos corpos, oscilações que se transmitem para o meio ambiente e portanto para nosso nervo auditivo.

O que concluir dessas diversas teorias? Que tudo indica que isso que chamamos de matéria é uma aglomeração, um aglomerado de elementos que não podemos nos representarmos pela imaginação, visto que não têm calor, não têm cor, ou seja, não possuem, por assim dizer, nenhuma das qualidades físicas que atribuímos à matéria. Esses elementos se deslocam, vibram, executam movimentos, e esses movimentos produzem em nós, em nossos sentidos, impressões de natureza diversa. Uma vez produzidas essas impressões, nós as objetivamos, e o que é apenas uma aparência ou uma impressão produzida em nós passa a ser uma qualidade inerente à matéria.

Mostramos que no mundo exterior provavelmente se produzem movimentos de moléculas ou de átomos e que não se produz [66] nada mais que isso. Átomos e movimentos: isso é o que existe de real na matéria inorgânica, se ela existir, o que não está demonstrado. – Vamos indagar agora como esses movimentos são percebidos por nós.

Podemos distinguir no fenômeno ou na operação da percepção exterior cinco fases sucessivas:

Primeira fase – Um órgão que chamamos de órgão dos sentidos coleta os movimentos produzidos pela matéria e deixa-se impressionar por ela. Esse órgão chama-se olho quando se trata de percepções visuais, ouvido para as percepções auditivas, as papilas do tato para as impressões táteis etc. – A parte essencial desses diversos órgãos é sempre uma expansão de um nervo sensitivo. – Todo mundo sabe, mesmo sem ter estudado história natural, que nervos denominados sensitivos chegam das diversas partes da periferia, isto é, da superfície do corpo, ao centro nervoso, isto é, ao cérebro. Esses nervos, que por um lado chegam ao cérebro, por outro lado se expandem na outra extremidade, de modo que recebam as impressões do mundo exterior. – Caso se trate de uma impressão visual, por exemplo, o nervo óptico expande-se no interior do olho, formando assim uma membrana que forra o interior desse órgão e que chamamos de retina. Quando um objeto está situado diante do olho, esse objeto apresenta uma certa cor, por exemplo, o que significa, como dizíamos da última vez, que esse objeto reflete certas vibrações ou ondulações do éter. Essas vibrações vêm estimular uma lente transparente situada na frente do globo ocular e que chamamos de cristalino. Então são transmitidas, apesar de modificadas, para o interior do olho, e vão atingir a retina, ou seja, o prolongamento do nervo óptico. Portanto, essa retina é que recebe o movimento, a estimulação, a vibração executados no mundo exterior pelo corpo luminoso. – Caso se trate de uma impressão auditiva, de um som, as vibrações do ar, depois de serem coletadas pelo ouvido, são transmitidas para o tímpano, que as transmite para os ossículos, que por sua vez fazem essa estimulação chegar a filetes nervosos em número considerável, dizem que em número de 3.000, conhecidos como teclas de Corti. As teclas de Cordi são apenas prolongamentos das extremidades do nervo auditivo. Desempenham no mecanismo da audição o mesmo papel que a retina na visão; e assim se poderia mostrar que para cada uma de nossas sensações, de nossas percepções, existe um prolongamento de forma especial de um nervo sensitivo destinado a coletar o movimento externo.

Segunda fase – O movimento assim coletado é transmitido para o cérebro por intermédio dos nervos auditivos. Esses nervos são verdadeiros fios telegráficos; a estimulação viaja neles como num fio elétrico. – Qual é a natureza dessa estimulação e o que viaja num nervo, num fio nervoso? Essa é uma questão que ainda não foi elucidada. – Alguns, baseando-se nas experiências feitas pelo naturalista alemão Du Bois-Reymond, identificam a corrente nervosa com a corrente elétrica. Há para essa teoria uma objeção grave: é que as impressões viajam muito lentamente nos nervos auditivos, ao passo que a velocidade da corrente elétrica é enorme. – Outros tenderiam a concordar com a teoria de Newton, que acreditava numa vibração propagando-se ao longo do cordão nervoso. – Seja como for, uma coisa é certa: é que o nervo sensitivo é um instrumento de transmissão. Um outro ponto também vem sendo estabelecido há alguns anos: que a impressão, qualquer que seja, transmitida pelos diferentes nervos sensitivos, é transmitida por esses nervos da mesma maneira. Assim, todo e qualquer fenômeno que ocorra no nervo auditivo quando este carrega um som é o mesmo que aquele que ocorre no nervo óptico quando este transmite uma luz.

[67] *Terceira fase* – A impressão transmitida pelo nervo chega ao cérebro. A anatomia ainda não conseguiu estabelecer com precisão o ponto exato do cérebro em que cada um dos nervos sensitivos vai terminar. Mas o que é provável é que esses pontos sejam distintos e que existam no cérebro centros, por assim dizer, destinados a recolher sucessivamente as impressões auditivas, visuais, táteis etc. Cada centro desses deve estar constituído de um modo especial, de um modo que lhe é próprio. Pois as mesmas impressões físicas, chegando a esses diferentes pontos, dão lugar a sensações muito diferentes. – Imaginem fios de ferro absolutamente idênticos, saindo todos eles de uma mesma pilha, mas chegando: este aqui a uma campainha, aquele ali a um aparelho telegráfico, aquele outro a um aparelho de luz elétrica. São fios idênticos, transmitindo uma corrente idêntica, e entretanto geram aqui um som, ali um movimento, mais além uma luz brilhante. – Pois bem, os nervos sensitivos são fios provavelmente idênticos entre si, e o que viaja nesses fios são impressões, movimentos muito análogos entre si. O que difere é a conformidade especial, é a natureza do ponto ou do aparelho a que vão chegar, onde vão terminar no cérebro, no centro nervoso. Prova disso é que a

mesma impressão, transmitida para nervos sensitivos diferentes, dá origem no centro nervoso a fenômenos absolutamente distintos. Por exemplo, façam uma corrente elétrica agir sobre o nervo óptico: terão uma sensação de ofuscamento, uma sensação luminosa muito intensa. Essa mesma corrente, agindo sobre o nervo auditivo, dará uma impressão de som, provocará um grande ruído; sobre as papilas da língua, dará origem a um sabor. Por fim, exercendo-se sobre os órgãos do tato, sobre a superfície do corpo, gerará um choque. – Nesses diversos casos, o fenômeno externo é o mesmo. É sempre uma corrente elétrica, e experiências muito precisas sugerem que a modificação sofrida pelos nervos sensitivos também é a mesma, mas que a modificação sentida pelo cérebro não é da mesma natureza nos diversos casos, porque os aparelhos nos quais os condutores nervosos vão terminar diferem. – Inversamente, causas físicas muito diferentes, sem nenhuma relação aparente entre si, produzem em nós o mesmo efeito, se agirem sobre o mesmo sentido. Assim, a luz do sol quando olhamos para ele, uma corrente elétrica, um soco produzirão em nosso aparelho visual uma impressão idêntica, e igualmente no aparelho auditivo: por exemplo, uma excitação qualquer do nervo auditivo nos faz perceber um ruído.

Quarta fase – Até aqui, houve apenas impressão física, estimulação material dos órgãos dos sentidos, dos nervos ou do cérebro. Qualquer que seja a natureza desse fenômeno, ele é muito provavelmente, seguramente mesmo e na opinião de todos os fisiologistas, um fenômeno físico ou químico e, em todo caso, é um fenômeno localizável no espaço, que ocupa extensão e pertence ao mundo material; é uma impressão, como se diz. – Mas eis que, assim que chega ao cérebro, ele se transforma, ou, dizendo melhor, algo totalmente novo vem substituí--lo, produz-se um fato psicológico, que é a sensação. – Entre a sensação e a impressão não há nenhuma espécie de semelhança, nem mesmo de relação. Uma, a impressão, é um fato físico, um movimento de átomos, de moléculas ou de células; a outra, a sensação, é um fato de consciência. Que semelhança pode haver entre uma vibração transmitida para as fibras de Corti, depois para o nervo auditivo, depois para o cérebro, e a sensação que então se produz, ou seja, o ruído que ouvimos? Qual a analogia entre vibrações de éter transmitindo-se para a retina, para o nervo óptico e para o centro nervoso [68] por um lado, e por outro lado a sensação luminosa, a sensação de cor que a acompanha? – Tudo que se pode dizer é que este último fenômeno se produz na sequência ou por ocasião dos primeiros. Mas como ele se produz? Essa é uma questão que nunca será resolvida, visto que nenhuma explicação, nenhum raciocínio preencherá o abismo intransponível que separa o fato, o movimento físico, mesmo o mais complexo, do fato de consciência, mesmo o mais simples.

Quinta fase – A impressão que chegou ao cérebro determinou, nunca saberemos como, o surgimento de uma sensação, mas essa sensação ainda não é uma percepção. Uma percepção resulta sempre da comparação e do agrupamento de várias sensações diferentes.

Para compreender bem isso, vamos enumerar as sensações que nos são fornecidas por nossos diversos órgãos:

– As sensações mais simples são as do sabor e do odor. São puramente afetivas, isto é, são prazeres ou dores, e praticamente não nos informam sobre a natureza dos objetos que as causam. Uma percepção é um conhecimento, e onde há apenas afetividade pura e simples, dor ou prazer, não há conhecimento claro e distinto.

– A audição nos dá sensações simples de som ou de ruído; o ouvido é capaz de distinguir num som primeiramente a intensidade, a amplitude das vibrações executadas, em seguida a altura, o número de vibrações executadas durante a unidade de tempo, e por fim o timbre, a complexidade dos sons harmônicos entre si que entram como elementos num determinado som.

– O tato, que está espalhado em toda a superfície do corpo mas do qual a mão é o órgão principal, informa-nos primeiramente sobre a temperatura, depois sobre a forma e a resistência do corpo, do objeto.

– Por fim, a visão nos dá sensações luminosas, nos faz perceber superfícies planas e coloridas.

Como vemos, cada um desses dados é de uma simplicidade relativa. – Mas a alma na qual se produzem as sensações está dotada do poder de agrupá-las centralizando-as, de aproximá-las umas das outras comparando-as e de criar assim percepções que nada mais são que montagens complexas, sínteses de sensações elementares.

Vamos enumerar essas percepções: quando olhamos um objeto material, atribuímos-lhe relevo, que distinguimos dos planos diferentes, e parece evidente que a visão nos informa imediatamente sobre a forma dos objetos no espaço. – Entretanto, observações e experiências muito numerosas, todas concordando entre si, provaram que não é nada disso e que na realidade o olho percebe apenas superfícies planas e superfícies coloridas. – Primeiramente, a constituição, a própria conformação de nosso aparelho visual bastaria para sugerir-nos que deve acontecer assim. Os objetos do mundo exterior enviam para nosso olho uma imagem que, refratando-se através do cristalino, vem reproduzir-se invertida em nossa retina. Nossa retina é uma superfície. A imagem que nela se forma é uma imagem plana, e percebemos apenas a imagem formada em nossa retina. Mas esse argumento encontra uma confirmação incontestável nas experiências feitas com cegos de nascença que são operados da catarata, experiências que são de autoria de médicos célebres: Cheselden[38] no século passado, e no século XIX Franz, Platner e o físico Carpenter. Esses sujeitos operados numa idade bastante avançada não percebem no espaço corpos com três [68 *bis*] dimensões, e sim um fundo plano sobre o qual os objetos são reproduzidos ou parecem mover-se, e precisaram de um longo treinamento para conseguirem ver no espaço objetos situados em planos diferentes, para, em resumo, reconhecerem no espaço três dimensões. Acaso não vemos que as crianças, os recém-nascidos, estendem o braço para alcançarem objetos muito distantes, muito afastados deles, situando-os evidentemente no mesmo plano que os objetos que estão ao seu alcance? Por fim, não sabemos que é muito fácil produzir a ilusão de relevo em superfícies planas, dispondo habilmente nelas sombras e luzes? – De onde nos vem então a percepção de relevo? Ela se origina de uma combinação das sensações da visão com as sensações do tato. O tato informa-nos sobre a forma dos corpos; faz com que percebamos arestas ou curvas, rugosidades ou superfícies planas; prova disso é que os cegos discernem perfeitamente, apenas pelo tato, a forma, a configuração dos objetos. Esses cegos, quando por acaso recuperam a visão, são incapazes de dizer qual é a forma desses objetos enquanto não os tiverem tocado. Disso devemos concluir que a visão nos fornece simplesmente uma certa disposição de sombras ou de cores sobre uma superfície plana, mas que já adquirimos o hábito de associar a determinadas disposições de sombras ou de luzes a ideia de determinadas sensações táteis, que resultariam, que se produziriam para nós se tocássemos o objeto; e é essa combinação de cores ou de nuances que nossa vista percebe, com as sensações táteis possíveis que nossa imaginação se representa, que chamamos de percepção do relevo ou simplesmente relevo dos corpos. Assim, toquei com frequência uma esfera e pelo tato me dou conta da natureza de um corpo esférico. Se agora eu perceber uma superfície plana e circular sobre a qual as sombras estão adequadamente dispostas, declararei que estou percebendo não uma circunferência, e sim uma esfera, porque um hábito contraído ainda na infância me ensinou que uma superfície de aparência circular, apresentando-se em condições semelhantes, dava ao tato a impressão de um corpo esférico. – Assim, essa percepção aparentemente tão simples é muito complexa. Supõe um raciocínio que se tornou inconsciente devido ao hábito e uma associação de ideias cujo mecanismo nos escapa porque agora funciona por si só.

Também a percepção de distância é uma percepção complexa, resultante de um raciocínio inconsciente. – Isso resulta do que acabamos de dizer, já que o olho não percebe no espaço planos diferentes. – Mas primeiro conhecemos o tamanho habitual de um objeto, de um homem, de um cavalo, de uma árvore, de uma casa, e quando esse objeto nos parece menor do que habitualmente, concluímos que está afastado. Portanto, o tamanho aparente do objeto é o principal elemento que nos ajuda a julgar sobre sua distância. Em segundo lugar devemos colocar a intensidade luminosa desse objeto, e depois o número de objetos interpostos. Se, por exemplo, o aspecto de uma montanha nos é menos ou mais ocultado por casas, árvores etc., tudo isso são como marcos que nos permitem avaliar a distância. Quando nos faltam esses elementos, a avaliação da distância é praticamente impossível. É o que acontece quando contemplamos os astros, por exemplo, ou quando estamos em alto-mar. – O que entendemos, o que queremos dizer exatamente quando declaramos simplesmente que para chegar lá seria preciso caminhar mais tempo e desenvolver mais atividade muscular? Se declaro, por exemplo, que aquela casa está a um quilômetro e aquele rio a dois quilômetros de distância, e que os vejo, é como se dissesse o seguinte: percebo dois objetos tais que, em vista de sua grandeza aparente, em vista de sua intensidade luminosa, em vista do número de objetos interpostos, creio [69] que, para alcançar um, eu precisaria, nas mesmas condições, de duas vezes menos tempo do que para alcançar o outro. – Esse raciocínio muito complicado também é feito em nós de um modo inconsciente.

Não combinamos apenas as sensações da visão com as do tato. – Podemos combinar sensações auditivas com sensações visuais ou táteis: ouço um ruído, por exemplo, e declaro que ele vem de baixo, do subsolo, por exemplo, que meu ouvido percebe sua direção. Porém o ouvido não percebe nada disso; ele só nos dá a intensidade, a altura e o timbre dos sons. Apenas a experiência nos mostrou que o timbre, a intensidade, mesmo a altura de certos sons podem variar de acordo com a situação ou a direção do objeto que os produz. Foram a visão e o tato que nos informaram sobre essa situação. Por força do hábito, combinamos inconscientemente a sensação visual ou tátil que poderíamos ter e dizemos que o objeto está situado à nossa esquerda, por exemplo, indicando assim que, se olhássemos à esquerda, iríamos vê-lo, e que adivinhamos essa possível sensação visual pela intensidade ou pelo timbre do som que estávamos ouvindo. – As percepções que acabamos de enumerar foram chamadas pelos escoceses de percepções adquiridas.

Foi Reid que estabeleceu essa distinção entre as percepções adquiridas, tais como as de relevo, de distância etc., e as percepções naturais: cor, calor etc. Essa terminologia nos parece viciosa, pois toda percepção é adquirida, visto que resulta de uma comparação. O que Reid chama de percepção natural seria mais lógico chamar de sensação. O conhecimento da temperatura nos é fornecido por uma sensação.

Diremos, portanto, que existem não percepções naturais e percepções adquiridas, e sim sensações e percepções, ou seja, fatos psicológicos mais complexos, obtidos pela comparação ou pela associação das sensações entre si. Agora podemos compreender em que consiste a percepção de um objeto material ou, como se diz, de um corpo.

20ª Aula

Os sentidos e a percepção exterior (continuação)

Quando dizemos que percebemos um objeto material, queremos dizer com isso que ele nos fornece sensações. De fato, só o conhecemos pelas sensações que nos envia. – Na verdade, o corpo só nos é conhecido, só nos é dado, como um conjunto de qualidades; e, visto que uma qualidade só é percebida pela sensação que temos dela, pode-se dizer que, quando tomamos conhecimento de um objeto material, limitamo-nos a coletar um grupo de sensações.

Vamos tomar um exemplo: percebo um quadro; com isso quero dizer que o vejo e que o toco. – Ora, como posso vê-lo? Porque tenho uma sensação visual de cor e de forma. – Como posso tocá-lo? Porque em certas condições, quando estou a uma distância muito pequena dele, tenho uma sensação que chamo de sensação tátil. – Em última análise, o que conheço desse quadro? Uma sensação visual e uma sensação tátil, e ele não é para mim nada mais que esse grupo, essa junção de sensações; e, quando falo de um objeto exterior qualquer, só posso falar da impressão que ele causa em mim, ou seja, de um conjunto de sensações: [70] sensações de cor, de luz, de resistência, de som, de temperatura etc.

Sendo assim, pode-se compreender que alguns filósofos chamados de idealistas, tendo à frente o irlandês Berkeley e antes dele Malebranche, pudessem afirmar que aquilo que chamamos de corpo, de objeto material, nada mais é que uma ideia do espírito, que um grupo, uma junção de sensações ou de fatos psicológicos.

Essa ideia foi retomada e desenvolvida pelo empirista inglês Stuart Mill.

Em um capítulo célebre de sua obra intitulada *Exame da filosofia de Hamilton*[39], Stuart Mill mostra, com um extraordinário rigor lógico, que o que chamamos de objeto material é apenas um grupo de sensações.

De fato, imaginem que esse quadro de que falo não tenha existência real, existência objetiva, mas que mesmo assim eu tenha sensações visuais e sensações táteis que se combinam suficientemente entre si, de modo que se constituam por sua reunião a imagem desse quadro; para mim tudo se passará como se ele existisse objetivamente. – Ora, todos sabem que para ter uma sensação não há necessidade de uma causa exterior. As sensações são estados de nossa alma. Nada nos prova que haja fora de nós algo que as excite. – Toco um objeto, tenho uma sensação que chamo de sensação de resistência. O vulgo declara que essa sensação tem uma causa exterior, pois vejo o objeto que me opõe essa resistência. Mas, sem dúvida, como posso vê-lo? Simplesmente pela sensação visual que tenho; e bastaria que nossas sensações visuais e nossas sensações táteis, por exemplo, sempre se harmonizassem entre si para que nosso espírito criasse de alto a baixo um mundo exterior, um mundo material, mesmo que esse mundo não existisse.

Mas, dirão, pelo menos nosso corpo existe. Também aqui só podemos afirmar tal coisa com a condição de fazermos uma hipótese. – De fato, sabemos que nosso corpo existe por causa das sensações que ele nos faz ter: resistência, quando o tocamos; forma ou cor, quando nos olhamos num espelho. Mas nada nos diz que essas sensações não são simplesmente e unicamente subjetivas, sem nenhuma causa externa que as produza.

Imaginem uma alma que exista sozinha no mundo; em outras palavras, imaginem o mundo reduzido a uma alma ou a uma inteligência única. Suponham que não haja mundo material, que não haja corpos; suponham também que nessa alma desfilem todas as sensações que temos. Essa alma, encontrando-se na mesma condição que nós, vendo o que vemos, sentindo o que sentimos, tocando o que tocamos, acreditaria na existência de um mundo material, de um mundo exterior, como nós mesmos acreditamos.

O que nos prova que não nos encontramos num estado como esse, que não estamos incessantemente sonhando? Não se poderia comparar a percepção exterior com um sonho[40]?

No sonho, percebemos objetos aparentemente tão sólidos, tão palpáveis quanto os objetos da vigília. Nós os vemos e os tocamos; acreditamos neles enquanto dormimos. Entretanto, são apenas sensações subjetivas, sensações ou imagens suscitadas na alma sem que nada exterior corresponda a elas –.

Olhando de perto, vê-se que praticamente não temos mais razão para acreditar na percepção exterior do que para acreditar no sonho. [71] Realmente, entre esses dois estados, ou fenômenos, há apenas uma diferença de ligação lógica. Se declaramos o sonho ilusório, é porque ele não se une, não se liga logicamente às nossas outras percepções. – Imaginem um homem cujos sonhos estejam sujeitos à seguinte lei: toda vez que ele adormece, o sonho que tem é a continuação natural do sonho da noite anterior. Para um homem como esse a distinção entre o real e o imaginário seria impossível. Haveria para ele dois mundos reais: o do dia e o da noite. Se nos baseamos no mundo da vigília, no mundo da realidade, para declararmos imaginário o mundo do sonho, é porque nossos sonhos são desconexos, não dão continuidade uns aos outros; ao passo que, quando despertamos, as percepções que temos são a continuação lógica e natural das percepções do dia anterior.

Somos levados assim a admitir nestas últimas percepções um elemento de estabilidade que as do sonho não têm. – Por isso Leibniz pôde dizer que "nossas percepções nada mais são do que sonhos bem ligados" e Taine pôde definir a percepção exterior como "uma alucinação verdadeira". – Mas, como Stuart Mill diz muito bem, quando acreditamos nessa estabilidade ou nessa permanência do mundo exterior, do mundo material, quando declaramos que ele existe, mesmo se fechamos os olhos e não o vemos, com isso queremos dizer simplesmente que, se quiséssemos, poderíamos continuar percebendo-o. Declarar que um corpo existe, mesmo quando está ausente, é declarar que, em certas condições, poderíamos ter novamente sensações que já tivemos.

Que queremos dizer, por exemplo, quando afirmamos que o Sol continua a existir, mesmo quando desapareceu atrás do horizonte? Com isso expressamos que as sensações luminosas que tínhamos há pouco, poderíamos tê--las novamente se nos encontrássemos em condições adequadas – por exemplo, se estivéssemos atrás do horizonte. De modo que os corpos que percebemos são para nós, como diz Stuart Mill, apenas grupos de sensações *presentes*, e os corpos que declaramos existir, sem os percebermos, são apenas grupos de sensações *possíveis*. E, resumindo tudo, o mundo material que nos parece tão evidentemente distinto de nós, tão objetivamente real, reduz-se, quando é analisado, a um grupo, a um conjunto de sensações presentes ou possíveis.

Essa análise de Stuart Mill é excelente porque nos ensina a distinguir na percepção exterior o que é dado imediatamente, o que é dado efetivamente e o que é suposto ou imaginado por nosso espírito. Stuart Mill e os idealistas puseram em evidência esta verdade: que, a despeito das aparências, o mundo exterior nos é conhecido apenas como um conjunto de estados de nossa alma, um conjunto de fatos psicológicos, e que a rigor se poderia afirmar que não há mundo exterior, não há corpos materiais, há simplesmente sensações, grupos de sensações que se sucedem na alma.

Entretanto, é forçoso reconhecer que nosso instinto, nossos hábitos mentais repudiam essa concepção da matéria.

Não há dúvida de que um corpo nos é dado somente como um conjunto de qualidades, qualidades que por sua vez podem ser consideradas como sendo apenas sensações ou estados de alma. – Não é menos verdade que por trás e embaixo das qualidades supomos naturalmente alguma coisa. – Descartes imagina um pedaço de cera;

ele é sólido, tem uma certa forma, uma certa cor, um certo grau de temperatura. Alguém o aquece: sua forma muda e sua cor também, de sólido tornou-se fluido: já não opõe resistência, de frio tornou-se quente. Assim, esse conjunto de qualidades transformou-se totalmente. Nenhuma [72] das qualidades antigas permaneceu o que era, ou, melhor dizendo, cada uma delas desapareceu para ser substituída por uma outra. Entretanto, dizemos que é o mesmo pedaço de cera. Portanto, é forçoso que sob as qualidades mutáveis suponhamos alguma coisa que não muda, um substrato, um suporte, em resumo uma substância que permanece, mesmo quando as qualidades passam ou se metamorfoseiam. Essa é pelo menos a crença comum, a crença popular. – Somos levados por um instinto natural a moldar as coisas à nossa imagem, e onde a experiência nos dá na realidade apenas um grupo de qualidades, apenas um grupo de sensações, como diz Stuart Mill, supomos sob essas sensações subjetivas, isto é, sob as qualidades, um não sei quê análogo ao nosso eu, uma substância que não pode assemelhar-se – isso está claro – a nenhuma das qualidades, que não é nem cor, nem calor, nem resistência; em resumo, alguma coisa inominável, que não pode ser definida e descrita, mas que é de tal natureza que, graças a ela, as qualidades formam um todo compacto e podem deslocar-se, metamorfosear-se, sem que o objeto deixe de ser ele mesmo.

Diremos, portanto, que, se nos ativermos estritamente ao que é dado pela observação, se não fizermos nenhuma hipótese, não podemos e não devemos ver no que chamamos de um objeto material nada além de um grupo de qualidades ou de sensações, mas que em virtude de um instinto natural, em virtude de um certo hábito mental, acrescentamos alguma coisa ao que a observação nos dá, fazemos uma hipótese, supomos que, por trás dessas qualidades que unicamente nós conhecemos diretamente, há uma substância, ou seja, um fundo permanente que as sustenta. – Graças a essa ideia de substância que a consciência nos fornece e que transportamos para fora de nós, objetivamos nossas sensações, figuramos um mundo exterior a nós no qual objetos, seres materiais, análogos a nós mesmos no fundo, produzem em nossos sentidos efeitos que se traduzem para nós por sensações. Sensações, ou melhor, qualidades agrupadas em torno de uma substância: é isso que o mundo material é para nós, e quem refletir que as qualidades são para nós apenas sensações, que em termos de substância conhecemos apenas nós mesmos e que todo o restante é hipotético, verá que o chamado mundo exterior, o mundo material que parece independente de nós, é em grande parte uma construção de nossa inteligência. Nós é que o construímos.

Resta-nos indagar se esse instinto em virtude do qual supomos substâncias fora de nós é um instinto legítimo –.

Será que temos o direito de supor alguma coisa por trás das qualidades, por trás das sensações, as únicas que nos são fornecidas pela experiência? É fácil mostrar que temos esse direito. – Isso porque há na natureza, tanto no mundo material como no do espírito, uma grande lei, uma lei universal chamada princípio de causalidade e que pode ser formulada assim: não há fenômenos, não há fatos, sem causas. – Ora, temos sensações de cor, de calor etc.: são fatos, são fenômenos. Ou nosso princípio é falso, ou é preciso admitir que essas sensações têm causas. – Quais são essas causas? Fomos nós que produzimos essas sensações? Não, porque, se fôssemos seus autores, saberíamos bem disso. A vontade não pode produzir um ato sem que a consciência seja avisada. Portanto, visto que essas sensações têm uma causa e que essa causa não somos nós, é forçoso admitir que existe uma causa diferente de nós, que as suscitou em nossa alma. É a essa causa diferente de nós que damos o nome de substância material e, quando acreditamos em corpos, em objetos exteriores, estamos simplesmente acreditando na existência de causas de sensações. Quando digo: este quadro existe, é um objeto [73] exterior, com isso expresso que, tendo sensações das quais sei que não sou causa, devo admitir uma causa diferente de mim e que excita em mim essas sensações. – Esse é um raciocínio que não fazemos de um modo explícito nem consciente. Acontece que a humanidade, desde que ela existe, habituou-se a fazê-lo, mas nem por isso ele deixa de existir, e é em virtude de um raciocínio indiscutivelmente muito rápido, mas real, que acreditamos na objetividade dos corpos –.

Portanto, provavelmente existem causas independentes de nós, capazes de agir sobre nossa alma e de nela provocarem sensações. Mas quais são essas causas[41]? Como são feitas? Qual é sua natureza e sob qual forma devemos representá-las? Esse é um problema que ainda não foi resolvido e nunca o será.

De fato, essas causas de sensações, se existirem, não podem ter nada em comum com as sensações propriamente ditas; pois, se fossem sensações, seria preciso supor por trás delas uma nova causa, e assim sucessivamente até o infinito. Portanto, essas causas não podem assemelhar-se em nada ao que chamamos de qualidades dos corpos. Não podem ter nem cor, nem resistência, nem extensão, pois todas essas qualidades são aparências resultantes da impressão que essas causas fazem em nossa alma. – É por isso que Leibniz as representava como pequenos espíritos, almas menos perfeitas e menos completas que a nossa: o que denominamos matéria se reduziria assim, em última análise, ao espírito, e não haveria no universo nada real além da substância espiritual.

Diante dessa teoria chamada de dinamista, uma teoria oposta, a teoria mecanicista, constituiu-se. Ela admite que essas causas desconhecidas de sensações são provavelmente átomos que se movem. Essa é a concepção dos físicos de hoje, a que adotamos em nossa explanação, porque é a mais cômoda. Mas não se deve ignorar que essa concepção é apenas um modo de representar claramente as coisas. Pois o próprio átomo é matéria, segundo os físicos, e portanto será preciso sempre supor sob as qualidades desse objeto material algo que não é material e que as sustenta.

Em última análise, a concepção de matéria reduz-se à ideia de uma causa desconhecida e certamente incognoscível de sensações. A representação mais clara que se pode fazer dela é a representação que assimila ao espírito essa substância misteriosa –.

21ª Aula

A razão
Os princípios diretores do conhecimento

A consciência e os sentidos que estudamos até aqui fornecem-nos a essência de nosso eu e das coisas exteriores.

O que caracteriza essas duas ordens de conhecimento é que os dados a que chegamos por esses processos são dados contingentes. Em filosofia chama-se contingente tudo aquilo cujo contrário seja possível ou concebível. – Exemplo: percebo diante de mim uma mesa e papel; são meus sentidos que os mostram, são esses os dados da percepção exterior. Esses dados são contingentes porque meus sentidos poderiam muito bem não tê-los fornecido a mim. Poderia ter acontecido que sobre essa mesa não houvesse papel, e mesmo poderia ter acontecido que não houvesse mesa. Isso não tem nada de absurdo, nada [74] de contraditório. Posso conceber uma sala onde não houvesse mesa. E quem examinar de perto todos os dados dos sentidos verá que todos eles apresentam essa característica de contingência, e o próprio mundo exterior em sua totalidade não foge a essa regra geral. Pode-se muito bem conceber, embora pareça estranho, que não houvesse mundo material, que a matéria não existisse e nunca tivesse existido. Os dados da consciência estão aproximadamente no mesmo caso. Sem dúvida, temos mais dificuldade para conceber ou imaginar que nosso eu seja suprimido, e entretanto não haveria nada absurdo nisso. Concebe-se que Deus tenha disposto as coisas de tal modo que não houvesse consciência, não houvesse pessoa, portanto não houvesse eu. – Assim, a contingência é a característica comum aos dados da percepção externa e interna, dos sentidos e da consciência. Por isso se deu a esses dois modos de conhecimento um nome em comum: eles constituem reunidos o que se denomina experiência. – A experiência é o conjunto das ideias ou materiais de ideias que os sentidos e a consciência nos fornecem. A experiência pode ser externa ou interna, conforme seja devida aos sentidos ou à consciência, mas nos dois casos é contingente, pois o que nos aparece então como sendo poderia muito bem não ter sido.

A experiência apresenta ainda uma segunda característica. Não é a mesma para todos os homens, varia de um indivíduo para outro. Não percebo os mesmos objetos que todos meus semelhantes percebem; vi lugares que eles não viram e, inversamente, não conheço em termos de percepção externa tudo o que eles conhecem. Cada um de nós conservou de suas percepções exteriores lembranças cuja soma, em nossa opinião, é o que dá ao eu sua coloração, sua tonalidade, e que varia infinitamente de um indivíduo para outro. – E isso se aplicaria igualmente bem à experiência interna. Meu eu não é o eu de outrem; seria absurdo afirmar isso. Nos dois casos a consciência desempenha o mesmo papel, funciona do mesmo modo, mas o que ela percebe não é idêntico para todos os homens. Portanto os dados da consciência não apenas são contingentes, também são particulares e relativos, na medida em que dependem de uma infinidade de circunstâncias particulares ao indivíduo que os possui.

Mas, ao lado dessas ideias ou dessas verdades particulares e contingentes, deparamos com outras, dotadas de características totalmente opostas, ideias que são ao mesmo tempo necessárias e universais; necessárias porque não concebemos que possam não existir, universais porque todos os espíritos humanos as representam do mesmo modo. Poderíamos acrescentar que são absolutas, porque não dependem do caráter, do temperamento ou da situação particular de quem as concebe. – Portanto, é natural atribuir tais conhecimentos a uma faculdade nova. A essa faculdade dá-se o nome de razão. – Muitos afirmam que não se trata de uma faculdade nova, de uma faculdade especial, e que os pretensos dados da razão podem reduzir-se por análise a dados da percepção externa ou interna. Essa é uma opinião que teremos de discutir. – Por enquanto, vamos limitar-nos a constatar que existem ideias e verdades que apresentam características especiais, características *sui generis*, características alheias ao que sabemos até aqui, e vamos dar-lhes provisoriamente o nome de verdades ou ideias racionais.

Antes de enumerarmos as verdades racionais ou, como às vezes se diz, os princípios diretores do conhecimento, devemos distingui-las claramente das chamadas ideias racionais[42]. – Uma verdade ou um princípio diferem de uma ideia porque ele ou ela é uma afirmação, [75] um juízo, ao passo que a ideia é simplesmente uma imagem, uma representação. Se digo: "Eu sou sensato", isso é uma verdade, porque estou afirmando alguma coisa, estou julgando. Ao contrário, a sensatez é uma ideia, porque é uma imagem, uma representação e porque, quando se pronuncia essa expressão, não se está afirmando a existência do que quer que seja. Portanto, as verdades racionais são afirmações ou princípios; as ideias racionais são representações –.

Enumeremos as verdades racionais. – Quais são, em nossa opinião, os princípios diretores do conhecimento?

1º *Princípio de identidade ou princípio de contradição* – Consideremos esta afirmação simples: "O que é, é", ou ainda este outro juízo: "O que é não pode, ao mesmo tempo e no mesmo sentido, ser e não ser." Aí estão dois princípios muito gerais, e é fácil mostrar que são ao mesmo tempo universais e necessários. – São universais porque todo ser dotado de razão os concebe e os enuncia. Sem dúvida uma criança, sem dúvida um selvagem não formulam esses princípios com essa mesma clareza. Isso é muito plausível, mas a prova de que os concebem e pensam neles é que, se lhes declararem que um certo objeto existe e não existe ao mesmo tempo, julgarão, não sem razão, que estão zombando deles. – Esses princípios são necessários porque não se concebe nem por um instante que possam não existir, que tenha havido um tempo em que não existiram e que possa chegar um tempo em que não existirão mais. Façam abstração da sua experiência presente e passada, imaginem o universo inteiro alterado, as leis de todos os fenômenos naturais invertidas; ainda assim esse princípio de que uma coisa que é não pode ao mesmo tempo não ser subsistirá em toda sua integridade, porque vocês não conseguem concebê-lo anulado ou modificado. – Chama-se princípio de identidade esta afirmação: "O que é, é", e princípio de contradição esta outra afirmação: "O que é não pode ao mesmo tempo e no mesmo sentido ser e não ser."

Estamos aqui de posse de um primeiro princípio de dupla face, no qual é difícil contestar as duas características de universalidade e necessidade, características que não encontramos nas verdades ou afirmações fornecidas pelos sentidos ou pela consciência. Se digo: "Esta mesa existe", quando a vejo, sem dúvida isso me parece evidente, mas posso muito bem conceber que ela nunca tenha existido. Mas se digo: "O que é, é", não apenas essa proposição me parece evidente, mas me parece absurdo que algum dia ela possa deixar de existir. Há, portanto, uma diferença considerável entre uma afirmação que tem como origem a experiência e esse princípio, essa verdade geral.

Não se deve pensar que essa dupla proposição: "O que é, é" e "O que é não pode ser e ao mesmo tempo e no mesmo sentido não ser" seja estéril. Nada mais simples à primeira vista, mas também, dirão, nada mais vazio e mais improdutivo que tal afirmação. – Mostraremos que, ao contrário de todas as que nosso espírito concebe, esta verdade tão simples talvez seja a mais fértil em consequências, pois é nessa verdade, nesse princípio, que se baseia o processo, a operação fundamental da inteligência, o raciocínio dedutivo. Toda vez que deduzimos limitamo-nos a aplicar o princípio de contradição. Consideremos uma dedução simples, um silogismo: os estudantes são felizes; ora, Pierre é estudante. Portanto, Pierre é feliz. – Como se explica que a terceira proposição, a última, possa ser deduzida das outras duas? É em virtude do princípio de contradição. Pois, se, tendo afirmado que os estudantes são [76] felizes e que Pierre é estudante, eu concluísse que Pierre não é feliz, estaria afirmando ao mesmo tempo que os estudantes são felizes e não o são, ou que Pierre é estudante e não o é. É o princípio de contradição que se opõe a tal asserção. Portanto, todo raciocínio dedutivo, mesmo as deduções mais complicadas da matemática, baseia-se unicamente na necessidade de nosso espírito de não se contradizer. Ora, é essa necessidade que o princípio de contradição expressa. – Se esse princípio nos parece de uma extrema simplicidade, é por causa do hábito que contraímos de aplicá-lo constantemente e em todos os momentos da duração. Mas alguns filósofos o consideram tão pouco simples, ao contrário, tão complexo que, segundo eles, poderiam muito bem existir seres constituídos diferentemente de nós e aos quais esse princípio não se impusesse. Se houver homens no planeta Vênus, diz Stuart Mill, pode muito bem ser que para eles haja quadrados que simultaneamente sejam redondos e que para eles 2 e 2 deem ao mesmo tempo 4 e 5. Nós não podemos conceber isso, porque estamos familiarizados com o princípio de contradição, porque não contradizer-se é um hábito profundamente enraizado em nosso espírito. Mas, se isso é inconcebível, não é impossível. Teremos de examinar essa teoria –.

2º *Princípio de causalidade ou das causas eficientes* – Considero agora esta outra afirmação: "Tudo o que é tem uma causa", ou ainda: "Todo fenômeno, toda mudança, é precedido de um outro fenômeno que o determina", ou por fim: "Todo objeto foi produzido por alguém ou por algo." – Esse é um princípio vulgarmente chamado em filosofia de princípio de causalidade. Não se poderia enunciá-lo como "Todo efeito tem uma causa" porque já por definição todo efeito tem uma causa; equivaleria a dizer: "Tudo o que tem uma causa tem uma causa", o que então é o princípio de identidade. É incontestável que essa asserção apresenta as mesmas duas características que atribuímos aos princípios de identidade e de contradição –.

Em primeiro lugar, ela é universal. Sem dúvida também aqui seria exagerado afirmar que todo mundo a enuncia ou pode enunciá-la explicitamente. Mas todo mundo acredita nela, visto que mesmo o homem menos culto, a criança mais ingênua perguntarão "por que" quando estiverem diante de uma mudança ou de um fenômeno. E se respondermos: "por nada", "não existe causa, o fenômeno apareceu sozinho, o objeto fez-se por si só", sem a menor dúvida produziremos uma estupefação profunda e terão dificuldade em compreender-nos. Em outras palavras, a ideia de um começo absoluto causa aversão a nosso espírito; não podemos representar-nos que alguma coisa saia de coisa nenhuma, que uma existência nasça do nada, que uma mudança, que um fenômeno, que um objeto se produzam sem que nenhuma outra mudança, nenhum outro fenômeno, nenhum outro objeto os tenha precedido. Portanto, essa verdade é de uma universalidade absoluta, na medida em que se impõe a todas as inteligências, mesmo às mais limitadas. – Isso equivale a dizer que também esse princípio é necessário, pois não conseguimos imaginar uma exceção a essa regra. Se nos falarem de um fenômeno sem causa, respondemos: "Isso é absurdo, é inconcebível", e temos razão. – Mesmo assim, esse segundo princípio está longe de ser necessário no mesmo grau que o primeiro. Seria possível afirmar, não sem razão, que há graus na necessidade e que os princípios necessários não são todos necessários no mesmo grau. É verdade que nosso espírito tem aversão a conceber, a representar-se um fenômeno, uma mudança, uma existência qualquer sem causa. Entretanto, essa concepção se torna familiar para o filósofo, que fixa nela durante muito tempo [77] seu espírito, que se habitua ou faz um esforço enérgico para escapar a seus modos habituais de pensar. – É assim que o materialista experiente se representará com bastante facilidade uma matéria eterna, ou seja, átomos ou movimentos que sempre existiram sem haverem tido causas, sem que nada os tenha precedido. – É assim que o próprio espiritualista, se atribuir uma causa primeira a todas as coisas do mundo, é obrigado a admitir que a causa primeira, como seu nome indica, não tem causa ou que ela mesma é sua própria causa. Assim, seja qual for o sistema filosófico que se adote, é forçoso admitir uma exceção ao princípio de causalidade, e muitos irão ainda mais longe: muitos afirmarão que mesmo na vida diária, mesmo no mundo material, fenômenos sem causas podem ocorrer, por exemplo, quando se trata de fatos fisiológicos.

É preciso observar que, se o princípio de contradição ou de identidade serve de fundamento para o método dedutivo e portanto para a matemática, como veremos, em contrapartida o princípio de causalidade inspira o método indutivo. Ele está no fundo de todas as pesquisas físicas, é o fundamento dos métodos das ciências naturais. Realmente, como o físico se empenharia na busca das causas de um fenômeno, se não acreditasse instintivamente no princípio de causalidade? A experiência não lhe informa que o fenômeno tem uma causa, visto que ele procura essa causa; se a procura é porque não a viu. Entretanto, acredita nela e não admitirá que, se suas pesquisas forem infrutíferas, isso possa dever-se a que o fenômeno não tem causa; portanto, ele admite o princípio de causalidade.

3º *Princípio de finalidade ou das causa finais* – Consideremos por fim, para concluir, um terceiro princípio: "Tudo o que é ou tudo o que se produz tem uma razão de ser, um fim." Em outras palavras: "Há na natureza objetivos perseguidos e não se concebe que o conjunto de mudanças se deva ao acaso. Uma ideia preside tanto ao conjunto como ao surgimento das partes." Esse é um princípio chamado princípio de finalidade e habitualmente considerado como um princípio racional. Isso porque também ele é universal e necessário até um certo ponto. – É universal, pois a pergunta "por que", de que falávamos há pouco e que está na boca de todos os homens, significa tanto com que objetivo, tendo em vista qual fim, como por qual causa. A maioria dos homens, sobretudo os iletrados ou pelo menos os que não têm cultura filosófica, não faz grande diferença entre a causa propriamente dita e o fim ou objetivo ou, para falar a linguagem de Aristóteles, entre a causa eficiente e a causa final. Por exemplo, a criança que pergunta por que a chuva cai está fazendo ao mesmo tempo duas perguntas: quem a faz cair e com qual finalidade, com que objetivo a chuva cai? Instintivamente, acreditamos em finalidades buscadas pelas plantas, pelos animais, pelos homens nossos semelhantes, mesmo pela matéria inorgânica. – Mas também aqui devemos observar que, se esse princípio, num certo sentido e até um certo ponto, é necessário, essa necessidade está muito longe de ser comparável à do princípio de causalidade e mais ainda à do princípio de contradição. De fato, não temos dificuldade em conceber que as coisas que nos cercam existem sem objetivo determinado, ou pelo menos o estudo das teorias filosóficas acostuma-nos facilmente com essa ideia. É assim que os filósofos materialistas negam toda e qualquer espécie de finalidade na natureza, que mesmo os panteístas[43], Espinosa por exemplo, consideram toda espécie de finalidade como absurda, e filósofos espiritualistas, Janet por exemplo, sem negarem a finalidade e mesmo acreditando [78] firmemente nela, declaram que esse princípio não é uma verdade racional, que é uma indução, um dado da experiência, um fruto da observação. É possível que estejam certos.

Se os dois primeiros princípios inspiram as pesquisas matemáticas e físicas, este terceiro princípio, o princípio de finalidade, é o princípio diretor das ciências do espírito, das ciências morais e filosóficas. Veremos que o raciocínio por analogia se baseia neste último princípio, assim como os raciocínios dedutivo e indutivo se baseiam nos princípios de contradição e de causalidade.

Diremos, para concluir, que os princípios de causalidade e de finalidade foram considerados por alguns filósofos como sendo apenas as faces ou aspectos diferentes de um princípio único que se enunciaria assim: "Tudo o que é tem sua razão." Realmente, a palavra razão exprime ao mesmo tempo a causa e a finalidade. Pois dar a razão de uma coisa, explicá-la, é dizer ao mesmo tempo de onde ela vem e para onde vai. Este último princípio que contém os outros dois foi formulado por Leibniz: é o princípio de razão suficiente –.

22ª Aula

Os princípios diretores do conhecimento (continuação)[44]

Vimos que os princípios racionais apresentavam duas características que habitualmente não são encontradas nos dados da experiência: a universalidade e a necessidade.

Se esses princípios não nos vêm da experiência, se não podem ser-nos fornecidos pela observação interior nem pela observação externa, é forçoso concluir que precedem a experiência, na medida em que os extraímos de nosso próprio fundo, que os formamos sem que os elementos que os compõem sejam tirados de nossa experiência. É o que se expressa ao dizer que são princípios *a priori*. Dá-se o nome de conhecimento *a priori* ao conhecimento que não se baseia num dado experimental[45]. As coisas conhecidas por observação ou por experiência são conhecidas *a posteriori*.

Como se deve entender a característica *a priori* dos princípios racionais? Essa é uma questão muito controvertida entre os filósofos espiritualistas e idealistas.

Descartes acreditava em conhecimentos inatos. E mesmo, segundo ele, todo conhecimento claro e distinto é um conhecimento inato à alma, inato ao espírito, na medida em que a inteligência o possui sem recorrer à observação nem à experiência. – Embora nunca tenha se pronunciado explicitamente sobre os princípios racionais e tenha se ocupado mais das ideias que dos juízos, Descartes considerava sem a menor dúvida esses princípios como inatos a nosso espírito: a criança nasceria com uma disposição para formulá-los e toda inteligência humana seria levada a formulá-los justamente porque pensa.

Sob essa forma, a teoria do inatismo podia prestar-se a equívoco. Perguntava-se, não sem razão, em que dia e hora o princípio de identidade vem fixar-se na inteligência do recém-nascido. Estranhava-se que em tão tenra idade ele pudesse formular-se um princípio tão claramente impresso em sua inteligência. Além disso, é um tanto difícil admitir que em nosso espírito, que é essencialmente ativo, certas [79] fórmulas sejam gravadas de antemão, impressas *a priori*. Mas é preciso dizer de imediato que Descartes nunca usou a palavra inatismo nesse sentido. Leibniz, explicando mais tarde o que se devia entender com isso, não fez mais que esclarecer sobre o pensamento de Descartes.

Segundo Leibniz, os princípios racionais existem *a priori* na inteligência, mas existem nela virtualmente. – Realmente, é preciso distinguir entre o virtual e o atual. – Enterrem uma bolota de carvalho, em circunstâncias favoráveis. O carvalho existe virtualmente na medida em que temos ali tudo o que é preciso para formar um carvalho, mas o carvalho só existirá atualmente quando brotar da bolota. Entretanto, ele já tinha uma certa existência dentro da própria bolota, visto que devia sair dela. – Já existia, mas virtualmente, ou, como diz Aristóteles, em potência. – Pois bem! nossa inteligência possuiria, ao lado dos conhecimentos atuais desenvolvidos pela experiência, conhecimentos virtuais, que nela existem desde sempre em estado de simples tendências e estão à espera de passar da potência ao ato, ou seja, realizarem-se. São esses os princípios racionais. Esses princípios estão subentendidos em todos nossos raciocínios e mesmo em todas nossas afirmações. Não podemos pensar sem eles. Constituem, portanto, o fundo de nossa inteligência; portanto são inerentes a ela, como sendo sua própria constituição. – Mas não se deve julgar, acrescenta muito bem Leibniz, que tais princípios sejam inteiramente independentes da experiência. É a experiência que lhes fornece uma oportunidade de formularem-se; é a propósito da experiência que eles se revelam claramente. O princípio de causalidade, por exemplo, não nos vem de fora e entretanto, se fenômenos não nos fossem fornecidos pela experiência, pela observação, não teríamos nenhuma oportunidade de aplicar esse princípio, e então, embora existindo virtualmente em nossa inteligência, em nosso entendimento, ele não se formularia e não se revelaria nunca, nunca passaria da potência à existência.

Portanto, diz Leibniz, seria um equívoco considerar esses princípios como estando desde o nascimento impressos na alma tais como são, como um sinete parece estar impresso na cera ou como um édito está inscrito no álbum do pretor. Mas desde o nascimento existem nela em estado de tendências; estão nela virtualmente; é uma força à espera de manifestar-se. Suponham um arco retesado por uma flecha: a flecha tem tudo o que é preciso para lançar-se em frente. Basta que lhe forneçam a oportunidade fazendo-a partir, soltando-a. Imaginem um peso suspenso no ar: ele possui virtualmente em si toda a força de que precisa para cair, para descer. Basta que a oportunidade lhe seja dada, que o fio arrebente, por exemplo. Assim os princípios que chamamos de racionais estão efetivamente em nosso espírito, na medida em que desde sempre tiveram a força necessária para se formularem num determinado momento, mas é preciso que lhes seja dada a oportunidade, e é para isso que serve a experiência.

Leibniz expressava a mesma ideia ao dizer que os princípios racionais são pré-formados em nossa alma. Imaginem, dizia ele, um bloco de mármore do qual o escultor faz surgir uma estátua de Hércules. Se esse bloco de mármore fosse um mármore qualquer, não se poderia dizer que houvesse tido uma predisposição para fornecer a estátua de Hércules e não uma outra. Igualmente se poderia ter tirado dele uma Vênus ou um Júpiter. Mas suponham que os veios desse mármore estejam interiormente dispostos de modo que formem precisamente as veias de Hércules: não se poderia dizer então que, mesmo antes da interferência do escultor, a estátua de Hércules, até um certo ponto, existia no mármore, que estava pré-formada nele, na medida em que o mármore tinha uma predisposição para dar [80] uma estátua de Hércules em vez de uma outra? Assim como essa estátua estava pré-formada no bloco, assim também desde nosso nascimento os princípios racionais estariam pré-formados em nossa inteligência, e é nesse sentido que se deve entender o inatismo.

Apresentada dessa forma, a teoria do inatismo não tem nada que choque o espírito; até mesmo expressa muito bem o caráter duplo dos princípios racionais. Esses princípios são universais porque todas as inteligências humanas têm a mesma conformação geral, embora variem quanto aos detalhes, ou, como se diz, quanto à matéria. Sem nenhuma dúvida, os homens não têm todos os mesmos olhos, o mesmo nariz, a mesma boca, as mesmas orelhas. Mas todos têm uma boca, um nariz, olhos, orelhas. Assim, embora os homens não tenham todos a mesma experiência, embora suas ideias, suas lembranças, seus sentimentos difiram, forçosamente tudo o que há de essencial em sua inteligência é comum a todos. Ora, são os princípios racionais que constituem precisamente essa essência, que são o próprio fundo de nossa inteligência. – Por outro lado, esses princípios são necessários, porque, depositados em estado virtual em nosso espírito, verdadeiras forças latentes que só esperam uma ocasião para se manifestarem, basta que essa ocasião lhes seja fornecida para que por si sós eles apareçam em plena luz. Não podemos pensar sem eles, porque estão presentes em todas as operações de nosso pensamento. Uma lembrança, uma ideia extraídas da experiência são coisas contingentes. Concebe-se muito bem que possam não existir; basta esquecê-las, não pensar mais nelas. Mas, como esquecer um princípio racional, como não pensar mais nele, visto que esquecer, esforçar-se por esquecer, ainda é refletir, e não pensar mais nele é pensar em outra coisa, e não se pode refletir e pensar sem que os princípios racionais intervenham nessa operação? Os princípios, em outras palavras, aparecem-nos como necessários porque é impossível pensar sem eles. – Como disse muito bem Leibniz, são comparáveis aos músculos e aos tendões, que entram como elementos indispensáveis em todos nossos movimentos, que nos servem para andar, para nos movermos, sem nos darmos conta deles sempre; basta um estudo anatômico muito simples para vermos isso.

A doutrina de Leibniz tem ainda uma outra vantagem, que é fazer grandes concessões à teoria empirista dos princípios racionais, da qual teremos de ocupar-nos.

Essa teoria afirma, bastante plausivelmente, que todo conhecimento, qualquer que seja, tem origem na experiência. Não se poderia sequer conceber a possibilidade de outro tipo de conhecimento. – O que é o espírito, dizem eles, antes da observação, antes da experiência? É uma tábula rasa *(tabula rasa)*, é uma moldura vazia. Como poderia estar cheio, ou mesmo como poderia conter alguma coisa antes que essa coisa tenha sido colocada nele? É o que os empiristas expressavam com esta fórmula: *"Nihil est in intellectu, quod non prius fuerit in sensu."* – Ao que Leibniz respondia: "Essa fórmula está correta, desde que se acrescente a seguinte ressalva: *excipe nisi ipse intellectus.*" Isso significa: "Não há na inteligência nada que não tenha sido dado pela experiência, exceto porém a própria inteligência." – Realmente, quando dizemos que os princípios racionais são pré-formados no espírito, estamos indicando simplesmente que o espírito é inato a si mesmo, ou, falando mais claramente, que o espírito tem uma determinada forma e não pode desfazer-se dela. Sem dúvida, não há nada numa caixa antes que alguma coisa seja colocada nela, mas há pelo menos a própria caixa, e essa caixa tem uma certa forma, cúbica, por exemplo, que se imporá aos objetos que a encherão. Querendo ou não, eles assumirão [81] a forma da caixa. Assim, o que chamamos de princípios racionais, em última análise a necessidade de não se contradizer, a necessidade de conceber uma causa para o que acontece, tudo isso constitui a forma do espírito. Ele é assim; essa é sua maneira de ser. E embora o espírito, em certo sentido, esteja vazio enquanto a experiência não lhe fornecer alguma matéria, ainda assim ele existe, e forçosamente essa matéria se submeterá à sua forma ou às suas exigências. Os princípios racionais nada mais são que as exigências fundamentais do espírito.

Apesar de ser muito profunda, essa doutrina de Leibniz suscitou algumas objeções. Sem dúvida tem razão ao afirmar que os princípios racionais são exigências de nosso espírito e que há em nós uma predisposição para formulá-los; mas então se pode perguntar o seguinte: como se explica que a experiência sempre dê razão a esses princípios? – Por exemplo, concebemos *a priori*, ou seja, sem o auxílio da experiência, que todo fenômeno tenha uma causa e até mesmo não podemos imaginar o contrário. Como é possível que a experiência nunca nos apresente um fenômeno sem causa ou, em outras palavras, como é possível que a experiência esteja sempre de acordo com essa exigência de nosso espírito? Da mesma forma, sentimos a necessidade invencível de permanecer de acordo com nós mesmos, de não nos contradizermos. Como é possível que a experiência sempre atenda a essa necessidade e nunca nos tenha revelado nenhuma espécie de contradição? Como se explicará, usando um exemplo de Stuart Mill, que a observação nunca nos tenha mostrado um corpo que fosse redondo e quadrado ao mesmo tempo? Há aí uma concordância realmente miraculosa entre nossa inteligência e as coisas. Parece que nosso espírito e o mundo material fizeram um acordo, entenderam-se. – Na teoria empirista que explicaremos mais tarde, essa concordância entre nosso espírito e experiência explica-se muito facilmente. Isso porque os empiristas fazem os princípios racionais derivarem da experiência. Os princípios racionais seriam tão somente o resumo do que já observamos e vimos. Portanto, não é de admirar que haja concordância entre eles e a realidade, visto que são nada mais que a expressão resumida dessa mesma realidade, visto que provêm dela. – Mas na teoria do inatismo não se pode ignorar que surge uma dificuldade bastante considerável. Pois afinal, mais uma vez, é realmente espantoso que entre esses princípios que são exigências de nosso espírito e o conjunto de fenômenos que não dependem de nós haja sempre concordância, haja sempre harmonia.

Leibniz saía do apuro por meio da teoria da harmonia preestabelecida. Ele supunha que Deus tinha estabelecido uma harmonia entre todas as coisas criadas por ele, de tal modo que tudo o que uma alma pensa encontra no mundo exterior a essa alma algo correspondente. – Essa solução não pareceu suficiente para todos os filósofos, espiritualistas ou idealistas, e foi para evitar essa hipótese da harmonia preestabelecida que Kant modificou de um modo muito profundo e muito original a doutrina do inatismo[46].

Segundo Kant, os princípios que hoje chamamos de racionais e que ele chama de princípios *a priori* são efetivamente exigências de nosso espírito, ou, usando suas palavras, categorias de nosso entendimento. Não podemos pensar sem eles. Permeiam todos nossos juízos, todas nossas afirmações. São como uma forma através da qual as coisas devem passar para serem compreendidas por todos.

Ora, segundo Kant, é fácil explicar a concordância que existe nesses pontos entre nosso pensamento e a experiência. "A experiência, diz ele, [82] tem forçosamente de estar de acordo com as exigências de nosso espírito, visto que sem isso não haveria para nós experiência, percepção possível." Vamos tomar como exemplo o princípio de causalidade. Não concebemos fenômenos sem causas. Agora será espantoso que também a experiência nunca nos mostre a existência de um fenômeno sem causas. Não há nada espantoso nisso, diz ele, pois na realidade a experiência não nos dá nem causas nem efeitos; dá-nos apenas fenômenos. Somos nós que, em decorrência das exigências de nosso espírito e em virtude do princípio de causalidade, relacionamos esses fenômenos uns com os outros e consideramos uns como causas e os outros como efeitos. Em outras palavras, se a experiência se harmoniza com as necessidades de nosso espírito, é porque nosso espírito é em grande parte o autor dessa experiência. Ajeitamos a realidade, por assim dizer, de acordo com as exigências de nosso espírito. Será de admirar que então a realidade corresponda precisamente às exigências dele?

23ª Aula
Os princípios diretores do conhecimento (continuação)

Em face da teoria idealista, que considera os princípios diretores do conhecimento como inatos ou pré-formados no espírito, desenvolveu-se já há muito tempo a teoria empirista, que pretende fazer esses princípios derivarem da experiência.

O filósofo inglês Locke geralmente passa por fundador dessa doutrina. Seria fácil encontrar precursores, mesmo na Inglaterra, onde se poderia citar Bacon. Seriam encontrados até mesmo entre os antigos: Platão e principalmente Aristóteles, que é um verdadeiro empirista, embora na Antiguidade ninguém tenha destacado com clareza os princípios racionais e principalmente ninguém tenha se ocupado explicitamente de sua origem.

Segundo Locke, é pueril afirmar que os princípios sejam inatos. Isso porque, em primeiro lugar, tal explicação é uma explicação preguiçosa. Dizer que uma coisa existiu desde sempre é não dar conta dela. – Além disso, a própria experiência parece desmentir a doutrina do inatismo, pois, segundo Locke, não vemos as crianças pequenas conhecerem esses princípios nem o selvagem formulá-los. – Por fim, segundo esse filósofo, nada é mais simples do que explicar a formação desses princípios, por meio da experiência e sem recorrer ao inatismo ou a uma faculdade especial. Basta observar que os fenômenos naturais nos aparecem sempre na mesma ordem, que a experiência nos faz apreender causas e efeitos e que a mesma causa parece ter produzido sempre o mesmo efeito. Portanto, o princípio de causalidade expressa simplesmente aquilo que sempre vimos, que sempre constatamos. É um resumo de nossa experiência, e não há razão para se atribuir a este princípio: "Todo fenômeno tem uma causa" uma origem diferente, por exemplo, da origem desta proposição: "O dia sucede a noite", ou ainda: "O calor faz a água ferver." Nos dois casos, estamos lidando com proposições gerais que resumem nossas observações passadas. – Essa é a doutrina que pretende fazer os princípios gerais provirem unicamente da experiência. Vamos examiná-la com mais detalhes quando, em história da filosofia, estudarmos a filosofia de Locke.

[83] Por enquanto, limitemo-nos a ressaltar o principal inconveniente da teoria empirista, apresentada dessa forma. Sem nenhuma dúvida explica muito bem que os princípios racionais estejam sempre de acordo com a experiência. Provêm dela, portanto não podem contradizê-la, visto que são sua tradução fiel. – Mas essa teoria fracassa ao explicar-nos o caráter essencial que os princípios racionais apresentam e que distingue esses princípios de todas as outras proposições gerais: o caráter de necessidade. – De fato, vimos que os dados da experiência são sempre contingentes, na medida em que sempre se concebe que a experiência pudesse ter-nos dado algo diferente do que nos deu. Por exemplo, estas proposições gerais: "O dia sucede a noite", "O calor faz a água ferver" nos vêm da experiência, isso é incontestável; mas também incontestavelmente não são necessárias. – Podemos conceber muito bem que uma noite eterna se faça ou que uma grande reviravolta nas leis físicas, por exemplo a supressão total dos líquidos ou do calor, venha anular a lei geral que quer que o calor faça a água ferver. Isso não é provável, mas não tem nada de absurdo e pode ser concebido sem dificuldade. Ao contrário, como conceber que 2 mais 2 deem 4 e 5 ao mesmo tempo, ou que de agora em diante os fenômenos e as mudanças se produzam sem causas? Se estas últimas proposições e as proposições anteriormente citadas têm a mesma origem e formaram-se do mesmo modo, se tanto umas como as outras são apenas a tradução ou o resumo de nossas observações passadas, como se explica que o caráter de necessidade pertença a umas e não a outras? De onde vem essa diferença?

Foi para eliminar essa dificuldade que dois outros célebres filósofos empiristas, que em certos aspectos de sua doutrina poderiam ser colocados entre os idealistas

– David Hume e Stuart Mill –, julgaram que deviam recorrer a um processo de explicação novo. Tentaram explicar a necessidade dos princípios racionais por meio da associação de ideias. – É no segundo desses dois filósofos, o mais recente, é em Stuart Mill que encontramos essa explicação associacionista dos princípios racionais. Na verdade, é nada mais que um aperfeiçoamento muito simples da teoria de Locke. Procurando bem, talvez encontrássemos essa ideia já no próprio Locke.

Stuart Mill, nisso concordando com David Hume, parte do fato de que nossas ideias se associam umas às outras, de tal modo que, por exemplo, quando duas ideias anteriormente se apresentaram juntas ao nosso espírito, elas ainda tendem a apresentar-se juntas novamente: uma se associa à outra. Por que, por exemplo, esperamos ver lagostins na água? Porque essas duas imagens – o riacho e o lagostim – apresentaram-se juntas uma ou várias vezes em nossa experiência passada; agora estão ligadas uma à outra. Ora, diz ele, quando essa associação de duas ou várias ideias já se produziu um número considerável e mesmo incalculável de vezes, ela tende a tornar-se inseparável, o que significa que daí em diante ficamos tão habituados a uma ideia seguir a outra que nos parece impossível ou inconcebível que seja de outro modo. Quando dizemos que a ligação de duas ideias é necessária, queremos dizer simplesmente que é inconcebível que essas duas ideias não estejam interligadas, e para que seja inconcebível basta que a experiência nunca nos tenha fornecido um exemplo disso. De forma que, resumindo tudo, quando duas ou várias ideias se associaram umas às outras um número muito grande de vezes, sua associação torna-se inseparável: disso resulta que não podemos mais conceber que elas não se associem; em outras palavras, essa [84] associação nos parece necessária. – Ora, vejamos se os princípios racionais não seriam precisamente associações desse tipo e, tomando um exemplo, consideremos o princípio de causalidade, do qual sempre trataram menos ou mais as discussões sobre a origem dos princípios racionais. A experiência sempre nos mostrou que um certo fenômeno B, por exemplo, se produzia quando um certo outro fenômeno A era dado; que, por exemplo, a água sempre subia num tubo mergulhado na cuba, se tivéssemos feito vácuo nesse tubo. Assim nos habituamos a associar a ideia da ascensão da água, por exemplo, à ideia do tubo vazio de ar. A experiência mostrou-nos também, tomando outro exemplo, que a ebulição da água sempre seguia a produção de calor em certas condições; daí o hábito de associarmos as ideias desses dois fenômenos sucessivos. Assim se formou uma infinidade de leis particulares que nos permitem nos adiantarmos aos fenômenos presentes e prevermos, quando é dado um fenômeno A, que B ocorrerá. Ora, de todo esse número infinito de associações que nosso espírito vem operando desde nosso nascimento, ressalta esta outra associação implicitamente contida em cada uma delas: que uma causa determinada produz um efeito determinado, ou, o que dá no mesmo, que todo fenômeno tem uma causa; de modo que esse princípio pretensamente *a priori* "todo fenômeno tem uma causa" nada mais é que a expressão abreviada de todas as associações que se estabeleceram para nós no passado entre um fenômeno e um outro fenômeno, entre dois fenômenos que se sucedem. Quando dizemos que um determinado fenômeno tem necessariamente uma causa, queremos dizer simplesmente que, graças a associações que se repetiram indefinidamente, a ligação entre um fenômeno e o que chamamos de sua causa, isto é, a ligação entre um fenômeno e um outro que o precede, para nosso espírito tornou-se inseparável. Em outras palavras ainda, o princípio de causalidade expressa o hábito contraído por nossa inteligência de sempre esperar por um fenômeno determinado após um outro fenômeno determinado; e, se esse princípio parece necessário, se seu contrário nos parece inconcebível, é por causa desse hábito adquirido já há muitos anos, fortalecido pela imensa multiplicidade de observações que fizemos, de associações, de fenômenos que se superpuseram, hábito que nenhuma observação ou associação oposta veio abalar.

Assim apresentada, a teoria empirista resiste muito melhor à crítica. Pode-se, a rigor, admitir que aquilo cujo contrário nos é inconcebível é simplesmente aquilo que foi constatado um número incalculável de vezes pela experiência, sem que nenhuma observação contrária tenha vindo suscitar uma dúvida ou abalar a crença.

Mas a doutrina associacionista nos termos em que Stuart Mill a apresenta levaria a consequências que a experiência sempre desmentiu formalmente. – Isso porque, se os princípios racionais são apenas associações inseparáveis e se a inseparabilidade de uma associação se deve unicamente ao hábito que contraímos de fazê-la, quanto mais tivermos vivido mais teremos operado associações desse tipo, mais teremos observado fenômenos que se sucedem e se determinam mutuamente, e mais também, ao que parece, nossa crença no princípio de causalidade deverá ser firme e inabalável. A criança acreditaria nele menos que o adulto, o selvagem menos que o homem civilizado, o espírito inculto menos que o cientista habituado às experiências. Pois afinal as observações do cientista, os fatos que ele conhece, o que viu e o que leu, tudo isso constitui uma soma de experiências muito mais considerável que a de um homem qualquer, e a mesma diferença existe entre o adulto, mesmo pouco culto, e a criança mediana.

[85] Ora, observem o que acontece; verão que aqueles que acreditam mais firmemente e do modo mais absoluto no princípio de causalidade são precisamente aqueles cuja experiência é menos vasta e que associaram menos ideias. A criança, como já dizíamos, faz constantemente a pergunta "por quê". O como, o porquê do fenômeno atormentam-na, o princípio de causalidade a obceca. O ignorante nunca admitirá fenômenos sem causas. Para ele essa é uma lei absoluta. Ao contrário, o cientista, o filósofo, que observaram muito mais coisas e que aliás nunca encontraram exemplos que contradigam o princípio de causalidade, conseguirão entretanto conceber que haja fenômenos sem causas, ou mesmo que a série de causas não seja infinita. – Assim, a doutrina associacionista depara com um obstáculo insuperável nesse fato de que a crença nos princípios racionais parece natural, de que ela se manifesta tão logo o homem começa a pensar e de que a infinidade de experiências acumuladas nada acrescenta à estabilidade delas –.

Foi por isso que os empiristas contemporâneos julgaram que deviam recorrer a um novo princípio explicativo. Puseram em campo as ideias de evolução e de hereditariedade. O chefe dessa nova escola, aquele que renovou o empirismo e o erigiu à altura de uma metafísica, é o inglês Herbert Spencer.

Teremos de expor em outro momento a doutrina da evolução[47]; agora vamos limitar-nos a indicar a solução que ela propõe para o problema da origem dos princípios racionais. – Segundo os evolucionistas, a humanidade foi se formando pouco a pouco; saiu, por uma evolução, de animais inferiores ao homem em inteligência e em força ou habilidade física. Um germe organizado, talvez muito simples, teria se tornado mais complexo, se desenvolvido, se aperfeiçoado durante milhares e talvez milhões de séculos; o homem seria o termo dessa evolução, termo provisório, visto que o próprio homem continua se desenvolvendo, se tornando mais complexo, se aperfeiçoando. O que favorece esse progresso indefinido, o que até mesmo o torna possível, é a hereditariedade, que transmite de pai para filho, de geração para geração, as vantagens devidas ao acaso ou ao esforço. Porventura não vemos que em todas as séries animais os filhos se parecem com os pais, que os pais dotados de certas vantagens naturais ou adquiridas as transmitem para seus descendentes, sobretudo quando essas vantagens existiram durante duas ou três gerações sucessivas?

Isso posto, é preciso admitir, segundo Spencer, que os princípios racionais vêm originariamente da experiência. Segundo ele, os empiristas viram muito bem que esses princípios expressam simplesmente as relações mais gerais que observamos entre os fenômenos. São resumos da experiência. – Mas não se deve julgar que cada um de nós individualmente forme esses princípios por meio de sua experiência pessoal. Então não se explicaria que eles estejam tão profundamente enraizados no espírito, a tal ponto que a criança, já desde muito pequena, os aplica inconscientemente. Esses princípios foram se formando pouco a pouco pelas experiências acumuladas de numerosas gerações. São hábitos adquiridos não por nós, mas por nossa raça; ou, falando mais claramente, se considerarmos nossos ancestrais mais remotos, numa época em que eles talvez ainda não pudessem ser chamados de homens, veremos que em seu espírito se formou o hábito de associar certas ideias e de sempre esperar, por exemplo, um fenômeno determinado na sequência de um outro fenômeno determinado. Esse hábito deve ter sido instável durante as primeiras gerações, talvez durante a primeira centena de gerações; mas se transmitia por hereditariedade, na medida em que as crianças nasciam sempre com um cérebro aperfeiçoado, [86] de tal modo que tinham uma tendência para formular esses princípios tão úteis, tão vantajosos, pois permitem que raciocinemos e que dominemos a matéria. Assim, por uma série de aperfeiçoamentos graduais, a humanidade acabou contraindo esse hábito de um modo tão duradouro que hoje ele faz parte de nossa própria natureza. Nascemos com uma disposição natural para formular os princípios racionais; aplicamo-los inconscientemente. A forma de nosso cérebro modificou-se de tal modo que não podemos pensar sem eles e, nesse sentido, hoje se pode dizer que esses princípios são inatos; mas nem sempre o foram. Foram adquiridos por meio da experiência, contanto que a palavra experiência designe aqui não o conjunto de nossas observações individuais, mas a soma das observações e associações feitas, talvez há milhares de séculos, por nossos ancestrais mais remotos, que talvez ainda não emergiam da vida animal.

A explicação dada por Herbert Spencer sobre os princípios racionais, sobre sua origem, é certamente a mais satisfatória entre as que os empiristas apresentaram. – De fato, por um lado, ela explica muito bem a concordância dos princípios com a experiência, visto que é da experiência que teriam vindo inicialmente os princípios. Eles não fazem mais que resumir, expressar, traduzir miríades de experiências acumuladas. – Em segundo lugar, ela justifica bem, até certo ponto, o caráter de universalidade e o caráter de necessidade que esses princípios apresentam. – São universais porque agora estão enraizados em todas as inteligências, a própria forma de nosso cérebro modificou-se. Nascemos com eles, na medida em que nascemos com um cérebro constituído de tal modo que sem eles não poderíamos pensar. – São necessários também, porque os aplicamos tão logo começamos a pensar e porque não poderíamos conceber sua não-existência, pois implicitamente sempre os aceitamos, mesmo quando não os havíamos formulado explicitamente. Não poderíamos mais pensar sem eles, assim como, por exemplo, não pensaríamos sem nossa inteligência, visto que hoje são a própria inteligência, visto que se tornaram sua parte essencial, seu fundo, sua essência.

Portanto, essa teoria é ao mesmo tempo muito forte e muito engenhosa. – Mas não se deve ignorar que ela se baseia inteiramente numa hipótese histórica que não está verificada e sem dúvida nunca estará. – Pois afinal essa evolução de que nos falam, evolução lenta pela qual a humanidade teria saído pouco a pouco das formas inferiores do organismo, deveria ter deixado vestígios que, infelizmente para a teoria, raramente são encontrados hoje. Por essa razão os naturalistas são obrigados a combater em muitos pontos o darwinismo, que é apenas uma face, uma forma da doutrina da evolução. Portanto, essa explicação tem o grave defeito de recorrer a eventos históricos sobre os quais não existe nenhum documento e contra cuja ocorrência os naturalistas, os geólogos levantam objeções graves.

Mas vamos deixar de lado essa primeira dificuldade que a teoria suscita. Vamos admitir por um momento que um dia cheguem a provar essa filiação ou essa descendência dos seres organizados da qual nos falam. Poderiam explicar com isso um princípio racional como, por exemplo, o princípio de causalidade? – Todas as teorias empiristas declaram menos ou mais que o princípio de causalidade nada mais é que a expressão do conjunto de experiências passadas. Porque sempre vimos, sempre constatamos relações de causa e efeito na natureza é que formulamos este princípio: "Todo fenômeno tem uma causa." Com isso, portanto, admitem implicitamente que há na natureza relações de causa e efeito. Ora, acreditamos ter mostrado o contrário, e foi o próprio David Hume [87], um dos ancestrais do empirismo atual, quem primeiro provou com clareza e precisão que no mundo físico captamos relações de sucessão, mas não relações de causalidade. – Na verdade, os empiristas atuais aceitam esse ponto de vista de David Hume. Assim como ele, declaram que o que chamamos de causalidade nada mais é que uma sucessão necessária. Essa é particularmente a opinião de Stuart Mill. O princípio de causalidade expressaria somente essa verdade – que um fenômeno determinado é sempre precedido de um ou vários outros fenômenos determinados. – Ora, acreditamos ter mostrado que, quando falamos de causalidade na natureza, estamos nos referindo a algo muito diferente. Sem dúvida, é plausível que não haja na natureza nada mais que relações de sucessão. Mas é certo que, quando falamos de causalidade, não é na sucessão pura e simples que estamos pensando. Representamo-nos uma força ativa e sempre, menos ou mais, um esforço; supomos os fenômenos e as coisas gerando-se uns aos outros, e nunca a experiência nos forneceu a ideia de tal relação. – Portanto, o que o empirismo não pode explicar é essa forma especial que o princípio de causalidade assume para nossa imaginação, e que nos leva, quando enunciamos esse princípio, a pensar não apenas em sucessões constantes, mas em forças ativas, em causas atuantes. Se esse princípio fosse apenas a imagem fiel de nossa experiência, se simplesmente resumisse tudo o que até hoje a percepção exterior nos forneceu de causas, ele se apresentaria sob esta forma e se enunciaria assim: um fenômeno determinado é precedido ou seguido de um fenômeno determinado. Nunca a palavra causa teria sido inventada, nunca se teria pensado em estabelecer um princípio de causalidade, porque a ideia de causalidade nunca teria se formado.

24ª Aula

Os princípios diretores do conhecimento (continuação)

Trata-se agora, para encerrar o estudo dos princípios diretores do conhecimento, de apresentar uma teoria dos princípios racionais que atenda a todas as exigências, que explique por que esses princípios são universais e necessários, por que se aplicam à experiência e por que entram nesses princípios noções como identidade, causalidade e finalidade, noções que, como todos sabem, são dadas pela consciência.

De nossa parte, acreditamos que a explicação mais simples e ao mesmo tempo mais rigorosa dos princípios racionais é a de Descartes ou de Leibniz, modificada por Kant.

Não queremos dizer que os princípios sejam inatos na inteligência. Nem mesmo chegaremos ao ponto de afirmar com Kant que haja na inteligência categorias já prontas pelas quais passam as coisas para serem percebidas por nós. O que queremos dizer é que a inteligência humana possui naturalmente certas tendências, tem um certo jeito seu, por assim dizer, tem uma certa direção, ou, falando com mais precisão, tem sua forma própria. Acaso alguém se surpreende ao ver que o cérebro tem uma determinada forma, uma [88] forma esférica, aproximadamente? Alguém se surpreenderá ao saber que o olho também tem uma forma determinada, que é um globo menos ou mais redondo? As coisas espirituais e particularmente a inteligência estão no mesmo caso. Visto que elas existem, têm forçosamente de ser feitas de uma certa maneira; precisam ter uma forma própria que permita distingui-las umas das outras. – Ora, o que chamamos de forma da inteligência, o que distingue a inteligência humana de qualquer outra força espiritual, o que a caracteriza, em resumo, é essa tendência para enunciar os princípios racionais, tendência natural que, como dizia muito bem Leibniz, é a própria inteligência, *intellectus ipse*.

Mas em que exatamente consiste essa tendência original? Nosso curso todo nos mostrará que o que caracteriza e distingue a inteligência humana é uma certa necessidade de simplificar e generalizar o que ela percebe. O vivo desejo, a imperiosa necessidade de simplificar, de unir: a razão humana inteira é isso. Foi dessa necessidade que surgiu a ciência, que substitui a multiplicidade indefinida de fatos particulares pelo menor número possível de leis gerais. Foi também dessa necessidade, como mostraremos, que surgiu a arte, que consiste na representação de um tipo, isto é, de uma imagem simples que resume em sua generalidade uma infinidade de características particulares. Foi essa mesma necessidade, como também poderemos mostrar, que favoreceu o desenvolvimento da moral, se é que não a criou; pois também a moralidade consiste em seguir uma regra, uma lei, em dar unidade às ações pessoais, em estar de acordo consigo mesmo, *constare sibi*, como diziam os estoicos. E quando compararmos a inteligência do homem com a dos animais, diremos que a diferença é puramente esta: o animal percebe e sente como nós até certo ponto; o que lhe falta é a necessidade de dar ordem e unidade ao conjunto de coisas percebidas. É por isso que ele não tem ciência, não tem arte, não tem moralidade. Portanto, sua inteligência não tem a mesma forma que a nossa.

Dito isso, é fácil compreender em que consiste um princípio racional. – Nossa inteligência, possuída por uma necessidade imperiosa de organizar as percepções, de encadeá-las, de com elas formar todos e, se for possível, restringir seu número, procura entre os dados da consciência aqueles que, transferidos para o mundo exterior, atribuídos às coisas exteriores, possam simplificar melhor seu conhecimento ou seu estudo. – Ora, as noções de identidade, de causalidade, de finalidade estão precisamente nesse caso. Consideremos a noção de causalidade, por exemplo. Como dizíamos, ela nos é dada por nossa consciência. Sentimos que somos causas, e no mundo físico não há causas, há apenas sucessões. Exemplo: dizíamos que o movimento de uma bola de bilhar é seguido do movimento de uma outra bola. Mas não haveria um meio de simplificar a explicação desse fenômeno duplo? Sim, sem dúvida; pela relação de causalidade, somos levados a considerar o primeiro movimento como se prolongando; atribuímos ao primeiro uma espécie de força, uma energia que faz com que ele se prolongue no outro. Os dois fenômenos passam a não ser mais que fases sucessivas de uma mesma existência, e a causalidade tem como resultado precisamente mostrar-nos, na série imensa e infinita de fenômenos, as fases sucessivas pelas quais um único objeto, um único ser determinado passa. Portanto, a relação de causalidade serve para agruparmos os fenômenos, para formarmos com eles uma cadeia única e simplificar o conhecimento que deles temos. Nas coisas, há apenas sucessões menos ou mais constantes. O princípio [89] de causalidade consiste em transformar a relação entre antecedente e consequente em relação de causa e efeito. Da mesma forma poderíamos mostrar que o princípio de finalidade, por exemplo, serve para reunirmos fenômenos em grupos: todos parecem convergir para um ponto comum que chamamos de objetivo ou fim.

Portanto, seria um erro dizer que os princípios racionais são inteiramente inatos no espírito. Uma única coisa é inata em nosso espírito: a necessidade de uma certa ordem, de uma certa unidade, e é isso que constitui a razão. Mas, desde que essa necessidade existe, ela se traduz em exigências, vai buscar no fundo da consciência, em nossa experiência interna, por exemplo, as relações que mais se prestem a ser transferidas para as coisas exteriores, a fim de que estas apareçam como unidas entre si, como se confundindo, se prolongando umas às outras, ou como vindo dar e convergir num ponto comum.

Esses princípios são universais porque são formados pelo espírito em virtude de uma tendência que lhe é natural, inata e, portanto, comum a todos os homens.

Esses princípios são necessários porque, como essa tendência à simplificação, à ordem e à unidade é essencial para a inteligência, a inteligência não pode pensar sem aplicá-la.

Por fim, esses princípios estão de acordo com a experiência simplesmente porque os impomos à experiência, porque resultam de uma transferência, para as coisas percebidas, de certas qualidades de nosso eu.

Portanto, para concluir, os princípios racionais não vêm da consciência e também não vêm da experiência exterior; têm origem numa necessidade fundamental da inteligência, numa exigência da razão que nos leva a introduzir involuntariamente no mundo exterior certas qualidades características do eu.

25ª Aula

As noções primeiras ou ideias racionais

Havíamos atribuído a formação dos princípios *a priori* à existência de certa tendência bem definida do espírito, a tendência para representar-se as coisas sob a forma de unidade ou de simplicidade, a necessidade de ordem e de harmonia.

Nossa inteligência, guiada por essa inclinação primitiva, cria não apenas princípios, ou seja, juízos, mas também noções ou ideias. Isso porque, aplicando-se ao mundo exterior, tomando consciência das coisas, ela não demora a entender que, para sua própria satisfação, é obrigada a colocar, acima e fora das coisas que vemos e que tocamos, outros objetos que diferem delas por características essenciais e que atendem melhor que todos os outros às exigências da razão. Essas ideias se chamam ideias racionais, ou ainda noções primeiras, noções *a priori* etc.

Vamos enumerá-las, mostrando, na medida do possível, como são geradas.

[90] I. A IDEIA DE INFINITO – As coisas que percebemos são limitadas; são confinadas umas pelas outras; portanto, são finitas. Esta sala está no prédio, o prédio está na rua, a rua está na cidade, a cidade está no departamento; mas, por mais longe que eu prolongue a enumeração, sei muito bem que não deverei, que não poderei parar, que sempre terei de supor, visto que onde há um conteúdo há necessariamente um continente, alguma coisa maior do que aquilo que considerei antes. A experiência me incitaria a prolongar indefinidamente essa enumeração. Isso porque ela nunca me mostrou um objeto tal que eu não pudesse declará-lo contido num outro maior que ele.

Portanto, não deverei parar nunca; para me ater unicamente à experiência deverei imaginar uma adição que continua ininterruptamente, sem que o total nunca seja obtido. Mas, como mostrávamos na última Aula, nossa inteligência não se conforma com essa desordem; ela precisa de unidade, não consegue representar-se uma quantidade que aumente continuamente sem nunca chegar a uma soma determinada. É por isso que ela concebe a noção ou ideia de infinito. – O infinito não é aquilo que é muito grande, pois, por maior que uma grandeza possa ser, sempre se pode aumentá-la, senão não seria uma grandeza; é aquilo que escapa à medida. Nossa inteligência, cansada de uma adição sem fim, transporta-se de uma só vez, por assim dizer, para um resultado que a adição não atingiria ou nunca obteria. Imagina o infinito, isto é, aquilo sobre o qual a medida já não tem domínio, visto que nele toda e qualquer grandeza, por enorme que seja, ficaria como que diluída. – Portanto, a ideia de infinito é realmente uma noção *a priori*; não que seja inata em nossa inteligência, não que já no nascimento, já na infância apareça formada, mas porque é impossível refletir, dirigir o pensamento para as grandezas sem formar naturalmente e espontaneamente a ideia daquilo que escapa à medida, pois já não é uma grandeza.

II. A IDEIA DE CAUSA PRIMEIRA – O mesmo processo leva-nos a formar a ideia de causa primeira. Assim como todo objeto é limitado por um outro objeto, assim também todo fenômeno tem como causa um outro fenômeno, no sentido de que um outro fenômeno determinado o precede. Mas o mesmo raciocínio se aplica a ele; e assim, por mais longe que possamos remontar na série de fenômenos, vemos ou concebemos que sempre houve causas e efeitos encadeando-se uns nos outros. Se nos ativéssemos aos dados de nossa experiência, essa regressão na série de causas deveria não ter fim. Pois a experiência nunca nos mostrou que fosse preciso parar, mas também aqui nosso espírito não consegue conformar-se com um avanço para o infinito, ou melhor, para o indefinido. Ele não consegue representar-se um conjunto de coisas que não sejam, como se diz em matemática, somadas, isto é, cuja soma não seja efetuada. Consequentemente, nosso espírito concebe necessariamente uma causa primeira, ou seja, uma causa tal que seja preciso parar nela e não levar adiante a regressão. – Essa ideia de causa primeira é também uma noção *a priori*, porque nossa experiência não a fornece diretamente e mesmo porque ela antes nos levaria a conceber o contrário, a afirmar a existência de uma série indefinida de fenômenos nunca terminada. Mas nossa inteligência, ao contrário, aspira a ideias claras, a ideias determinadas que formem um todo, uma unidade, e por isso se transporta fora da série de fenômenos físicos para uma causa que tenha produzido a série inteira. – Essa causa não é um fenômeno, pois, ao contrário, todos os fenômenos lhe devem sua existência.

[91] III. A IDEIA DE ABSOLUTO – Não se pode conceber a causa primeira sem representá-la como absoluta. – Chama-se absoluto tudo o que é existente por si mesmo, tudo o que basta a si mesmo e não precisa de outra coisa para subsistir; ao contrário, dá-se o nome de relativo àquilo que depende de outra coisa e não existe inteiramente por si. – Ora, quaisquer que sejam as coisas consideradas no campo de nossa experiência, elas sempre aparecem e aparecerão como relativas. Dependem umas das outras, são causadas ou geradas umas pelas outras. – Nenhuma poderia existir separadamente. O que é um

objeto material sem um ser que pensa e sente, capaz de percebê-lo? Ele existe, pelo menos tal como podemos afirmar que o vemos, apenas relativamente a nós. Que seria ele sem as causas físicas de todo tipo que o levaram a produzir em nossos sentidos as diferentes impressões que nos fazem acreditar em sua existência? Que seríamos nós, nós mesmos, sem a multiplicidade de nossos ancestrais; e, mesmo depois de nosso nascimento, cada ação nossa, cada pensamento nosso, cada sentimento nosso não são sempre determinados por causas internas ou externas das quais dependem? – Nada que é finito basta a si mesmo e o absoluto não existe em nossa experiência. Entretanto o concebemos, e efetivamente a causa primeira é para nós absoluta, na medida em que todo o restante depende dela e ela mesma não depende de nada: não tinha necessidade de outra coisa para existir, existe necessariamente; ou, como diz Espinosa, sua existência decorre de sua essência, o que significa: em vista de sua natureza, é impossível que ela não exista.

O filósofo escocês Hamilton[48] declara que não temos a ideia clara do absoluto, que o absoluto não é pensável, na medida em que não conseguiríamos de modo algum representar-nos uma coisa que não dependa de nenhuma outra coisa. Pensar, diz ele, é condicionar, ou seja, estabelecer relações, ligações entre várias coisas. Não podemos pensar, não podemos representar-nos aquilo que não tem relação com nenhuma outra coisa e que só precisa de si mesmo para existir. Por exemplo, a causa primeira não é absoluta, visto que a representamos como relacionada com outros objetos, ainda que sejam apenas objetos criados por ela. – A isso respondemos que essa objeção se deve a uma concepção totalmente viciosa do absoluto. O absoluto não é aquilo que não mantém relação com nada, mas aquilo que não necessita de outra coisa para ser. Sem dúvida, quando se fala de coisas criadas, pensa-se em objetos que não são sem relação com a força que lhes deu origem[49]. Mas esses objetos dependem todos dessa força, visto que não existiriam sem ela, e esta não depende deles, visto que já existia antes deles. Portanto, não é alterar a noção de absoluto supor, fora do absoluto e abaixo dele, coisas que sem dúvida lhe são relativas, mas às quais ele não é relativo, visto que existe por si mesmo anteriormente a qualquer outra coisa e não precisa de outra coisa para existir. Em outras palavras e resumindo tudo, o absoluto não é aquilo ao qual nada é relativo, mas aquilo que não é relativo a nada.

É preciso relacionar com a ideia de infinito, de que falamos inicialmente, muitas outras noções que não são mais que essa mesma ideia sob novas formas (noções de eternidade, noções de imensidade, noções de perfeição).

[92] IV. A IDEIA DE ETERNIDADE – Aplicando à duração a ideia de infinito, acabamos construindo a noção daquilo que, ao existir, por sua própria infinidade escapa ao tempo ou à duração. Tudo o que existe no tempo é efetivamente limitado; pois imaginem a duração mais considerável que seja: ela terá sempre uma medida e, portanto, terminará. Mais uma vez, nosso espírito não consegue conformar-se com a ideia dessa progressão sem fim, dessa adição que prossegue sem cessar, dessa soma que está fadada a permanecer sempre em vias de formação. É por isso que concebemos algo que estaria fora da duração, por assim dizer, ou melhor, um ser que exista de tal maneira que, para ele, a duração mais considerável que possamos representar-nos seja como um instante, um momento infinitesimal. Eternidade: essa é a qualidade ou o atributo de tal ser. Chamamos de eterno não o que dura muito tempo, mas o que escapa à duração.

V. A IDEIA DE IMENSIDADE – Aplicando essa mesma ideia de infinito ao espaço e não mais ao tempo, chegamos ao conceito de imensidade, ou seja, novamente à ideia de um ser para o qual todas as grandezas situadas no espaço, mesmo aquelas que desafiam qualquer imaginação, são como um ponto imperceptível.

VI. A IDEIA DE PERFEIÇÃO – Se agora aplicarmos a forma do infinito a todas as boas qualidades que tivermos percebido ou concebido, acabamos por representar-nos o que é chamado de perfeição. – Usando a linguagem de Espinosa, o ser perfeito é aquele que possui um número infinito de atributos, todos infinitos. É uma infinidade de infinitos, por assim dizer. É por isso que a perfeição nos parece incluir primeiramente a bondade, mas a bondade que supera infinitamente tudo o que o coração humano é capaz de fornecer; a sabedoria, mas uma sabedoria tão superior à nossa que entre ela e esta, empregando a linguagem de Espinosa, exista a mesma semelhança que entre o Cão constelação celeste e o cão animal doméstico. – Teremos de voltar a essa ideia de perfeição quando enumerarmos os atributos divinos. Por enquanto, vamos dizer apenas que essa ideia nada mais é que o infinito visto não mais no âmbito da quantidade, e sim no da qualidade.

VII. A IDEIA DE NECESSIDADE – Não podemos conceber o absoluto, a causa primeira, a infinidade ou a perfeição sem nos representarmos também os objetos dessas ideias como existindo necessariamente. Um fenômeno poderia não existir: bastaria que o anterior não fosse dado; e este, por sua vez, é contingente, porque poderia muito bem não ter existido. Mas, quando chegamos à causa primeira, como poderia ela não ter existido, visto que por hipótese é causa de todo o restante e não tem causa? – Do mesmo modo, o que é relativo é contingente, porque depende de outra coisa e, para que não existisse, bastaria que essa outra coisa não tivesse sido dada. Mas, ao passo que o relativo é sempre contingente, o absoluto é necessário; pois, não dependendo de nada, existe, parece-nos que deve existir simplesmente por ser possível. Tão logo o representamos, estamos representando-o como existente. Em outras palavras, ele é necessário.

Portanto, a ideia de necessidade está estreitamente ligada a todas as outras noções racionais –.

[93] VIII. As ideias de bem, de belo e de verdade – Às vezes, talvez não sem razão, a ideia de bem, a ideia de belo e mesmo a ideia de verdade são incorporadas às noções racionais. De fato, essas noções são formadas pelo mesmo processo.

Veremos em estética que, se concebemos o belo, é porque nossa razão, ávida por ordem e por unidade, substitui a ideia das coisas individuais e variáveis percebidas pelos sentidos pela ideia de tipo, isto é, de um objeto que expresse simultaneamente todas as qualidades e todas as perfeições de uma classe ou de uma categoria de coisas.

Por outro lado, veremos em moral que a ideia de bem não pode ser confundida com a de prazer ou de interesse; que se trata de uma noção *a priori*, na medida em que a formamos espontaneamente, levados pela invencível necessidade de colocarmos uma certa ordem em nossa conduta e de nos sujeitarmos a determinadas regras.

Por fim, já dissemos, já demos a entender no início deste curso que a ideia de verdadeiro tem uma origem análoga, que a ciência nasceu da necessidade que tem o homem de generalizar, coordenar, simplificar e unir.

Essas três noções, a verdade, o belo, o bem, expressam portanto, cada uma a seu modo e de três modos diferentes, essa tendência ou inclinação fundamental que nos leva a construir as ideias de infinito, de causa primeira, de absoluto e de perfeição.

IX. A IDEIA DE DEUS – Nem é preciso acrescentar agora que reunimos todas as ideias enumeradas acima numa única, quando falamos do Ser Divino. Deus só pode ser concebido como infinito, causa primeira, absoluto, perfeição. Ele é a própria beleza, porque a ordem e a harmonia são realizadas nele; é o bem absoluto; por fim, é o princípio de toda verdade. É por isso que a ideia de Deus pode ser considerada como sendo por excelência a noção, a ideia *a priori*. Todas as outras estão contidas nela.

26ª Aula

As noções primeiras ou ideias racionais (continuação)

Já enumeramos as ideias racionais, mostrando por qual processo essas ideias se formam. Se essas ideias são obtidas aproximadamente da mesma maneira que os princípios racionais, se são *a priori* como esses princípios, é natural que também sejam, como eles, necessárias e universais.

Então, vamos indagar se realmente é o que acontece.

– Não é difícil ver que as ideias que chamamos de noções primeiras, ideias racionais, são realmente ideias comuns a todas as inteligências. Não há povo que não tenha uma ciência rudimentar, uma arte que, é bem verdade, muitas vezes ainda está na infância, uma moral e principalmente uma religião. Isso significa que todos os homens concebem de um modo menos ou mais claro, menos ou mais distinto, o verdadeiro, o belo e o bem, e principalmente a perfeição divina. Sem dúvida, as [94] noções mais abstratas de absoluto, de perfeição, são noções mais obscuras. Nem todos os espíritos chegam a destacá-las de um modo explícito, mas essas ideias existem em estado latente, na medida em que basta fazer uma reflexão lógica, um raciocínio um pouco mais profundo, para vê-las claramente; e, visto que não é da experiência que tais noções podem ser extraídas, como já mostramos, visto que, por outro lado, um raciocínio muito simples faz com que brotem mesmo nos espíritos menos preparados, é porque o germe dessas noções preexistia na inteligência, ou, em outras palavras, nossa inteligência tinha naturalmente uma tendência para formulá-las. Foi precisamente assim que explicamos a origem dessas ideias. Elas são universais.

— Será preciso acrescentar que são necessárias? A maioria dos autores vai até aí, e sem dúvida pode-se admitir que a necessidade é uma característica das noções ou das ideias tanto quanto dos princípios. — Entretanto, seria comprometer a causa dos princípios *a priori* declarar que as noções racionais são necessárias no mesmo grau e pelo mesmo motivo que os princípios.

Nós não acreditamos que sem a ideia de infinito ou a ideia de absoluto seja impossível pensar. — Entretanto, alguns filósofos afirmam isso, entre outros Fénelon[50] e os ecléticos, cujo chefe é V. Cousin[51].

É importante conhecer e examinar o raciocínio pelo qual pretendem demonstrar isso. O infinito, dizem esses filósofos, é uma ideia necessária, porque sem a ideia de infinito não poderíamos conceber o finito. Isso porque, dizem eles, chamamos de finito o que tem limites. Portanto, só podemos representar-nos o finito por comparação

com o que não tem limite. Pois afinal, se não concebêssemos o infinito, teríamos algum dia observado que um objeto é delimitado? E, prosseguindo esse raciocínio, os filósofos de que estamos falando dizem que a ideia positiva por excelência é a ideia de infinito, que o finito é uma ideia negativa, que o finito é apenas a negação do infinito. Segundo eles, não se pode conceber o finito, o delimitado, o limitado, a não ser como o contrário ou a negação do ilimitado. E assim a ideia de ilimitado ou de infinito seria uma ideia presente em todos nossos juízos, em todas nossas afirmações; uma ideia necessária, resumindo.
– O mesmo raciocínio é aplicado por esses filósofos à ideia de absoluto. O relativo, dizem eles, só é concebido em relação com um absoluto. Portanto, não se poderia declarar que um objeto é relativo sem ter presente ao mesmo tempo a ideia de absoluto; disso resultaria que também a ideia de absoluto permearia todas as outras ideias, não se poderia pensar nem perceber sem ela; também ela seria necessária.

Esse raciocínio muito preciosista tem para nós todo o ar de um sofisma. Vamos concentrar-nos na primeira ideia, a ideia de infinito. Os animais percebem, como nós, objetos finitos; como nós, percebem seus limites, e entretanto duvidamos muito que eles tenham uma ideia, mesmo confusa, do infinito. – Portanto, parece bastante plausível que se possa representar o finito sem que seja por comparação com o infinito. – Mas vamos deixar de lado os animais e falar apenas de nós mesmos. Quando digo que um objeto é finito, acaso se pode dizer que me represento um objeto infinito com o qual o comparo? De jeito nenhum. Penso num objeto maior que o anterior e que o limita. Esse objeto decididamente não é infinito: é um objeto finito maior do que o outro. A ideia de finito pode nascer e nasce muito naturalmente da comparação entre objetos finitos. Não há nenhuma necessidade de recorrer à ideia de infinito, pois o [95] limite é algo percebido por nossos sentidos, algo real. – Diremos o mesmo da ideia de absoluto. Sem dúvida o relativo é sempre relativo a uma outra coisa, mas acaso essa outra coisa é um absoluto? Ela pode ser relativa também, mas a uma terceira coisa. Se for um absoluto, é apenas um absoluto provisório e, se não hesitássemos em jogar com as palavras, poderíamos dizer que é um absoluto relativo. Representar-se uma coisa como ligada a uma outra por condições não é conceber o absoluto, pois essa outra coisa, por sua vez, está condicionada.

Diremos, portanto, que as ideias racionais, ao mesmo tempo que são universais como os princípios, estão longe de ter a mesma necessidade. Podemos pensar sem elas, mas não podemos pensar claramente sem cedo ou tarde sermos levados a formulá-las. Estão menos ou mais ocultas em todas nossas crenças e em todos nossos juízos. Mas não são, como os princípios, molas sem as quais o mecanismo do pensamento deixaria de funcionar.

– Apenas fazendo essas concessões aos empiristas é que podemos atingir o valor das objeções que eles levantam contra as noções *a priori*, assim como contra os princípios.

Os empiristas e particularmente os filósofos ingleses, com Stuart Mill à frente, afirmam ou que as pretensas ideias racionais não existem no espírito humano ou que derivam da experiência.

Quanto a certas ideias, tais como a ideia de infinito, os empiristas pura e simplesmente as negam. É falso, dizem eles, que nosso espírito se represente, mesmo confusamente, o infinito; pois a ideia de infinito é uma ideia contraditória, é a ideia de uma quantidade à qual não se pode acrescentar nada, ou seja, não é uma quantidade. Acreditamos ter elucidado a ideia de infinito suficientemente para mostrar que essa objeção é vã: o infinito não é uma quantidade.

Mas os empiristas são muito mais fortes quando, em vez de negarem as noções racionais, procuram sua origem na experiência. Tentaram essa demonstração para as ideias de belo e particularmente de bem. Mostraremos em moral como Hobbes e Bentham, e depois Stuart Mill e Spencer, pretenderam reduzir a ideia de bem moral à noção de utilidade, noção fornecida pela experiência. Para provar que essas ideias não são *a priori*, imaginaram contestar sua universalidade. Segundo eles, a moral variaria infinitamente. Depende da época, do país, da classe a que se pertence. Seria algo relativo e variável que depende sobretudo dos interesses. Seríamos levados a constituir uma moral e a obedecer a ela devido a considerações de utilidade. Inútil, portanto, supor uma ideia *a priori* de bem moral –.

Mostraremos em moral que há aí asserções muito fantasiosas; que, se o sentimento moral às vezes se obscurece, no fundo permanece idêntico a si mesmo; que há uma ideia de bem que é comum a todos os homens e que entre essa ideia de bem e a ideia de utilidade há uma distância, um abismo que nenhum esforço poderia cobrir. Portanto, é em moral que trataremos da teoria empirista das ideias racionais.

27ª Aula

A memória

[96] Encerramos o estudo das faculdades de aquisição do conhecimento, das faculdades intuitivas. Passemos agora àquelas cujo papel é ou conservar as ideias adquiridas ou combiná-las entre si.

A memória é por excelência a faculdade de conservação. Vamos tentar definir com alguma clareza o ato próprio da memória, que é a lembrança. – Toda vez que um fato psicológico passado se apresenta novamente, de tal modo que o reconheçamos como um fato passado e possamos, até certo ponto, localizá-lo no tempo, é com uma lembrança que estamos lidando. Assim, neste momento estou pensando, por exemplo, em Platão. Não vi esse personagem, mas aprendi por certas leituras, num certo momento de minha existência, que ele existiu. Portanto, quando penso em Platão, é esse conjunto de fatos psicológicos já antigos que se apresenta a meu espírito; e reconheço que são antigos, pois a ideia de Platão não é nova para mim e eu poderia, até certo ponto, localizar no passado as circunstâncias em que aprendi que Platão existira. Reconheço e localizo; portanto, posso dizer que me lembro. Escolhemos um exemplo muito complicado; mas quem de nós não se lembra das sensações ou dos sentimentos passados, do lugar onde passou a infância, do dia em que entrou na escola? São impressões que, renovando-se num dado momento, mas renovando-se de tal modo que não se possa tomá-las por impressões novas, dão lugar a lembranças.

Aliás, é fácil mostrar que as três condições que acabamos de mencionar: renascimento do fato psicológico passado, reconhecimento e localização, são as condições não apenas suficientes mas necessárias das lembranças. Eliminemos uma delas, ou duas, e não é mais com uma lembrança que estamos lidando.

Por exemplo, olho uma pessoa que está passando na rua e a ideia de um rosto que não me é desconhecido me vem ao espírito. Acredito, imagino que já vi essa pessoa, mas não saberia dizer onde nem quando. Há renascimento, retorno, reaparecimento de um fato passado, há reconhecimento vago, mas também falta a localização. Não se dirá que aqui há lembrança, e sim reminiscência. Um verso ou um hemistíquio que volta ao nosso espírito sem que possamos dizer de onde o tiramos é uma reminiscência. Também nesse caso o que falta é a localização.

Suponho agora um pintor que, por capricho, um dia decide pintar sem modelo. Desenhará, de acordo com sua fantasia, uma paisagem, uma cabeça; pouco importa; quaisquer que sejam os elementos que entrarem em seu quadro, não se poderá dizer que os tenha inventado. O espírito humano não cria; pode recombinar os materiais que a experiência lhe forneceu, mas não poderia criar de cima a baixo materiais novos ou diferentes. Portanto, nesse quadro só poderá entrar o que o pintor tiver visto ou percebido em sua experiência passada. Entretanto, ele seria incapaz de dizer se já viu um nariz, uma boca, olhos exatamente idênticos aos que acaba de desenhar. E menos ainda consegue localizar as percepções passadas que correspondiam [97] a eles. São imagens tiradas da experiência, mas que se encaixaram, se superpuseram em seu espírito, sem que agora sua origem possa ser reconstituída. A primeira característica da lembrança está presente: há revivescimento ou retorno de impressões passadas; mas o reconhecimento e a localização estão faltando. Num caso desses se dirá que o espírito imagina, mas não que lembra.

Assim, a lembrança difere do ato imaginativo pela dupla característica, ou melhor, pela dupla operação de reconhecimento e de localização, que a acompanha. Difere da simples reminiscência por ser possível atribuir um lugar determinado no passado para a impressão que se tornou lembrança.

Como se adquire uma lembrança e por qual processo um fato psicológico chega a gravar-se na memória?

Essa é a primeira questão que temos de examinar. Sobre esse ponto a experiência nos dá uma resposta decisiva.

Quando alguém quer memorizar uma lição, repete-a, lê-a várias vezes, ou então a lê uma única vez, mas com muita atenção. Esse último processo, aliás, não funciona para todo mundo. Mas o que todo mundo já pôde observar é que a atenção supre a repetição, que, se repetirmos maquinalmente corremos um grande risco de não reter nada e se, ao contrário, concentrarmos a atenção, pode ser que não precisemos repetir. – Disso resulta que, à primeira vista, pode-se formular esta regra geral: "A aquisição da lembrança depende: 1º da repetição da impressão; 2º da atenção prestada a ela."

Mas esse é apenas um modo superficial de ver as coisas. Uma análise um pouco mais profunda vai permitir que simplifiquemos essa regra. – Suponho que eu leia uma vez alguns versos que quero memorizar; não consigo repeti-los, e recomeço. Parece-me que depois da primeira leitura não me ficou nada do que li e por isso recomeço o trabalho. Entretanto, se nada me tivesse ficado, eu me encontraria exatamente na mesma situação que antes de ter começado. Por conseguinte, a segunda leitura não me adiantaria mais do que a primeira, e no início da terceira eu estaria tão ignorante quanto no começo de tudo. Nunca aprenderia essa lição. Se a repetição é eficaz, evidentemente é porque, já na primeira leitura, um começo de lembrança se produzira, e essa lembrança não fez mais que fortalecer-se com o que as outras leituras superpostas lhe trouxeram. – Conclusão: todo fato psicológico que se produziu uma vez tem uma tendência para reproduzir-se, uma tendência para gravar-se no espírito, em resumo, uma tendência para passar ao estado de lembrança.

Mais adiante teremos de explicar, na medida do possível, essa tendência. Por enquanto basta dizermos que todo o mundo já pôde constatá-la menos ou mais, visto que ninguém aprendeu de cor sua vida passada e entretanto todos se lembram dela até certo ponto.

O que precisamos destacar aqui é que essa primeira impressão se gravará tanto mais profundamente na memória quanto mais intenso for o esforço ou mais considerável for a atividade que ela implicar de nossa parte no início, de modo que quase se poderia dizer que a lembrança tem apenas uma única fonte, uma única origem e é obtida por um único processo, uma única operação: o esforço ou a atividade da inteligência. A repetição só é eficaz porque supõe uma série de [98] pequenos esforços elementares que vão se somando. Quando ficamos inteiramente passivos, restam na memória apenas impressões fugidias e vagas; exemplos: o estado de embriaguez, ou mesmo o estado de doença. Guardamos uma lembrança clara principalmente daquilo que tivermos feito pessoalmente e das circunstâncias em que tivermos agido.

Essa análise do processo, ou, falando simplesmente, da operação pela qual a lembrança é adquirida, pode lançar alguma luz sobre a própria lembrança. Isso porque veremos que a memória suscita dificuldades graves. É bastante difícil distinguir as características da lembrança. Por isso tentaram primeiramente definir experimentalmente as condições mais gerais em que a lembrança se produz. Não apenas estudaram a lembrança no estado de saúde, no homem cuja inteligência se encontra no estado normal, mas, em conformidade com a lei geral que apresentamos no início deste curso, ocuparam-se da patologia da memória. Observaram essa faculdade em sujeitos doentes e no caso em que o cérebro é danificado. Um psicólogo de que já falamos, Ribot, estudou especificamente as doenças da memória. Suas observações, muito numerosas, vieram confirmar uma lei geral já pressentida por muitos filósofos e que pode ser enunciada assim: "Uma lembrança é tanto mais estável quanto mais antiga for a impressão primitiva, de tal modo que, quando lembranças desaparecem, a ordem de seu desaparecimento é inversa à ordem de seu aparecimento; as últimas se vão primeiro, e vice-versa." – Realmente, todos já pudemos observar como as lembranças da infância que restaram são claras e vívidas, ao passo que muito frequentemente seríamos incapazes de prestar contas com exatidão de nosso dia de ontem. Ora, a observação das doenças da memória leva a conclusões ainda muito mais precisas. Viram, por exemplo, sujeitos perderem pouco a pouco a memória do ano que acabou de passar, depois a do ano anterior, e assim sucessivamente, e se verem bruscamente transportados para um período já remoto de sua existência, o único do qual agora conservam a lembrança. – Algo mais curioso ainda: quando essas lembranças recentes desaparecem, uma infinidade de impressões antigas que pareciam esquecidas para sempre e para sempre anuladas voltam bruscamente à luz da memória. – Por exemplo, uma pessoa ignorante ouviu um dia pronunciarem em sua presença palavras, um discurso, numa língua estrangeira desconhecida: parecia que nenhuma palavra do discurso restara em seu espírito, e então, anos depois, quando um distúrbio da memória a priva da imensa multidão de lembranças interpostas, eis que o discurso inteiro lhe volta ao espírito e ela consegue repeti-lo integralmente. Viram pessoas falarem de repente uma língua aprendida na infância e que parecia totalmente esquecida. – Algo ainda mais curioso, a memória parece ligada a certos estados orgânicos, a certos estados do corpo. Observações recentes mostraram que era possível agir fisicamente sobre certos sujeitos nervosos, de tal modo que uma página de sua existência se apresentasse à sua memória, com exclusão de todas as outras. Estamos nos referindo às experiências sobre hipnotismo, às quais teremos de voltar; e o que ressalta desde já desse estudo é que a intensidade de uma lembrança é diretamente proporcional à sua antiguidade, é que as lembranças adquiridas pouco a pouco se superpõem, por assim dizer, na memória, de tal modo que as recém-chegadas devem ir embora antes que as anteriores desapareçam, de tal modo também que, suprimindo lembranças recentes, desprendendo-as, por assim dizer, como acontece no caso das doenças [99] mentais, traz-se para a plena luz lembranças mais antigas e que as outras haviam obscurecido ao recobri-las.

Resta-nos agora fazer esta pergunta fundamental: o que é a lembrança? É possível explicá-la? – Já atribuímos à lembrança três características ou propriedades diferentes. Assim, a questão é saber até que ponto essas três características podem ser explicadas.

Devemos dizer de imediato que o reconhecimento é a mais difícil de explicar. Por que razão um fato psicológico que se apresenta à alma não aparece para ela como um fato novo? Será o mesmo fato que se repete? Então ele deveria chamar-se sensação ou percepção, mas não lembrança. Se é chamado de lembrança é porque a ele se soma algo que o faz ser reconhecido como a reedição ou a reprodução de um fato antigo; ora, é precisamente esse algo que é muito misterioso. Até agora o reconhecimento parece ser um fato simples, que escapa à análise e, portanto, inexplicável. Por isso os esforços dos psicólogos concentraram-se mais nas duas outras características da memória.

Consideremos primeiramente a localização. O processo de localização é bastante fácil de ser observado e compreendido. Quando situamos uma impressão num certo ponto da duração, ou, em outras palavras, quando determinamos a distância de um fato psicológico no tempo, na duração, procedemos mais ou menos do mesmo modo que quando determinamos a distância de um ponto no espaço. Como já dissemos, avaliamos a distância pelo número e pela natureza dos objetos interpostos. Intercalamos marcos imaginários entre o ponto em que estamos e aquele cujo afastamento queremos conhecer. A mesma coisa ocorre com a lembrança. Cada um de nós tem em sua existência passada alguns fatos relativamente importantes que lhe servem de pontos de referência, de marcos, por assim dizer; e, quando a questão é localizar um fato no passado, perguntamo-nos entre quais fenômenos sucessivos esse fato deve situar-se. E para determinar o lugar com uma precisão crescente, intercalaremos um número cada vez maior de marcos, de modo que estreite cada vez mais a distância dos dois pontos entre os quais pode oscilar a data do fato que queremos localizar. Portanto, a explicação da localização é bastante fácil quando se considera a conservação da lembrança como um fato estabelecido.

Falta explicar essa conservação propriamente dita. Como uma impressão passada pode subsistir no espírito? O que resta dela? Parece que há aí uma espécie de contradição ou de absurdo; pois afinal o passado é o passado, o que equivale a dizer que ele não existe mais, e entretanto, graças à memória, existe ainda. O que é ele, e sob que forma pode conservar-se?

Foi sobre esse ponto que se concentrou o debate entre os filósofos. – Podemos distinguir várias teses e particularmente duas principais: a teoria puramente psicológica e a teoria fisiológica.

1º *Teoria psicológica* – Alguns dirão, com Leibniz, por exemplo, que todo fato psicológico permanece na alma em estado de fato inconsciente e que a memória nada mais faz que devolver à consciência o que existia sob forma latente no espírito. Mas já mostramos no início deste curso que a ideia de um fato psicológico inconsciente é uma ideia contraditória. Essa explicação consiste, em suma, em dizer que os fatos passados se perpetuam, que [100] a memória os conserva, e é precisamente isso que se trata de explicar.

Alguém dirá, com outros, que os fatos subsistem não inconscientes, mas fracamente conscientes, que há em nossa alma, ao lado das percepções claras e distintas, percepções confusas, como aquelas de que fala o mesmo Leibniz, e que a lembrança dos fatos subsiste nesse estado? Também essa teoria não nos parece satisfatória, pois não há como negar que a maioria das lembranças permanece totalmente inconsciente durante anos inteiros. Estão perdidas para a alma, visto que nem a maior força de vontade possível conseguiria fazê-las reviver e é preciso um cataclismo cerebral, uma doença em geral muito grave do sistema nervoso, para que voltem bruscamente à memória.

Por fim, no ponto de vista psicológico falta mencionar a teoria desenvolvida com arte pelo autor de um livro sobre a memória, Gratacap[52]. Segundo ele, toda lembrança seria um hábito e permaneceria na alma sob forma de hábito contraído e frequentemente maquinal. – De todas as teorias psicológicas, essa é seguramente a mais profunda. Realmente, são numerosas e evidentes as analogias entre a lembrança e o hábito. Assim como o hábito, a lembrança é adquirida por meio de repetição ou de esforço intenso. Também como os hábitos, as lembranças dispõem-se de tal modo que as mais antigas são as mais duradouras. Então se poderia afirmar que a inteligência tem seus hábitos, o que significa que todo fato psicológico produzido uma ou várias vezes gera um hábito intelectual que é justamente uma tendência para reproduzir-se, para fazer renascer o fato psicológico em questão; e é nessa tendência que se deverá buscar a origem da conservação da lembrança. Essa explicação tem a vantagem de converter a lembrança num fato muito mais geral, que teremos de estudar mais adiante e que é chamado de hábito. Infelizmente, o hábito é algo talvez tão misterioso quanto a própria lembrança. Essa explicação muito correta, totalmente inatacável, apenas retarda a dificuldade. Vamos pedir às teorias fisiológicas algumas luzes.

2º *Teorias fisiológicas* – As teorias fisiológicas da memória são muito numerosas; poderíamos, remontando à Antiguidade, encontrar um primeiro esboço dessas teorias na hipótese tanto estoica como epicurista das ideias-imagens, hipótese à qual teremos de voltar.

A mais recente dessas teorias deve-se a Ribot. Segundo Ribot, toda ideia, e de modo geral todo fato psicológico, corresponde a uma determinada disposição das células nervosas, disposição cuja natureza seria difícil indicar, porque nos faltam os processos de observação. Seja como for, a conservação da lembrança explica-se muito simplesmente porque essas disposições de células e de moléculas, uma vez formadas, se mantêm enquanto uma causa externa, uma causa nova, não vier perturbá-las; e quanto mais vezes o fato psicológico tiver se repetido, mais estável se torna essa associação de células ou de fibras. Despertar uma lembrança nada mais é que excitar novamente esse sistema de elementos nervosos que tinham se constituído a propósito de uma ideia, de uma sensação ou de um fato psicológico antigo. – Essa teoria, que não podemos desenvolver suficientemente, contém muito possivelmente uma grande parcela de verdade.

Desde já e após um número relativamente restrito de observações e de experiências feitas, parece incontestável que todo fato psicológico supõe uma certa mudança nas disposições dos elementos [101] nervosos e que essa mudança é duradoura, permanente. Assim a lembrança teria como causa material e como condição fisiológica a constituição de um grupo relativamente duradouro de células nervosas, por exemplo, que, novamente excitadas, forneceriam novamente ao espírito ou à alma a impressão primitiva, embora enfraquecida.

Devemos salientar, aliás, que essa teoria fisiológica não é de modo nenhum incompatível com a teoria psicológica que expusemos recentemente, e em particular com a doutrina que reduz toda lembrança a um hábito. Pois seria inverossímil que um hábito psicológico não tivesse uma correspondência no organismo, que não supusesse uma disposição nova dos elementos. Portanto, essa teoria não faz nada além que levar mais longe a análise.

Agora seria preciso, para concluir, indicar o papel da memória no meio das outras faculdades intelectuais. Não vamos nos aprofundar muito nesse ponto.

Todos já pudemos constatar por experiência que a memória não deixa de prestar alguns serviços. Sem dúvida ela nunca é suficiente. Registrar fatos passivamente não é pensar. Onde não houver atividade, esforço pessoal, não há inteligência propriamente dita. Mas se poderia dizer da memória, muito mais justificadamente ainda, o que se disse do espírito: ela é necessária para tudo, embora não seja suficiente para nada. – Sem dúvida, ter memória não é ser eloquente, e entretanto sem memória não há eloquência. Todos os grandes oradores são conhecidos por sua memória extraordinária; é que está em jogo sempre encontrar no momento desejado a palavra adequada, é que está em jogo ter um repertório de termos precisos, entre os quais possam escolher num dado momento. Tudo isso implica a memória. – A memória não faz o gênio científico, tampouco, e entretanto, se o gênio consiste em fazer grandes sínteses, em combinar uma infinidade de fatos ou mesmo de leis, está claro que é preciso ter presentes no espírito tanto esses fatos como essas leis; é preciso conhecer uma infinidade de coisas para perceber relações simples entre algumas delas. – Chegou-se a dizer que nas artes do desenho, por exemplo, a memória e particularmente a memória das formas desempenhava o papel principal, pois, como dizíamos, imaginar nunca é nada além de combinar lembranças. – Em suma, a inteligência em sua forma superior consiste em combinar de modo original, em coordenar e em fazer sínteses; mas não seria possível combinar sem materiais, coordenar sem elementos nem fazer sínteses sem uma infinidade de fatos ou de exemplos acumulados. Portanto, a memória é uma faculdade inferior, mas sem a qual nenhuma faculdade da inteligência poderia passar. Onde ela não existe há incapacidade ou esterilidade[53].

É preciso não esquecer, aliás, que, se nossa análise da lembrança estiver correta, a memória pode ser adquirida ou, em todo caso, ser desenvolvida. Basta querer e esforçar-se. Prova disso é o fato notável, sobre o qual não insistimos antes, de que há em cada um de nós não uma memória, talvez, mas várias memórias muito diferentes. Temos, por exemplo, a lembrança das datas e a dos lugares, mas não a dos nomes próprios. Outros se lembrarão das ideias abstratas, mas não dos fatos particulares. Ora, esse fato só pode ser explicado por influências menos ou mais hereditárias. É preciso admitir, a experiência mostra isso, que algum de nossos ancestrais terá sido levado, pelas circunstâncias em que viveu, a aperfeiçoar ou a cultivar mais a memória dos números, por exemplo, e que essa vantagem terá se transmitido a um ou vários descendentes seus. Assim, o que chamamos de natureza muito frequentemente é apenas o hábito adquirido, resultado de um trabalho realizado por nós ou por nossos ancestrais: essa é uma verdade consoladora sobre a qual nunca seria demais a psicologia insistir.

28ª Aula

A associação de ideias

[102] Nossas ideias nunca andam sozinhas: associam-se umas às outras; não é possível pensar numa delas sem que uma ou várias outras venham em seguida. Chegou-se a comparar a sequência de nossas ideias com uma corrente da qual não se poderia puxar um elo sem trazer junto outros. Cada um de nós já pôde constatar em sua experiência passada que assim era. Um quadro, um espetáculo qualquer, mesmo uma palavra pronunciada em nossa presença bastam para lembrar-nos todo um conjunto de acontecimentos, muitas vezes até mesmo para fazer surgir em nosso espírito ideias cuja relação com a ideia ou o espetáculo presente não percebemos inicialmente. É que uma ideia às vezes chama uma outra indiretamente e graças a uma série de intermediários que até certo ponto permanecem inconscientes. – Um exemplo clássico é o que Hobbes cita[54]. – Quando estavam em sua presença falando do rei da Inglaterra Carlos I, alguém perguntou bruscamente quanto valia o denário romano. Essa pergunta pareceu surpreendente. Havia sem a menor dúvida uma associação de ideias, mas quais eram os intermediários? Hobbes recuperou-os. Compreendeu que o rei Carlos I, traído pelos seus, susci-

tara a ideia de Jesus Cristo, também traído, vendido por uns tantos denários romanos. – Assim, a passagem da primeira ideia para a última explicava-se por intermediários, não diremos inconscientes, mas pouco conscientes. É provável que a passagem tenha sido rápida demais para que os intermediários fossem notados. E mesmo assim a inconsciência não era absoluta, pois bastou pôr de novo em foco esses intermediários, apontá-los, para que prontamente a pessoa que falara os reconhecesse.

Não há motivo para indagar por que o espírito associa ideias nem qual é, falando filosoficamente, a essência desse fenômeno. Equivaleria a indagar por que o espírito pensa; pois, afinal, pensar nada mais é que associar ideias. Equivaleria a indagar, em outras palavras, por que nosso eu não se absorve por inteiro no estado psicológico presente, por que nosso eu é uma substância permanente, una e idêntica na qual estados diversos se sucedem. É realmente porque existe um eu no qual as ideias passam sem modificar-lhe a essência que ideias diversas, frequentemente muito distantes umas das outras, podem ser combinadas. O eu permanece ali para somá-las, para uni-las. Sem essa substância permanente, toda ideia, todo estado psicológico, depois de passarem desapareceriam para sempre; nenhum vestígio restaria deles, nenhuma associação seria possível.

Mas, embora não haja motivo para indagar em que esse fenômeno consiste essencialmente, pode-se descrevê-lo, ou, em outras palavras, é útil classificar as associações de ideias, mostrar quais são as causas ou condições diversas em virtude das quais ou nas quais as ideias se unem.

David Hume[55] foi o primeiro filósofo a estudar sistematicamente as associações de ideias; também foi o primeiro a classificá-las. Ele distingue três categorias de associações: – as associações por causalidade, – as associações por semelhança – e as associações por contiguidade.

Essa classificação foi aperfeiçoada pelos ingleses Stuart Mill e Alexandre Bain[56]. Este último filósofo divide as associações em [103] duas grandes classes, conforme se fundamentem em relações acidentais ou em relações lógicas:

I. Associações segundo relações lógicas, ou essenciais, ou racionais. – São elas:

1º Associações de causa e efeito: o efeito me faz pensar na causa e vice-versa: assim, a ideia de Primeiro Império desperta em mim a ideia de Revolução Francesa, que foi uma de suas causas.

2º Associações de meio e fim: essas associações talvez sejam ainda mais frequentes que as anteriores; são menos científicas. Como já salientamos, a pergunta "por que" significa por qual causa e com qual objetivo. Reconhece-se o espírito científico por ele atribuir à pergunta "por que" principalmente o primeiro desses dois sentidos; e realmente as causas lhe interessam mais do que os fins. Ao contrário, a consideração dos fins, do objetivo perseguido, é uma consideração prática e ao alcance de todo mundo. – Por que o Sol brilha? O cientista dirá: "porque a nebulosa primitiva se condensou com produção de calor", e o vulgo responderá: "para iluminar-nos". O primeiro está habituado às associações de causa e efeito, o segundo às associações de meio e fim. Porém nos dois casos há relação lógica, relação essencial.

3º Associações de equivalente a equivalente, impropriamente denominadas de idêntico a idêntico: assim, a ideia de uma equação algébrica $X^2 + pX + q = 0$ prontamente suscita no matemático a ideia de uma infinidade de equações equivalentes a ela, por exemplo $(X - X')(X$

– X″) = 0. As associações deste tipo são as associações lógicas por excelência, pois são associações matemáticas.

4º Associações de todo e parte: assim, a imagem do coração nos fará pensar na circulação, pois o coração é só uma peça, uma mola do mecanismo.

II. Associações segundo relações empíricas ou acidentais. – São elas:

1º Associações por simultaneidade: quando dois objetos ou dois fenômenos foram percebidos juntos, a ideia de um traz na sequência a ideia do outro. Exemplo: a ideia de Alcuíno suscita a de Carlos Magno, de quem foi contemporâneo.

2º Associações por sucessão: dois eventos sucessivos estão para nós no mesmo caso, produzem sobre nós o mesmo efeito que dois eventos simultâneos. A maioria de nossas associações na vida prática são associações desse tipo. De fato, para conveniência nossa temos necessidade de prever os fenômenos e, como na maior parte do tempo não nos elevamos até a relação de causalidade científica, é a uma relação de sucessão que devemos ater-nos. Por exemplo, levo água ao fogo para que ferva. Se espero esse fenômeno é porque no passado sempre o vi suceder o fenômeno anterior, ou seja, o transporte da água para o fogo.

3º Associações por contiguidade: a contiguidade no espaço pode produzir em nosso espírito o mesmo efeito que a contiguidade no tempo, ou seja, que a simultaneidade. [104] Assim, em certos casos não posso pensar na catedral sem me representar o jardim contíguo a ela.

4º Associações por semelhança: muitas vezes não nos acontece olharmos alguém passando na rua e imediatamente pensarmos num amigo? É que uma semelhança súbita chamou nossa atenção. Duas ideias ou principalmente duas imagens podem associar-se em nosso espírito em virtude de certas características em comum.

5º Associações por contraste: se o semelhante atrai o semelhante, também o contrário atrai seu contrário. Assim, um anão nos faz pensar num gigante; Dom Quixote, em Sancho Pança, um temperamento muito diferente.

Essa lista de associações de ideias pode ser consideravelmente simplificada.

Stuart Mill formulou uma lei geral para reduzir todas a uma única. "Quando, diz ele, duas ideias foram representadas no espírito simultaneamente ou quando são de tal natureza que exigem do espírito um esforço único para ser representadas, elas se associam." – Note-se que a segunda parte dessa fórmula corresponde principalmente às associações lógicas.

Realmente, essa é mesmo a origem e a razão de ser de toda associação: a unidade do esforço. Se uma ideia atrai uma outra, não é necessariamente porque esta se assemelhe àquela, mas porque exige do espírito o mesmo trabalho, o mesmo tipo de atividade ou de esforço. Poderíamos dizer que nossa inteligência, toda vez que trabalha sobre um objeto ou sobre um outro, acaba formando moldes. Então todos os objetos anteriores do pensamento, todos os objetos precedentes que forem capazes de caber, de ser vazados, de passar num desses moldes, são naturalmente atraídos uns pelos outros. – É isso que faz surgirem associações que seria difícil encaixar numa das categorias designadas acima, pois não se percebe entre essas ideias nenhuma relação. A relação deve ser buscada não nas ideias em si, mas na natureza do trabalho que presidiu sua formação. Se a ideia da causa atrai a ideia do efeito, é porque a causa e o efeito geralmente são percebidos ao mesmo tempo e por um único esforço do espírito. O mesmo vale para todas as outras associações.

Quem quisesse mostrar o papel que a associação de ideias desempenha em nossa vida intelectual e moral teria muito a fazer.

Devemos observar primeiramente que nossa distinção das associações de ideias em duas categorias também divide em duas categorias a maioria das inteligências humanas. Realmente, de acordo com as disposições que recebeu da natureza, de acordo com os hábitos que contraiu como efeito da educação, o homem associa as ideias logicamente ou empiricamente; não que determinadas associações sejam privilégio de determinados espíritos: não há inteligência humana que não forme tanto associações lógicas como associações acidentais. – Mas há os que são mais naturalmente voltados para as primeiras: são os espíritos lógicos, os espíritos ponderados, que são menos brilhantes. O mundo pode às vezes não lhes dar grande importância, mas sua lentidão aparente se deve a procurarem associar as ideias segundo suas relações íntimas, ou seja, suas relações reais. – Outros são mais voltados para as associações empíricas. Uma ideia que os impressionar, uma palavra que alguém pronunciar diante deles atrairá imediatamente uma infinidade de lembranças [105] relacionadas, de anedotas, de fatos particulares. Esses brilharão mais na conversação, pois quem escutar atentamente uma conversa verá que nela as ideias se encadeiam de acordo com relações totalmente acidentais, quase sempre relações de semelhança, e semelhança vaga. – A espirituosidade se deve quase sempre a uma disposição desse tipo. – Ter espírito é perceber semelhanças superficiais entre as coisas; ter gênio é penetrar até as relações essenciais; por isso a espirituosidade é uma paródia da genialidade[57]. Nos dois casos opera-se uma aproximação inesperada entre duas ideias ou dois fatos; mas no primeiro caso essa aproximação é artificial e infecunda; no segundo, ao contrário, tem como origem, como razão de ser, uma natureza comum às duas coisas e, portanto, é fecunda.

Não se deve julgar que a vontade não tenha influência sobre a associação de ideias. Podemos contrair o hábito de associar nossas ideias de uma maneira ou de outra e somos menos ou mais responsáveis pela maneira como as associamos. Há espíritos sonhadores cujas ideias se sucedem sem que se possa indicar um motivo para essa sucessão. Há outros que são senhores de si.

É inútil mostrar os perigos da primeira tendência. Quando se permite que a inteligência divague, é raro ela não abusar da permissão. O hábito do devaneio, agradável de se adquirir, acaba pervertendo a inteligência. Não associamos mais nossas ideias; elas se associam por conta própria, como bem quiserem. Ora, como distinguir de outro modo o estado de loucura do estado de sanidade intelectual? Entre o sonhador e o louco a diferença não é grande.

Mas a associação de ideias pode ter influência até mesmo sobre nossa felicidade, até mesmo sobre nossa moralidade. O modo de entender a vida sempre depende menos ou mais do modo como a pessoa associa suas ideias. Há os que, empregando a expressão popular, veem tudo negro; associam ideias tristes à imagem do presente indiferente; outros preferem pensar num futuro brilhante, são cheios de esperança, adquiriram outros hábitos de associação.

Em suma, seria muito fácil mostrar que não existe faculdade intelectual que não seja influenciada pela maneira como nossas ideias se associam e que, assim, nossa vida intelectual inteira depende, sob certos aspectos, da associação de ideias. Mas não devemos ir longe demais.

Formou-se em nossa época, na Inglaterra, uma filosofia chamada associacionista e que pretende reduzir todos os fenômenos intelectuais, sem exceção, a associações de ideias. – O que seria a percepção exterior, a percepção de um corpo? Uma associação de sensações ou de possibilidades de sensações. – Em que consistiria o eu? Seria apenas a associação de todos nossos fatos de consciência. – O que é um princípio racional? Uma associação de ideias que se tornou inseparável devido ao hábito ou à hereditariedade. – Por fim, os juízos, o raciocínio dedutivo e o indutivo seriam sempre apenas associações.

Caso se concorde em dar o nome de associações de ideias a todos os fenômenos intelectuais nos quais várias ideias se confrontam ou se combinam, concordaremos perfeitamente com a escola associacionista que todo fato intelectual é uma associação de ideias; mas na verdade é dar a essa expressão um sentido tão amplo que ela perde qualquer espécie de utilidade. – Realmente, caso se concorde em restringir o sentido [106] dessa expressão, como sempre se fez até agora, caso se chame de associação de ideias essa união que se opera entre dois ou vários fatos de consciência sob influência de certas circunstâncias determinadas e que em geral dependem de nossa vontade, não se poderia considerar a ideia de um corpo, a ideia do eu, os princípios racionais, o raciocínio como simples associações de ideias, pois em cada um desses fenômenos ou desses objetos entra, como já mostramos ou como mostraremos, um elemento *sui generis* que vem acrescentar-se à associação. – Trata-se da percepção do eu? Sem dúvida a matéria do eu, o que lhe dá sua cor, é o conjunto dos fatos de consciência associados juntos; mas há aí ademais um não sei quê que é causa da associação, que a governa e que é chamado precisamente de substância do eu. – Trata-se dos princípios racionais? Sem dúvida também aqui serão encontradas ideias associadas entre si; o princípio de causalidade, por exemplo, visto de fora, visto superficialmente, nada mais é que a associação da ideia de fenômeno com a de causa, mas também nessa associação entra um elemento *sui generis*, ou seja, uma tendência para proclamar a necessidade absoluta desse princípio, tendência que a associação pura e simples não poderia explicar.

Concluímos que, ao reduzir todos os atos do espírito a associações de ideias, Stuart Mill deixou de lado em cada um deles o que se poderia chamar de elemento específico que faz com que, se houver associação de ideias, mesmo assim se junte a essa associação algo diferente e que a associação não explica[58].

29ª Aula

A imaginação (faculdade da alma)

A imaginação poderia ser definida como a faculdade de nos representarmos com vivacidade coisas que já percebemos antes ou coisas novas.

Nem é preciso dizer, aliás, que esses objetos novos que a imaginação se representa em certos momentos não são inteiramente de sua criação. Já salientamos que o espírito não cria; ele arruma, coordena e recombina. Portanto, quando nos representamos um objeto não percebido antes, é porque combinamos, porque compomos juntos, de acordo com uma certa lei ou visando a um certo fim, os elementos de nossa experiência passada.

Conclui-se dessa explicação que a imaginação está relacionada sob certos aspectos com a memória e sob outros com a associação de ideias. – Realmente, assim como a memória, a imaginação conserva e reproduz os elementos da experiência passada; assim como a associação de ideias, ela reúne ou recombina esses elementos, sem respeitar a ordem dada pela experiência.

Mas a imaginação difere da memória, primeiramente por não se ocupar de localizar e muito frequentemente nem mesmo de reconhecer a ideia de um fato ou de um objeto anteriormente percebido que se apresenta a ela; em segundo lugar, por possuir uma certa vivacidade em virtude da qual o objeto, apesar de não percebido pelos sentidos, assume para o espírito uma forma totalmente nítida. Ele parece reviver.

Seria mais difícil estabelecer uma distinção precisa entre [107] a imaginação e a associação de ideias. Muitos autores, aliás, consideram que a imaginação é apenas um caso particular, uma forma de associação. Não estão totalmente errados: a imaginação poderia, a rigor, ser considerada associação, na medida em que se exerce sobre imagens, sobre objetos concretos, mais do que sobre abstrações. – Entretanto, a palavra imaginação representa para todo mundo uma faculdade que geralmente não age friamente, que está sujeita aos caprichos da sensibilidade, que é solidária do sentimento ou da paixão. E realmente, quando imaginamos, associamos muitas ideias, mas, uma vez concebidas, essas ideias se impõem. São imagens que se delineiam com nitidez, de um modo luminoso. Portanto, há uma nuance entre a imaginação e a associação pura.

Da definição que apresentamos conclui-se que a imaginação poderá assumir muitas formas e que haverá graus na capacidade de imaginar. Há tantos graus quantas são as formas, as maneiras possíveis de nos representarmos com vivacidade o passado ou de combinarmos entre si ideias ou imagens conhecidas.

1º Às vezes é chamada de memória imaginativa a faculdade de nos transportarmos para o passado e fazer-

mos as cenas antigas como que reviverem. No fundo, isso é memória pura e simples[59], e entretanto essa animação, essa vida nova que transmitimos ao objeto de nossa lembrança é realmente algo que não estava nele, algo que acrescentamos, algo que vem do fundo de nós mesmos. Portanto, é mais que uma simples lembrança.
– No estudo que faremos mais tarde da imaginação em suas relações com o estado do sistema nervoso, veremos que causas físicas podem dar a essa memória imaginativa uma atividade extraordinária. Todos sabemos o que acontece no sonho, quando cenas passadas revivem e a ilusão é total. Os excitantes físicos podem produzir efeitos análogos.

2º A imaginação já começa a inventar quando aumenta ou diminui os objetos. Ainda é uma reprodução, pode-se dizer, mas uma reprodução em que as proporções já não são mantidas. É raro exagerarmos as coisas no sentido da diminuição. Em contrapartida, gostamos muito de, em certos casos, nos representarmos os objetos maiores do que são, superiores em quantidade ou em qualidade. – Há casos em que a paixão nos leva a isso, e já mostramos como nesse caso a imaginação e a paixão agem e reagem uma sobre a outra, como elas se entendem esplendidamente para favorecerem, por um lado, a ilusão do espírito e, por outro lado, a exageração do sentimento ou da inclinação. – A literatura oferece-nos exemplos desse aumento das coisas. Os contos de fadas, os contos das *Mil e uma noites* estão repletos disso. Nem é preciso mencionar as botas de sete léguas, um exagero manifesto. – Algumas pessoas são levadas pelo temperamento, pelo hábito mental, a esse tipo de imaginação. Costuma-se citar os gascões, mas todo mundo é um pouco gascão nesse ponto. As pessoas gostam muito de exagerar os perigos que correram; frequentemente fazem isso de boa-fé, porque não veem as coisas como realmente são.

3º É dar prova de uma capacidade mais considerável de invenção combinar entre si os elementos da experiência passada de modo que forme arranjos novos. – A mitologia está repleta de exageros desse tipo. O centauro, a quimera, todos os monstros da fábula foram obtidos através dessa justaposição de partes heterogêneas, todas fornecidas pela experiência ou pela percepção –.

[108] Quando o romancista tem como único objetivo divertir, quando não persegue uma ideia moral, quando não se preocupa com uma análise psicológica, também ele se limita a compor entre si acontecimentos que encontra em suas lembranças ou em suas leituras. Essa é uma forma inferior de obra de arte. Mostraremos que a verdadeira arte sempre se inspira numa ideia e que fora disso não há mérito artístico nem beleza estética. Entretanto, uma obra de imaginação agrada ao vulgo, mesmo quando é apenas uma paródia da arte autêntica. É esse tipo de imaginação, aliás, que nos permite compreender tais lembranças, que nos permite ler, por exemplo, narrativas de viagem ao Polo Norte ou abaixo do trópico. Como poderíamos representar-nos o que nos é contado, e apreciar isso, se não buscássemos em nossa experiência, em nossas lembranças pessoais, fatos ou objetos que se parecem com esses de que nos falam e que então combinamos entre si, que aproximamos uns dos outros, de modo que reconstituimos as cenas que nos são descritas? Para nos representarmos geleiras, por exemplo, acumularemos, empilharemos uns sobre os outros os pequenos blocos de gelo que já vimos nas ruas em dias de frio intenso e colocaremos no meio desses blocos imensos as focas que podemos ter visto num zoológico. Assim, a própria leitura de um trabalho de imaginação supõe um esforço de imaginação correspondente.

4º Podemos combinar entre si não mais apenas um objeto e um outro objeto, mas um objeto concreto e uma ideia abstrata. – É o que acontece sempre que construímos uma metáfora, porque a metáfora é menos ou mais um signo imaginativo. Os poetas são fecundos em metáforas. A metáfora é sempre uma espécie de transposição, como a própria palavra indica. Consiste em transferir para o campo das coisas concretas relações abstratas que assim se aclaram com uma nova luz. Exemplo: "Esses leões avançam" para dizer que homens cheios de coragem marcham para o combate. A ideia abstrata de coragem associou-se em nosso espírito à ideia mais concreta de rei dos animais, de leão, e uma se tornou símbolo da outra. – Reconhecemos a imaginação poética por ela ser capaz de expressar uma relação abstrata sob um grande número de formas concretas todas diferentes umas das outras, isto é, por ser capaz de transpor um dado tema de uma infinidade de modos diferentes. Para falar de uma pessoa que morre jovem, o poeta fará alusão a uma rosa que viveu o espaço de uma manhã ou a uma taça que se quebrou ainda cheia etc. Esse trabalho imaginativo está incluído em todo símbolo. Se a bandeira representa alguma coisa para nós, é porque associamos a essa ideia muito concreta a ideia muito abstrata do acordo entre concidadãos, entre compatriotas, a ideia de pátria.

5º Chegamos às formas superiores da imaginação. – A todo mundo é concedido possuir menos ou mais imaginação tal como acabamos de descrevê-la; mas apenas a alguns é concedido serem grandes artistas ou grandes cientistas. A arte e a ciência, em sua forma mais relevante, supõem um intenso esforço de imaginação, mas de uma imaginação de caráter especial.

Consideremos primeiro a imaginação artística. Consiste essencialmente, como mostraremos mais adiante, em extrair tipos, ou seja, em representar-se um número considerável de imagens particulares das quais se fará sair uma imagem definitiva que as resume, que expressa sua realidade. Acaso será preciso citar nossos grandes poetas? Uns, os trágicos, descrevem as paixões, o que significa que, agrupando todas as lembranças relativas à manifestação de um determinado sentimento, [109] procuram em seguida organizá-las entre si de modo que forme um todo vivo, mas vivo com uma vida muito mais intensa do que os seres imperfeitos percebidos na experiência passada. O poeta cômico forma também e por um processo análogo um tipo de avareza ou de misantropia. Num caso como no outro há síntese de um grande número de lembranças, de imagens, mas síntese que resulta num todo organizado capaz de viver e de mover-se.

A imaginação científica procede exatamente do mesmo modo. Já compararam os grandes gênios científicos, os Newton, os Kepler, os Descartes, os Pascal com poetas, e realmente a poesia mais elevada e a ciência mais relevante supõem o mesmo esforço mental e um trabalho imaginativo idêntico. O que caracteriza o gênio científico é captar semelhanças entre fatos ou objetos que pareciam profundamente distintos ou distantes uns dos outros; é saber agrupar um número considerável de fenômenos aparentemente muito diversos sob uma lei e numa forma única; a lei geral desempenha nas ciências o mesmo papel que o tipo nas artes. Tanto num caso como no outro há síntese, e síntese do mesmo gênero.

Somos assim levados a falar um pouco do gênio, que é considerado pela maioria, não sem razão, como uma forma superior de imaginação.

Nestes últimos tempos, filósofos e médicos afirmaram que se devia ver no gênio um estado mórbido da inteligência. O gênio, disseram, é uma neurose, e um autor célebre, Lélut[60], procurou demonstrar que Sócrates na Antiguidade, Pascal nos tempos modernos e muitos outros cujo gênio superou tudo o que os homens haviam conhecido até então eram loucos, alucinados. – Realmente as pessoas gostam de representar o homem de gênio como um sonhador. Seu pensamento não seguiria o mesmo caminho que o dos outros homens; ele se entregaria inteiramente à inspiração. Muitos veem no poeta um iluminado e no grande cientista um espírito simultaneamente abstraído e distraído, incapaz de descer até o nível das ocupações habituais.

Ora, a história e a biografia levam-nos a fazer do homem de gênio uma ideia totalmente diferente. Quando recuperamos os rascunhos dos grandes poetas dos tempos modernos, vemos que sua inspiração se corrigiu várias vezes, que as poesias aparentemente mais naturais, que parecem ter brotado da alma num momento de inspiração, são o resultado de um trabalho intenso. Foi em vão que certos poetas tentaram incentivar sobre esse ponto a opinião popular; Lamartine, por exemplo. A experiência prova que sem trabalho, sem correções, sem esforço de razão ou de raciocínio, não há poesia possível. O mesmo vale, com mais motivo ainda, para as ciências. O grande cientista é um homem de bom-senso; pois perceber novas relações entre as coisas é simplesmente levar mais longe do que o vulgo a faculdade de agrupar os objetos de acordo com sua afinidade natural, e nisso consiste o que chamamos de juízo ou de senso comum. – Portanto, podemos dizer que essa tese que confunde gênio com loucura é desmentida pelos fatos.

É desmentida também pela análise. Isso porque a imaginação em sua forma mais alta supõe, como dizíamos, uma síntese: síntese de imagens resultando num tipo, síntese de fatos particulares resultando em leis. Ora, isso só pode ocorrer se o artista ou o cientista concentrarem seu espírito num conjunto ou numa ordem determinada de imagens ou de fatos particulares. – Mas essa concentração é precisamente aquilo de que o louco é incapaz, mais incapaz ainda que o homem [110] comum. – O que caracteriza a loucura é que, nesse estado, a inteligência escapa do controle da vontade. Todo esforço prolongado, toda concentração do espírito tornam-se impossíveis.

O gênio é, portanto, o que poderíamos opor à loucura como distinguindo-se radicalmente dela, visto que em nenhuma outra parte percebemos um esforço tão considerável da vontade para ter controle sobre a inteligência. Buffon[61] chegou a dizer nesse sentido que "o gênio é uma longa paciência". Newton respondeu, aos que lhe perguntavam como descobrira as leis da gravitação: "Pensando sempre nela." Essas palavras de Newton são mais adequadas que quaisquer outras para desmentir a opinião de Lélut e de todos os que gostariam de identificar o gênio com um estado patológico do sistema nervoso[62].

Examinamos até agora a imaginação tal como se apresenta a nós quando a vontade exerce sobre ela uma influência menos ou mais eficaz; mas ao lado dessa imaginação superior, dessa imaginação que, ao mesmo tempo em que supõe no passado percepções sensíveis, entretanto escapa, enquanto se exerce, às influências do corpo; ao lado dessa imaginação, há outra cujo exercício ou trabalho está intimamente ligado aos estados do sistema nervoso. O sonho, o sonambulismo, a alucinação, a loucura são fenômenos em que a imaginação desempenha o papel principal. Se os deixamos de lado neste estudo é porque pretendemos examiná-los detalhadamente mais adiante.

Muitos autores falaram do papel da imaginação na vida prática, nas ciências e nas artes.

As opiniões sobre o valor dessa faculdade estão divididas; os poetas proclamam-na faculdade-mestra da inteligência. Alguns filósofos, como Malebranche, reprovam-na por ser uma louca, a louca da casa, dizia aquele filósofo. Pascal[63] emprega expressões análogas. – Curioso: aqueles que mais mal falaram da imaginação são os que mais a tiveram. Pascal e Malebranche[64] estão um pouco nesse caso. Newton afirmava que a imaginação deturpava a ciência, que não se deviam fazer hipóteses, que ele mesmo nunca as fizera: *"Hypotheses non fingo"*[65], dizia. Ele é o autor da maior hipótese já feita, a da gravitação universal.

Vemos, portanto, que ninguém pode passar sem a imaginação, mesmo que seja para falar mal dela; e realmente a fonte de todo trabalho, de toda atividade está aí. – O juízo, o simples bom-senso nos tiram das dificuldades na vida diária, pois essa é uma faculdade de análise, embora a análise em que essa faculdade trabalha seja bem pouco profunda. Mas, quando alguém pretende distinguir-se entre os homens e deixar atrás de si algo de que os outros terão de falar ou em todo caso terão de utilizar, quando pretende inovar e dar prova de iniciativa, é à imaginação que tem de recorrer.

E, mesmo deixando de lado os espíritos de elite, os que se distinguem, podemos dizer que a imaginação, que é apenas uma forma de associação de ideias, como dizíamos, influirá, como a própria associação, em nossa felicidade e em nossa moralidade. Realmente, nossas alegrias e nossas tristezas provêm muito menos dos acontecimentos em si do que das expectativas ou dos temores que esses acontecimentos despertam, ou seja, daquilo que a imaginação borda nessa tela, das variações que executa sobre esse tema. – Por isso nunca é cedo demais para dar à imaginação a direção adequada. Há leituras que excitam a imaginação, que a conduzem para a região da ficção. Essas leituras frequentemente são malsãs por nos fazerem perder o sentimento [111] do real, e por isso nunca é demais atentarmos bem para o que lemos. Há, ao contrário, um modo de desenvolver a imaginação sem permitir que ela divague, de dar-lhe asas e ao mesmo tempo garantir que sempre poderemos, se quisermos, fixá-la no chão. Para isso basta desenvolver ao lado dela as faculdades de análise, a razão, o juízo. Toda a arte da educação está aí. – Duas escolas pedagógicas realmente se formaram na França: uns, prendendo-se à antiga tradição, gostariam que desde a infância se habituasse o espírito à invenção literária ou a alguma outra; outros são de opinião que mais vale aprender, assimilar o trabalho de outros, que se deve começar pela análise e pela erudição, com a invenção devendo necessariamente vir em seguida. Cada um desses dois processos tem algo de bom, mas é preciso temperar um com o outro. É bom exercitar-se em inventar, mas é preciso não esquecer que toda invenção é uma combinação nova de materiais antigos e que, se não possuirmos os materiais, se não tivermos conhecimentos sólidos, a invenção é apenas um jogo mental inútil. Inversamente, de nada serve acumular, amontoar na memória materiais de que nunca faremos uso, e a erudição só tem valor se incentivar a originalidade.

30ª Aula

A abstração

Denomina-se assim, como a própria palavra indica, a faculdade que nosso espírito possui de isolar certas partes da realidade para considerá-las separadamente.

Nesse sentido, toda espécie de conhecimento seria uma abstração, visto que só conhecemos um objeto se o separarmos de todos os outros. – Entretanto, convencionou-se restringir o sentido do termo. Diz-se que uma ideia é abstrata apenas quando representa uma ou várias qualidades da coisa, separadas do grupo de qualidades que, reunidas, constituem a própria coisa. Assim, não se dirá que uma mesa preta é uma abstração, porque essa mesa representa uma totalidade, um conjunto de qualidades consideradas todas ao mesmo tempo. Mas o preto é uma abstração, porque é uma qualidade destacada do grupo e considerada isoladamente. – Portanto, em nossa definição, a palavra parte deve ser entendida no sentido de qualidade.

Dessa mesma definição se conclui que existem graus na abstração, conforme o grupo de qualidades que é ressaltado e que é isolado do conjunto seja menos ou mais considerável. Uma ideia será tanto mais abstrata quanto menor for o número de atributos ou de qualidades que ela contiver, quanto mais vazia ela for. – Exemplo: a ideia de superfície preta que a visão de uma mesa escolar me sugere é uma ideia abstrata, pois a superfície preta não existe por si só. É um conjunto de atributos que extraio da ideia de mesa. A ideia de superfície já é mais abstrata que a de superfície preta, pois contém uma qualidade a menos, a negrura: a representação de superfície preta compreende tudo o que a ideia de superfície compreende, mais a negrura. A ideia de extensão será ainda mais abstrata que a de superfície, pois a de superfície continha a representação da extensão, já que toda superfície é extensa, mas a ela se acrescentava algo mais: a ideia de uma [112] extensão limitada de uma certa maneira, desprovida de profundidade. Por fim, a pura ideia de ser será ainda mais abstrata que a ideia de extensão, pois na representação da extensão entrava como elemento a ideia de existência, visto que concebíamos a extensão como existente; mas a ela se juntava aquele conjunto de atributos que fazia com que, em vez de estarmos lidando com o ser, com a existência pura e simples, estivéssemos lidando com uma existência de certa natureza, com a extensão. Assim, no topo da abstração encontramos a ideia de ser, a representação da existência pura e simples, desprovida de toda espécie de atividade. Diremos, portanto, que, destacando sucessivamente da ideia de um objeto concreto grupos de atributos cada vez menos ricos, vamos subindo para abstrações cada vez mais elevadas, até que chegamos à ideia de ser, que é a mais elevada e por isso mesmo a mais vazia de todas as abstrações.

Por qual processo o espírito consegue abstrair? Trata-se de fixarmos nosso espírito sobre uma ou várias qualidades determinadas do objeto concreto. Isso supõe um certo esforço; de fato, estamos habituados a ver os objetos em bloco; uma certa síntese inconsciente de todas nossas sensações faz com que percebamos objetos concretos e que seja preciso um esforço para separarmos qualidades que entretanto nos são dadas separadamente. – Realmente, já mostramos, em nossa teoria do conhecimento dos corpos, que cada sentido nosso nos dá isoladamente apenas uma ou algumas qualidades da matéria, que a visão nos fornece a ideia de extensão e de superfície colorida, o tato as de resistência e de temperatura etc. Por isso Taine definiu muito corretamente nossos sentidos como instrumentos de abstração. Mas nosso espírito está tão habituado a fazer a síntese desses dados elementares, a reuni-los num único todo e a formar um objeto concreto, que precisa de um esforço frequentemente considerável para voltar a seu ponto de partida e para extrair, por exemplo, da ideia de um corpo a de superfície colorida, que entretanto serviu para formá-lo.

A comparação – Realmente, a abstração seria impossível se não pudéssemos comparar objetos entre si para extrairmos o que eles têm em comum. – Vamos tomar um exemplo: se eu conhecesse apenas uma única cor, se houvesse no mundo apenas uma cor, teria eu a ideia de cor ou poderia formulá-la? Sem dúvida que não. Essa cor, qualquer que fosse, estaria indissoluvelmente unida à ideia de matéria e seria designada pela mesma palavra; não haveria razão para inventar uma palavra nova. – O que faz a ideia de cor existir separadamente é eu ter comparado um certo número de objetos, uns apresentando o mesmo aspecto superficial, outros apresentando uma superfície com aspecto diferente. Foram essas semelhanças e essas diferenças no aspecto das superfícies que me levaram a criar palavras destinadas a distingui-las e a formar ideias abstratas correspondentes a cada uma dessas aparências. Portanto, é a comparação dos corpos entre si que nos fornece a ideia abstrata de cor.

Dessa mesma análise se conclui que, se a atenção e a comparação são os dois processos essenciais por meio dos quais uma ideia abstrata se forma, também é preciso levar em conta nossa faculdade de falar, de criar palavras, ou seja, a linguagem. – Sem dúvida, seria falso afirmar, como fez Condillac, por exemplo, que a linguagem é a fonte das abstrações. Seria mais correto inverter a frase e dizer que a faculdade de abstração é a verdadeira origem da faculdade de falar, como demonstraremos mais adiante. Mas o que é preciso dizer é que a linguagem, cuja origem primeira [113] está na faculdade de abstrair que o espírito humano possui, que a linguagem, tão logo se forma, reage sobre a inteligência e devolve à abstração o que recebeu dela, permitindo-lhe funcionar com muito mais desenvoltura e facilidade. – Realmente, o que faríamos sem a linguagem? Sem dúvida chegaríamos a formar ideias abstratas, mas tão logo formadas elas se evaporariam. Pois nossa memória retém com facilidade apenas imagens, e a abstração é precisamente aquilo que não pode ser representado de um modo concreto. Mas, uma vez que tivermos dado a essa ideia um nome, a palavra fixa a ideia, por assim dizer; o som torna-se uma verdadeira imagem pela qual substituímos a ideia abstrata e que passamos a nos representar em seu lugar. A ideia abstrata de cor, por exemplo, poderia muito bem formar-se por si mesma. Mas a palavra com que a designamos, a palavra cor, fixou a ideia, substituiu-a, e quando falamos correntemente de cor é na palavra que pensamos, muito mais do que na ideia que nela está contida, que se liga a ela e que um instante de reflexão prontamente faria renascer.

Assim, atenção, comparação e linguagem são os três elementos desigualmente úteis que entram na formação e principalmente na conservação das ideias abstratas.

Falta vermos qual é o papel da abstração em nossa vida psicológica.

Também aqui deparamos com pontos de vista muito opostos. Já falaram muito bem e muito mal da abstração. Ela possivelmente não merece nem esse excesso de honrarias nem essas afrontas. Na verdade, tem seus bons e seus maus lados.

Vamos falar primeiro dos bons. – Como mostraremos mais adiante, a abstração que a linguagem facilita teve como primeiro mérito o de criar a linguagem. Sem ideias abstratas não há fala possível. É por isso que o animal não fala. Ainda que a abstração não tivesse dado mais nada à humanidade, já lhe teria prestado um grande serviço. – Mas pode-se ir mais longe e dizer que a abstração, fonte das ideias gerais que a linguagem, as palavras expressam, é ao mesmo tempo a origem dessas ideias ainda mais amplas que a ciência põe em evidência. Uma descoberta científica resulta sempre, como dissemos, de um esforço imaginativo que aproxima entre si fatos ou objetos que diferem no aspecto. Isso só pode acontecer se alguém tiver notado uma semelhança entre eles, e mesmo essa semelhança só pode ser vista se, por um esforço de abstração, alguém extrair dos fatos comparados o elemento em comum. Afirma-se, sem dúvida erroneamente, que Newton descobriu a lei da gravitação universal observando uma maçã cair em seu pomar. Isso supõe que ele deixou de lado todas as qualidades da maçã, seu sabor, forma, cor, temperatura etc., para chegar, por um considerável esforço de abstração, a não ver mais que duas massas frente a frente: a da maçã e a do chão. Quem antes de Newton tivesse sabido operar uma abstração desse tipo teria descoberto antes dele a mesma lei geral; pois estava tudo lá. – É por isso que se chegou a definir o gênio, pelo menos o científico, como um certo poder de abstração. É por isso que alguns filósofos, Taine, por exemplo, puderam exagerar as coisas a ponto de dizer que a abstração era a única faculdade intelectual, a que está no fundo de todas as outras, a que nos permite, diz ele, "distinguir as inteligências superiores das inteligências comuns e os grandes homens dos pequenos"[66].

Outros, também não sem razão, mostraram na abstração a fonte de todos nossos erros. Não há dúvida que exageram, mas um [114] número considerável de erros comuns à humanidade inteira tiveram origem na abstração. – Na Antiguidade, a mitologia toda nasceu dessa tendência muito natural de nosso espírito para personificar as abstrações. De fato, já sabemos que toda abstração supõe um esforço; daí um instinto que tem origem na preguiça e que insensivelmente nos leva a transformar as ideias abstratas em ideias concretas, a encarná-las

em pessoas. Marte representava a guerra, Hércules a força etc. – Mais tarde, quando a filosofia interveio, sem dúvida deixou-se de personificar as ideias abstratas, mas, se acreditarmos no filósofo positivista Auguste Comte, uma outra ilusão substituiu a primeira. Habituaram-se a fazer das ideias abstratas coisas existentes por si mesmas, entidades metafísicas. Assim, alguns filósofos da Idade Média afirmarão que a ideia abstrata de cor, a ideia abstrata de forma, a ideia abstrata de humanidade existem à parte, num mundo especial reservado para as Ideias, e que este homem particular que se chama Pierre é apenas a cópia, a imagem, dessa ideia abstrata e geral de humanidade, ideia tão real quanto ele e mesmo mais real. Essa teoria, aliás, é tirada de Platão, como veremos.
– Mesmo hoje, ainda cedemos a ilusões dessa espécie. Certamente que não erigimos mais as abstrações em pessoas, nem mesmo em coisas. Mas, quantas vezes não nos acontece fazermos referência a uma ideia abstrata, sem pensarmos que é de uma abstração que se trata[67]? Quando pronunciamos, por exemplo, a palavra acaso e fazemos do acaso uma causa à qual atribuímos certos acontecimentos, não estamos realizando a abstração pura? Leibniz chama de psitacismo, do termo latino *psittacus*, papagaio, esse estado de espírito que nos leva a repetir, a empregar certas palavras sem nos representarmos também a coisa que essa palavra designa. É o que acontece frequentemente quando a palavra expressa uma ideia abstrata. O meio de evitarmos esse erro é refletir sobre o que dizemos e principalmente sobre o que escrevemos, não pronunciar uma palavra sem remontar à imagem ou à ideia abstrata que essa palavra designa. Esse é o segredo do estilo correto e do pensamento exato.

31ª Aula

A generalização

Chama-se generalização a operação pela qual formamos ideias gerais. Uma ideia é considerada geral quando representa um gênero, como se diz em lógica, ou seja, quando abarca em sua unidade uma multidão indefinida de objetos individuais. Se digo: "Pierre, Paul, Jacques", trata-se de seres individuais, de indivíduos, e as ideias que esses seres me sugerem são ideias particulares. Mas a ideia de homem é uma ideia geral, porque compreende não apenas Pierre, Paul e Jacques, mas um número indefinido, um número superior a tudo o que se possa imaginar, de indivíduos semelhantes. A ideia geral, para empregarmos as expressões filosóficas, é una em ato e múltipla em potência: una em ato, porque tal como é, tal como a representamos, ela parece simples; múltipla em potência, porque podemos fazer sair dela ou fazer caber nela um número tão grande quanto quisermos de objetos particulares.

Assim como na abstração, existem graus na generalização. [115] Isso porque, como veremos com detalhes quando tratarmos da classificação, os objetos que a natureza nos apresenta formam grupos, ou melhor, gêneros cada vez mais amplos e que se encaixam uns nos outros. – Será que isso quer dizer que uma ideia mais geral se aplica a um número maior de indivíduos? Sim e não. Toda ideia geral se aplica a um número indefinido de indivíduos. Assim sendo, parece que não pode haver graus na generalidade, e entretanto existem graus, se pensarmos que um primeiro gênero pode conter vários outros, cada um dos quais também abarca um número indefinido de objetos individuais. Exemplo: se eu pensar no *cocker spaniel*, represento-me uma ideia geral, pois essa raça compreende tantos indivíduos quantos eu quiser imaginar. A ideia de *cocker spaniel* implica um número indefinido de cães *cocker spaniel*. Mas a ideia de cão, que também é uma ideia geral, é uma ideia mais geral que a de *cocker spaniel*, pois compreende não apenas o *cocker spaniel* como também o terra-nova, o pequinês etc. Cada uma dessas ideias aplica-se a um número de indivíduos realmente indefinido, e mesmo assim há graus na generalização, visto que uma única dessas ideias contém e implica todas as outras. A classificação em história natural baseia-se precisamente no fato de a generalização comportar graus: os indivíduos vão inicialmente agrupar-se em raças, primeiro grau de generalização. As raças agrupam-se e formam espécies, as quais estão para as raças assim como as raças estão para os indivíduos. As espécies, por sua vez, vão agrupar-se em gêneros, e assim sucessivamente, até que se chega ao ramo e finalmente ao reino, que é o grau mais elevado da generalização.

Convencionou-se chamar de extensão de uma ideia geral o número de indivíduos ou de ideias menos gerais que essa ideia geral abarca. Diremos, por exemplo, que a ideia de terra-nova ou de *cocker spaniel* tem menos extensão que a ideia de cão, porque a primeira só se aplica aos *cocker spaniels* ou aos terra-novas e a segunda compreende todos os cães. Em outras palavras, uma ideia tem tanto mais extensão quanto mais geral for.

Por outro lado, dá-se o nome de compreensão ao número de atributos ou de qualidades que uma ideia contém. Assim, a compreensão da ideia de homem será a vida, a razão, a moralidade e todas as outras qualidades que, reunidas, constituem o homem e o distinguem do restante dos objetos da criação. Portanto, uma ideia tem tanto mais compreensão quanto mais rica for em atributos, ou, em outras palavras, quanto menos abstrata for.

Dito isso, propomo-nos demonstrar o seguinte teorema: "A extensão de uma ideia varia na razão inversa de sua compreensão." – Isso quer dizer que uma ideia é tanto mais geral quanto mais abstrata for e que os graus da generalização correspondem aos da abstração.

Consideremos a ideia de homem, por exemplo. É uma ideia geral. Estende-se a todos os seres humanos: essa é sua extensão. Contém a ideia de ser vivo, a de ser pensante, a de ser moral etc.: essa é sua compreensão. Dito isso, vamos isolar a ideia de ser vivo; é uma ideia que tem menos compreensão que a primeira: de fato, o homem, sendo um ser vivo, compreende todas as qualidades do ser vivo e mais outras que o fazem ser um homem. Em contrapartida, essa ideia tem mais extensão que a primeira: de fato, ela se aplica a todos os homens e também a todos os seres que vivem e não são homens. Assim, essa ideia de ser vivo, mais abstrata que a ideia de homem, pois contém menos qualidades, é também mais geral, pois se estende não apenas aos homens, mas a uma infinidade [116] de seres diferentes.

Agora fica fácil demonstrar o teorema de uma maneira geral. Seja uma ideia que chamaremos de X e que contém atributos designados respectivamente por a, b, c, d. Essa ideia abarca em sua extensão todos os objetos dotados dos atributos a, b, c, d, e nada mais que esses objetos. – Suponhamos que diminuímos a compreensão da ideia X suprimindo um de seus atributos, d, por exemplo. Suponhamos, em outras palavras, que tornamos essa ideia mais abstrata. Obtemos assim uma nova ideia Y cuja compreensão é apenas a, b, c. Ora, a ideia Y compreende em sua extensão primeiramente todos os objetos que a ideia X abrangia, visto que estes objetos são hipoteticamente dotados dos atributos a, b, c, d e, portanto, dos três primeiros. Mas existe ademais uma infinidade de objetos que contêm as qualidades a, b, c, sem por isso conter o atributo d: esses objetos estavam excluídos da extensão da ideia X, mas caberão na extensão da ideia Y, agora que suprimimos a condição d que os excluía. Donde se conclui que, toda vez que eliminamos um atributo de uma ideia, toda vez que diminuímos sua compreensão, deixamos entrar na extensão dessa ideia uma infinidade de objetos que estavam excluídos dela pela presença de um atributo que acabamos precisamente de suprimir; ou, em outras palavras, quanto mais abstrata uma ideia se torna, também se torna mais geral.

Disso se conclui que o processo de abstração e o de generalização estão estreitamente relacionados. Na verdade, a abstração e a generalização diferem apenas pelo ponto de vista. São dois aspectos de uma operação idêntica. Só generalizamos por meio de uma abstração, e toda abstração leva a uma ideia geral. Dizemos que a ideia é abstrata ou que ela é geral conforme adotemos o ponto de vista de sua compreensão ou de sua extensão. À medida que subimos na série das abstrações, vamos subindo também na escala das generalidades, e a ideia mais abstrata de todas, a ideia de ser, é ao mesmo tempo a mais geral, pois engloba e abarca todas as outras.

Assim sendo, é fácil prever que uma ideia geral será obtida, como uma ideia abstrata, através de uma comparação entre as ideias particulares e concretas, comparação que permitirá ressaltarmos características em comum e nos representarmos uma ideia que englobe ou abarque a multidão indefinida de objetos concretos e particulares. – A linguagem prestará aqui os mesmos serviços. A palavra fixa a ideia geral, pois fixa a ideia abstrata, sem que porém possamos dizer, como afirmaram, que a linguagem cria essa ideia. Ao contrário, porque podemos generalizar é que somos animais dotados de linguagem.

Mostraríamos agora, como fizemos com a abstração, a grande utilidade que a generalização apresenta. Ressaltaríamos sem dificuldade o papel que ela desempenha no pensamento em geral, na vida diária, na ciência, na arte, mesmo na prática da moralidade. A arte e a ciência vivem apenas de ideias gerais, como já mostramos, e, quando nos expressamos pela linguagem, o que nossas palavras representam são ideias gerais, a menos que se trate de nomes próprios. Mas toda palavra que não for um nome próprio representa uma ideia geral, e na realidade é sobre ideias gerais, somente sobre a generalidade, que o pensamento se exerce.

Mostraríamos também os inconvenientes que a generalização pode apresentar. Ressaltaríamos como, com demasiada frequência, a prática das ideias gerais nos afasta dos fatos e dos objetos particulares. Se a ciência negligenciou durante tempo demais a experiência, foi porque [117] se contentava com generalidades vagas. É bom saber voltar a fatos particulares e não elevar-se a generalidades sem ter observado e experimentado.

Chegamos aqui à controvertida questão da natureza das ideias gerais. Na Idade Média, travou-se uma grande disputa entre os realistas e os nominalistas. Entre essas duas escolas foi posicionar-se o conceitualismo. – Os realistas diziam que as ideias gerais são coisas, que existe uma humanidade em si, uma bondade em si etc.; resumindo, generalidades das quais tal coisa é a cópia, a imitação individual. Ali estava, sob uma forma um pouco grosseira, a teoria platônica das ideias. – Os nominalistas, ao contrário, diziam que as ideias gerais não têm existência separada, nem mesmo existência alguma: são palavras, *nomina, flatus vocis*. – O conceitualismo negava a realidade das ideias gerais, mas considerava-as outra coisa que não palavras; elas têm pelo menos uma realidade em nosso espírito, correspondendo a qualidades reais, a coisas. – Está aí a verdade: o gênero não existe por si só; entretanto ele tem uma realidade na natureza, na medida em que a divisão em gêneros não é absolutamente arbitrária, correspondendo a muitas qualidades determinadas, assim como a muitos indivíduos.

32ª Aula

O juízo

Chama-se juízo a operação pela qual o espírito afirma ou nega uma coisa a respeito de uma outra. – Se digo, por exemplo: "este aluno é aplicado", afirmo a respeito do aluno uma certa qualidade que lhe atribuo. – Se agora refletirmos que toda negação é uma afirmação, pois, quando declaro que o aluno não é aplicado, estou afirmando que ele não possui essa qualidade, veremos que o juízo pode definir-se muito simplesmente como uma afirmação: "Sempre que afirmamos, mesmo para negar, estamos julgando."

Disso se conclui que todo juízo compreende: "– 1º Um termo sobre o qual se afirma alguma coisa. É o sujeito; – 2º Um termo que expressa aquilo que se afirma sobre essa coisa, o que se afirma sobre o sujeito. É o atributo; – 3º Por fim, um signo ou símbolo que expressa, que indica que há afirmação. É o verbo ser, falando propriamente o único verbo, pois todos os outros são apenas a combinação dele com uma qualidade ou um atributo." – Assim, nesta frase: "O aluno é aplicado", aluno é o sujeito, aplicado é o atributo. Neste outro juízo: "Eu vou ao parque", eu é o sujeito, indo ao parque é o atributo, e o verbo é sempre o verbo ser; de fato, é a ideia de um ser indo ao parque que é aplicada ao sujeito eu. – Portanto, poderíamos definir a faculdade de julgar como esse poder que o espírito possui de ligar entre si duas ideias afirmando que uma convém para a outra. A afirmação é o elemento novo, o elemento *sui generis*, o elemento que ainda não conhecíamos e que intervém nessa criação do espírito. Aliás, não conseguiríamos definir esse elemento, pois ele é simples e, não importa o que fizermos para descrever a afirmação, sempre teremos de incluir essa ideia na descrição ou na definição que dermos dela. Apesar dessa dificuldade, a ideia de afirmação é uma ideia muito clara para todo mundo. – A análise que acabamos de apresentar do juízo é uma análise lógica. Ela decompõe em seus elementos o juízo depois de formado.

[118] Seria preciso que essa análise puramente lógica não nos induzisse em erro sobre a natureza psicológica do juízo.

Alguns filósofos cometeram aqui uma confusão que é importante destacar. Assim, dizíamos que em todo juízo entram um sujeito e um atributo que estão interligados pelo verbo ser. Disso se poderia concluir que, quando o espírito vai formar um juízo, começa por escolher um sujeito, depois um atributo, e une-os pelo verbo. – É assim que a *Lógica de Port-Royal*[68], por exemplo, entende as coisas. Segundo os autores dessa *Lógica*, o principal dos quais é Arnauld, todo juízo resultaria de uma comparação entre dois termos: o sujeito e o atributo. O espírito considera sucessivamente um sujeito e um atributo, vê se eles combinam um com o outro e nesse caso estabelece entre os dois termos uma relação expressa pelo verbo ser. Essa é a teoria do juízo comparativo.

Ora, na imensa maioria dos casos particulares nosso espírito está longe de proceder assim. Quando digo, por exemplo: "O Sol brilha", acaso concebi separadamente a ideia de Sol e também separadamente a ideia de coisa que brilha, para notar que esses dois termos se combinam e aproximá-los dizendo que o Sol brilha? Não, sem a menor dúvida. Percebi de uma só vez o Sol como um objeto brilhante; a ideia de coisa que brilha me foi fornecida como que envolta na ideia de Sol. Se digo: "Esta mesa é preta", acaso terei tido primeiro a ideia de mesa, depois a ideia de negrura, e posso afirmar que essas duas ideias concebidas primeiro separadamente foram aproximadas por mim? De modo algum. Conheço a mesa como preta; a mesa e sua negrura são duas ideias que me aparecem uma dentro da outra, por assim dizer, e que são ambas percebidas simultaneamente, por um ato simples do espírito. Em outras palavras, a maioria dos juízos que fazemos na vida diária são juízos que indiscutivelmente a análise pode decompor em sujeito, verbo e atributo, depois que eles tiverem sido formados; mas essa análise não aconteceu em nosso espírito. O juízo formou-se de uma só vez; ele até mesmo precedeu as ideias que a análise extrairá em seguida.

A teoria de Port-Royal só será aplicável a juízos de um tipo totalmente particular: os juízos que são formulados nas ciências, por exemplo. Esses efetivamente supõem uma comparação entre os dois termos que poderão tornar-se sujeito e atributo. É claro que, antes de formularmos este juízo: "A baleia é um mamífero", examinamos separadamente a baleia, consideramos todos seus atributos; também formamos separadamente a ideia de mamífero; depois comparamos as duas ideias e vemos se a denominação mamífero convém para a baleia. Mas essa comparação só ocorre quando o juízo é racional, quando tem um valor científico. Em todas as outras situações, é uma operação simples e indecomponível do espírito.

Decorre do que foi dito que todo juízo estabelece uma relação entre dois termos: sujeito e atributo. Essa relação pode ter sido descoberta após uma comparação menos ou mais científica, mas também pode estabelecer-se como que por si só, os dois termos nos sendo dados um dentro do outro, por assim dizer. Assim, a maioria dos juízos que enunciamos na vida diária, aqueles que traduzem nossas impressões, em suma, a imensa maioria de nossos juízos, são juízos formulados espontaneamente e sem que uma comparação científica tenha se produzido. – Portanto, não podemos confundir, como se faz com demasiada frequência, a ideia com o juízo. Só há juízo onde houver [119] relação estabelecida entre duas ideias, onde houver afirmação. Uma ideia é apenas um termo; um juízo é o enunciado de uma relação entre dois termos abstratos. Às vezes se diz na linguagem comum: "Sua ideia é correta", "Essa ideia é falsa." Confunde-se assim a ideia com o juízo; a palavra juízo é que deveria ser empregada aqui. Isso porque um juízo pode ser verdadeiro ou falso, dependendo de a afirmação ser ou não legítima; mas uma ideia não pode ser nem verdadeira nem falsa: é uma representação. Neste momento estou pensando na quimera, por exemplo. Indiscutivelmente a quimera não existe. Diremos por isso que a ideia de quimera é uma ideia falsa? Não, pois eu me representar a quimera não significa que afirmo sua existência. O que seria falso seria um juízo pelo qual eu declarasse que a quimera existe, mas o juízo é algo muito diferente da ideia pura e simples por meio da qual a represento. – Diremos, portanto, que o juízo pode ser verdadeiro ou falso, que toda veracidade e toda falsidade resultam sempre de um juízo e que assim o juízo se distingue essencialmente da ideia.

Classificação dos juízos

É útil classificar os juízos. Essa classificação foi tentada de pontos de vista diversos, ora do ponto de vista lógico, ora do ponto de vista psicológico.

I. *Classificação lógica* – Distingue os juízos de acordo com sua qualidade ou sua quantidade:

1º Se considerarmos a qualidade, os juízos serão: ou afirmativos (o aluno é aplicado) ou negativos (o aluno não é preguiçoso).

2º Se considerarmos a quantidade, os juízos dividem-se em universais ou particulares, conforme o sujeito represente um gênero inteiro ou simplesmente uma parte desse gênero. Exemplo: "O homem é mortal" é um juízo universal; trata-se de todos os homens. – "Alguns homens são sábios" é um juízo particular; trata-se de apenas uma parte do gênero humano.

Veremos em lógica que as duas classificações são combinadas, resultando em quatro espécies de juízo:

Juízos universais afirmativos, chamados de A;
Juízos universais negativos, chamados de E;
Juízos particulares afirmativos, chamados de I;
Juízos particulares negativos, chamados de O.

II. *Classificação psicológica* – Enquanto a classificação anterior levava em conta o juízo já pronto, por assim dizer, esta se atém ao modo de formação do juízo, à sua origem.

Kant distingue quatro espécies de juízos:
Juízos sintéticos *a priori;*
Juízos sintéticos *a posteriori;*
Juízos analíticos *a priori;*
Juízos analíticos *a posteriori.*

Um juízo é chamado de sintético quando o atributo acrescenta alguma coisa à ideia que se tinha do sujeito. – Ao contrário, é analítico quando a ideia do atributo já estava contida, implicada, na ideia que se tinha do sujeito; exemplo: "Os corpos são extensos" é um juízo analítico, pois a ideia de extensão está implicada na ideia de corpo; limito-me a extrair dessa ideia o que estava contido nela.

[120] "Os corpos são dilatáveis pelo calor" é um juízo sintético, porque a ideia de um corpo não implica a representação dessa propriedade. Podemos ter visto corpos a vida inteira, sem sabermos que o calor os dilata. Em outras palavras, essa propriedade de ser dilatável pelo calor é um atributo do corpo que eu não me representava necessariamente, quando me representava o sujeito. Esse atributo vem acrescentar-se a ele, por assim dizer.

Por outro lado, um juízo é chamado de *a priori* quando se forma independentemente da experiência, ou, em todo caso, quando a experiência não basta para explicá--lo. – É *a posteriori* quando não faz mais que traduzir a experiência,

Dito isso, é fácil compreender a classificação de Kant. Os juízos *a priori*, tanto sintéticos como analíticos, só poderão ser princípios racionais ou afirmações que deles derivem imediatamente. Pois se dá o nome de princípios racionais precisamente a juízos *a priori*. Mas os juízos em questão serão sintéticos ou analíticos conforme se reduzam aos princípios de causalidade e de finalidade ou aos princípios de identidade e de contradição. O princípio de identidade e o princípio de contradição são efetivamente os únicos princípios racionais nos quais o atributo nada acrescenta à ideia do sujeito; são os únicos princípios *a priori* analíticos.

Exemplos: se digo: "nada provém de nada", esse juízo é apenas uma consequência imediata e, portanto, uma outra forma deste outro princípio: "Não há existência sem causa; todo fenômeno ou todo objeto é causado ou produzido por um outro fenômeno ou um outro objeto." Esse juízo é *a priori*, pois é simplesmente o princípio de causalidade, e é sintético, pois o atributo acrescenta alguma coisa à ideia do sujeito. De fato, a representação de uma causa não está implicada na de um objeto. Portanto esse juízo é um juízo sintético *a priori*. – Agora, se eu disser: "a parte é menor que o todo", isso equivale a dizer: "a parte está contida no todo", ou, em outras palavras: "a parte é uma parte". Esse é um juízo que equivale, em suma, ao princípio de identidade. É um juízo *a priori*, pois se trata novamente de um princípio racional, mas é um juízo analítico, pois o atributo não faz mais que repetir ou desenvolver o sujeito, extrair o que nele estava contido. – A propósito, notem que todos os axiomas são juízos analíticos *a priori*, visto que todos equivalem ao princípio de identidade ou ao princípio de contradição –.

Considero agora este terceiro juízo: "os corpos são dilatáveis pelo calor". Esse juízo é *a posteriori*, pois unicamente a experiência me ensina essa verdade. É sintético, pois a ideia de dilatável sob influência do calor não está contida na ideia de corpo. Por fim, este quarto juízo: "os corpos são extensos" é um juízo analítico *a posteriori*: analítico porque a ideia de extensão está implicada na de corpo; *a posteriori* porque unicamente a experiência pode informar-me que existem corpos.

III. Ao lado dessas duas classificações principais do juízo, poderíamos citar outras, baseadas na consideração das relações que ligam o atributo ao sujeito. – Dissemos que, falando propriamente, existe apenas um verbo, o verbo ser. Mas, na prática, esse verbo se compõe com certos atributos. Daí um imenso número de verbos diferentes, cada um dos quais expressa uma relação *sui generis*. Muitos implicam uma relação de causalidade, outros uma relação de finalidade. – Portanto, poderíamos distinguir os juízos em virtude desse princípio e dividi-los em classes de acordo com a natureza da [121] relação estabelecida pelo verbo entre o sujeito e o atributo. É inútil insistirmos nessa classificação.

Para concluir, seria preciso mostrar o papel que o juízo desempenha em nossa vida intelectual.

Diz-se com bastante frequência que não ter juízo é não ter inteligência. Nesse caso a palavra é tomada num sentido diferente daquele que lhe damos. Torna-se então sinônimo de bom-senso, de faculdade de discernimento. – Mas o que se pode dizer é que, dependendo do modo como costumamos julgar, temos menos ou mais possibilidade de chegar à verdade. Isso porque a inteligência, por si só, como diz muito bem Descartes, limita-se a contemplar imagens, ideias ou abstrações. Ela não toma partido; percebe entre esses diversos termos relações possíveis. Mas, deixada por conta própria, não afirmaria a existência dessas relações. É a vontade, diz aquele filósofo, que, na maior parte do tempo e mesmo sempre, intervém e leva a inteligência a optar, a afirmar ou negar, a declarar que uma determinada relação existe ou não existe entre duas ideias dadas. Disso resulta que, conforme a vontade seja menos ou mais importante, o juízo também se precipita menos ou mais, se expõe ao erro. A arte de bem julgar coincide com a arte de refletir, de não ter pressa, de examinar todas as hipóteses existentes. A teoria do erro, que exporemos com detalhes, virá complementar essa teoria do juízo.

Mas podemos dizer desde já que, se a abstração, a generalização, a associação de ideias, a memória são faculdades essenciais na medida em que sem elas não se poderia pensar, o juízo é seu fim último, sua razão de ser. É ao juízo que elas visam, pois afinal nossa inteligência não tem outro objeto além de chegar à verdade, e toda verdade, como veremos, reside ou numa afirmação ou numa negação, isto é, sempre num juízo. As operações preliminares que executamos sobre as ideias ou sobre os grupos de ideias têm como único objeto prepará-lo.

33ª Aula

O raciocínio

Às vezes se define o raciocínio como a operação pela qual vamos do conhecido para o desconhecido. – Pode-se dar a essa definição uma forma mais precisa e dizer que o raciocínio é a operação pela qual passamos de um ou vários juízos dados para um outro juízo que não estava dado e que nos consideramos no direito de enunciar unicamente porque a veracidade dos primeiros estava admitida.

Essa definição nos mostra o papel do raciocínio. Seria falso fazer dele a fonte de toda verdade, como veremos; mas ele multiplica o número de verdades conhecidas, extrai dos juízos que possuímos outros juízos que estavam implicitamente contidos neles, ou ainda nos encaminha para juízos novos para os quais será buscada uma confirmação na experiência.

– Uma inteligência perfeita não teria necessidade de raciocinar. Isso porque todo raciocínio implica um esforço menos ou mais árduo, a passagem do conhecido para o desconhecido. Raciocinar é ir do claro para o obscuro, é fazer recair sobre consequências a luz que estava espalhada sobre os princípios, sobre as premissas, como se diz, de modo que [122] a inteligência perfeita é aquela que apreende a verdade por intuição, sem passar por intermediários, sem recorrer ao raciocínio. – Mas uma inteligência radicalmente imperfeita também não raciocinaria. Essa inteligência se contentaria com o que é dado, com o que é percebido, sem procurar mais adiante, sem se preocupar em estender, em ampliar o círculo de seus conhecimentos. Esse é o estado do animal, por exemplo. – O ser que raciocina é um ser imperfeito, mas que aspira à perfeição; que ignora mas se dá conta de sua ignorância, o que já é um avanço; que não é capaz de enxergar a verdade já no primeiro momento mas pode chegar a ela, em certos casos, por meio de um esforço.

Essa análise, aliás totalmente superficial, basta para refutar a opinião emitida por Pascal e segundo a qual uma ciência perfeita seria capaz de demonstrar tudo. Mostraremos em nossa teoria da demonstração que tal pretensão é absolutamente contraditória e seria absurda, que toda demonstração supõe o indemonstrável. – Mas podemos afirmar desde já que, ao contrário, uma ciência perfeita seria uma ciência tão clara, tão límpida que dispensaria toda e qualquer demonstração. Essa deve ser a ciência divina.

Se o raciocínio consiste em passar de um juízo dado para um outro que não o era, podemos afirmar *a priori* que haverá três espécies de raciocínio. De fato, ou extraímos de um juízo geral um juízo particular que nele estava contido; ou então passamos de um juízo particular para um juízo geral ao qual somos levados pela consideração daquele; ou, por fim, passamos de um juízo particular para um outro juízo particular. No primeiro caso, raciocinamos por dedução; no segundo, por indução; no terceiro, por analogia. Esses três raciocínios são analisados e estudados em lógica. – O único papel da psicologia é determinar-lhes os respectivos princípios, ou seja, buscar por quais caminhos nossa inteligência conduz suas ideias e em virtude de qual mecanismo ela funciona quando deduz, quando induz e quando raciocina por analogia.

Consideremos primeiramente um raciocínio dedutivo qualquer. – É dada uma proposição geral, por exemplo esta: "Os metais são dilatáveis pelo calor." Dela extraio esta proposição menos geral e relativamente particular: "O cobre é dilatável pelo calor."

A questão é saber com que direito posso afirmar a veracidade do segundo juízo quando admito a do primeiro. Notem que entre as duas proposições enunciadas há uma proposição intermediária expressa ou subentendida, ou seja, que o cobre é um metal. Na verdade estas duas proposições: "os metais são dilatáveis pelo calor" e "o cobre é um metal" são dadas, são consideradas estabelecidas. – A questão reduz-se à seguinte: "Qual é o princípio que me permite afirmar que a conclusão é verdadeira e certa quando as premissas são tidas como certas também?"

Para determinar esse princípio, basta indagar por um instante o que aconteceria se admitíssemos a conclusão contrária: "O cobre não é dilatável pelo calor." Como afirmei que todos os metais são dilatáveis e que o cobre é um metal, se agora eu concluísse que o cobre não é dilatável estaria afirmando ao mesmo tempo que o cobre é um metal e que ele não é um metal, ou ainda que todos os metais são dilatáveis e que entretanto existe um que não o é; isso seria uma contradição evidente. – Portanto, a legitimidade de meu raciocínio baseia-se unicamente na necessidade em que me vejo de não contradizer a mim mesmo, ou seja, naquele princípio segundo o qual não se pode, [123] ao mesmo tempo e no mesmo sentido, afirmar uma coisa e seu contrário. Ora, isso é precisamente o princípio de contradição, que já vimos. Todo raciocínio dedutivo baseia-se no princípio de contradição: o que une a conclusão às premissas, o que nos permite extraí-la delas, é que, sendo dada uma proposição geral que atribui certa qualidade a todo um gênero, não podemos, sem nos contradizer, recusar essa qualidade a um ou vários indivíduos que esse gênero contém. É o que mostraremos com detalhes no estudo lógico da dedução.

Basta dizermos que o raciocínio dedutivo nos oferece um exemplo incontestável dessa aplicação inconsciente ou, em todo caso, fracamente consciente que fazemos continuamente dos princípios racionais! Para deduzir não é necessário formular com toda precisão as premissas e a conclusão que tiramos delas. Na vida diária, deduzimos continuamente, dispensando, na verdade saltando os intermediários. Se digo: "este aluno é preguiçoso; ele será reprovado em seu exame", evidentemente estou subentendendo esta proposição geral: "Os alunos preguiçosos são reprovados no exame." E é em virtude do princípio de contradição que, dessa proposição geral que atribui a todo um gênero, a toda uma categoria de indivíduos uma determinada propriedade, a propriedade de fracassar no *baccalauréat**, extraio uma proposição atribuindo essa mesma propriedade a um ou a alguns indivíduos pertencentes a esse gênero.

Consideremos agora um raciocínio indutivo. – Observei num certo dia, numa certa hora e num certo lugar determinado que uma certa bola de cobre aquecida se dilata-

---

* Ver a nota 2 da Introdução. (N. da T.)

va. Enuncio esse fato na seguinte proposição: "Uma certa bola de cobre, num certo dia, numa certa hora e num certo lugar, foi dilatada pelo calor." Concluo disso que o calor dilata o cobre. A primeira proposição era uma proposição particular aplicável a um dado objeto individual num certo tempo e num certo lugar; considero-me autorizado a passar daí para uma proposição geral aplicável a toda uma categoria de objetos em todos os tempos e em todos os lugares. Em outras palavras, passei do particular para o geral, do fato para a lei, do indivíduo para o gênero.

Em qual princípio um raciocínio desse tipo pode basear-se? – Parece que, falando rigorosamente, eu deveria ater-me ao que a experiência me fornece. Ora, ultrapasso infinitamente a experiência quando, de um único fato observado sobre um único objeto em condições determinadas, concluo sobre todos os fatos e todos os objetos possíveis.

Para descobrir o princípio no qual um raciocínio como esse se baseia, tenho apenas de considerar um caso em que essa passagem do particular para o geral fosse indiscutivelmente ilegítima. Vou supor que um estrangeiro, desembarcando na França, veja uma pessoa ruiva e disso conclua que todos os franceses são ruivos. Essa é uma passagem totalmente ilegítima do particular para o geral. – Como se explica que a conclusão do particular para o geral, legítima no primeiro caso, não o seja no segundo? Por menos que nos demos ao trabalho de comparar os dois exemplos, veremos que, no primeiro, tanto a proposição particular da qual partíamos como a proposição geral à qual chegávamos enunciavam entre seu sujeito e seu atributo uma relação de causalidade que já não existe no segundo exemplo. Entre o calor e a dilatação do metal há uma relação de causa e efeito, mas tal relação não foi de modo algum constatada entre a qualidade de ruivo e a qualidade de francês. A cor da pele e a nacionalidade não podem ser interligadas [124] por essa relação.

Isso nos leva a supor que as considerações de causalidade poderiam ser considerações essenciais sempre que se faz uma indução. – Vamos examinar à luz dessa ideia nosso primeiro exemplo. Observei, num certo lugar e num certo tempo, que uma bola de cobre era dilatável pelo calor. Julguei constatar entre esses dois objetos, calor e dilatação, uma relação de causa e efeito. Isso me bastou, e a partir daí me julgo autorizado a declarar que sempre e em todo lugar o calor dilatará o cobre. Portanto, admiti implicitamente este princípio: "As mesmas causas produzem sempre os mesmos efeitos", e inconscientemente raciocinei assim: "As mesmas causas produzem invariavelmente os mesmos efeitos; ora, num certo dia e num certo lugar o calor foi causa da dilatação do cobre; portanto, sempre e em todo lugar o cobre será dilatado pelo calor." – A questão passa então a ser a seguinte: "Com que direito afirmamos que a mesma causa produz sempre os mesmos efeitos? Em qual princípio se baseia uma proposição desse tipo?"

É fácil ver que podemos deduzi-la do princípio de causalidade. – Realmente, o que nos diz o princípio de causalidade? Que todo fenômeno ou, o que dá no mesmo, toda mudança tem uma causa. Ora, suponhamos uma certa causa que produz hoje um certo efeito A. – Digo que é impossível que essa mesma causa produza amanhã um efeito diferente B. Realmente, a mudança de A para B seria então sem causa, visto que, por hipótese, nenhuma causa nova intervém. Portanto, se admitirmos o princípio de causalidade, se admitirmos que uma mudança não pode ocorrer sem causa, será preciso concluir que o efeito produzido por uma causa determinada não pode variar com os diferentes tempos e os diferentes lugares, ou seja, que as mesmas causas produzem sempre os mesmos efeitos. Portanto, este último princípio nada mais é que o princípio de causalidade enunciado sob uma forma nova, e podemos concluir que toda indução se baseia no princípio de causalidade.

Seria fácil mostrar, também aqui, o papel que a indução desempenha em nossa vida psicológica e principalmente na vida prática.

Se contamos com a reprodução dos mesmos fenômenos nas mesmas circunstâncias, se prevemos os fenômenos naturais, é à indução que devemos isso. Por que, quando acendemos o fogo e colocamos sobre esse fogo um recipiente contendo água, esperamos ver essa água ferver? É que a experiência várias vezes nos mostrou que as coisas aconteciam assim, e disso passamos para uma proposição universal válida sempre e em toda parte: o calor faz a água ferver. – Por que contamos com o retorno das estações do ano, com a sucessão regular do dia e da noite, por que agimos, por que nos movimentamos? É porque esperamos previamente um certo resultado bem determinado, porque acreditamos numa certa ordem na natureza, numa relação constante entre as causas e os efeitos; resumindo, porque induzimos.

Consideremos finalmente um raciocínio por analogia. – Observei que havia no planeta Vênus, como aqui em nosso planeta, estações, sucessões regulares do dia e da noite, uma atmosfera, nuvens e, portanto, água. Disso concluo que aquele planeta é habitado, como o nosso, por seres vivos. Esse é um raciocínio por analogia; passei do particular para o particular. Encontrei na natureza um caso análogo a um caso que eu conhecia bem e levei a semelhança até o fim: concluí que não apenas as semelhanças constatadas existiam, mas que também existiam [125] outras que eu não constatava. – Não poderíamos invocar aqui o princípio de causalidade nem pretender que raciocinamos assim porque as mesmas causas produzem sempre os mesmos efeitos. Realmente, o que caracteriza o raciocínio por analogia e distingue-o da indução é precisamente não existirem relações de causalidade entre as semelhanças que observamos e as semelhanças que concluímos existirem. Se a existência de seres vivos ocorresse necessariamente onde há dias e noites, estações, ar e água, em outras palavras, se essas condições fossem causas produtoras da vida, meu raciocínio seria um raciocínio indutivo; mas não é esse o caso. Pois, se dermos as condições enunciadas acima (estações, dia e noite, atmosfera etc.), a vida não resultará delas como o efeito resulta da causa.

Sendo assim, como legitimar um raciocínio desse tipo e em qual princípio ele poderá basear-se? – Quando coloco seres vivos no planeta Vênus porque observei nesse planeta ou ao redor desse planeta certas semelhanças com o planeta Terra, estou admitindo que há na natureza uma certa unidade de plano que faz com que, onde certas partes do plano estiverem realizadas, eu possa concluir plausivelmente que as outras partes existem, embora não as constate. Em outras palavras, admito que a existência na Terra de uma atmosfera, de uma massa líquida, das estações, é apenas um meio de que o Criador se serviu tendo em vista a existência dos seres vivos. Todas são condições da vida, destinadas a prepará-la. Portanto, se observo num outro planeta os mesmos elementos, considero-me autorizado a concluir que lá como aqui esses são meios destinados ao mesmo fim, que lá como aqui a vida, o desenvolvimento de seres vivos era o objetivo que o Criador se propunha; e do que considero como um simples meio concluo a existência provável do fim –.

Portanto, o raciocínio por analogia baseia-se nessa convicção de que a natureza se propõe fins a realizar, de que os fenômenos não são apenas causas, mas meios. Em outras palavras, é no princípio de finalidade que o raciocínio por analogia se fundamenta.

Mostraremos em lógica que esse raciocínio está longe de ter o rigor do raciocínio indutivo e do raciocínio dedutivo. Não se pode atribuir-lhe o mesmo tipo de certeza. Ele nunca leva a mais do que probabilidades. Pois, primeiramente, nada nos diz que todos os fenômenos sejam meios; e, supondo que o sejam, nada nos autoriza a afirmar a existência de um fim determinado. Não podemos sondar nem desvendar as intenções do Criador. O raciocínio por analogia, como veremos, quase nada mais é que um raciocínio de descoberta: coloca-nos no caminho de novas verdades.

– Assim, a análise das três espécies de raciocínio que definimos no início leva-nos a concluir que um raciocínio nada mais é que uma aplicação imediata de um dos três grandes princípios racionais. Se passamos de um juízo para outro, é sempre em virtude dos princípios de identidade ou de contradição, ou dos princípios de causalidade e de finalidade. – Portanto, Leibniz tinha mesmo razão ao comparar esses princípios com os músculos e os tendões de que nos servimos para andar e sem os quais não poderíamos passar, embora só os fiquemos conhecendo explicitamente se estudarmos anatomia.

34ª Aula

A linguagem[69]

[126] Estamos abordando o estudo das faculdades de expressão, isto é, desse talento, que particularmente o homem possui, de manifestar seus pensamentos e seus sentimentos por signos determinados. – Está claro que esse estudo pertence à psicologia. Pois, como já antecipamos, foi o pensamento que criou a linguagem e, inversamente, a linguagem, uma vez criada, reagiu sobre o pensamento, tornou-o mais claro, mais preciso, mais capaz de formar, reter e conservar ideias abstratas e gerais.

Portanto, a questão que nos surge primeiro é a seguinte: "O que é um signo?" – Dá-se esse nome a todo fenômeno ou objeto perceptível para os sentidos e que desperta no espírito a ideia de um fato ou de um objeto que os sentidos não percebem. Diz-se que o enrubescimento é signo ou sinal de timidez, pois o enrubescimento impressiona a visão e a timidez é algo que os sentidos não percebem e, por outro lado, não se pode ver esse enrubescimento no caso em questão sem pensar que ele representa a timidez. Diz-se que o céu escuro e encoberto é signo de tempestade. Isso porque a obscuridade impressiona a vista, age sobre os sentidos. A tempestade, não tendo chegado ainda, não é percebida, mas o primeiro dos dois fatos nos leva a pensar no outro.

Costuma-se dividir os signos em duas categorias. Distinguem-se, não sem razão, signos naturais e signos artificiais. – O signo natural é aquele que está ligado à coisa significada por uma relação lógica, ou, como já dissemos, por uma relação essencial. Exemplo: o relâmpago é signo de tempestade, porque o relâmpago está ligado à tempestade por uma relação de causalidade. A eletricidade muito característica da tempestade é precisamente o que faz o relâmpago irromper. Portanto, quando associamos a ideia de tempestade à percepção do relâmpago e o consideramos como signo dela, estamos simplesmente associando a ideia de efeito à ideia de causa. Existe aí uma relação lógica, uma associação que deriva da própria natureza das coisas. – Um signo artificial, ao contrário, é aquele que está ligado à coisa significada apenas por uma relação totalmente acidental e geralmente por uma convenção. Poderia muito bem ser chamado de signo convencional. Assim, um marco quilométrico nos informa a extensão exata do caminho percorrido, é signo de distância. Mas é um signo artificial, porque não foi a distância que fez o marco nem foi o marco que fez a distância. Convencionou-se colocar um marco quando o quilômetro termina.

A propósito dos signos, surgem duas perguntas: "Como eles são produzidos? – Como são compreendidos?"

Quanto aos signos artificiais, nada mais simples. É em virtude de uma convenção que eles existem e é em decorrência de um hábito contraído que conseguimos compreendê-los. É em virtude de uma convenção que a bandeira é o signo da pátria, que as palavras representam ideias, e é porque essa relação nos foi ensinada, é em virtude da instrução que adquirimos, que compreendemos a significação exata desses signos diversos.

A questão torna-se muito mais difícil de resolver quando se trata dos signos naturais. Habitualmente, entre o signo natural e o objeto que ele representa há uma relação de causalidade.

[127] A questão de saber como o signo é produzido converte-se então, quase sempre, numa questão de física ou de história natural, numa questão que envolve ciências especiais. – Exemplo: como o enrubescimento é sig-

no de timidez? Claude Bernard explicou isso numa conferência célebre. "Quando sentimos uma surpresa por uma razão qualquer, diz ele, a experiência, a observação informam-nos que a circulação se detém momentaneamente e que essa suspensão da circulação pode perdurar se a impressão penosa persistir. Mas se, à surpresa momentânea que sentimos quando alguém nos fazia um elogio inesperado, seguir-se o prazer de ouvi-lo, então o coração, excitado pela parada momentânea que sofreu, lança o sangue ainda mais violentamente na circulação, repele-o para as extremidades e o enrubescimento se produz. É por isso que já não enrubescemos quando estamos habituados a receber elogios, o que evita o problema da surpresa. A palidez causada pelo medo explica-se do mesmo modo. Assim, todos esses signos que produzimos naturalmente em virtude da constituição de nosso corpo e porque os fenômenos psíquicos têm influência sobre os movimentos do coração, dos pulmões etc., todos esses signos são na realidade apenas consequências fisiologicamente explicáveis de nossas diversas emoções. É à fisiologia que cabe dizer como eles são produzidos."

Como são compreendidos? É a segunda questão sobre esse ponto. Um filósofo de que já falamos, Jouffroy, acredita na existência de uma faculdade especial, a faculdade de expressão, que possibilitaria, por um lado, que nos façamos compreender por meio de signos e, por outro lado, que compreendamos os signos que percebemos. Assim, quando a criancinha se põe a chorar porque vê um rosto severo olhando-a, ela entende que essa contração do rosto é signo de severidade; entretanto, não pode ter aprendido isso. Portanto ela tem forçosamente de nascer com uma faculdade de compreender o que a expressão natural do rosto significa. – Não nos parece necessário admitir aqui a intervenção de uma faculdade especial. É preciso evitar multiplicar, como fizeram principalmente os escoceses, o número de faculdades intelectuais. Se compreendemos os signos naturais executados por nossos semelhantes, a palidez, o enrubescimento, o franzir da testa, o riso, a contração do terror, é porque estamos habituados a ver esses fenômenos acompanharem o que chamamos geralmente de emoção, timidez, tristeza, alegria, terror etc. Forma-se então em nosso espírito uma associação entre essas aparências ou aspectos físicos e os estados de alma que os acompanham, de tal modo que, quando vemos esses movimentos ou estados da fisionomia, pensamos naturalmente nos movimentos ou estados da alma. Se a criancinha chora quando vê um rosto carrancudo, provavelmente é porque ele não condiz com seus hábitos; não está acostumada com essa expressão. É duvidoso que se dê conta do sentido preciso dessa expressão fisionômica. Diremos, portanto, que os signos naturais executados pelo homem quase sempre têm causas fisiológicas e que são compreendidos em virtude de um hábito, de uma associação de ideias, pouco importa o nome que se dê ao fenômeno.

Vamos abordar agora o exame de uma categoria de signos sobre os quais não se sabe muito bem se devem ser classificados entre os signos naturais ou artificiais; e esse estudo será uma transição entre a teoria dos signos naturais e a da linguagem. Existe uma infinidade de gestos, de movimentos executados por um ou vários músculos simultaneamente no homem e que desde tempos imemoriais têm um sentido psicológico bem determinado. – Para dizer sim, erguemos e baixamos a cabeça; desviamos a cabeça como signo [128] de negação. A atitude da prece é mais ou menos a mesma em todos os povos do Ocidente: ajoelhar-se e juntar as mãos. A surpresa geralmente se traduz por um franzir de sobrancelhas, o descontentamento também; a cólera, por um ranger de dentes.

A questão é saber se, assim como a palidez, o enrubescimento, esses são signos naturais, signos que se devem à nossa própria constituição. Se não, qual pode ser sua origem?

O naturalista inglês Darwin, cujas ideias são tão ousadas e provavelmente errôneas sobre tantos pontos, prestou entretanto um importante serviço à filosofia ao explicar de um modo muito plausível a origem desses signos e gestos supostamente naturais. Segundo ele, qualquer que seja a teoria adotada sobre a origem do homem, é preciso admitir que num certo momento ele viveu em estado quase selvagem, pouco diferente do animal. Nesse momento, executava para sua conservação pessoal um certo número de atos que se tornaram inúteis no estado atual da civilização, mas cujo hábito se conservou, se perpetuou pela hereditariedade[70]. – Assim, em caso de ataque, nosso ancestral pré-histórico colocava-se em estado de defesa e preparava-se para morder mostrando os dentes, como fazem hoje os animais. Hoje, quando nos encolerizamos, habitualmente já não temos vontade nem intenção de morder, mas por efeito da hereditariedade, em virtude de um hábito ancestral, não podemos impedir-nos de pelo menos começar a operação, o que fazemos mostrando os dentes quando estamos encolerizados. Quando ficamos surpresos, nosso primeiro sentimento é o de temor e, como os olhos são a parte mais ameaçada do rosto, instintivamente erguemos as sobrancelhas como para determos um objeto caindo do alto. Daí o hábito de erguer as sobrancelhas quando nos espantamos. Outros explicaram de modo análogo os gestos de afirmação e de negação. Os homens dos tempos antigos, quando lhes era apresentada alguma vítima, baixavam a cabeça para pegá-la, se a queriam, e, ao contrário, desviavam a cabeça se ela não fosse de seu agrado. O hábito de executar esses gestos transmitiu-se, mesmo quando perderam a utilidade, mas a partir dessa época se tornaram signos. – Executamos instintivamente esses movimentos e esses gestos, embora tenham perdido todo tipo de utilidade prática, e é assim que nossos semelhantes ficam sabendo o que se passa em nós. Em outras palavras, o signo, que hoje já não tem mais que um valor de convenção, começou sendo um movimento exigido, requerido pelas circunstâncias. A explicação de Darwin não explica hoje todos os signos desse tipo; entretanto esclarece sobre alguns deles, e por isso podemos aceitá-la até termos informações mais amplas.

Vamos abordar o estudo da linguagem propriamente dita, da linguagem falada. Primeiramente é importante defini-la. – Chama-se linguagem um conjunto de signos convencionais destinados a traduzir ou a expressar os fatos psicológicos.

A linguagem poderia ter se composto unicamente de gestos. Aperfeiçoando o gesto durante uma longa série de séculos, como aperfeiçoou a linguagem falada, o homem teria chegado a expressar, talvez com igual precisão, até mesmo as ideias mais abstratas e mais gerais. O que deve tê-lo feito rejeitar essa linguagem, o que o levou a escolher instintivamente a fala articulada, foi sua grande rapidez, rapidez infinitamente superior à do gesto.

Não se deve julgar que o homem se distingue dos animais [129] unicamente pela faculdade de falar. Outros animais, o papagaio, por exemplo, têm no mínimo tanta habilidade quanto nós nesse ponto. O que caracteriza o homem é a faculdade de associar aos sons articulados ideias menos ou mais abstratas. Ora, é nisso que consiste a linguagem. Admitimos, em virtude dessa mesma definição, que a linguagem é um conjunto de signos artificiais.

Então é preciso explicar como esses signos foram formados. A dificuldade da questão é que, onde houver signo convencional, é preciso que haja, assim parece, convenção acordada e portanto palavras trocadas. O estabelecimento da linguagem pressupõe a própria linguagem. Suponhamos que um homem mais capaz, mais inteligente que os outros, tenha pensado nessa invenção: como ele teria conseguido fazer-se entender? É por isso que já foi proposto um grande número de teorias a respeito da origem da palavra articulada. Muitos até consideram o problema como insolúvel.

No início deste século, Bonald[71] expôs a teoria da revelação. – Segundo ele, uma língua primitiva teria sido ensinada aos primeiros homens pelo próprio Deus. Esse é, segundo ele, o único meio de eliminar a dificuldade insuperável de um problema em que é preciso explicar o estabelecimento de uma convenção ou de um pacto muito complexo entre pessoas que ainda não possuíam a fala para fazerem-se entender. – Nós admitimos, com Bonald, que é sempre preciso voltar a Deus como à causa primeira. Nesse sentido, seria errôneo não atribuir-lhe a criação da linguagem como das outras coisas que percebemos. Mas uma explicação científica não é aquela que remonta à causa primeira; é aquela que liga os fenômenos a serem explicados às suas causas próximas, às suas causas segundas, senão não há mais ciência possível, é preciso substituí-la pela fé. Ora, esta deve coexistir com a ciência, mas não deve tomar seu lugar. Portanto, essa explicação de Bonald só seria admissível se fosse demonstrado que toda explicação pelas causas próximas ou segundas é impossível. Vamos indagar se assim é.

Estamos na presença de uma nova teoria já discutida por Platão no *Crátilo*[72] e que não parece ter sido retomada seriamente desde então. A linguagem teria sido ensinada aos homens por um deles, mais capaz que os outros. É desnecessário ressaltar a estranheza e a implausibilidade de tal teoria. Como esse homem teria se feito entender? Como poderia ter adotado uma reforma ou uma convenção desse tipo?

Filósofos deste século ou, melhor dizendo, filólogos, propuseram uma doutrina que, apesar das aparências, não deixa de ter analogia com a de Bonald. – Segundo eles, o homem teria nascido com uma faculdade natural de perceber, ou, dizendo melhor, de ligar certos sons à ideia de certas coisas. Assim, um filólogo eminente, Max Müller, afirma, em seu livro *Aulas sobre a ciência da linguagem*[73], que a todo objeto concreto ou abstrato, material ou espiritual, está naturalmente ligado um determinado som. Se hoje não notamos isso é porque essa faculdade de ligar, de relacionar ou associar sons a coisas não é mais necessária. Uma linguagem convencional infinitamente complicada foi surgindo, pouco a pouco e por uma evolução natural, dessa linguagem muito simples dos homens primitivos; e, como toda faculdade que não é exercida se atrofia, hoje precisamos aprender a falar. Mas houve um tempo, nas origens, em que naturalmente e instintivamente o homem designava por determinados sons determinadas coisas, e esses sons eram sempre compreendidos por todo mundo, porque [130] estavam naturalmente ligados à natureza do objeto representado. – Essa teoria está praticamente abandonada hoje. Consiste em esquivar-se de toda e qualquer explicação. Essa teoria que remete a um instinto primitivo é uma teoria preguiçosa; em todo caso, só deve ser aceita em desespero de causa.

A teoria da onomatopeia, aceita por alguns, foi vivamente criticada por Max Müller. – Acaso não é plausível, dizia-se, que os homens dos tempos antigos tenham designado as coisas mais simples, os animais, o vento, o mar etc., pura e simplesmente imitando os sons que esses objetos ou esses seres produzem? Assim procede hoje a criança: chama um cachorro de au-au. Assim teria se formado uma linguagem rudimentar de extrema simplicidade e que teria causado entre os homens um começo de entendimento e lhes teria permitido compreenderem-se mutuamente quando precisaram criar signos mais complexos de ideias abstratas. – Max Müller ergue-se contra essa teoria, visto que, diz ele, "nas línguas conhecidas até agora a onomatopeia nunca deu raízes". Existem palavras formadas por onomatopeia; ora, essas palavras são incapazes de se tornarem radicais, de gerarem palavras novas; são estéreis. – Essa objeção de Max Müller foi muito seriamente atacada. Nada nos diz que as línguas primitivas, infinitamente anteriores até mesmo às mais antigas linguagens conhecidas, obedecessem às mesmas leis.

A teoria da interjeição é muito próxima da teoria da onomatopeia. Consiste em afirmar que os primeiros sons que os homens utilizaram para designarem seus pensamentos e seus sentimentos foram não imitações dos ruídos naturais, e sim simples reproduções dos gritos ou interjeições que a visão das coisas naturais os levava a emitir. Em presença de um espetáculo grandioso, em presença da grandeza, uma interjeição exprimindo surpresa nos escapa naturalmente. Essa interjeição teria sido reproduzida em seguida para expressar a grandeza, um objeto considerável, um objeto espantoso.

O que se deve pensar dessas diversas teorias? A questão da linguagem só é obscura para nós se pretendermos explicar de um modo ou de outro uma língua muito complicada, uma língua capaz de expressar ideias abstratas e gerais, relações lógicas, uma língua como a que falamos ou que conhecemos; mas a dificuldade se aplaina enormemente se admitirmos que a linguagem foi se formando pouco a pouco, por uma evolução infinitamente lenta, por avanços imperceptíveis, talvez nascida de alguns gritos inarticulados, de algumas onomatopeias, por meio dos quais os homens se fizeram entender precariamente no início, mas que possibilitaram a adição gradual de um número cada vez maior de signos cada vez mais convencionais.

Não é rebaixar o homem atribuir-lhe esse imenso esforço pelo qual ele se eleva acima de um estado em que estava condenado, como o animal, a não ser entendido por seus semelhantes. Ao contrário, isso implica a existência dos mais nobres instintos, o desejo de comunicar-se com outros, de fixar ideias abstratas. Em resumo, essa explicação da linguagem, longe de rebaixar o homem, eleva-o aos nossos olhos, porque supõe a intervenção e a aplicação de suas faculdades mais altas, que, segundo todas as outras hipóteses, teriam permanecido indolentes ou inúteis.

35ª Aula

A linguagem (continuação)

[131] As relações da linguagem com a faculdade de pensar são numerosas, e para estudá-las vamos dividi-las em duas categorias: primeiramente indagaremos qual é a influência do pensamento sobre a linguagem; em seguida buscaremos a influência da linguagem sobre o pensamento.

Que o pensamento influi na linguagem é evidente, pois o pensamento é que a cria.

O homem fala porque pensa, porque é capaz de representar-se ideias gerais. Portanto, é de esperar que todas as relações estabelecidas por nossa inteligência entre as ideias que ela concebe se repitam na linguagem, sob forma de relações entre os termos que entram numa frase. É precisamente o que acontece: existe uma gramática geral comum a todas as línguas e que nada mais é que a tradução imediata das leis mais gerais da psicologia e da lógica. Não há língua, por mais primitiva que seja, em que não sejam distinguíveis um sujeito, um verbo e um atributo; e seria possível mostrar que as nuances gramaticais correspondem sempre a nuances do pensamento[74].

Mas poderíamos ir ainda mais longe e mostrar que, se as leis mais gerais da linguagem são fixas, porque todos os povos têm a mesma lógica, existem, entre as línguas particulares, diferenças que são chamadas, não sem razão, de diferenças de gênio, precisamente porque se originam de diferenças de espírito entre aqueles que falam. Já conhecemos até um certo ponto um povo, seu modo de pensar ou de compreender, quando conhecemos sua língua; não que haja duas lógicas, mas sobre um mesmo tema pode-se executar uma infinidade de variações. Assim, a língua francesa, com sua construção sujeita a leis invariáveis, suas palavras com sentido e ortografia claramente estabelecidos, é, como se disse com razão e como já se repetiu muitas vezes, a língua clara por excelência. Em francês não é possível ser ao mesmo tempo obscuro e correto. Assim se reflete, assim se traduz o hábito contraído entre nós de pensar com clareza, de estabelecer entre as coisas diferenças nítidas, de cultivar a arte da palavra, da discussão, sobretudo esse amor pela lógica, causa de muitos erros, de muitas teorias extravagantes. A língua inglesa, tão parcimoniosa, tão avara de suas palavras, é a língua telegráfica por excelência. Ela reflete, como se disse muitas vezes, os hábitos de um povo acima de tudo comerciante. A língua alemã, com frases que vêm enxertar-se umas nas outras, repletas de incidentes, talvez seja, de todas as línguas, a que segue mais fielmente o andamento do pensamento. Porque também nosso pensamento procede por pontos de vista gerais, nos quais vêm intercalar-se, ao longo do caminho, pontos de vista mais particulares. Por isso é que se chegou a dizer que essa língua era adequada para a filosofia; mas, por essa mesma razão, falta-lhe clareza. Porque só somos claros, só nos exprimimos com limpidez se seguirmos na exposição uma ordem diferente da ordem da descoberta, da invenção. Quem compara as línguas modernas com as línguas antigas impressiona-se com essa diferença. As línguas antigas não têm uma construção lógica, determinada de uma vez por todas. Quem fala pode, dentro de certos limites, inverter a ordem das palavras e pôr em destaque aquela que deseja valorizar. Entre nós, ao contrário, regras fixas subjugam a construção. Também aqui se reflete uma diferença de gênio entre os antigos e os modernos: aqueles, artistas preocupados [132] com o pitoresco; nós, ao contrário, mais desejosos de clareza, de ordem, de lógica. – Assim se chegou a dividir as línguas, do ponto de vista filosófico, em duas classes: umas são ditas sintéticas e as outras, analíticas. – Chama-se de sintéticas as línguas que apresentam as ideias com o número mais restrito de palavras: são assim as línguas antigas, o grego e principalmente o latim. Essas línguas procedem como o próprio pensamento, que sempre vê as coisas em bloco, em sua totalidade; e, quando falamos conosco mesmos, falamos sinteticamente, se assim se pode dizer. – As línguas analíticas são as que decompõem o pensamento e que multiplicam o número de palavras. A língua francesa é a língua analítica por excelência.

Se podemos julgar os povos a partir de sua linguagem, podemos também julgar um homem a partir de seu estilo. Cada um dos que têm o hábito de escrever ou de falar imprime àquilo que diz uma marca particular. Queiramos ou não, os hábitos de pensar e de sentir traduzem-se exteriormente pelos hábitos de linguagem. – Poderíamos prolongar quanto quiséssemos esse paralelo entre o pensamento e a fala; mostraríamos a estreita correspondência entre esses dois termos.

A questão agora é examinar a influência inversa, indagar qual é a influência da fala sobre o pensamento.

Aqui é preciso primeiro ter o cuidado de não cair em certos exageros.

Alguns filósofos disseram, não sem razão, que a fala é o que distingue o homem do animal. Essa é a opinião que encontramos em Descartes, opinião retomada pelo filósofo Max Müller. – Se com isso quiserem dizer que o homem é dotado da faculdade de abstrair e de generalizar, que essas faculdades, traduzindo-se exteriormente pela linguagem, são o que eleva o homem acima do animal, têm razão. Pois é uma certeza, como mostraremos em psicologia comparada, que o animal sente como nós sentimos, embora de um modo inferior; que ele pensa também, mas lhe falta principalmente a faculdade, o desejo de simplificar, de unir e de generalizar. – Porém, se forem mais longe, se afirmarem que o pensamento humano, em vez de criar a fala, teve como origem a fala, e que, se o homem abstrai, generaliza, eleva-se muito alto em suas concepções, é unicamente porque fala, enganam-se e tomam pela causa o que é apenas o efeito. Como a linguagem seria possível onde não existisse primeiramente a faculdade de generalizar? Como uma palavra seria inteligível para quem não formasse ideias gerais e abstratas? A linguagem não cria o pensamento, mas, como já mostramos, fixa-o, dá-lhe um corpo; liga a ele uma imagem, faz com que possamos, quando quisermos, representar-nos novamente a ideia sem recomeçarmos o mesmo esforço. Cada palavra que é inventada e que corresponde a uma necessidade real marca um progresso real no pensamento. É uma nova ideia que se forma; mas seria absurdo inverter a ordem natural das coisas e afirmar que a criação de uma nova palavra acrescenta algo às ideias, se não for mais que uma palavra e se não tiver como origem a ideia. O filósofo escocês Hamilton[75] comparou engenhosamente os serviços que a linguagem presta ao pensamento com os serviços que prestam aos russos os fortes que eles constroem à medida que vão avançando na Ásia. Um exército de cem mil homens pode conquistar aquelas regiões; assim que conseguir passar, tudo está perfeito. Mas, construindo pequenos fortes separados, em cada um dos quais deixam alguns homens, dominam a região. As palavras são como esses fortes; o pensamento, à medida que se eleva para noções novas, deposita-as, por assim dizer, em palavras, fixa-as assim e as palavras permanecem ali, enquanto o pensamento caminha para [133] novas conquistas.

Também seria preciso não cair no exagero de Condillac[76] de afirmar que a linguagem cria não apenas todo o pensamento mas ainda todas as ciências. "As ciências são apenas línguas bem-feitas", dizia Condillac. Essa sentença, esse pensamento, tem um sentido mais profundo do que aquele que costumam atribuir-lhe. Condillac quer dizer com isso que toda ciência se reduz a um sistema de símbolos ou de signos e que assim a ciência poderia ser definida como a tradução das coisas numa certa linguagem. Exemplo: todos sabem da imensa influência exercida pela notação em matemática. Segundo Condillac, a matemática poderia ser definida como um sistema de signos bem inventados, uma língua bem-feita. A própria física, quando atinge a perfeição, formula leis aproximadamente matemáticas, enuncia relações; traduz os fatos físicos em linguagem algébrica; é uma língua bem-feita. – Esse ponto de vista é profundo num certo sentido. É válido dizer que uma ciência é tanto mais avançada quanto mais aperfeiçoado for o sistema de símbolos de que dispõe para traduzir sob uma forma determinada a realidade concreta. – Mas é preciso não esquecer que, se esses símbolos ou signos se aperfeiçoam, é unicamente por causa e na sequência do aperfeiçoamento proporcionado ao pensamento científico propriamente dito. Também aqui não se deve tomar o efeito pela causa. Diremos, portanto, que toda ciência é, sem dúvida, uma língua bem-feita, mas que, se essa língua é bem-feita, é porque a ciência já foi levada muito adiante. São esses os serviços que a linguagem presta ao pensamento em geral.

Agora poderíamos mostrar particularmente como cada indivíduo tira proveito de sua necessidade de falar. Para expressar nossos pensamentos, somos forçados a analisá-los, a decompô-los. Já não vimos como julgamos por instinto e em bloco, por assim dizer, e como, para formular o juízo, somos obrigados a decompô-lo em sujeito, verbo e atributo? Poderíamos afirmar que raciocinamos sinteticamente quando raciocinamos interiormente, e que enxergamos em bloco a conclusão e as premissas. Quando queremos transmitir nosso pensamento a outras pessoas, precisamos recuperar os intermediários lógicos, precisamos decompor nosso juízo, analisar uma a uma as palavras que os compõem. É nesse sentido que "o que é bem concebido é claramente enunciado". O pensamento de Boileau talvez não seja totalmente exato, na medida em que podemos entender muito bem uma coisa sem conseguir expressá-la, mas a recíproca é verdadeira. Quando conseguimos expressar claramente uma coisa, é porque a compreendemos e a possuímos; é por isso que o ensinamento é útil, não apenas para os que o escutam, mas também para quem ensina. Essa análise, essa decomposição do pensamento, que não é necessária quando refletimos, torna-se necessária quando falamos, e entendemos melhor o que tínhamos no espírito quando o comunicamos a outros.

Faltaria, para concluir, mostrar os inconvenientes que a linguagem pode ter. Dizíamos que o pensamento acaba por incrustar-se na palavra, que se fixa nela, e que a palavra nos dispensa de passar novamente pela ideia, principalmente quando ela é abstrata. Há nisso uma vantagem enorme, uma simplificação extraordinária da operação pela qual pensamos. Mas há também um inconveniente: em muitos casos corremos o risco de repetir a palavra sem repensarmos seu sentido ou sua significação. Assim nos exprimiremos em termos inadequados. Muitas vezes até mesmo cairemos em erro. Já dissemos que Leibniz havia dado o nome de psitacismo (de *psittacus*, papagaio) a esse estado em que nos encontramos quando, à [134] maneira dessa ave inteligente mas de uma inteligência inferior, repetimos, pronunciamos palavras que se tornam para nós vazias de ideias, porque não pensamos mais em ligar a elas a ideia ou a imagem dos objetos que essas palavras representam. Seria fácil mostrar que esse é o segredo do mau estilo, das metáforas incoerentes e das frases banais.

Não podemos encerrar o estudo dos signos que o homem utiliza para expressar seu pensamento sem falarmos da escrita –.

Era natural que o homem pensasse em fixar o que se passa, em dar à linguagem uma consistência que lhe faltava. – Diz um provérbio: *"Verba volant, scripta manent."* Sem dúvida, foi precisamente o desejo de fixar o pensamento por meio de um signo estável e sobretudo de transmiti-lo à posteridade que levou à invenção da escrita.

A escrita passou por várias fases. Distinguem-se:

1º Escrita ideográfica – É a primeira e a mais natural. É a escrita primitiva. Representa-se o objeto por um desenho menos ou mais simplificado, menos ou mais resumido, e chega-se assim a um sistema de signos infinitamente complicados, visto que cada objeto, ou quase, tem seu signo especial, aliás muito imperfeito, porque as relações abstratas das coisas entre si dificilmente podem ser expressas.

2º À escrita ideográfica sucedeu imperceptivelmente a escrita fonética: o aperfeiçoamento é considerável. Aqui se representa não mais a coisa propriamente dita, e sim os sons ou palavras com que a linguagem falada a expressa. Chegou-se a definir essa escrita como um conjunto de signos que são signos de signos. Realmente, a linguagem falada já é um signo que representa o pensamento; a escrita é um conjunto de signos que representam a linguagem falada.

A própria escrita fonética passou por duas fases. – Começou sendo silábica, ou seja, cada sílaba era representada por um signo especial. Também aqui a complicação era extrema, pois o número de sílabas é indefinido. – A escrita atingiu a perfeição no dia em que se tornou alfabética. A escrita alfabética é seguramente a invenção mais bela, mais profunda, mais complexa que o homem já fez. Realmente, nunca, em nenhuma ordem de ciências, a análise foi levada tão longe. Decompuseram-se os sons e viu-se que eles eram redutíveis a um número muito pequeno de sons elementares: são as 24, 25 ou 26 letras do alfabeto, dependendo da língua; e combinando entre si essas letras reconstituiu-se a imensa multiplicidade de sons possíveis, multiplicidade indefinida, aliás.

Podemos acompanhar nos monumentos egípcios as transformações da escrita. Isso porque os hieróglifos das diversas épocas estão longe de ter a mesma significação. A escrita egípcia foi sucessivamente ideográfica, silábica e alfabética. Em nossa escrita atual restou alguma coisa do sistema ideográfico, algo que pelo menos se assemelha a ele. Estamos nos referindo aos algarismos 1, 2, 3, 4 etc., que são os mesmos em todas as línguas europeias e também em algumas outras. Eles representam não sons, visto que são traduzidos diferentemente nas diversas línguas, e sim ideias. O mesmo acontece com os símbolos matemáticos em geral.

36ª Aula

O instinto

[135] Já distinguimos, ao lado dos fenômenos intelectuais e dos fatos sensíveis, uma terceira categoria de fatos psicológicos aos quais demos o nome de fatos voluntários.

A palavra vontade, como veremos, designa uma forma de atividade já refletida. A vontade é característica do homem, mas a atividade é algo mais geral. Muito antes de a vontade manifestar-se nele, o homem age, e essa atividade espontânea, apesar de irrefletida, é encontrada nos seres inferiores ao homem, nos animais.

Seria possível mostrar como, em todos os seres criados, mesmo nos objetos inanimados, há um início ou um germe de atividade. Essa verdade foi evidenciada por Leibniz. Segundo ele, existência e atividade são dois termos sinônimos. Há entre os diferentes objetos apenas diferenças de perfeição ou de atividade. Já na matéria bruta se manifestam certas tendências. Realmente, acaso não se poderia afirmar, desenvolvendo essa ideia, que as propriedades inerentes aos corpos brutos, a atração, por exemplo, a afinidade química, são como começos de desejos, desejos simples que não são combatidos por outros desejos e que, justamente por essa razão, se manifestam de um modo sempre uniforme, sempre idêntico a si mesmo? Se passarmos do objeto puramente material, da matéria bruta, como se diz, para a planta, a espontaneidade se manifesta de um modo muito mais evidente. Como todos sabem, as plantas procuram a luz; têm tendências vagas e como que instintos. Sabem abrir caminho quando é preciso, sabem escolher, entre os sucos da terra em que as raízes penetram, aqueles que são mais adequados para alimentá-las. Podem contrair hábitos. É assim que o homem as aclimata e as transforma, que produz variedades novas. Mas é no animal que o instinto propriamente dito aparece, que é mais fácil estudá-lo.

O homem tem instintos; porém, como veremos, esses instintos são pouco numerosos e pouco duradouros. Logo cedem lugar à atividade livre e voluntária. Nessas condições, está claro que o estudo do instinto no animal é o mais simples, o mais fácil, e que, sem por isso entrarmos de modo algum na psicologia comparada, o melhor que temos a fazer é abrir parêntesis aqui e tratarmos do instinto no animal.

É um pouco difícil definir um ato instintivo. Realmente, todas as diferentes definições que foram dadas prejulgam menos ou mais a natureza do instinto. Ora, esse é um problema à parte, um problema muito grande, e seria importante não resolvê-lo sem exame, como se faz quando se dá uma definição subordinada a certas teorias. – Portanto, vamos limitar-nos a indicar as características que foram atribuídas ao instinto até estes últimos tempos, e depois as características que os naturalistas mais recentes descobriram nele. Teremos examinado o ato instintivo sob todas suas faces e seus diversos lados; estaremos em condições de procurar seu sentido.

[136] A teoria clássica do instinto é a que foi apresentada por Flourens. Segundo essa teoria, as principais características do instinto seriam as seguintes:

1º O instinto é sempre irrefletido, na medida em que o ser que se entrega a ele talvez tenha, em certos casos, consciência do que faz, mas nunca se dá conta do fim que busca. Ora, agir sem saber por que se age é o que se chama de agir sem reflexão. É nesse sentido, e apenas nesse sentido, que o ato instintivo seria irrefletido; não se deve chamá-lo de inconsciente, embora frequentemente possa sê-lo.

2º O instinto é comum a todos os indivíduos de uma mesma espécie. Deve-se notar que os hábitos variam; cada qual tem os seus. Também os atos livres são de tal natureza que não se pode prevê-los ou predizê-los com segurança. Cada qual, quando age com total liberdade, obedece a influências, a motivos e a razões que lhe são pessoais. Ao contrário, o instinto, segundo essa teoria, seria o mesmo para todos dentro de uma raça ou de uma determinada espécie. Todos os cães perdigueiros farejam a caça mais ou menos do mesmo modo; todas as andorinhas voltam na primavera; todos os cucos depositam seus ovos num ninho alheio, e assim por diante.

3º O instinto seria imperfectível; em outras palavras, já desde o primeiro dia ele dá tudo o que é capaz de dar. O animal que age apenas por instinto não faz progressos. Não se vê, dizem-nos, que a abelha construa seu alvéolo de modo diferente dos tempos passados. Tão longe quanto se pode remontar na série dos séculos, fala-se de aranhas tecendo suas teias e tecendo-as do mesmo modo. O que é válido para a espécie, dizem-nos, é válido *a fortiori* para o indivíduo. Os animais têm forçosamente de já desde o início alcançar a perfeição, visto que do instinto depende a conservação da vida. Se o animal pudesse levar tempo para aprender, não precisaria de instinto.

4º O instinto sempre teria como objeto a conservação do indivíduo ou da espécie. Não existiriam atos instintivos voltados para outro fim.

De modo que, resumindo tudo, nessa teoria clássica o ato instintivo poderia ser definido como um ato automático, irrefletido, imperfectível, destinado a garantir a conservação do indivíduo ou da espécie e consequentemente o mesmo em todos os indivíduos pertencentes a uma mesma espécie.

Se definirmos assim o instinto, sentimos uma dificuldade muito grande em explicar sua natureza e sua origem. Na medida em que admitirmos a invariabilidade dos instintos, sua imperfectibilidade, sua identidade em todos os indivíduos, temos de desistir de explicar sua gênese de um modo plausível.

Virgílio nos diz que o instinto é algo divino, como uma inspiração[77]. Ele tem razão num certo sentido, mas, como já vimos, uma explicação científica é aquela que se atém às causas segundas, às causas próximas.

Montaigne afirma com muita graça que o instinto e a inteligência são inseparáveis[78]. "É por ciúme, diz ele, é por inveja que recusamos aos animais uma inteligência como a nossa. Inventamos uma palavra nova para mantermos nossa pretensa superioridade e reservar-nos a inteligência como um privilégio." Ele recorre ao exemplo da raposa, frequentemente citado: a raposa que, diante de um riacho que corre, [137] abstém-se de entrar na água, por medo de não sair mais, e que, segundo ele, constrói um raciocínio muito complexo, chamado sorites: "Este riacho faz barulho, o que faz barulho se move; o que se move não está congelado; o que não está congelado não aguenta vosso peso etc." – É difícil ver nessa teoria algo além de um jogo de palavras, pois o instinto difere da inteligência em características essenciais. É que experimentamos o instinto em nós mesmos; quando agimos por instinto, agimos automaticamente, não temos consciência do fim que perseguimos. Somos máquina, uma máquina consciente de si mesma, é certo, mas ininteligente, pois a inteligência consiste em não agir maquinalmente e em poder escolher entre dois contrários.

Encontramos no extremo oposto, se podemos falar assim, uma doutrina que, por sua vez, afirma que o instinto é puramente mecânico. Segundo Descartes, agir instintivamente é agir, é mover-se como, por exemplo, um relógio se move em virtude de um mecanismo bem regulado[79]. Os animais não teriam nem inteligência e nem mesmo consciência, mas o Criador teria coordenado as partes deles de tal modo que seus movimentos correspondessem exatamente às circunstâncias externas em que eles podem ver-se colocados. Assim, se alguém ameaça um cão com um pedaço de pau e esse cão foge, é porque os movimentos impressos pelo pedaço de pau no meio ambiente transmitiram-se por intermédio do olho do cão aos espíritos animais que correm através dos nervos. Esses espíritos animais estimularam certas partes do cérebro, as quais por sua vez lançaram os espíritos animais nas patas do cão, e é por isso que ele se põe a correr. Ele não tem medo, visto que nada sente, mas um mecanismo engenhoso fez com que se pusesse em fuga assim que o pedaço de pau o ameaçou. – Veremos que essa teoria está longe de ser tão absurda quanto é considerada às vezes, que ela se explica muito naturalmente pelas ideias bastante gerais do cartesianismo, com as quais está em perfeita conformidade. – Entretanto faremos a Descartes a objeção que fazíamos a Montaigne. Também aqui invocaremos o testemunho da consciência. Ela nos diz que também nós produzimos atos instintivos e que esses atos, apesar de irrefletidos, não são inconscientes.

É aos naturalistas da escola de Darwin que devemos a teoria mais satisfatória sobre o instinto. – Nunca é demais repetirmos que o darwinismo considerado como explicação da origem dos seres vivos é uma hipótese muito problemática, mas é característico das grandes hipóteses, mesmo falsas, levar a explicações ou a teorias acessórias novas e originais e que lançam sobre os fatos uma luz inesperada.

Darwin mostrou primeiramente que até então as características do instinto haviam sido mal definidas, que era preciso diminuir muito tanto sua invariabilidade como sua imperfectibilidade e sua identidade em todos os seres de uma mesma espécie. Dedicou-se a estudar profundamente esse assunto; multiplicou as observações, e há muito para escolher entre os exemplos a citar. – Mostrou primeiro que os pássaros de uma mesma espécie estavam longe de construir seus ninhos do mesmo modo, como até então se afirmava sempre que se falava da imutabilidade dos instintos; as andorinhas dos diferentes países não procedem do mesmo jeito. O cuco deposita seus ovos no ninho dos outros pássaros, sem dúvida, mas isso só acontece na Europa; os cucos da América se comportam de modo muito diferente e constroem seus próprios ninhos. O castor constrói diques, como todos sabem, mas [138] nas regiões muito povoadas cava uma toca. Esse é um instinto que se modifica de acordo com o lugar. É bem verdade que as abelhas geralmente dão as mesmas dimensões à entrada de suas colmeias; entretanto, nas regiões onde têm de se haver com a mariposa-caveira, que é sua inimiga feroz, elas estreitam essa entrada, e isso sem conhecerem a mariposa; é um instinto que trazem ao nascer. Portanto, o instinto muda de um lugar para outro. – Muda também de uma época para outra e não é imperfectível nem universal: assim, hoje certas aves constroem seus ninhos com pedacinhos de fio que vão buscar nas casas. A invenção do fio tem uma data, como toda indústria humana; aí está um animal que, num dado momento, teve ou de modificar um instinto já antigo ou adquirir um novo. Mais ainda, diz Darwin, acaso não assistimos a uma verdadeira criação de instintos novos? O que é domesticar um animal, senão modificar seus instintos ou então dar-lhe um que ele não possuía? Certos cães caçam por natureza, como diz o provérbio; amarram a caça, ou pelo menos manifestam uma tendência para amarrar mesmo sem terem sido amestrados; trata-se de um instinto, mas esse instinto evidentemente foi adquirido, pois é manifestamente contrário aos interesses do animal. O cavalo hoje trota por instinto; em estado selvagem, ele só anda a passo ou a galope; o trote é portanto um instinto adquirido. Dessa forma, os animais domésticos nos fornecem a prova experimental, se podemos falar assim, do fato aventado.

Esses fatos levaram Darwin a uma explicação totalmente nova do instinto. Para compreendê-la, será útil conhecer os princípios fundamentais do darwinismo.

O darwinismo parte da ideia de que a terra é incapaz de alimentar todos os seres vivos pertencentes a uma determinada raça, por menos prolífica que seja. Se todos os ovos de arenque dessem origem a um peixe, ao cabo de um número muito pequeno de anos o oceano estaria lotado. A multiplicação dos seres vivos, quando nenhuma dificuldade externa a detém, produz-se com uma rapidez incalculável. É por isso que primeiro as diversas espécies e depois os diversos indivíduos da mesma espécie são forçados pela própria natureza das coisas a travar uma guerra feroz. É preciso que a maioria deles desapareça. A existência só pode ser privilégio de alguns. Nisso consiste a concorrência vital, de que ele tanto falou, ou luta pela vida (em inglês: *struggle for life*).

Nessa luta que os seres vivos travam sem cessar, sem trégua nem piedade, quem sobreviverá? Aquele que o acaso tiver dotado de certas vantagens físicas ou intelectuais que lhe proporcionarem superioridade sobre os outros; aquele que souber adaptar-se melhor às condições em que se encontra; aquele que souber resistir melhor às causas de destruição que ameaçam o ser vivo desde o dia do nascimento. Assim se opera entre os seres vivos aquilo que Darwin chama de uma seleção natural, ou seja, uma escolha que faz com que os melhores dentre eles, os mais fortes, os que são mais aptos para resistir, para se desenvolver, apenas esses sobrevivam, com exclusão dos outros, que a natureza elimina sem piedade. Em outras palavras, aconteceria na natureza a mesma coisa que observamos diariamente entre os criadores de animais, por exemplo. Como eles obtêm um cavalo de corrida, por exemplo, ou uma raça particular de carneiros destinados a produzir principalmente lã? Escolhem entre um número muito grande de cavalos os que pareçam apresentar, em virtude do acaso que comandou seu nascimento, as características propícias para a corrida: pernas suficientemente longas, pulmões sólidos etc.; ou, entre os carneiros, os que tiverem a lã mais bela e mais abundante. Esses indivíduos privilegiados é que serão reservados, que serão postos à parte. Graças à hereditariedade, que transmite as qualidades, como aliás também os defeitos, podem ter certeza de que os descendentes desse par primitivo apresentarão as mesmas vantagens, geralmente reforçadas, visto que eram comuns aos dois genitores. Repetirão a operação um certo número de vezes e em cada geração as características que têm interesse em desenvolver mais se mostrarão mais acentuadas que na anterior; e é assim que obterão um cavalo capaz de ganhar o prêmio ou um carneiro laureado nos concursos. O que o criador faz intencionalmente, com propósito deliberado e sistematicamente, segundo Darwin a natureza, que poderia ser comparada a um grande criador, faz mais lentamente mas também com mais segurança, porque tem diante de si um número incalculável de séculos. De fato, essa luta contínua e necessária que os seres vivos travam pela existência só deixa sobreviver os que possuem certas vantagens, e ocorre uma triagem, exatamente como se uma inteligência estivesse no comando. Os descendentes reproduzem ou reapresentam novamente as qualidades ou vantagens de seus ancestrais, mas a luta que, por sua vez, se estabelece entre eles e que deixará sobreviver apenas os melhores, fará com que subsistam somente aqueles que haviam herdado de seus ancestrais as mesmas vantagens que os outros, com outras vantagens a mais ou com uma intensidade maior.

Isso dito, como se explicará a aquisição dos instintos? A observação mostra-nos ainda hoje que certas causas físicas ou fisiológicas, inconscientes, é bem verdade, mas reais, fazem surgir, aparecer nos seres vivos particularidades individuais. Acaso não vemos que alguns homens são maiores, outros são menores, e que não há dois que se pareçam exatamente? Há lugar para todas as qualidades e para todos os defeitos, para todos os hábitos e para todas as inclinações.

Isso dito, acaso será de espantar que dentro de uma determinada raça nasçam certos indivíduos que possuem como que uma disposição para realizar certos atos determinados? – Essas disposições se explicam de diversas maneiras, dependendo do caso. Ora terá havido da parte do animal um efeito menos ou mais consciente de vontade; ora ele nada mais fará que entregar-se, por assim dizer, à fatalidade de sua constituição física. Assim, entre os cucos de vários séculos atrás pode ter havido um ou alguns que em decorrência de uma reflexão menos ou mais rudimentar terão considerado apropriado ir depositar seus ovos no ninho de um outro pássaro.

Ora, entre essas disposições ou hábitos devidos seja à reflexão seja ao acaso, alguns são favoráveis, úteis a quem os possui; outros, ao contrário, podem prejudicá-lo. – Aqueles que nascem com disposições pouco favoráveis à sua conservação pessoal ou aqueles que são levados pelas circunstâncias a contrair tais disposições são necessariamente eliminados na luta pela vida. Apresentam uma inferioridade com relação aos outros. – Ao contrário, aqueles que a natureza ou um início de reflexão tiver dotado de uma disposição útil ou favorável à conservação do indivíduo ou da espécie terão sobre os outros de sua espécie uma vantagem considerável, e, se for preciso que apenas alguns sobrevivam, esses em particular e principalmente sobreviverão. Essa disposição útil ou vantajosa eles transmitirão para sua posteridade, e entre seus descendentes sobreviverão apenas os que apresentarem num grau mais alto, com uma intensidade [140] maior, essa mesma disposição vantajosa; e por fim se chegará a uma raça cujos indivíduos serão dotados desde o nascimento de uma admirável disposição para utilizar as circunstâncias em que se encontram, ou para resistir às forças que os ameçarem. Essa disposição se chama instinto.

Portanto, o instinto resulta de uma disposição manifestada por um ou alguns ancestrais, disposição apenas esboçada no início, quase sempre devida ao acaso, mas que se transmite e se acentua a cada geração sucessiva, porque são eliminados aqueles que não souberam conservá-la ou aumentá-la.

Assim se explica a maioria das características que o instinto apresenta: ele é comum a todos os indivíduos de uma mesma raça. – Realmente, aqueles que o acaso não havia dotado suficientemente, aqueles nos quais a hereditariedade não havia imprimido suficientemente sua marca, são impiedosamente eliminados pela concorrência vital. A seleção opera-se em proveito dos mais bem dotados e unicamente esses constituem hoje a espécie.

O instinto é irrefletido, e realmente a observação nos mostra que um hábito refletido, quando se transmite hereditariamente, torna-se simples mecanismo, torna-se puramente maquinal naquele que o herda. Tudo o que não é útil desaparece. Ora, para o animal não é útil conhecer o objetivo que busca. Importa-lhe apenas produzir os atos ou movimentos necessários para atingir esse objetivo. A concorrência vital não exige outra coisa. O instinto deixou de ser refletido, como a toupeira pouco a pouco se desabituou de enxergar bem. Toda faculdade que não se exerce se atrofia; a reflexão desaparece na natureza quando deixa de ser necessária.

O instinto é relativamente imperfectível, porque hoje, na maioria das raças que vemos, ele atingiu sua perfeição, no sentido de que é suficiente para defender essa raça contra seus inimigos naturais, contra as forças físicas; mas, se as circunstâncias mudarem, o instinto forçosamente terá de mudar também! Isso porque da raça sobreviverão apenas aqueles que souberem adaptar-se às novas condições do meio, aqueles que o acaso tiver dotado de uma predisposição para contrair um hábito novo. É por isso que em regiões diferentes as mesmas raças frequentemente têm instintos diferentes. A respeito disso Darwin apresentou observações muito interessantes sobre a diversidabde dos instintos nos mesmos animais nas diversas partes da América do Sul[80].

Portanto, adotaremos essa explicação, sem por isso nos sentirmos obrigados a aceitar a teoria darwinista da transformação das espécies ou da ascendência do homem. Aliás, a teoria do instinto pode ser destacada do sistema.

Resta-nos apenas indagar que aplicação se pode fazer dessa teoria para o homem. Pois não podemos esquecer que neste momento estamos nos ocupando do instinto no homem, e foi apenas para aclarar esse estudo que recorremos à psicologia comparada. – Gostam muito de repetir que o homem não tem instintos. Citam como único exemplo, ou quase único, o ato de sucção no recém-nascido. Há nisso um sistema de movimentos muito complexos que a criança executa já desde que nasce e sem ter aprendido. Esse é um instinto, indiscutivelmente. – Alguns citam ainda [141] como exemplos os movimentos automáticos que alguns órgãos nossos executam em presença de um perigo. Quando nosso olho é tocado, rola com espantosa rapidez, resguardando sempre as partes mais ameaçadas ou mais delicadas; todos já puderam observar os movimentos irrefletidos e entretanto muito bem combinados a que nos entregamos quando na rua um carro está prestes a atropelar-nos. – Mas esquecem que há no homem toda uma categoria de disposições cuja origem até agora não procuramos e que são instintos verdadeiros: estamos falando das inclinações. As inclinações são realmente, como os instintos, disposições naturais que trazemos ao nascer. Como os instintos, são irrefletidas, pois em muitos casos as seguimos sem indagar aonde nos levam. Como os instintos, são comuns a todos os indivíduos de nossa raça. Como eles, são relativamente imperfectíveis, pois, obviamente dentro dos limites naturais, não há, por exemplo, dois modos de ter fome e sede.

Entretanto, no homem o instinto possui uma propriedade notável. Embora o homem não possa desfazer-se dele, embora nele o instinto seja fatal como no animal, tem o privilégio de tornar-se refletido. Realmente, à medida que se sobe na série das inclinações, desde o apetite, ou seja, a inclinação que diz respeito ao corpo, até o que chamamos de inclinações superiores, chega-se a disposições em que a reflexão, o juízo, a atividade intelectual desempenham um papel cada vez mais importante.

A questão que se colocaria então seria a seguinte: "Seria preciso explicar a origem das inclinações no homem, como a dos instintos no animal?" Deve-se dizer que, se sentimos a fome, a sede etc., que, se uma infinidade de apetites e de inclinações úteis ao indivíduo e à espécie se encontram em nós, é porque na concorrência vital foram eliminados aqueles que não apresentaram essas disposições ou não souberam desenvolvê-las pouco a pouco? Não pensamos que se deva chegar a esse ponto. A presença no instinto humano de um elemento que não se encontra no instinto do animal, a faculdade que esse instinto possui de refletir, quando lhe apraz, sobre o fim que persegue, tudo isso pareceria indicar que o instinto humano tem uma origem mais alta que o do animal. Não pode ser atribuído, como aquele, a uma combinação de circunstâncias felizes. É por isso que sobre esse ponto será preciso ater-se ao que foi dito no curso. A inclinação no homem é a própria natureza, algo irredutível e, portanto, inexplicável.

37ª Aula

O hábito

O hábito é uma forma de atividade que apresenta algumas analogias com o instinto. Como o instinto, ele é quase sempre irrefletido; leva-nos ao automatismo; faz com que, se temos consciência dos meios, a ideia do objetivo a atingir não esteja presente no espírito; frequentemente, mesmo a consciência dos meios que empregamos também nos escapa. Quando andamos, por exemplo, colocamos em ação uma quantidade considerável de músculos, sem nos apercebermos disso: esse hábito foi contraído e a consciência dos atos realizados nos escapa.

[142] Mas o hábito apresenta características próprias, que estabelecem entre ele e o instinto uma diferença que alguns consideram radical.

Primeiramente, se o instinto é irrefletido neste momento, é que sempre o foi, não variou, pelo menos no indivíduo que o possui, embora possa ter variado na raça. O hábito, ao contrário, teve um início e poderá ter um fim; tem uma data na história do indivíduo e não apenas, como o instinto, na história da raça. O hábito não foi sempre irrefletido; começou sendo consciente.

Diremos mais: todo ato que hoje é causado pelo hábito foi, num certo momento anterior, um ato voluntário. Em outras palavras, enquanto o instinto precede a vontade, o hábito segue-a. Executamos um ato primeiro por instinto, depois voluntariamente; se o repetirmos, poderá tornar-se hábito. Exemplo: eu não poderia erguer voluntariamente o braço se não soubesse que sou capaz de erguê-lo. Portanto é preciso que de início eu o tenha erguido involuntariamente ou instintivamente. Mas, para que eu contraia o hábito de erguê-lo de um certo modo, por exemplo com um peso considerável na mão, é preciso que eu tenha repetido esse exercício voluntariamente um certo número de vezes. – Assim, aí está uma diferença mais marcante: o esforço voluntário quase sempre implica um instinto, mas a atividade habitual sempre implica menos ou mais anteriormente um esforço ou uma espontaneidade. Instinto, atividade voluntária, hábito são os três graus de nossa atividade em sua ordem natural, e, se aproximamos o hábito do instinto, é por causa de algumas características em comum que os unem, é por causa também de algumas teorias filosóficas que os confundem.

Dito isso, definiremos o hábito da seguinte maneira: é uma disposição adquirida, é uma tendência nova acrescentada a todas as tendências da alma. – Aristóteles expressou uma opinião muito acertada e ao mesmo tempo muito profunda quando disse que o hábito era como uma segunda natureza. Realmente, lembremos o que dissemos sobre as faculdades naturais da alma. São como disposições para cumprir mais particularmente certos atos ou para passar por certos estados. São direções para as quais pode fluir nossa atividade. Ora, o hábito é mais ou menos a mesma coisa; é uma natureza adquirida, se podemos falar assim. Nossa atividade poderia ser comparada a uma espécie de reservatório situado no topo de uma colina. Pode-se abri-lo em certos lados e deixar a água fluir numa direção determinada. Assim, cada saída nova que abrimos para a atividade da alma, cada direção nova que lhe imprimimos, cada tendência que acrescentamos à soma de tendências naturais ou hereditariamente adquiridas é um hábito.

Dividiremos os hábitos em duas categorias distintas: uns são disposições da alma ou do organismo, devidas a certas causas permanentes que agem sobre elas ou a efeitos repetidos frequentemente dessas causas. Poderiam ser chamados, embora a palavra seja mal escolhida, de hábitos passivos. – Há outros, ao contrário, que têm origem na repetição de um certo esforço desenvolvido pelo próprio sujeito. São hábitos ativos. – Assim, daremos o nome de hábito passivo ao hábito que alguém contrai pouco a pouco de viver num clima muito mais quente ou muito mais frio do que aquele em que passou o restante da vida, ou ainda ao que o moleiro contrai quando acaba por não ouvir mais seu moinho girar. [143] O hábito ativo será o de dançar, por exemplo, o de cantar no tom certo etc.

Devemos notar que num caso como no outro o modo de aquisição do hábito é mais ou menos idêntico. Poderíamos formular esta lei geral: "Todo hábito adquirido, seja ativo ou passivo, supõe a repetição ou o prolongamento de um certo esforço." – É fácil comprovar essa lei quando se trata de um hábito dito ativo, pois é justamente assim que tais hábitos são definidos. Sempre que se trata de aprender, é preciso ou repetir um esforço inicial ou prolongá-lo indefinidamente. Para aprender a dançar é preciso decompor os movimentos, executar cada um deles um número considerável de vezes. O mesmo vale para a esgrima, para todos os exercícios corporais. Só se adquire habilidade em algo com a condição de recomeçar muitas vezes, como todo mundo sabe. – A lei é mais difícil de ser demonstrada quando se trata dos chamados hábitos passivos. Vamos tomar o exemplo citado anteriormente: "Pouco a pouco vou me acostumando com um clima muito mais rude que o de minha terra natal." Essa simples expressão "vou me acostumando", se a examinarmos bem, é apropriada para fazer-nos compreender a natureza do que acontece. Modifico pouco a pouco minha natureza, adquiro uma força de resistência que eu ainda não tinha, e adquiro-a acumulando, superpondo os esforços feitos para resistir ao frio numa infinidade de casos particulares.

Hábitos passivos – As condições em que os hábitos passivos são adquiridos variam de um caso para outro. – Mas podemos distinguir duas totalmente gerais: uma positiva e a outra negativa.

Comecemos pela segunda: para que o organismo contraia um hábito é preciso não apressá-lo, como se diz vulgarmente. Realmente, certos estados causam aversão à própria natureza; não poderiam ser-lhe impostos porque seu exagero pode trazer graves consequências para o organismo. Assim, tomem uma após outra altas doses de arsênico; não se habituarão a ele. Transportem-se bruscamente de um clima muito quente para um clima muito frio: contrairão doenças. Uma planta que mudarmos muito bruscamente de meio murcha e morre. A mesma coisa acontece quando se trata de abandonar um hábito antigo. Devemos notar, aliás, que abandonar um hábito antigo é sempre menos ou mais contrair um novo. Não se deve suprimir bruscamente e sem transição um hábito adquirido: o organismo sempre se ressente.

Quanto à condição positiva, depois do que acaba de ser dito é fácil prevê-la, pressenti-la. Os hábitos ativos ou passivos são adquiridos pouco a pouco, por transições. Mitrídates, dizem, tinha se habituado ao veneno. Fazia isso ingerindo-o primeiro em pequenas doses e depois em doses maiores. Hoje a maioria dos remédios, dos medicamentos fortes empregados são venenos violentos, mas habitua-se o paciente e aumenta-se progressivamente a dose. Inversamente, quando a questão é deixar de lado esses remédios, como se trata de eliminar um hábito adquirido, será preciso seguir o mesmo andamento: ir diminuindo pouco a pouco. – Montaigne fala-nos de uma aldeã que se habituara a pegar no colo e carregar um bezerrinho e que, repetindo diariamente esse exercício, acabou conseguindo carregá-lo quando ele se tornou um boi[81]. O fato é bastante inverossímil. Trata-se de uma brincadeira, como Montaigne gosta de fazer. Mas ele simplesmente quis marcar com força o que é característico do hábito, ou seja, ser adquirido por transições imperceptíveis e progressivamente. – Essa faculdade de contrair hábitos é própria dos tecidos vivos.

[144] Claude Bernard fez[82] sobre esse assunto experiências interessantes. Usava campânulas de dimensões diferentes: a primeira continha, por exemplo, 5 litros de ar, a segunda 10, a terceira 15 etc.; e sob cada uma dessas campânulas colocava um passarinho. O primeiro passarinho morre depois de um determinado tempo: asfixia-se por falta de ar. Se os pulmões não fossem capazes de contrair hábitos mesmo num espaço de tempo bastante restrito, o segundo pássaro morreria em exatamente o dobro de tempo do primeiro, pois tem duas vezes mais ar à sua disposição. Mas nada disso: ele fica vivo por um período bem superior ao dobro do tempo anotado ou observado na primeira experiência, e o mesmo fato é observado sobre o terceiro: a proporção nesse caso aumenta ainda mais. Qual a razão disso? É que, quanto mais tempo o animal permanece sob a campânula, mas se habitua às condições novas que lhe são dadas e, portanto, mais consegue resistir à asfixia. É precisamente por causa das transições graduais, por causa das transições impercep-

tíveis pelas quais passa a atmosfera em que se encontra que ele é capaz de contrair em tão pouco tempo um hábito tão impressionante. A medicina contemporânea às vezes recorre a mudanças de pressão do ar atmosférico. Paul Bert[83], entre outros, fez experiências com doentes que submete a pressões muito mais consideráveis que uma atmosfera. Ora, é por transições graduais que os doentes são levados a suportar tais pressões; e quando, em seguida, são recolocados nas condições habituais, é preciso, sob pena de acidentes graves, fazê-los passar novamente pelas mesmas transições.

Indaguemos agora quais são os efeitos dos hábitos assim contraídos. Esses efeitos são duplos e podemos formular a respeito disso as duas leis gerais que aqui estão:

1º Quando um fenômeno modifica o estado do organismo, o efeito do hábito é diminuir essa modificação e por fim torná-la nula.

2º Quando um fenômeno é não sofrido, e sim produzido pelo organismo, o hábito tem como efeito fazê-lo surgir com mais facilidade e mesmo, em certos casos, tornar automática sua produção.

Poderíamos citar uma infinidade de fatos para provar essa dupla proposição. – Usando um exemplo anteriormente citado, como se explica que o moleiro acabe não ouvindo mais o barulho de seu moinho? É que a modificação sofrida por seu ouvido, ou melhor, por seu nervo auditivo, acaba se tornando nula. Pitágoras afirmava que as esferas, girando no espaço, produziam sons consideráveis, que se harmonizavam entre si e davam concertos deliciosos. "E entretanto, dizia ele, não os ouvimos, porque nosso ouvido acostumou-se a eles desde o nascimento." Assim, tudo o que é sofrido pelo organismo se enfraquece e tende a anular-se sob influência do hábito. – Em compensação, tudo o que o organismo produz tende a aperfeiçoar-se e a tornar-se automático, pela habituação. É desnecessário citar os atos infinitamente numerosos que realizamos diariamente como efeito de um hábito contraído. Quantos movimentos complicadíssimos, o ato de andar, por exemplo, não reúne e combina entre si! Mas, à força de andarmos desde o nascimento, realizamos esse ato automaticamente. Beber, comer etc. são hábitos contraídos, hábitos que também implicam movimentos musculares de certa complexidade. – Ao lado desses hábitos comuns a todos os homens, há outros que cada um de nós contrai, que lhe são pessoais. Um tique, uma mania são hábitos individuais, se [145] podemos falar assim. Portanto, o campo dos hábitos orgânicos ou passivos é muito grande e para percorrê-lo seria preciso passar em revista todos os atos que realizamos num dia: não há nenhum em que o hábito não intervenha de algum modo.

Hábitos ativos – Como dizíamos, dá-se o nome de hábitos ativos àqueles que contraímos por um esforço de vontade; são hábitos refletidos, hábitos que uma intenção comandou.

Indaguemos como eles são adquiridos e quais são as leis que os regem.

O hábito ativo, assim como o hábito passivo, é adquirido ou por repetição ou por prolongamento do ato primitivo. – Nem é preciso mostrar, como fizemos a respeito da memória, que, se a repetição tem alguma utilidade e o prolongamento também, é unicamente porque já no primeiro ato realizado há um início de hábito contraído. Consideremos, por exemplo, o hábito de dançar. Se já desde a primeira vez que executamos movimentos de dança não restasse alguma coisa, se já então nossa alma, nossa vontade não tivessem imprimido no corpo uma certa direção, direção essa que o corpo conserva, é claro que na segunda vez nos encontraríamos no mesmo estado que na primeira e não aprenderíamos a mais. Se os efeitos se superpõem é porque resta algo de cada um deles; é porque, tão logo o primeiro ato se realizou, havia um hábito rudimentar contraído. – Ora, isso é realmente o que caracteriza os atos ou movimentos realizados pelos seres vivos e, de modo geral, pelos corpos organizados. Tudo o que foi produzido uma vez tende a reproduzir-se, todo ato é um início de hábito. – Poderíamos mesmo estabelecer também uma linha de demarcação bem nítida, bem definida entre os seres vivos ou organizados e a matéria bruta. Como Aristóteles diz muito bem, pode-se lançar vinte vezes seguidas uma pedra no espaço, ela não se habituará a voar. Caso a matéria bruta realize um movimento, se esse movimento não alterar sua forma ou a disposição de seus átomos, nada restará do movimento depois de realizado. Mas, assim que entramos no âmbito da vida, as condições mudam. A planta já se presta a modificações persistentes; ela pode contrair hábitos. É o que acontece quando é aclimatada, quando é transportada de uma região para outra; e, à medida que vamos subindo na escala dos seres vivos, a facilidade de contrair hábitos vai aumentando. Nenhum ser contrai tantos como o homem, e essa é precisamente uma das causas principais de sua superioridade. Realmente, é fácil mostrar que sem essa faculdade de contrair hábitos o homem não seria capaz de aperfeiçoar-se. Sem a menor dúvida, a origem primitiva de todo aperfeiçoamento está nesse ideal que o homem se representa e que o faz tender incessantemente para o melhor. Mas esse desejo permaneceria irrealizado, essa tendência não seria contentada, se não tivéssemos o poder de fixar, por assim dizer, cada avanço conquistado. Ora, esse é precisamente o efeito do hábito. Todo ato realizado deixa atrás de si algo dele mesmo, uma tendência a realizar-se novamente, tendência que se manifesta principalmente pela facilidade, pela desenvoltura cada vez maiores com as quais esse ato será realizado.

Agora, quais são as leis que comandam o desenvolvimento dos hábitos ativos? – São as mesmas que as do hábito passivo. Tudo que é ativo cresce, desenvolve-se e tende ao automatismo como resultado do hábito. Ao contrário, tudo que é passivo decresce e tende a produzir a inconsciência. Exemplo: há dois modos de beber: pode-se beber passivamente, por assim dizer, para satisfazer um desejo, como o alcoólatra. O que acontece? Acontece que o hábito de beber acaba eliminando toda e qualquer distinção entre as qualidades respectivas dos vinhos ou outras bebidas com que ele lida. O hábito embota a sensibilidade. Mas pode-se beber ativamente, por assim dizer, inteligentemente, como faz o degustador, cujo ofício é precisamente esse. Toda vez ele se esforça para perceber a qualidade, a idade e muitos outros atributos. O resultado é justamente o inverso do que constatávamos há pouco. Ele alcança uma admirável agudeza de análise, uma minuciosidade às vezes extraordinária. Nos dois casos o hábito produziu um efeito muito visível; mas, enquanto no último caso levou a uma facilidade crescente, no anterior teve o efeito de eliminar as diferenças, as distinções, e levar à inconsciência. – Essa é uma observação que todos já pudemos fazer, mesmo nas circunstâncias mais habituais da vida. O músico que se exercitou em escutar atentamente uma orquestra acaba, por força do hábito, distinguindo todas as notas tocadas no mesmo instante por todos os instrumentos, poderia anotá-las, transcrevê-las no momento; é que todas as vezes houve atividade de sua parte. Quem escuta esse concerto passivamente, deixando-se embalar pela música, sem reagir, sem fazer esforço, acaba adormecendo ou, se não adormecer, escuta sem entender. O hábito produziu o efeito inverso do anterior. – Essa observação permite-nos compreender por que o hábito é o meio por excelência de nos aperfeiçoarmos. Toda vez que, por um esforço de vontade, tivermos adquirido um hábito, o ato que até então realizávamos com esforço passa a produzir-se por si só e com a maior facilidade. Então a atividade que despendíamos para realizá-lo pode ser reservada para outros atos mais difíceis, mais complexos, e que só são possíveis graças àquele; e, quando tivermos contraído o hábito de produzir esses novos atos mais complexos que os anteriores, também eles poderão tornar-se automáticos, e nossa atividade ficará disponível para despender-se em outra coisa. Exemplo: quando estou aprendendo a escrever, desenho penosamente traços retos e curvos e cada movimento desses exige de mim um esforço. Por força do hábito, produzo esses movimentos inconscientemente. O esforço que eu então despendia para executar um deles em particular poderá ser dedicado a combinar dois ou vários, como acontece quando escrevo a letra *a*. Quando tiver me habituado a escrever as letras maquinalmente, passarei a ter de fixar minha atenção apenas no modo de combinar as letras para formar uma palavra; é o que se chama de ortografia. É indiscutível que para a criança a necessidade de aplicar a ortografia é uma dificuldade muito grande, que exige uma certa tensão mental e impede-a de pensar em outra coisa. Mas, uma vez adquirido o hábito, aplicamos a ortografia maquinalmente, e então o espírito tem de ocupar-se apenas da ideia que pretende exprimir. Assim, é por uma série de hábitos superpostos, cada um deles supondo um hábito inferior, é por uma série de movimentos cada vez mais complicados, cada um deles sendo possível apenas porque o anterior se tornou automático, que conseguimos, por exemplo, escrever uma carta a um amigo, por mais simples que seja a ideia expressa. O mesmo pode ser dito dos hábitos ainda mais complexos: o hábito de ler, de cantar etc.

Para evidenciar a utilidade e o papel do hábito, seria preciso mostrar a influência que ele exerce sobre todas nossas faculdades: sensibilidade, vontade, inteligência.

[147] Será que é preciso mostrar como em muitas ocasiões ele age sobre a sensibilidade? Sabemos que a sensação que se prolonga se enfraquece, precisamente porque o hábito embota e acaba anulando o que é puramente passivo. Sabemos, por outro lado, como o desejo que é satisfeito, longe de extinguir-se, não faz mais que aumentar, como em certos casos ele se torna paixão; é que o hábito fortalece, aumenta o que é ativo, o que supõe primitivamente um esforço.

Se considerarmos a vontade e não mais a sensibilidade, poderíamos mostrar como a boa e a má condutas sempre resultam menos ou mais de hábitos contraídos. – Aristóteles definiu a virtude como o hábito de agir bem. E, de fato, a honestidade é um estado duradouro, uma disposição da alma, um hábito, em resumo. É por isso que estavam errados os que afirmaram que o hábito de agir bem diminuía o mérito de quem realiza uma boa ação; que, ao contrário, o criminoso empedernido e que costuma fazer o mal é menos responsável por isso. Nesse caso, não será ele responsável, se não pela ação realizada, ao menos pelo hábito contraído e pelas ações múltiplas, numerosas, que o causaram? O que se chama de caráter na vida nada mais é que o conjunto desses hábitos, somados, é bem verdade, às disposições naturais, as quais, por sua vez, talvez nada mais sejam que hábitos hereditários, hábitos contraídos por nossos ancestrais e por nós. São esses os elementos que dão à nossa personalidade sua cor própria.

No campo da inteligência, já deparamos com uma faculdade que é apenas a aplicação do hábito ao ato de pensar. Estamos falando da memória. Entre a lembrança e um ato habitual qualquer, há uma diferença. O hábito não implica o reconhecimento; o reconhecimento é precisamente o elemento intelectual da lembrança. Mas o próprio fundo da lembrança, ou seja, a reprodução de um fato passado, explica-se pelo hábito. Nossa inteligência, tão logo passou por uma ideia, contraiu o hábito rudimentar de representá-la novamente. – Mostraríamos agora como nossas outras faculdades (imaginação, associação de ideias, juízo, raciocínio etc.) funcionam bem ou mal, de acordo com o hábito contraído de direcioná-las num sentido ou em outro. Já mostramos essas qualidades e esses defeitos a propósito das diversas faculdades da inteligência. Já mostramos como a diversidade dos espíritos tem origem em diferentes hábitos ou de associar ideias, ou de abstrair, ou de generalizar, ou de expressar-se. Visto que o hábito é o que caracteriza o ser vivo, o campo do hábito será tão vasto quanto o da vida, e principalmente tão vasto quanto o da vida psicológica, e não poderíamos citar fatos psicológicos que escapem a ele.

Para concluir, seria preciso buscar a origem do hábito, indagar como ele é possível, de onde vem essa admirável propriedade dos seres vivos, pensantes, e mais globalmente dos seres organizados, propriedade que faz com que a mudança, uma vez produzida, provoque no ser vivo ou organizado uma disposição para reproduzi-la. Esse problema é insolúvel, pois é o problema da vida. Viver e contrair hábitos são a mesma coisa. – Perguntar por que contraímos hábitos é perguntar qual é a diferença que existe entre a matéria bruta e a matéria organizada. De nada adianta dizer com os materialistas que todo hábito tem sua origem, sua causa, num deslocamento ou num reagrupamento de células nervosas ou dos elementos que as compõem; pois sempre o mesmo problema torna a apresentar-se: "Como se explica que, uma vez produzida a estimulação, as coisas não retornem à sua ordem natural, como acontece com a matéria bruta?"

38ª Aula

A vontade

[148] O ato voluntário está a meio caminho entre o ato puramente instintivo e o ato habitual. O instinto, como já dissemos, precede a vontade; o hábito supõe a intervenção da vontade. A questão, portanto, é definir com precisão esse modo de atividade chamado atividade voluntária. – Para defini-lo, vamos tomar um ato voluntário qualquer e tentar determinar os elementos que o compõem.

Veremos que todo ato voluntário supõe, menos ou mais distintas, quatro fases sucessivas:

1º Um certo número de motivos de ação apresenta-se a nosso espírito, motivos diversos que levam a ações diferentes. Assim, o dia está bonito e eu poderia ir passear. A tentação é forte e esse é um móvel ou motivo de ação. Por outro lado, penso no exame temível que tenho de prestar. A ideia de que, em vez de passear, eu poderia fazer um dever de filosofia apresenta-se a mim. Esse é um novo móvel que leva a um ato totalmente diferente do primeiro. Esses motivos diversos se apresentam a meu espírito simultaneamente ou sucessivamente e pode-se ver que, sempre que há atividade voluntária, é pela concepção de motivos diferentes que começamos. Essa é a primeira fase: concepção dos diversos motivos.

2º Se uma dessas duas ações possíveis se realizasse por si só (e frequentemente há mais de duas), em outras palavras, se um dos diferentes motivos se impusesse a mim de modo que exclua a consideração de todos os outros, não se poderia falar de atividade voluntária propriamente dita. Haveria instinto, desejo cego, mas não volição. Porém na maior parte do tempo acontece que eu hesito, que aproximo os motivos de ordem diferente, que os comparo, que chego a procurar uma ligação entre eles e nem sempre a encontro. Em outras palavras, delibero, peso sucessivamente as vantagens respectivas de um passeio num dia bonito e de uma dissertação filosófica composta com arte e método. Essa deliberação é a segunda fase do ato voluntário.

3º A deliberação duraria eternamente se eu por fim não me detivesse num dos motivos ou móveis que, dependendo do caso, me parece superior aos outros. Assim, depois de centrar minha atenção sucessivamente no prazer de um passeio e na utilidade de uma dissertação, é na dissertação que me detenho. Tomo um partido, faço uma escolha. Essa escolha é a terceira fase.

4º Por fim, quando a decisão está tomada, é preciso executar o que concebi. Porque a intenção não basta; é preciso realizá-la. É inevitável que, nessa quarta fase do ato voluntário, intervenham certas condições que não dependem de nós e que já não são propriamente de ordem psicológica. – Assim, se me decidi pelo passeio, posso no último momento ser impedido por um aguaceiro; se é pela filosofia que me decido, posso perceber, no momento em que me preparo para realizar minhas boas intenções, que não tenho conhecimentos suficientes para tratar o tema proposto. Nesse sentido, pode-se dizer que a última fase do ato voluntário, o efeito material, o efeito palpável a que esse ato deveria levar, está subordinado, em muitos casos, a circunstâncias independentes de nós e de ordem física ou natural. Mas, para que o ato voluntário seja completo, basta que tenhamos produzido todo o esforço [149] possível para realizá-lo: o esforço é o que depende de nós. Se a força externa contra a qual esse esforço vem chocar-se é superior, se ela oferece uma resistência insuperável, nem por isso havíamos deixado de querer, tanto quanto podíamos querer. Portanto, por execução é preciso entender nem sempre a realização efetiva do que tivermos concebido, mas o esforço máximo requerido para realizá-lo. – Assim fica resolvida a questão, tão controversa em moral, de saber quais são exatamente o papel e o valor da intenção. Os jesuítas concentravam na intenção a moral inteira, os jansenistas situavam-na no ato: segundo eles, unicamente o ato teria uma moralidade. É claro que a verdade está entre esses dois extremos. Não há ato voluntário propriamente dito; consequentemente não há ato moral ou imoral, quando não houve intenção, ou seja, concepção dos motivos, deliberação e escolha. Por outro lado, o ato voluntário está incompleto se a escolha efetuada pela inteligência não tiver sua repercussão, sua consequência necessária no âmbito do esforço, que é por excelência o âmbito da vontade. E entretanto, mesmo que esse esforço fracasse, o ato é completo do ponto de vista psicológico e moral, visto que fizemos tudo o que dependia de nós.

Graças a essa análise, podemos distinguir a vontade da sensibilidade e da inteligência.

É claro que em todo ato voluntário a inteligência tem uma participação. De fato, algumas fases do ato voluntário tal como acabamos de descrevê-lo ocorrem exclusivamente no âmbito da inteligência. É a inteligência que concebe motivos, visto que a inteligência é a faculdade de formar ideias; é a inteligência que compara os motivos, visto que a faculdade de associar, de aproximar, de comparar, é uma faculdade intelectual e, efetivamente, não poderia haver vontade onde não houver inteligência. Tanto é assim que os tribunais não consideram o louco, cuja inteligência está perturbada, nem o idiota, cuja inteligência é fraca ou nula, como responsáveis, isto é, como tendo realmente querido fazer o que fizeram; também é por isso que o homem culto, o homem instruído, é mais responsável por suas ações do que o ignorante. – Mas, de não haver vontade sem inteligência não se deve concluir que inteligência e vontade sejam a mesma coisa. De fato, haverá sempre entre essas duas faculdades uma diferença profunda: a inteligência não escolhe; ela percebe, contempla, mesmo avalia, mas não há razão para que se decida, para que tome um partido. Tanto é assim que, quando a inteligência se permite afirmar, julgar, pronunciar-se, portanto, entre duas proposições contrárias, para isso é necessária, como Descartes mostrou e como nós mesmos dissemos no curso, a intervenção da vontade. Portanto, diremos que o que caracteriza a vontade comparada com a inteligência, o que a distingue dela, é implicar sempre uma escolha.

É mais difícil distinguir a vontade da sensibilidade. Vários autores confundiram a vontade com uma faculdade puramente sensível, o desejo. Era esse o modo de ver de Condillac em particular; era esse também, mas com muitas restrições, o modo de ver de Aristóteles; e de fato a vontade e o desejo apresentam certas características em comum. Como o desejo, a vontade nos leva, nos impele para certos objetos. A linguagem popular frequentemente confunde as duas coisas. Diz-se indiferentemente: "Eu quero" ou "Eu desejo", e é indiscutível que entre esses motivos de que falávamos há pouco, motivos entre os quais deliberamos para em seguida fazermos uma escolha, o desejo figura em primeiro lugar. É raro nos decidirmos por uma ideia [150] pura. A sensibilidade sempre intervém menos ou mais, com seu cortejo de inclinações, de paixões, de desejos etc. – Mas nem por isso deixam de existir entre o desejo e a vontade propriamente dita diferenças radicais, que vamos apontar uma a uma:

1º O desejo é irrefletido: sabemos que a inclinação tem suas raízes nas profundezas de nossa natureza, que quase sempre ela é indispensável para a conservação do indivíduo ou da espécie; não a questionamos, e o desejo nada mais é que uma forma de inclinação. – Ao contrário, se nossa análise do ato voluntário estiver certa, não poderia haver volição quando não houver reflexão, atenção, raciocínio, inteligência, em resumo. O animal tem desejos; só o homem pode querer, e é precisamente por isso que só o homem é responsável pelo que faz –.

2º O desejo comporta uma infinidade de graus; é menos ou mais intenso. A vontade é una e indivisível, na medida em que não há dois modos de querer e que tampouco há modos intermediários. Queremos e não queremos. Sem dúvida, dizemos que uma certa pessoa tem mais vontade que uma outra pessoa. Com isso queremos dizer que num número maior de casos ela saberá resistir a seus desejos, a suas paixões. Mas, num caso determinado, não há meios-termos possíveis entre querer e não querer; pois, como dizíamos, o essencial da vontade está na escolha, que é um ato preciso.

3º Em terceiro lugar, a diferença entre o desejo e a vontade fica evidente no fato de que, muito frequentemente, entre o desejo e a vontade há antagonismo. O papel da vontade é precisamente opor uma barreira à inclinação e substituir o desejo cego, o desejo automático e maquinal, pela atividade refletida e consciente de si mesma.

4º Mas agora podemos indicar a característica própria do desejo e distingui-lo ainda mais claramente da vontade. O desejo, justamente porque é irrefletido, pode propor-se uma meta ou um objeto qualquer. Qualquer um pode desejar ser imperador da China; mas o querer tem limites que lhe são precisamente prescritos ou impostos pela inteligência; de fato, não há volição séria, volição real, quando a pessoa não tiver refletido sobre a possibilidade de atingir o objetivo a que visa e sobre os meios a empregar para isso. A criança deseja, porque se limita a querer o fim, não se preocupa com os meios e pedirá que lhe deem a lua, cuja imagem vê numa poça de água. Mas, como a vontade é essencialmente racional, não se pode querer o fim sem imaginar, sem prever, sem calcular ao mesmo tempo os meios que poderão conduzir a ele. Diz um provérbio popular: "Quem quer o fim quer os meios."

Portanto, não poderíamos, como alguns fizeram, definir a vontade como um desejo. Não temos sequer o direito de dizer, com Aristóteles, que a vontade é um desejo que conhece a si mesmo e se controla; pois, mesmo juntando ao desejo a reflexão, não obteremos como resultado dessa mistura ou dessa síntese a atividade voluntária. Sempre restará da volição um elemento irredutível, irredutível à inteligência, irredutível à sensibilidade: é a escolha, é o livre-arbítrio, é a decisão tomada entre dois ou vários possíveis. Portanto, temos de abster-nos de dar uma definição precisa da vontade, ou pelo menos uma definição que caiba numa fórmula. Tudo o que podemos dizer é que há ato de vontade em toda parte em que, a uma concepção refletida dos motivos em cuja presença nos encontramos, sucede uma deliberação seguida de uma escolha e de um efeito.

[151] Mas até que ponto podemos escolher, qual é hoje a extensão de nosso livre-arbítrio, é a questão que os filósofos levantaram e que teremos de examinar.

39ª Aula

A liberdade[84]

A palavra liberdade é empregada diariamente e nos mais diversos sentidos. Costuma-se acrescentar-lhe um epíteto que determina seu sentido. Chamamos de liberdade política, por exemplo, a faculdade concedida aos cidadãos de intervirem de algum modo no governo do país; liberdade individual, o direito que todos possuem, ou deveriam possuir, de dispor de sua pessoa, na medida em que não prejudicar os semelhantes; liberdade de consciência, a faculdade, permitida a todos nos Estados livres, de expressar suas opiniões e seguir suas crenças. Por fim, quando falamos de liberdade sem epíteto, geralmente nos referimos ao poder de ir e vir à vontade. Por exemplo, dizemos de um prisioneiro que ele não é livre, pois, em qualquer projeto que conceber, no momento de executá-lo será sempre impedido pelos muros que o cercam.

Cada um desses sentidos da palavra liberdade tem alguma relação com o que lhe é atribuído em psicologia; mas nenhum desses sentidos corresponde exatamente ao sentido psicológico. Em filosofia, entende-se por liberdade o poder que possuímos, ou julgamos possuir, de escolher entre várias ações possíveis e nos determinarmos por uma delas. Nesse sentido, a liberdade existe ou parece existir até mesmo onde não há nem direito político, nem direito civil, nem liberdade individual, nem liberdade de consciência. De fato, a polícia pode impedir-me de expressar em voz alta o que penso, mas acaso ela pode impedir-me de pensar, ou seja, de escolher entre várias crenças possíveis? Pode-se impedir o prisioneiro de sair para a rua, mas acaso pode-se impedi-lo de querer isso, ou seja, de formar um projeto, de conceber motivos de ação e preferir um deles? Assim, a liberdade, no sentido psicológico da palavra, nada mais é que uma livre escolha. Por isso lhe dão também o nome de livre-arbítrio, de *arbitrium*, escolha.

A questão que se apresenta para nós a propósito da vontade, como mostrávamos na última aula, é a seguinte: "Essa vontade é livre? Temos realmente escolha, como acreditamos ter, entre várias determinações diversas e possíveis no mesmo grau?" Sem dúvida, quando agimos nos parece que poderíamos ter agido de outro modo, e a prova disso é que frequentemente nos reportamos ao passado para lamentarmos o que fizemos e nos dizermos que, se tivéssemos feito uma outra coisa, teríamos tido um outro destino. Mas não seria isso uma ilusão, na realidade não estaríamos inclinados fatalmente, necessariamente, de um certo lado e determinados a uma certa escolha, de tal modo que, a despeito das aparências, nossa decisão não poderia ter sido outra? – Essa é a questão levantada por um número considerável de filósofos, inclusive pelos maiores dentre eles. Pois não há grande sistema filosófico que não se incline a negar a liberdade. Isso se deve a que todo sistema implica uma dedução, como veremos. Ora, a liberdade é precisamente o que confunde a lógica e o que fica fora dos enquadramentos de um sistema.

Deixaremos de lado neste estudo os filósofos que negam a liberdade em virtude dos próprios princípios de sua doutrina. Assim, [152] Espinosa, tendo formulado primeiramente a definição de substância e estabelecido que tudo aquilo que é deve ser deduzido desse princípio à maneira matemática, disso resulta que nenhuma de nossas ações pode ser livre e que, ao contrário, cada uma delas pode ser prevista e demonstrada previamente, assim como as propriedades de um círculo, por exemplo. Preferiremos considerar aqueles que, fora de qualquer sistema e simplesmente por terem analisado as condições em que se produz o ato aparentemente livre, chegaram à conclusão de que a liberdade é uma quimera. Dá-se o nome de deterministas aos filósofos que negam assim a liberdade, e distinguem-se várias espécies de determinismos, de acordo com a natureza dos argumentos a que esses filósofos recorrem.

1º DETERMINISMO TEOLÓGICO OU FATALIDADE – Chama-se assim a doutrina que nega o livre-arbítrio baseando-se em que a própria liberdade seria incompatível com a perfeição divina. Portanto, é a argumentos religiosos ou teológicos que esse determinismo recorre; é o determinismo das religiões orientais, do islamismo. Alguns até mesmo afirmaram encontrá-lo nos Pais da Igreja, particularmente em Santo Agostinho.

Os argumentos do fatalismo podem ser reduzidos a dois:

– O primeiro é extraído da onipotência divina. Deus, dizem, sendo perfeito é onipotente. Dizer que ele é onipotente é afirmar que quer ou quis tudo o que é, pois, se alguma coisa existisse sem que Deus assim tivesse querido, poderíamos conceber um ser que tivesse querido não apenas tudo o que Deus quer, mas também essa coisa mesma, e o ser que então conceberíamos seria superior a Deus. Disso decorre que Deus não seria perfeito. Portanto, não é feito nada que não tenha sido decidido ou querido pela Providência e, quando julgamos querer, quando julgamos agir e escolher, é Deus que escolhe em nosso lugar. – Pode-se responder, como se respondeu muitas vezes, que Deus pode ser todo-poderoso sem por isso fazer tudo. De se poder tudo não decorre que se queira tudo. Sem dúvida Deus poderia agir constantemente em nosso lugar, paralisar nossa vontade, fazer com que não mais agíssemos e mesmo não mais existíssemos; mas talvez ele tenha preferido criar seres livres, ou seja, seres que possam decidir-se, escolher, querer; e acrescenta-se com razão que tal criação seria mais digna da Providência, que o próprio homem é capaz de construir máquinas que funcionam automaticamente, mas Deus deu prova de um poder infinitamente maior quando fez nascerem seres capazes de se determinarem e de fazerem escolhas. Portanto, a liberdade humana seria, ao contrário, uma prova, um testemunho evidente da onipotência de Deus.

– O segundo argumento do fatalismo é, sem a menor dúvida, o mais conhecido. É extraído da presciência divina. Deus, dizem, sendo perfeito é onisciente; pois, se ignorasse alguma coisa, haveria nele uma imperfeição. Se sabe tudo, conhece o futuro tanto quanto o presente e o passado. Portanto, sabe agora, sabe desde sempre o que cada um de nós, o que cada um dos homens pertencentes às gerações futuras deve produzir num determinado momento e num determinado lugar. Assim, não existe ação realizada por nós que não esteja prevista desde sempre pela inteligência divina. Se estava prevista, como poderia ela ser livre ou contingente, como seu contrário seria possível? Neste momento estou falando do determinismo teológico. Se esta ação, se esta escolha entre vários pensamentos possíveis não tivessem sido previstas desde sempre por Deus, alguma coisa teria faltado em sua ciência; e, se foram previstas por Deus, seria absurdo afirmar que neste momento eu pudesse falar de outra coisa, pois então [153] a ciência de Deus teria se mostrado errônea e o que ele teria previsto não teria se realizado. Esse é o fundamento do fatalismo muçulmano. O que tornava o árabe indiferente ao perigo era sua crença firme na presciência divina: "Estava escrito", diz ele, querendo dizer com isso que, não importa o que tivesse feito, o que Deus previra teria acontecido sempre –.

Esse argumento sempre causou embaraço aos teólogos. Alguns afirmaram que sem a menor dúvida Deus previa nossas ações, mas as previa como devendo ser livres. Isso é um jogo de palavras; pois ou Deus as prevê tais como serão e então elas já não serão contingentes, seu contrário se tornará impossível; ou ele não as prevê sob essa forma, e então sua ciência é imperfeita –.

Outros, mais profundos, responderam, talvez com alguma razão, que atribuir a presciência a Deus é um erro, pela simples razão de que para Deus não há passado e futuro[85]. Há apenas um presente eterno. Realmente, já mostramos que a duração só existe para um ser que muda. Deus, sendo imutável, permanece fora do tempo, da duração. Portanto, não se deve dizer que ele prevê nossas ações; ele as vê, pois o momento da criação e a série indefinida de séculos que a sucedeu são para ele uma coisa só, tudo isso não constitui para ele mais que um só e único momento; assim como, quando estamos no topo de uma alta montanha, por exemplo, enxergamos com um único lance de olhos e num único momento uma imensa extensão de terra que precisaríamos de dias inteiros para percorrer, se estivéssemos na planície. – Entretanto, não se pode ignorar que a resposta a essa segunda objeção está em contradição com a primeira.

Isso porque, se para Deus há apenas um momento único e um presente eterno, o momento atual em que faço uma escolha coincide para Deus com o momento da criação. Portanto, ele cria a ação da qual neste momento me julgo o autor; pois, afinal, de duas coisas uma: ou Deus criou realmente seres livres e deu-lhes o poder de escolher, permitindo-lhes que o utilizassem em seguida; é assim que se responderá à primeira objeção, mas então se admitia que há para Deus uma duração; – ou então não há duração para Deus, para ele tudo acontece no mesmo instante eterno, mas então como poderia ter criado seres dotados do poder de se decidirem livremente em seguida, visto que a palavra "em seguida" não tem sentido para ele?

Concluiremos, portanto, como fez Bossuet, que o problema está acima das forças da inteligência humana, e que sabemos duas coisas: por um lado, que Deus é perfeito, onipotente, onisciente e portanto presciente; por outro lado, que somos livres, visto que temos consciência de sê-lo e que há uma lei moral, um dever ao qual estamos obrigados a obedecer, o que não seria possível se não tivéssemos a faculdade de fazer uma escolha. Como conciliar essas duas verdades: a liberdade humana e a presciência divina? Nada sabemos sobre elas, mas isso não é motivo para negarmos uma ou outra. "Temos em mãos os dois elos extremos da corrente, mas os elos intermediários nos escapam", diz Bossuet.

2º DETERMINISMO FÍSICO – O determinismo, sob essa segunda forma, foi defendido, desenvolvido, por um bom número de físicos e mesmo de fisiologistas nos tempos modernos.

O determinismo, sob essa segunda forma, fundamenta-se em argumentos de ordem física ou matemática e particularmente naquela lei fundamental, naquela lei que é a mais geral de todas: "Nada se perde, nada se cria." A quantidade de força permanece idêntica no Universo. Admite-se que, toda vez que um movimento se produz, [154] ele é consequência necessária de certos movimentos que existiam anteriormente e dos quais é apenas a resultante. É nesse princípio que se baseiam todas as ciências físicas e, sem dúvida nenhuma, não se poderia negá-lo sem colocar sob suspeita a Física, a Química e de modo geral as ciências naturais. – O vento sopra num determinado momento, ou seja, cada uma das moléculas do ar se desloca num certo sentido. Poderia acontecer que uma dessas moléculas não se deslocasse? Sem dúvida que não; dadas as condições em que elas se encontravam, esse movimento era fatal, necessário; pois, se o ar se move, é que foi impelido, e era impossível que a um movimento dado não sucedesse um certo movimento igualmente determinado. – A mecânica nos mostra que a forças componentes determinadas corresponde uma resultante determinada.

Isso dito, vejamos a qual conclusão seríamos levados se admitíssemos a possibilidade de o homem agir livremente. Penso no ato livre mais simples, um movimento do braço, para usar o exemplo clássico. Digo a mim mesmo que quero levantar o braço e levanto-o. Parece-me que escolhi entre duas ações possíveis e que teria podido, se assim quisesse, não levantá-lo. Em outras palavras, esse ato me parece livre. Se assim for, será preciso admitir que criei inteiramente o movimento de meu braço, pois, afinal, consideremos o momento preciso em que hesito e em que julgo decidir-me. Nesse momento, certas condições existem, certas condições são dadas. Ora, se for verdade que nesse momento eu possa indiferentemente levantar meu braço ou não levantá-lo, será preciso admitir que, em condições determinadas, um movimento pode indiferentemente produzir-se ou não produzir-se. – Ora, isso é manifestamente contrário às leis fundamentais da Mecânica, que dizem que, quando um movimento acontece, ele é a consequência necessária, a consequência determinada, de movimentos preexistentes. Segundo os partidários do determinismo físico, se meu braço se levanta num dado momento, era impossível que não se levantasse; e quando julgo que sou o autor desse movimento, quando imagino que poderia não tê-lo levantado, estou sendo vítima de uma ilusão. Se meu braço se levanta é porque meus músculos se contraíram; se meus músculos se contraíram foi porque os nervos correspondentes estavam em movimento; se esses nervos estavam em movimento foi porque o cérebro lhes transmitiu um impulso; se o cérebro transmitiu esse impulso foi porque um certo trabalho de natureza desconhecida estava acontecendo no cérebro e esse trabalho, como todo trabalho mecânico, transformou-se em movimento. Disso resulta que somos verdadeiros autômatos, que todos nossos movimentos são determinados como os movimentos que a mecânica estuda, e seria impossível que um ato, por mais insignificante que fosse, ocorresse diferentemente de como se produziu.

Não se poderia contestar que aí está uma objeção temível, e temos de admitir imediatamente que, se o princípio fundamental das ciências é verdadeiro, de uma verdade absoluta, se é verdade que nenhum movimento se cria ou se perde, que as leis da natureza são rigorosas e universais, que todo fenômeno resulta necessariamente de certas condições dadas, então não há lugar para a liberdade humana.

A questão é saber se esse princípio tem todo o rigor que lhe atribuem ou se não sofre objeções.

Um filósofo contemporâneo, Boutroux[86], mostrou com muita profundidade que as leis da natureza nunca são mais do que aproximações, que não existem leis absolutamente verdadeiras e que se pode muito bem supor que em certos casos, dadas certas condições [155] físicas, um fenômeno físico pode muito bem hesitar, por assim dizer, e produzir-se indiferentemente de uma maneira ou de uma outra. Ele escreveu sobre esse ponto e para desenvolver essa ideia um trabalho notável intitulado: *Da contingência das leis da natureza*.

Por outro lado, um matemático também contemporâneo, Boussinesq[87], mostrou que, quando se submete ao cálculo um fato mecânico, quando, em outras palavras, se tenta determinar previamente a direção de um movimento, chega-se, em certos casos, a soluções singulares, a um resultado tal que dois movimentos em duas direções diferentes são igualmente possíveis. O corpo móvel, chegando a um certo ponto de sua trajetória, ou seja, da linha que percorre, deverá, em virtude justamente das leis da mecânica, ser tomado de uma espécie de hesitação e escolher entre dois caminhos igualmente possíveis. Imaginem um objeto colocado no vértice de um cone; se ele deve cair, poderá cair indiferentemente de um lado ou de outro. Não há razão mecânica ou física que possa determiná-lo a cair deste lado e não daquele. Ele tem a escolha, por assim dizer.

Portanto, pode-se afirmar que esta suposta lei: "na natureza tudo é determinado; é impossível que um movimento ocorra diferentemente de como se produz" indiscutivelmente comporta exceções, e a liberdade humana corresponde a uma delas.

40ª Aula

A liberdade (continuação)

3º Determinismo psicológico – Essa variedade do determinismo é de longe a mais importante. Alguns filósofos, a maioria empiristas, pois nestes últimos tempos Stuart Mill esteve à frente deles, mas que apesar disso poderiam invocar Leibniz, procuraram na análise, agora puramente psicológica, do ato voluntário razões que pudessem levar-nos a duvidar da liberdade humana.

Como dizíamos, toda ação livre ou supostamente livre tem origem numa escolha entre dois ou vários motivos possíveis entre os quais se deliberou. Ora, nessa hesitação entre motivos diversos, acaso não é evidente que o motivo mais forte, o motivo mais importante, faz necessariamente nossa vontade pender para seu lado? Seria absurdo que optássemos pelo motivo mais fraco; e, já que nos decidimos pelo mais forte, não se pode dizer que sejamos livres, visto que é a força do motivo que nos impele. Os deterministas compararam engenhosamente a vontade com uma balança, e os motivos, com pesos. Assim como a balança pende necessariamente do lado do peso maior, assim também nossa vontade pende do lado do motivo mais sério, mais grave, e seria impossível, em vista dos motivos e de seu valor, que nossa escolha fosse diferente do que foi.

A esse argumento muito especioso dos deterministas foram dadas respostas muitas vezes insuficientes.

– A mais célebre é a que se deve aos partidários da liberdade de indiferença. Esses filósofos afirmaram que muito frequentemente os motivos diversos com que nos defrontamos têm identicamente o mesmo valor e que mesmo assim nos decidimos; disso se concluiria que [156] o homem pode ser livre, que a liberdade é possível, visto que em tal caso não se pode dizer que haja um motivo mais forte e que esse motivo nos impulsione. Dizia-se que um burro, colocado entre dois montes de feno absolutamente iguais, idênticos, certamente não tem nenhuma razão para começar pelo da direita em vez de pelo da esquerda. Portanto, deveria morrer de fome se nunca se decidisse entre dois motivos idênticos. Ora, a experiência nos mostra que isso não acontece e que o burro se decide sem sombra de hesitação. Portanto, podemos agir sem ceder a um motivo mais forte que os outros. Esse é o exemplo famoso conhecido pelo nome de argumento de Buridan[88]: atribuem erroneamente a esse filósofo essa invenção pueril. – Invocam também o exemplo do saco de guinéus. Mergulhe a mão, dizem, num saco cheio de moedas de ouro; se unicamente o motivo mais forte é que determina nossa escolha, seremos incapazes de retirar uma moeda do saco, pois há tanta razão para escolher uma como outra. Entretanto nos decidimos sem dificuldade.

Não é difícil mostrar que essas respostas são pueris e que na realidade nunca nos decidimos sem razão, sem cedermos a um motivo que nos parece mais considerável que seus rivais. Há razões de comodidade para escolhermos uma moeda em vez de outra quando mergulhamos a mão num saco; e, se deixarmos de lado a primeira moeda que cair em nossa mão, será para dar prova de liberdade, para fugirmos a essa razão de comodidade e será ainda a uma razão especial que estaremos obedecendo. E se o burro opta pelo monte da direita em vez do da esquerda, é que sem dúvida está mais habituado a efetuar movimentos nessa direção. Seria indigno de um ser que raciocina, que pensa, decidir-se sem motivos[89], e seria absurdo escolhermos um motivo que nós mesmos declarássemos ser mais fraco que os outros, pois o fato de o termos escolhido prova que era o mais forte.

– Também se respondeu aos deterministas que eles mesmos não acreditavam em sua doutrina e que, na prática, não a levavam em conta. Assim, diz-se, sou absolutamente livre, se quiser, para erguer meu braço neste instante, e a prova de que sou livre e de que o próprio determinista admite isso é que nenhum determinista vai querer apostar comigo 1.000 francos que não erguerei meu braço agora mesmo, se for de meu agrado. O determinista responderá com razão que então a ideia de vencer a aposta se torna para mim um motivo considerável, ao qual obedeço se erguer meu braço, e esse ato já não é livre, pois destas duas ações possíveis: imobilidade inútil ou movimento muito lucrativo, a segunda devia fatalmente vencer; e, se não for para ganhar dinheiro que ergo meu braço, será para mostrar que posso erguê-lo, e novamente estarei cedendo à pressão de um motivo e minha ação não poderá ser diferente do que foi, dadas as circunstâncias.

Nós de bom grado concedemos aos deterministas dessa escola seus princípios e admitimos com eles que não se age sem motivo, que seria errado fazê-lo e que, quando se decide entre vários motivos, é pelo motivo mais forte que se opta necessariamente.

Seria assim, sem dúvida, se os motivos fossem comparáveis a pesos dotados de um valor perfeitamente determinado, de um valor intrínseco, por assim dizer, e se houvesse entre os motivos diferenças de importância absolutas e não relativas. Coloquem dois pesos, um de 2 quilos e o outro de 4, cada um num prato de uma balança; se a balança estiver ajustada, penderá sempre do lado do segundo. O mesmo acontecerá com todas as balanças imagináveis, contanto que estejam ajustadas. – Mas tomem dois motivos: o amor ao ganho, por exemplo, e o respeito ao dever, e coloquem diante desses motivos vinte pessoas [157] diferentes: talvez não existam duas que ajam exatamente do mesmo modo, porque o que é o motivo mais forte para esta será um motivo fraco para aquela, porque os motivos têm um valor relativo a cada um de nós, porque a única força que têm é a que lhes atribuímos. Disso se conclui que sem a menor dúvida obedecemos ao motivo mais forte, mas somos nós que fazemos a força dos motivos e é precisamente nisso que consiste nossa liberdade. Nossa liberdade, repetimos, consiste precisamente em nosso poder de atribuir, de ligar aos diferentes motivos um valor que depende inteiramente das propensões que temos, de nossos hábitos de pensar, de nosso caráter e de nossa moralidade.

E se perguntarmos agora por que é assim, por que os motivos não podem ser comparados entre si como pesos, por que não podemos declarar de uma vez por todas que um deles pesa mais, vale mais que os outros, veremos que isso acontece porque os motivos entre os quais o homem é chamado a escolher diferem pela qualidade, e não apenas pela quantidade. – Entre um peso de 2 quilos e um peso de 4 quilos há uma diferença de quantidade muito nítida, mas não há outras diferenças. Portanto, pode-se compará-los e dizer de um modo absoluto que um dos dois é superior ao outro. Ora, talvez seja assim com os motivos com que o animal, por exemplo, se defronta. Pois o animal tem apenas apetites, necessidades de prazer ou de satisfação dos sentidos, e, como todos os motivos entre os quais poderia hesitar são motivos desse tipo, portanto motivos do mesmo tipo, fatalmente ele cederá ao mais forte, ou seja, àquele que, intrinsecamente, prometer o prazer maior. É por isso que o animal não é livre, é escravo de seus apetites, do apetite mais forte, o que significa que a expectativa do prazer maior vencerá necessariamente todo o restante. O mesmo aconteceria com o homem se ele não conhecesse outro móvel ou motivo de ação além da busca do prazer e da satisfação de sua sensibilidade; pois, entre um prazer menor e um prazer maior, como a hesitação seria possível? Sempre preferiremos um copo de bom vinho a um copo de óleo de rícino, e um jantar bom a um ruim. Mas o que faz o homem ser livre é que, ao lado e diante desses motivos de ação extraídos de sua sensibilidade, há outros cuja origem está na razão. Estamos nos referindo ao dever, à lei moral. Entre o prazer e o dever não é possível comparação, como é possível entre um prazer e um outro prazer. Não se pode dizer que o dever seja quantitativamente superior ao prazer, assim como uma temperatura não pode ser superior a uma cor. Duas quantidades só podem ser comparadas, quanto à grandeza, se forem da mesma natureza. Assim sendo, tudo dependerá do homem, de seu modo de pensar, de seu modo de ser, de sua vontade, em resumo. E dependendo do caso é o dever que passará à frente do prazer ou o prazer à frente do dever[90]. Portanto, se o homem é livre, se não é escravo dos motivos, é porque lida com motivos de ordem e qualidade diferentes: de um lado o prazer, o interesse e o sentimento, do outro o dever; é é por isso que se chegou a dizer que a obrigação moral é o fundamento de nossa liberdade. Pois é a ideia do dever que liberta o homem da servidão, da escravidão, e salva-o de seus apetites. É ela que lhe fornece um motivo para opor aos outros motivos, de modo que a hesitação seja pelo menos possível e que a escolha não possa ser prevista –.

Os próprios deterministas acabaram reconhecendo a pertinência dessa argumentação. Eles admitirão conosco que o agente, [158] aquele que age, é que faz a força dos motivos ao preferir um deles.

Mas, dizem eles, será que essa preferência é livre? Sem a menor dúvida somos nós que atribuímos a um motivo em particular mais força que aos outros, mas por que o consideramos como o mais forte?

– É porque somos feitos assim, porque nosso caráter, nosso modo de pensar, de julgar, de raciocinar leva-nos a isso; e a prova é que dois homens, diante dos mesmos motivos, lhes atribuem valores diferentes, e um psicólogo perspicaz, que conhecer cada um desses dois homens, poderá prever e predizer com bastante certeza o partido que cada um deles tomará.

Vamos indagar então, acrescentam os deterministas, o que se entende por caráter das pessoas. Na verdade, essa palavra designa simultaneamente um certo número de coisas, e o que chamamos de caráter é apenas a síntese de um número bastante considerável de elementos, nenhum dos quais foi criado por nós. Esses elementos são:

1º As propensões hereditárias, ou seja, os instintos ou inclinações que herdamos de nossos ancestrais e pelos quais se explica a diversidade dos gostos naturais. Sabe-se que, segundo os partidários das teorias empiristas e evolucionistas, os hábitos contraídos pelos ancestrais, os hábitos ancestrais, transmitem-se para os descendentes e então se apresentam nestes sob forma de gostos inatos, de instintos naturais.

2º O temperamento, ou seja, o conjunto de nossa constituição física. Como se explica que este homem aqui seja dado à cólera, ao rancor, ao ressentimento? É porque ele é bilioso. É culpa sua? Um outro é autoritário, ríspido, violento: é um temperamento sanguíneo; não foi ele que o criou; aquele ali é mais aristocrático em suas maneiras, mais delicado em suas escolhas, mais refinado em sua maldade, se for maldoso; é um temperamento nervoso.

São todas influências que sofremos, assim como somos escravos de nossas propensões hereditárias.

3º A educação que recebemos não nos terá inculcado também preconceitos, bons ou maus, não importa? O certo é que, graças a ela, trazemos na vida ideias preconcebidas, à luz das quais julgamos, pronunciamos. Acreditamos que nos decidimos em virtude de nossa própria iniciativa, e na realidade estamos inconscientemente adotando um preconceito de nossos professores ou de nossos pais.

– Poderíamos multiplicar os elementos dessa análise e provar sem dificuldade que, nisso que chamamos de nosso caráter ou em nossa personalidade moral, entra uma infinidade de fatores alheios, no sentido de não serem criados por nós. – Portanto, se é em virtude de nossa preferência e de nosso caráter que nos decidimos, pode-se afirmar, dizem os empiristas, como por exemplo Stuart Mill, que essa decisão não é livre, pois poderia ser prevista e matematicamente anunciada, assim como um fenômeno astronômico, por alguém que conhecesse de um determinado indivíduo tanto a série de seus ancestrais como seu temperamento e a educação que recebeu.

Concordaremos com os empiristas que não há liberdade absoluta; com isso queremos dizer liberdade completa; e, ainda que a análise a que se dedicaram tão minuciosamente não houvesse evidenciado mais do que essa verdade, já teríamos de ser gratos a eles. Na maioria dos atos que realizamos, não há dúvida de que intervimos de alguma forma e pretendemos ter esse poder; mas admitimos [159] com os empiristas que em nossa decisão[91] entram muitos elementos, muitos fatores alheios. E mesmo é preciso ir mais longe e conceder aos deterministas que há ações pelas quais não somos responsáveis. Acaso não se vê em certas famílias o hábito do crime transmitir-se de geração em geração, continuamente incentivado pelas circunstâncias externas, por uma educação detestável, pela miséria, e não se poderia afirmar, como aliás fazem hoje alguns criminalistas, que em tal caso se está lidando com um homem que de homem já não tem mais que o nome e a quem não se poderia imputar o ato que cometeu?

Isso é muito verdadeiro, mas, daí a afirmar que as influências de que nos falam são sempre influências irresistíveis e que não existe na personalidade outro fator além dos fatores enumerados acima, há uma grande distância. – Isso porque na enumeração foi esquecida uma coisa que é a principal: a faculdade que cada um de nós possui e de que cada um de nós tem consciência, a faculdade de intervir num determinado momento, de dar prova de vontade enérgica, de triunfar bruscamente de uma infinidade de influências acumuladas e de se tornar senhor de sua própria casa, para falar familiarmente. As disposições hereditárias podem, em certos casos, manifestar-se com muita intensidade, mas será que a pessoa não pode reformar-se, corrigir-se, e para que serviria a educação, se não fosse para isso? Sócrates dizia que havia nascido com instintos perversos; isso não o impediu de ser um grande moralista, um homem virtuoso.

É muito fácil invocar o temperamento: a moralidade consiste precisamente em resistir a ele, em domar as influências puramente físicas; e seria estranho que a moralidade fosse uma quimera e que não pudéssemos, quando quisermos, seguir o caminho do dever de preferência ao instinto cego.

E quanto à educação, se às vezes ela nos dá preconceitos, também nos fornece os meios para nos desfazermos deles, pois não há educação sem cultivo intelectual, sem desenvolvimento da faculdade de raciocinar; e, mesmo que os raciocínios que tivéssemos ouvido fossem falsos, teríamos extraído do próprio hábito de nos servirmos dessa arma os meios de utilizá-la para o triunfo e a descoberta da verdade.

Em outras palavras, é muito verdadeiro que todas as influências acumuladas de que o determinismo nos fala podem pesar sobre uma vontade frouxa, uma vontade que não quer; mas o que caracteriza a vontade, o que a constitui essencialmente, é a faculdade, o poder de querer, como o nome indica*, ou seja, de rejeitar, de sacudir de si as influências que se exercem sobre ela e expulsá-las por uma espécie de golpe de Estado, se podemos empregar essa expressão.

Assim, as objeções acumuladas pelos deterministas estão longe de ser irrefutáveis. É preciso admitir simplesmente que nossa liberdade é limitada, que comporta uma infinidade de graus.

41ª Aula

A liberdade (continuação)

Já examinamos os sistemas que, por uma razão ou outra, negam a liberdade, e tentamos mostrar que nenhum dos argumentos invocados pelos deterministas era decisivo.

[160] Agora nos resta considerar a liberdade em si mesma, procurar provas positivas de sua existência, em resumo, mostrar as razões diversas que nos levam a nos considerarmos seres livres e, portanto, responsáveis.

---

* Em francês, vontade (*volonté*) e querer (*vouloir*) têm a mesma raiz. (N. da T.)

– Disseram, não sem razão, que a prova principal da liberdade é a que se obtém do testemunho da consciência. De fato, nossa consciência nos adverte de que somos seres livres. Antes de realizar uma ação, qualquer que seja, dizemos a nós mesmos que poderíamos não fazê-la. Como já mostramos, concebemos diversos motivos e portanto diversas ações possíveis, e depois de agirmos dizemo-nos novamente que, se tivéssemos querido, poderíamos ter agido diferentemente. – Senão, como se explicaria o arrependimento por uma ação realizada? Acaso nos arrependemos do que não podia ser diferente do que foi? Acaso não pensamos às vezes: "Se eu tivesse sabido, teria agido de outro modo; fiz mal"? Só reprovamos assim retrospectivamente atos contingentes ou que parecem sê-lo. O remorso seria tão inexplicável quanto o arrependimento, se não fôssemos livres; pois, como sentir dor por uma ação realizada e que não podia não se realizar? – Portanto, um fato é indiscutível: nossa consciência atesta nossa liberdade. Inclusive, sem ela, de onde nos viria tal ideia?

É bem verdade que alguns autores contestaram o valor desse testemunho. Quem nos garante que a consciência não nos engana como fazem os sentidos, como podem fazer quase todas nossas faculdades intelectuais?

Responderemos, como já fizemos, que a consciência é uma faculdade infalível, infalível na medida em que seu testemunho não pode, sob pena de absurdo, sob pena de contradição, ser contrário à verdade. Isso porque, para um fato ou um estado psicológico, ser e ser percebido pela consciência são uma única e mesma coisa. Enquanto os sentidos podem nos enganar, visto que o objeto pode ser diferente da impressão que causa em nós, a consciência está sempre certa, visto que no mundo psicológico, no mundo interno, no campo da consciência, o objeto não se distingue do conhecimento que tomamos dele. – Aliás, no momento em que suspeitarmos do testemunho da consciência, cairemos no mais absoluto ceticismo. Visto que toda certeza vem dela, visto que conhecemos os próprios objetos materiais apenas por meio de nossas sensações, isto é, por meio dos dados de nossa consciência, se a consciência se enganar uma única vez que seja, como distinguirmos o verdadeiro do falso e o real da aparência?

– Em segundo lugar, poderiam invocar não mais a consciência que nos é fornecida de nossa liberdade, mas a ideia de liberdade em geral concebida por nosso espírito.

Temos a ideia de liberdade, concebemos a coisa, visto que falamos dela, e o próprio determinismo, que não quer que a liberdade exista, é obrigado a admitir que concebe a ideia dela, visto que a discute.

Ora, toda ideia, como já mostramos, resulta ou de uma percepção ou de uma combinação de percepções, a menos que seja *a priori*. Examinemos essas três hipóteses: – a ideia de liberdade não é uma ideia *a priori*, pois ninguém afirmará e ninguém afirmou que ela seja inata em nosso espírito. – Também não pode provir de uma combinação de percepções, pois a liberdade nos parece um fato simples; não poderíamos decompô-la em elementos; tentarmos fazer isso seria em vão. – Resta uma única hipótese possível, a de que a ideia de liberdade nos é fornecida por uma percepção. Portanto, percebemos a liberdade e, de fato, [161] temos consciência dela; e se não tivéssemos consciência dela, de onde poderia vir-nos tal ideia? Como a formaríamos, como teríamos sido levados a escolher uma palavra para representá-la?

Por fim, o argumento decisivo em favor da liberdade humana, decisivo aos olhos de certos filósofos, como Kant[92], por exemplo, é aquele extraído da existência de uma lei moral.

Sabemos realmente, e explicaremos mais adiante, que existe um imperativo categórico, para falarmos como Kant, ou seja, uma lei moral obrigatória que se impõe com uma mesma força a todos os homens. É entre essa lei puramente racional e os impulsos ou instintos da sensibilidade que somos continuamente chamados a escolher –.

Qual seria o sentido, qual seria o significado de tal lei, se o homem não fosse livre? Como uma obrigação se imporia a quem não fosse capaz de escolher?

Se a moral não é uma palavra vazia, a liberdade não pode ser uma quimera. Por isso, quando se admite que o homem é um ser moral, também se tem de fazer dele um ser livre. A lei moral prova a liberdade humana.

E nós iremos mais longe: diremos que a lei moral é o que torna possível a liberdade, que sem ela nos deixaríamos arrastar por nossos instintos ou nossas paixões, que podem ser comparados com forças físicas; que, ao contrário, o que nos liberta é nosso poder de resistir, poder que extraímos do conhecimento e da contemplação de uma lei moral puramente ideal, puramente racional, em que não entra nenhum elemento sensível. De modo que, se o livre-arbítrio consiste em poder escolher entre o dever e o prazer ou o interesse, a verdadeira liberdade consiste em cumprirmos nosso dever, pois é assim que nos libertamos de nossos instintos, de nossos desejos e de nossas paixões. É por isso que os antigos estoicos afirmavam que o sábio, o homem virtuoso, é o único homem livre. É por isso que deveríamos colocar em Deus a suprema e mais perfeita liberdade; não que possamos supô-lo, por um momento que seja, capaz de hesitar entre o bem e o mal, nem de fazer uma escolha. Sendo perfeito, ele imediatamente quer o melhor, o bem. Mas é precisamente nisso que consiste a mais alta liberdade, rumo à qual o livre-arbítrio é apenas um encaminhamento.

42ª Aula

Relações entre o físico e o moral[93]

Quando estudamos a imaginação, deixamos de lado toda uma categoria de fatos imaginativos, para considerá-los à parte, porque, como dizíamos, esses fatos, apesar de psicológicos em si mesmos, têm causas físicas. Explicam-se menos ou mais pelo estado do organismo, e já no início do curso mostrávamos que entre o físico e o moral deve haver relações.

Quais são essas relações? A ciência ainda não se decidiu quanto a esse ponto. – Entretanto uma coisa é certa: é que os fenômenos morais, ou seja, os fatos psicológicos, não poderiam ocorrer sem que se produzam no sistema nervoso modificações correspondentes. Tratando-se de percepções exteriores, já sabemos, já mostramos que elas supõem sempre uma estimulação do órgão [162] dos sentidos e consequentemente dos nervos que chegam a ele, estimulação que se propaga até o cérebro por intermédio dos nervos. – Mas é provável, para não dizer é certo, que mesmo as operações que não nos põem em contato com o exterior, a reflexão, a combinação de ideias entre si, a imaginação, a memória, o juízo e o raciocínio, não se produzam sem que o cérebro sofra modificações.

Essas modificações provavelmente têm como palco a substância cinzenta, que às vezes é chamada de substância cortical. Um grande número de fatos concorre para provar que assim é. Em primeiro lugar, a ablação do cérebro num ser um pouco acima na série dos mamíferos provoca a supressão das faculdades intelectuais. É bem verdade que não se conseguiu localizar as funções cerebrais, exceto uma única, a da linguagem. Sabe-se que nos afásicos, ou seja, nos que sofrem distúrbios da faculdade de falar, há uma lesão na terceira circunvolução frontal esquerda, às vezes chamada de circunvolução de Broca, nome do fisiologista que a descobriu. É possível que cada faculdade da alma, principalmente cada faculdade intelectual, também tenha no cérebro um instrumento especial, embora os frenologistas de quem falamos no início deste curso tenham ido longe demais nesse caminho.

Já há muito tempo, desde a mais alta Antiguidade, se havia observado que os estados do corpo influem nos estados da alma, que a doença nos abate, que a absorção de certas substâncias excita a imaginação, que não temos os mesmos sentimentos e as mesmas ideias nas diversas idades, que mesmo a diferença dos sexos é a fonte ou a causa de uma infinidade de diferenças intelectuais ou morais. A ciência moderna nada mais fez que dar mais precisão a essa ideia, restringindo ao sistema nervoso essa influência exercida sobre o moral, sobre a alma, ao provar que há uma estreita correspondência entre os estados do sistema nervoso e os fatos psicológicos.

Mas a recíproca é verdadeira, e pode-se mostrar que, inversamente, a alma é capaz de agir sobre o corpo e provocar certos estados fisiológicos. É o que todos admitem quando falam de movimentos voluntários, por exemplo. Acaso não se está supondo então que, por um esforço do qual nossa alma é a criadora, podemos pôr em movimento nosso sistema nervoso? Se é verdade que dispomos do poder de fixar nosso pensamento por um esforço de atenção, de evocar certas ideias do meio ou do fundo de nossa memória; se, por outro lado, a cada fato psicológico corresponde um fenômeno nervoso, é forçoso admitir que nesses dois casos, por exemplo, nossa alma é causa de certos fenômenos nervosos ou cerebrais. Acaso não se tem observado, também desde muito tempo, que podemos vencer certos estados físicos, certas doenças, por exemplo, por um esforço de vontade, e, como vamos ver, não se poderia dizer que as recentes experiências sobre o hipnotismo, ao mostrarem que a imaginação é capaz de exercer sobre o corpo uma influência quase ilimitada, vieram dar a essa ideia uma notável confirmação –?

Não nos ocuparemos de por que nem como a alma pode influir no corpo; essa é uma questão de metafísica na qual não é possível aprofundar-se sem já ter buscado previamente uma definição precisa do espírito e da matéria. Num estudo de psicologia pura, devemos ater-nos à constatação e, se for possível, à explicação dos fatos; portanto, escolheremos, entre os fatos que implicam uma influência do físico sobre o moral ou vice-versa, os mais notórios, os que podem lançar alguma luz sobre [163] os fatos puramente psicológicos estudados por nós no curso –.

Ora, entre esses fatos, os mais instrutivos são, sem a menor dúvida, os fatos imaginativos: o sonho, o sonambulismo, a alucinação, a loucura. – Vamos estudar sumariamente cada um deles[94].

O SONHO – Uma definição exata do sonho suporia o conhecimento preciso das condições em que o sono se produz, pois sonhamos principalmente quando dormimos. Ora, esse ponto continua muito obscuro. Para alguns, o sono resulta de uma anemia cerebral; para outros, que são maioria, o sono seria uma congestão, com o sangue afluindo ao cérebro e exercendo uma espécie de pressão sobre esse órgão. É plausível que o sono se produza num caso e no outro.

O que caracteriza esse estado é um afrouxamento da maioria das funções orgânicas e portanto também das funções do sistema nervoso. – Ora, se a alma não se confunde com o sistema nervoso, se ela é distinta da matéria, como tentaremos provar contra os materialistas, é preciso entretanto reconhecer que o sistema nervoso lhe serve de instrumento indispensável. Disso resulta que, quando as funções do sistema nervoso se afrouxam, os fatos da vida psicológica devem afrouxar também. Daí o sonho, que é uma vida psicológica diminuída, diminuída quanto à intensidade, diminuída também quanto à qualidade, pois, como veremos, as faculdades mais altas da inteligência, as faculdades de combinação lógica e de raciocínio coerente, não entram em jogo.

É incontestável que, quando sonhamos, continuamos a perceber. A percepção é menos clara, menos distinta, é confusa, mas existe. Durante o sono ouvimos ruídos. Tanto é assim que basta um ruído forte para nos acordar. Temos sensações táteis, visto que, conforme a cama seja menos ou mais dura, nossos sonhos podem tomar direções diferentes. Vemos que essas cores infinitamente variadas que se sucedem no campo da visão quando fechamos os olhos nos sugerem mais de um sonho. É praticamente certo que, quando vemos em sonho um céu pontilhado de estrelas, essas estrelas na realidade nada mais são que manchas volantes que se movem no campo da visão, quando fechamos os olhos. A quem já não aconteceu ver, enquanto dormia, o oceano imenso estendendo-se com uma cor acinzentada, por exemplo, e depois, à medida que ia acordando, esse oceano confundir-se cada vez mais com a cor cinza que frequentemente colore o campo da visão quando fechamos os olhos? Um autor alemão nos diz que avistava, que revia frequentemente em seus sonhos uma figura conhecida, e que em tal caso, se despertava bruscamente, encontrava-se em presença da lua, que, vagamente perceptível através das pálpebras, parecia uma figura ou um rosto fantástico.

Por fim, quantos sonhos não têm origem em dores de estômago! Quantos pesadelos se explicam por uma indigestão! Disso se conclui que as sensações internas de dor e de prazer não são anuladas. Assim, a percepção exterior se dá, se produz no sonho, isso é incontestável; mas é vaga, é confusa, porque o sistema nervoso já não é excitável no mesmo grau.

Além do mais, e esse é o ponto essencial, as relações que existem entre as diferentes sensações, relações de quantidade principalmente, que estabelecíamos com uma precisão suficiente durante a vigília, nos escapam quando estamos dormindo. Isso acontece, como dizíamos, porque [164] as faculdades mais altas do espírito, a faculdade de comparação, já não entram em jogo. Assim, um barulho que seria imperceptível durante a vigília, o barulho de um objeto que cai, quando dormimos nos parecerá um tiro de canhão que vem intercalar-se em nosso sonho. O autor de uma obra muito interessante sobre o sonho, Maury[95], conta que, quando alguém agitava tenazes perto de seu ouvido enquanto ele dormia, ele ouvia os sinos tocarem a rebate e assistia então às cenas de junho de 1848. Muitas vezes há uma sensação de opressão ou de sufocação; então a pessoa imagina que está debaixo da terra e essa sensação é o ponto de partida de uma infinidade de outras sensações muito mais desagradáveis. A quem já não aconteceu assistir a seu próprio enterro? Quase sempre a causa disso é uma pressão insignificante dos lençóis ou das cobertas. Diremos, portanto, que o que distingue a percepção do sonho da percepção da vigília é nossa incapacidade, no sonho, de indicar as relações exatas, as proporções, as relações quantitativas que existem entre nossas diversas sensações. Isso porque então nos faltam os termos de comparação e a faculdade de comparar.

Em segundo lugar, e essa diferença está ligada à primeira, as relações de tempo, as relações de duração, também são alteradas. Não só não nos damos conta, quando despertamos, do tempo decorrido durante nosso sono, mas também nos acontece, durante o sono, cometermos sobre esse ponto os erros mais estranhos. Como no sonho somos passivos, como não aprofundamos nossas percepções, elas podem suceder-se muito depressa, e essa rapidez de sua sucessão quase sempre nos faz julgar o tempo que passou muito maior do que realmente foi. Também aqui Maury nos cita um exemplo impressionante[96]. Aconteceu-lhe, diz ele, sonhar que no período do Terror era detido e posto na prisão; conduzido mais tarde diante do tribunal revolucionário, ouvia os discursos do acusador público e de seu defensor, depois se via arrastado para o cadafalso, sentia que o guilhotinavam. Ora, não estivera dormindo mais do que alguns minutos ou alguns segundos; o que o acordara quando mal havia adormecido fora a queda do varão da cama em seu pescoço. Note-se de passagem neste exemplo este fato singular: frequentemente o ponto de partida de um sonho é o acontecimento que o encerra. Aqui a queda do varão foi o ponto de partida, a origem de um número incalculável de representações, todas antecedendo no sonho a da guilhotina. Portanto, nosso espírito trabalha com percepções vagas que lhe são fornecidas durante o sono. Ele tenta explicá-las, interpretá-las, e essa interpretação, como acabamos de ver, é feita com uma rapidez vertiginosa. Essa é a segunda característica da percepção durante o sonho: perdemos o sentido ou o sentimento da duração.

Já mostramos que o sonho não exclui a percepção, mas que essa percepção é mais confusa e que as relações quantitativas frequentemente são invertidas. Se essa fosse toda a diferença entre o sonho e o estado de vigília, o sonho seria apenas a percepção enfraquecida, obscura e vaga da realidade; porém no sonho intervém algo mais, um elemento *sui generis* que é o elemento imaginativo.

De fato, no estado de vigília percebemos as coisas que nos cercam, e a essas coisas percebidas associamos ideias ou sentimentos que são nossos, mas nunca ou raramente a associação é de tal natureza que possamos confundir com a realidade a ideia ou o [165] sentimento que associamos a ela. É que entre a percepção propriamente dita e a ideia ou imagem puramente imaginativa há uma diferença de intensidade que impede que as confundamos. Vejo a catedral de Clermont e imediatamente penso na Notre-Dame de Paris. Mas, dessas duas ideias, uma é perfeitamente clara, uma é muito intensa: é a que corresponde à percepção; a outra é mais fraca, mais confusa, e isso porque considero esta última como uma simples lembrança e a outra como uma percepção presente. – Mas no sonho já não acontece assim, precisamente porque a percepção propriamente dita se torna vaga, pouco intensa; já não existem características que permitam distingui-la das lembranças ou das criações da fantasia. As ideias fornecidas pela experiência atual, ou seja, os barulhos ouvidos, as cores percebidas, as temperaturas sentidas, as ideias em número infinito que esvoaçam incessantemente na imaginação, tudo isso se apresenta com a mesma intensidade e se impõe do mesmo modo à nossa inteligência. É por isso que toda a série de ideias evocadas em virtude das leis da associação por uma determinada percepção assume a forma não mais de ideias ou de lembranças, e sim de percepções atuais. Em outras palavras, a imaginação substitui a percepção propriamente dita, embora o ponto de partida desse trabalho da imaginação seja quase sempre uma percepção confusa.

Realmente, se quiséssemos caracterizar o trabalho imaginativo que se produz no sonho, veríamos que é um trabalho de interpretação: uma percepção visual, auditiva ou tátil nos é fornecida, percepção muito real, apesar de confusa. – É preciso explicá-la e, para explicar sua produção, nossa imaginação vai buscar nas profundezas da lembrança, nas profundezas da memória, uma infinidade de fatos ou de imagens passadas que ela reaviva e que combina a fim de explicar essa percepção de um modo plausível. Já citamos exemplos dessa interpretação. Um som, como o das tenazes que alguém agita perto de nosso ouvido, sendo percebido vagamente, parece para nós o toque de alerta dos sinos, e, para explicar que os sinos estejam tocando a rebate, a imaginação evocará lembranças que frequentemente são as mais remotas: uma revolução, um motim a que tenhamos assistido etc. Se uma lembrança desse tipo não existir, é num incêndio que pensaremos; e assistiremos a ele, visto que por hipótese já não há critério, não há marca pela qual possamos distinguir o que é concebido do que é percebido. – Mas, por outro lado, essa interpretação não é feita de um modo lógico, porque, como dizíamos, durante o sono as faculdades mais elevadas do espírito descansam e deixam o campo livre para as faculdades inferiores, para aqueles que têm mais a ver com a vida animal; daí uma associação de ideias estranha, bizarra, superficial, que caracteriza o sonho. É em virtude de relações acidentais que as cenas mudam e se sucedem. Frequentemente uma aproximação engenhosa de palavras, um simples trocadilho, será o ponto de partida de um novo sonho, isto é, de uma série de ideias novas. Nossa inteligência encontra-se então no mesmo estado de quando sonhamos acordados; nossas ideias vão se sucedendo ligadas unicamente na superfície, no exterior; já não há relações internas lógicas.

Portanto, no sonho não há nada misterioso, como se acreditou durante bastante tempo e como muitos acreditam ainda hoje. O trabalho intelectual a que nos entregamos no sonho nada mais é que o trabalho intelectual da vigília, mas diminuído, enfraquecido, parcialmente privado do auxílio das faculdades superiores; e, se então as fantasias de nossa imaginação tomam corpo, é unicamente porque ao lado delas já não há percepções suficientemente intensas, suficientemente luminosas para lançá-las de volta na sombra, como acontece durante a vigília.

43ª Aula

Relações entre o físico e o moral (continuação)

[166] O SONAMBULISMO – Durante muito tempo chamou-se de sonambulismo um estado bastante análogo ao sonho, que entretanto difere dele pelo fato de o sonâmbulo produzir de verdade os movimentos, executar os atos que concebe. Em resumo, como se disse, o sonambulismo é um sonho em ação, em que o sonhador já não é um simples expectador do papel que está representando, e sim um ator de verdade; foi uma cena de sonambulismo desse tipo que Shakespeare representou em *Macbeth*[97].

Sem precisamente fazer do sonambulismo uma doença, pode-se dizer que geralmente ele é sinal de uma superexcitação nervosa.

O que é característico na atitude do sonâmbulo é a grande precisão dos movimentos que executa. Como está totalmente entregue ao papel que desempenha, sua percepção de tudo o que não se relacionar com este é abolida. Ora, essa concentração de todas as faculdades num ponto único aumenta dez vezes sua intensidade e facilita singularmente sua aplicação. Citam-se sonâmbulos que passeiam pelos telhados e assumem as posições mais perigosas sem que disso resulte nenhum inconveniente para eles. Em tal caso se deveria evitar despertá-los, pois, assim que voltassem a perceber o restante das coisas, perderiam o sangue-frio e mesmo a acuidade de percepção que lhes permitiam executar essas acrobacias.

Mas nestes últimos tempos e há alguns anos o estudo do sonambulismo tem posto em evidência toda uma categoria nova de fatos. O sonambulismo de que acabamos de falar é o sonambulismo natural. Existe outro, que é chamado de sonambulismo provocado e ao qual se dá hoje mais especificamente o nome de hipnotismo. Observaram que, exercendo sobre um sujeito particularmente nervoso uma ação lenta, contínua e monótona, submetendo-o, por exemplo, a passes magnéticos, isto é, a movimentos executados diante de seus olhos, levando-o a olhar fixamente um ponto brilhante, mergulhavam-no num estado totalmente análogo àquele que caracterizamos há pouco, um estado que apresenta todas suas características e mais outras. Foi sobre esse estado que os fisiologistas e os psicólogos fixaram a atenção.

Os estudos sobre o sono artificial ou, como se diz mais frequentemente, o sono provocado ou hipnotismo ou hipnose estão na ordem do dia. Citaremos particularmente Heidenhain, Charcot, Richet. Esses diversos experimentadores operaram com sujeitos dos quais muitos não estavam precisamente doentes e alguns só pouco a pouco haviam sido levados ao estado de hipnotismo, tendo contraído o hábito de se fazerem dormir. Mas muito recentemente esses fenômenos foram estudados em sujeitos portadores de doenças nervosas bem determinadas. Experiências muito curiosas foram feitas em Rochefort, particularmente pelo dr. Binet[98].

Qual é exatamente a causa do estado sonambúlico ou do estado de hipnose? Não é conhecida, embora estejam inclinados a atribuí-la a uma congestão.

O que se pode dizer é que o estado hipnótico apresenta uma característica bem distintiva: o automatismo. O sujeito hipnotizado torna-se um autômato, na medida em que fica inteiramente à disposição do [167] operador. Dizem-lhe que está viajando pela Sibéria: ele sente frio, e isso não é pura imaginação de sua parte, acontece algo mais do que no sonho propriamente dito: sente frio de fato; basta tocar sua mão para constatar isso. Se o levarem para o centro da África, ele sua abundantemente e não consegue mais suportar suas roupas. Se lhe apresentarem uma beberagem com um gosto horrível e lhe disserem que é um vinho excelente, ele vai saboreá-la deliciado. Podem, por simples sugestão, fazê-lo sentir, com a mesma e até com mais intensidade que as sensações reais, qualquer sensação de prazer ou dor que quiserem mencionar-lhe. E até mesmo podem criar outras: o dr. Richet[99], por exemplo, sugere ao sujeito adormecido que ele foi transportado para a Lua. Então este avista de longe a Terra, na forma de uma grande bola. Para trazê-lo de volta à Terra, o dr. Richet inventa que amarra à Terra uma grande corda. O sujeito adormecido tem todas as sensações de um homem que está descendo, inclusive, na mão, uma queimadura que não é fictícia e existe de fato.

Foram ainda mais longe: indagaram se, já que a sugestão opera assim não apenas sobre a alma, sobre a inteligência do sujeito, mas também sobre seu corpo, não poderiam utilizá-la como recurso terapêutico, isto é, como um procedimento para curar certas doenças. Essas experiências, tentadas recentemente, obtiveram em alguns casos pleno sucesso. Conseguiram curar paralisias parciais sugerindo ao paciente adormecido que ele havia recuperado o uso dos membros. O inverso é ainda mais fácil de conseguir: basta sugerir a um sujeito saudável a ideia de que está paralisado e a paralisia o dominará de fato, e isso não será imaginação vã, pois os sintomas físicos externos da paralisia surgirão imediatamente.

Se é possível agir assim sobre a sensibilidade e mesmo sobre as funções orgânicas do hipnotizado, por simples sugestão, é de esperar que o mesmo se dê com as faculdades intelectuais –.

Realmente é o que acontece. Leve-se a pessoa adormecida a acreditar que mudou de nome e ela esquecerá seu nome verdadeiro, não o reconhecerá quando o pronunciarem em sua presença. Ordene-se que perca a memória de certos fatos, até mesmo de sua língua materna: ela não conseguirá mais falar. Se for transportada por sugestão para dez anos atrás, todos os fatos a que assistiu desde então serão imediatamente para ela como se nunca tivessem existido. Pode-se transformar assim sua personalidade. Diga-se ao sujeito que ele agora é general do exército e ele agirá como um general. Toda ideia, toda lembrança que não se relacionar com esse papel desaparecerá prontamente.

Se os fenômenos de sugestão não tivessem outro efeito além de transformarem assim o estado intelectual, sensível e orgânico do sujeito hipnotizado, interessariam ao fisiologista, ao psicólogo, ao médico, mas talvez não ao jurisconsulto e ao moralista –.

Porém as experiências mais recentes evidenciaram este fato surpreendente: que a sugestão feita durante o sono hipnótico e referente ao futuro produzirá seus efeitos depois que o sujeito tiver sido despertado, quando acreditará que está livre de qualquer influência alheia.

Richet cita-nos exemplos extremamente interessantes. Ele ordena à pessoa hipnotizada que vá vê-lo quinze dias depois, numa determinada data e hora, e a pessoa não falta ao encontro, chegando convicta de que obedeceu a um capricho, e não a uma influência alheia; pois, notem bem, nada do que tiver acontecido durante o sonho hipnótico permanece na memória. Assim ele conseguiu [168] sugerir ao sujeito sobre o qual operava aversões e amizades que persistiam enquanto ele não destruísse, numa nova operação, o efeito da sugestão anterior. – Chegou-se a indagar como ficava nesse caso a responsabilidade humana, e se muitos já não haviam abusado e muitos não viriam a abusar dessa influência que podem adquirir sobre uma pessoa sem que ela saiba. Não poderia um crime ser cometido por um assassino involuntário, obedecendo maquinalmente, automaticamente, apesar de desperto, e imaginando que age porque quer e com total liberdade? Foram essas as questões que principalmente Liégeois levantou e às quais os conceituados experimentadores Binet e Feret[100] responderam. É certo que por enquanto o perigo não é grande e que além disso raramente se consegue operar por sugestão sobre um sujeito que não tiver contraído o hábito de deixar que o façam dormir.

E, já que estamos falando destes autores, Binet e Féré, não poderíamos deixar de mencionar fatos que eles puseram em evidência e que talvez sejam o que há de mais surpreendente e mais inexplicável no sonambulismo provocado. Estamos nos referindo aos fenômenos de transferência psíquica. Quando foi feita uma sugestão, referente, por exemplo, a alguma parte do corpo, pode-se transferir seu efeito fazendo agir a distância um ímã ou mesmo, segundo alguns, uma substância metálica qualquer. Assim, sugere-se uma paralisia do braço e todos os sintomas dessa paralisia se manifestam. Mas, sem o sujeito saber, contra sua vontade, passa-se um ímã do braço até a perna, e é para este membro que a paralisia se transferirá. Conseguiu-se inclusive, transportando assim a paralisia para a terceira circunvolução frontal esquerda do cérebro, tornar afásicos alguns sujeitos.

A ALUCINAÇÃO – Dá-se esse nome ao estado de uma pessoa que intercala no mundo real seres ou objetos imaginários.

Portanto, a alucinação se distingue muito claramente do sonho. No sonho, é certo que ocorrem percepções, mas muito confusas, como já dissemos; a pessoa já não assiste ao mundo exterior tal como o conhece durante a vigília. O alucinado, ao contrário, percebe as coisas reais, mas acrescenta alguma coisa a elas. Seus sonhos vêm superpor-se à realidade; ele chega a não conseguir distinguir o real do imaginário.

Na verdade, entre a alucinação e a loucura não há uma linha de demarcação bem nítida; o alucinado no qual a alucinação é um hábito é realmente um louco intermitente. Entretanto, certas alucinações não são graves e quase poderiam ser consideradas normais. Estamos nos referindo a essas alucinações chamadas hipnagógicas e hipnexagógicas: são alucinações que costumam preceder ou suceder imediatamente o sono. Muitas pessoas, antes de adormecer, veem objetos fantásticos: elas não estão dormindo, visto que ainda percebem os objetos reais existentes ao seu redor. A mesma coisa ocorre ao saírem do sono.

A LOUCURA – Hoje se dá o nome de loucura a toda espécie de distúrbio intelectual cujos efeitos sejam suficientemente duradouros. Isso quer dizer que não se sabe defini-la com clareza.

[169] Realmente, sobre as causas da loucura, sobre sua verdadeira natureza e sobre a definição que convém

dar-lhe, os alienistas não estão de acordo. – Geralmente se supõe que todo caso de loucura envolve um distúrbio, ou seja, uma modificação física ou química de uma ou várias partes do sistema nervoso, se não do sistema nervoso inteiro; e de fato, na maioria dos casos de loucura bem caracterizados, na autópsia é encontrada uma lesão cerebral; mas nem sempre é assim, e muitos são de opinião que a modificação poderia ser uma modificação química, talvez uma modificação de outra natureza e que nossos instrumentos de observação não conseguem mostrar.

Dessa dificuldade que se tem para definir a loucura resulta um grande problema para classificar os casos dessa doença que podem apresentar-se. Entretanto essa classificação foi tentada pelo médico Esquirol. As principais formas de loucura são: a paralisia geral do cérebro, a lipemania, a monomania e a mania. – O que caracteriza a paralisia é a extinção, a supressão, gradual das funções intelectuais e orgânicas (amolecimento cerebral). – A lipemania, que às vezes é chamada de loucura suicida, é uma loucura triste, como a palavra indica; é uma melancolia permanente, às vezes acompanhada de alucinação e sempre de distúrbios orgânicos. – A mania e a monomania são caracterizadas por ideias fixas, frequentemente ou quase sempre por uma alteração ou um esquecimento da personalidade. Nesta última forma a loucura muitas vezes é intermitente, a tal ponto que se pode conversar longamente com um louco e mesmo conviver com ele durante muitos dias sem tomá-lo por nada além de um homem muito sensato e frequentemente até mesmo muito inteligente. Em tal caso é unicamente sobre um ponto específico que o doente desatina. E, embora à primeira vista essa loucura pareça a menos grave, quase sempre é incurável, ao passo que a lipemania e em certos casos mesmo a paralisia têm cura.

– Na verdade, intervêm aqui causas puramente orgânicas e ainda desconhecidas: o estudo desses fenômenos está tão pouco avançado do ponto de vista fisiológico quanto do ponto de vista psicológico.

44ª Aula

Elementos de psicologia comparada

Já mostramos no início do curso a utilidade que os estudos de psicologia comparada podem apresentar. As diferenças de raça, de sexo, de idade, as anomalias apresentadas pela inteligência em certos casos patológicos, tudo isso pode lançar alguma luz sobre o mecanismo do pensamento humano.

Mas, quando se fala de psicologia comparada, é principalmente ao estudo do animal que se faz alusão. É indiscutível que, como o animal é um ser menos perfeito e portanto menos complexo do que nós, seria proveitoso saber exatamente o que se passa nele. Talvez os mesmos fenômenos fossem mais bem observados do que em nós, mas simplificados.

O que retardou esse estudo, o que, mesmo hoje, impede que seja proveitoso, é que, em primeiro lugar, faltam os instrumentos de observação. Um estudo profundo de Psicologia só se faz por meio da [170] consciência; e, se o animal tiver uma consciência, como é plausível, não é capaz de expressar pela linguagem o que se passa nela. Portanto, estamos reduzidos a avaliar sua vida psicológica por meio de movimentos ou atos externos, e a reconstituir essa vida por meio de hipóteses. – Além disso, o animal nunca foi observado de modo desinteressado. Os animais domésticos são para nós instrumentos, meios, existem para nós e não para eles, e temos nos ocupado muito mais dos meios de dominá-los ou de manejá-los como quisermos do que de conhecer cientificamente o modo como eles se representam as coisas e o modo como encadeiam suas ideias, caso as tenham. Daí as numerosas contradições que se notam nas observações feitas, daí a impossibilidade, muitas vezes, de se chegar a uma solução até mesmo sobre a questão mais simples e aparentemente mais fácil. – Por fim, talvez seja um erro procurar constituir uma psicologia do animal, pois talvez cada animal tenha sua psicologia própria e não seja possível comparar seres como o macaco e o elefante, por exemplo, com uma ostra ou uma minhoca.

De modo que o termo psicologia comparada, quando designa a psicologia do animal, representa na verdade uma ciência mal definida, a ciência do pensamento e do sentimento em todos os seres que não são humanos. Mas isso não basta para caracterizá-la. Há uma infinidade de graus na perfeição e particularmente quando se trata da vida psicológica. – Portanto, vamos limitar-nos aqui a indicar de um modo muito geral as faculdades que parecem comuns à maioria dos animais superiores e também as que lhes faltam. Lembraremos, aliás, que a parte importante desse estudo, a natureza do instinto, já foi abordada[101].

Há entre o homem e os animais uma diferença que em todas as épocas impressionou os naturalistas e mesmo os poetas: os animais não falam, ou, pelo menos, não têm uma linguagem capaz de exprimir ideias. É o que os poetas latinos expressavam ao chamar os animais de *muta animalia*[102]. Sem dúvida o animal tem uma linguagem que poderíamos chamar de emocional, na medida em que nos faz compreender bem se está sofrendo ou satisfeito. – E mesmo poderá, até um certo ponto, exprimir sentimentos altruístas: afeição, fidelidade; mas a linguagem propriamente dita, ou seja, aquela que expressa sentimentos e não apenas estados emocionais da alma, ele não tem.

Ora, vamos lembrar o que dissemos sobre a origem psicológica da linguagem. Se o homem fala, não é apenas porque possui a faculdade de articular; alguns animais também a possuem, e a rigor ele poderia ter inventado uma linguagem comparada de gestos e talvez tão expressiva, tão perfeita quanto a linguagem articulada. Se o homem fala, é porque é capaz de expressar ideias gerais e abstratas, é porque é dotado do poder de efetuar sínteses, ou seja, de unir, de agrupar vários objetos sob uma representação única. Essa faculdade da alma é a mesma faculdade que dá origem aos princípios racionais; pois esses princípios, como sabemos, derivam de uma necessidade inata, natural na alma, a necessidade de simplificar e de unir. – Ora, visto que o animal não fala e não parece nem um pouco disposto a traduzir, por sons ou gestos, ideias gerais, é que é incapaz de expressar tais ideias, é que não pode nem abstrair nem generalizar; e, visto que não generaliza, deve-se afirmar que as faculdades mais elevadas da inteligência humana, a razão e o raciocínio, o poder de combinar os dados da experiência, de sintetizá-los, de chegar a proposições gerais, lhes faltam inteiramente.

[171] E, realmente, o animal não deduz, pois é incapaz de extrair consequências de uma proposição geral, visto que ele nunca se representa proposições desse tipo e nunca as formula.

O animal também não induz, pois induzir é subir de proposições particulares para proposições gerais. – Talvez raciocine por analogia, na medida em que percebe semelhanças entre as pessoas e as coisas e se comportará de um modo mais ou menos idêntico nos casos análogos. Mas devemos notar que o raciocínio por analogia mal chega a ser um raciocínio. É uma associação de ideias, é o hábito ou o fato de agrupar as coisas que apresentam certas características em comum. – Donde podemos concluir, e isso resumirá tudo o que precede, que o animal não julga, pois julgar é encaixar um sujeito na extensão de um atributo, é afirmar que uma certa causa, que um certo objeto está compreendido numa certa ideia geral. Ora, a ideia geral é precisamente o que está acima do alcance do animal.

Se o animal não julga nem raciocina, como se explica que às vezes lhe sejam atribuídos juízos e raciocínios? – É que, como vamos ver, o animal forma ideias particulares e pode associá-las entre si. Ora, essas associações de ideias frequentemente apresentam, caso consideremos apenas as consequências a que chegam, as características de um raciocínio. O cão que foi castigado porque roubara um cubo de açúcar daí em diante evitará repetir atos desse tipo. Poderíamos julgar que ele se elevou à noção confusa de moralidade, que ele distingue o meu do teu, ou, em todo caso, que formulou esta ideia geral: "Não devo tocar em açúcar, a menos que me deem." Mas, para que aja como faz, basta que passe a associar à ideia de açúcar furtado a ideia de castigo sofrido. São duas ideias particulares, duas ideias fornecidas por um determinado evento e que, imprimindo-se em seu espírito, dirigirão sua conduta como talvez o faria um princípio geral. Além disso, à medida que descemos na série das raças humanas, vemos que a associação de ideias vai cada vez mais substituindo o raciocínio. Leibniz afirmava até mesmo que somos empíricos, para empregar sua expressão, em nove décimos de nossas ações; o que significa que agimos não em virtude de um princípio ou de uma lei geral, mas em virtude de uma semelhança entre as circunstâncias em que estamos e outras circunstâncias em que tivemos de agir de um determinado modo.

Como o animal não possui essas faculdades superiores do espírito, consequentemente não pode conhecer nem a arte, nem a ciência, nem a moralidade. – Destas três grandes ideias: o belo, a verdade e o bem, o animal sem dúvida tem um pressentimento, pois na natureza não há salto brusco: tudo se faz por mudanças insensíveis e, empregando uma expressão de Leibniz[103] que traduz uma ideia de Aristóteles, poderíamos afirmar que o superior é sempre pré-formado no inferior, anunciado por ele.

Assim, o animal não estuda e não tem o gosto pelo estudo, mas tem o instinto da curiosidade; pelo menos, encontra-se esse instinto no macaco, e a curiosidade é realmente o começo da ciência.

O animal não se representa explicitamente o belo, e a arte é para ele algo desconhecido. E entretanto as aves, por exemplo, sabem diferenciar bem entre uma rica plumagem e uma plumagem comum. Chegam a ser bons juízes em matéria de música vocal. Darwin insistiu especialmente nesse instinto estético das aves.

[172] Por fim, encontra-se nos animais um começo de moralidade. Acaso a mãe não defende seus filhotes com uma dedicação às vezes admirável? Acaso não inculcamos no animal doméstico, embora, na verdade, através do medo, o respeito à propriedade? A fidelidade dos cães não é proverbial e não se chegou a dizer que ele é o único amigo que nunca nos trai?

Mas o que faz com que esses sejam apenas costumes menores é faltar para o animal a faculdade de unir, de combinar e de fazer sínteses. Só existe arte para aquele que é capaz de conceber tipos, ou seja, de combinar ideias particulares; ciências, para aquele que aplica princípios, que deduz e induz, que chega a leis gerais; moralidade, por fim, para aquele que concebe um dever obrigatório e universal. Ora, o animal só conhece ou só pressente essas diversas noções através de sua sensibilidade, por assim dizer. Tem delas um pressentimento confuso, ou melhor, percebe desses objetos apenas a repercussão que eles podem ter no âmbito da sensibilidade. É sua sensibilidade que é curiosa, que em certos casos procura o belo, que pratica, ou antes, que faz ações que têm as características externas da moralidade.

Dito isso e estando assim bem clara a diferença entre o homem e o animal, vamos indagar quais são as faculdades psicológicas, as faculdades da alma, comuns a ambos.

– Vamos considerar primeiramente a sensibilidade.
– O animal, como nós, sente prazeres e dores; seria aqui o caso de refutar a opinião de Descartes[104], de Malebranche e dos cartesianos, que fazem do animal uma máquina. Essa teoria já foi examinada por nós no curso. Se nos parece que nossos semelhantes sofrem em certos casos e em outros sentem alegria, é porque eles manifestam os sinais exteriores disso, e quando encontramos no animal esses mesmos sinais, seria contrário às leis de uma lógica sadia interpretá-los de modo diferente. Portanto, o animal tem sensações, e provavelmente todas as sensações que nós mesmos temos, pois não há uma diferença profunda entre sua estrutura anatômica, entre as condições fisiológicas em que está colocado, e nossa própria estrutura. – Será que ele tem sentimentos? Esse ponto é bastante obscuro. Se dermos o nome de sentimento a um fenômeno de sensibilidade duradouro, a um fenômeno que tem origem numa ideia e pode persistir tanto quanto essa mesma ideia, ou seja, muitas vezes ao longo de uma

existência inteira, poderemos afirmar que o animal não tem nenhum desses sentimentos. Em contrapartida, ele é capaz de experimentar, de sentir, tristezas que às vezes se prolongam, e não poderíamos dar a essas tristezas o nome de puras sensações, visto que sobrevivem à causa física que lhes deu origem. Acaso os cães não permanecem fiéis a seu dono? Não o reconhecem após longos meses de ausência? Frequentemente não permanecem inconsoláveis por tê-lo perdido? Diremos, portanto, que o animal tem sentimentos, embora talvez menos profundos, menos duradouros que os do homem.

– Se ele tem sensações e sentimentos, é porque tem desejos e inclinações, pois essas duas coisas, como sabemos, não se separam. E realmente, assim como o homem, o animal é dotado de todas as inclinações necessárias à conservação do indivíduo ou da espécie. Nele se encontram germes de inclinações altruístas, até mesmo de inclinações superiores e desinteressadas. Tudo isso existe nele, porém num grau menor, menos elevado que em nós.

– Será que o animal sente paixões? Se é verdade que a paixão supõe uma concentração do espírito num determinado ponto, é previsível que ele não é capaz de senti-la. E, de fato, praticamente não existem inclinações que absorvam inteiramente o animal a ponto de anularem todas as [173] outras. A paixão, que quase sempre pode ser considerada como censurável ou culpada, é, pelo menos em sua essência, um sinal de superioridade, pois somente aqueles que podem concentrar toda sua atividade num determinado ponto são capazes de senti-la.

– Passemos agora para as faculdades intelectuais. Se recusarmos ao animal as faculdades superiores, razão, raciocínio, abstração, generalização, a ele restarão as faculdades de percepção externa e interna, e o poder de associar acidentalmente as percepções entre si.

Quanto à percepção externa, o animal vê no mundo material tudo o que vemos e talvez muito mais. Os sentidos do animal, como, aliás, os do selvagem, frequentemente são mais aguçados que os nossos. O olfato do cão, a audição de certas espécies, de roedores, por exemplo, são de uma acuidade, de uma penetração surpreendentes. Chegou-se mesmo a afirmar que o animal tinha um número maior de sentidos do que nós e que percebia no mundo material categorias de coisas ou de qualidades que nos escapam totalmente. Como se explica, por exemplo, que alguns cavalos, depois de percorrerem várias centenas de quilômetros para ir de um ponto a outro, e isso dando mil voltas, possam retornar em linha reta para seu ponto de partida, e sem nenhum guia, seguindo para isso um caminho que não haviam tomado e assim se dando conta exatamente da situação geométrica, por assim dizer, do ponto aonde querem chegar? Como se explica que algumas aves, alguns pombos, por exemplo, depois de fazerem longas viagens nas quais não lhes foi permitido sequer ver a região (eram colocados dentro de cestos), reencontrassem quando libertados o caminho de sua antiga morada e lá chegassem sem nenhuma hesitação? Não seria porque há no animal, como afirma o fisiologista Bastian, um sentido que nos falta e que ele chama, aliás assim como outros, de senso de direção, faculdade que permite ao animal reconhecer, em qualquer ponto onde esteja, a direção exata que deve seguir para retornar, mesmo que de uma distância muito grande, a um ponto conhecido? Uma coisa notável: essa faculdade é encontrada, porém num grau muito menos desenvolvido, em certas raças de selvagens, particularmente nos patagônios. Quando lhes perguntam como conseguem orientar-se, a ponto de voltarem em linha reta para um lugar determinado e isso por um caminho desconhecido, respondem que imaginam sem o mínimo esforço a figura geométrica percorrida, se podemos falar assim. Seja A o ponto de partida, e vamos representar por uma linha pontilhada o caminho que tiveram de fazer para chegarem, atravessando montanhas, por exemplo, a um determinado ponto B muito distante do primeiro. Essa linha pontilhada fixou-se em seu

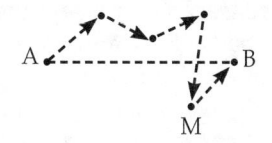

espírito com tal precisão que, instintivamente, eles calculam o ângulo ABM que é preciso fazer para que uma linha reta BA os leve de volta ao seu ponto de partida. É possível que algo do mesmo gênero aconteça no animal e que nesse sentido ele seja melhor geômetra que nós.

Já mostramos que o animal percebe o mundo exterior tão bem quanto nós e às vezes melhor. Será que a essa percepção externa ele une uma percepção interna? Será que conhece a si mesmo? Sabemos que na consciência é preciso distinguir duas coisas: por um lado, essa faculdade nos faz conhecer as modificações do eu, ou seja, os fatos psicológicos, sensações, sentimentos, ideias etc.; por outro lado, ela nos faz conhecer o eu propriamente dito, ou seja, a força que age, a substância que permanece sob esses fatos psicológicos. – Ora, não há dúvida de que o animal possui a consciência no primeiro sentido da palavra; seria [174] absurdo, seria mesmo incompreensível que sentisse prazeres ou dores sem saber que os sente –.

Mas será que ele distingue a si mesmo dos estados pelos quais passa? Será que tem consciência de um eu uno e idêntico, de um eu substância? Em resumo, é uma pessoa? Não é provável, pois só existe personalidade quando existe tendência para a unidade, esforço para interligar os fenômenos; em outras palavras, quando existe razão, pois a consciência do eu e a razão são duas faculdades conexas. Portanto, a faculdade que o animal possui é uma faculdade de um gênero inferior, uma consciência bastante análoga à do homem que se absorve inteiramente na sensação ou no sentimento do momento; o estado do bêbado, por exemplo, e mesmo de certos imbecis, nos dá uma imagem dela.

Assim, das três faculdades que chamamos aqui de intuitivas: sentidos, consciência, razão, a última não existe no animal; a segunda existe, mas sob uma forma inferior; apenas a primeira se apresenta tão desenvolvida quanto no homem, e, sob certos aspectos, ainda mais completa. Agora fica evidente que entre as faculdades discursivas só encontraremos no animal aquelas que não supõem a intervenção da razão, da faculdade de unir logicamente as coisas e as ideias. Assim, não poderemos atribuir-lhe nem o juízo, nem o raciocínio, nem a abstração, nem a generalização.

Em contrapartida, o animal se lembra. As imagens das coisas passadas, das coisas anteriormente percebidas, fixam-se em seu espírito. Prova disso é que o animal reconhece os lugares com que está acostumado e as pessoas que vê habitualmente –.

O animal associa ideias, e é por isso que em certos casos lhes atribuímos raciocínios.

O animal imagina; já na Antiguidade, os poetas e particularmente Lucrécio nos descreveram animais sonhando. O cão de caça, diz Lucrécio[105], solta latidos como se estivesse caçando e o cavalo relincha acreditando que avança para o inimigo; a vaca tem olhos melancólicos.

Faltaria, para concluirmos, caracterizar a atividade do animal, como fizemos para sua sensibilidade e sua inteligência. Mas essa parte do trabalho já está feita, já estudamos o instinto. Não se pode dizer que o animal queira, porque a vontade num ser supõe uma escolha, implica um livre-arbítrio, e não há livre-arbítrio, não há vontade no animal, que não conhece outro motivo de ação além do desejo e para o qual o dever é algo ignorado.

O hábito e o instinto: essa é toda a atividade do animal, e a parcela do hábito vai diminuindo à medida que descemos na série animal. É que todo hábito contraído pelo indivíduo supõe de sua parte alguma iniciativa, alguma espontaneidade, alguma perfeição, portanto. Ao contrário, o instinto, por ser, em muitos casos, apenas um hábito hereditário, não supõe nenhum esforço da parte do indivíduo que se entrega a ele.

CURSO DE

METAFÍSICA

25 aulas

Estas aulas de metafísica ocupam as páginas 75 a 137 do segundo caderno de anotações do aluno.

As páginas desse caderno estão indicadas entre colchetes no corpo do texto.

Nas aulas, as notas do editor têm chamadas em números sobrescritos e foram agrupadas no final do volume.

[1ª Aula]*

Do valor objetivo do conhecimento

[75] A psicologia, como estamos lembrados, estuda o espírito humano: busca como o espírito humano conhece, quais são as faculdades que entram em jogo nessa operação, como, por um lado, os sentidos e a consciência acumulam os materiais e como, por outro lado, a inteligência discursiva faz uso deles e constrói o edifício do que chamamos de conhecimento, seja vulgar ou científico.

A metafísica, que só poderá ser definida com precisão quando tivermos examinado e discutido os principais problemas, vai mais longe[1]. Indaga antes de mais nada qual é o valor do conhecimento ao qual chegamos desse modo. Corresponde ele a algo real? É a imagem fiel de algo real? É ilusório? E, no caso de ser simultaneamente ilusório e real, verdadeiro ou falso, qual é a parcela da verdade? Qual é a do erro?

---

* Neste curso de metafísica, para facilitar a localização das aulas, que no manuscrito original não estavam numeradas, introduzimos, entre colchetes, uma numeração antes do título de cada aula. (N. da E. F.)

Resumindo tudo, até que ponto podemos ter confiança em nosso espírito? Até que ponto podemos acreditar, termos certeza? Esse é o problema fundamental que precisamos examinar. Mas antes de tudo é preciso mostrar que existe aí um problema; isso não é evidente e não será admitido por um espírito que ainda não estiver habituado às especulações filosóficas. Quando meus sentidos me mostram um corpo material, instintivamente acredito que ele existe e que é o que parece ser; e, quando alguém afirma o contrário, parece estar se divertindo com um paradoxo. Quando minha consciência me diz que existo, que há um eu, que esse eu é uno e idêntico, que é uma pessoa, o testemunho de minha consciência parece irrefutável, essa é uma convicção absoluta; e, por fim, quando minha razão enuncia princípios e principalmente quando, usando desses princípios e aplicando-os, ela constrói esse arcabouço lógico chamado indução, dedução, parecerá estranho que alguém possa pôr em dúvida essas conclusões a que chegamos extraindo consequências conformes com a lógica, premissas que parecem evidentes ou demonstradas.

Entretanto, o mais sumário exame vai mostrar-nos que sobre cada um desses pontos a dúvida é possível, que é até mesmo necessária[2], que os sentidos, a consciência, a razão podem ser alvo de suspeita. Bastará recordar o mecanismo das operações intelectuais. – Consideremos primeiramente a percepção externa.

Já mostramos em psicologia que sensações se produzem de um modo ou de outro num ser que cada um de nós chama de eu, e essas sensações, coordenadas e organizadas pela inteligência, formam assim uma percepção, a qual, produzindo-se ou sendo produzida na alma sem que a própria alma pareça ser sua autora, é relacionada assim com uma causa diferente da alma e que chamamos de objeto, um objeto exterior. Se digo que estou vendo uma árvore, por exemplo, e que ela existe, o que posso querer dizer com isso? Quero dizer que em minha alma sensações de cor, de forma, de resistência, talvez de movimento, despertaram simultaneamente ou sucessivamente; que essas sensações foram agrupadas por minha inteligência de modo que formassem um todo que chamamos de árvore. Mas essas sensações só existem em mim. São manifestações de mim mesmo. Quando as agrupo, não faço mais que agrupar estados de minha pessoa. Quando declaro que ali há [76] um objeto exterior, estou apenas afirmando, sob uma outra forma, que não tenho consciência de eu mesmo ter produzido essas diversas sensações; e, como me parece que tudo que é tem uma causa, declaro que essas sensações têm uma causa e que essa causa não sou eu, que existe um objeto diferente de mim que produziu em mim essas diferentes sensações; donde se conclui, em última análise, que é por uma pura suposição que afirmo a existência de um objeto, de uma árvore existente fora de mim, existente por si mesma. Diretamente, conheço apenas a mim e o que sinto; é o que se expressa dizendo que nosso conhecimento do mundo exterior é puramente subjetivo. Realmente, nada nos garante a realidade exterior, a realidade objetiva, como se diz das coisas materiais, ou, empregando a expressão filosófica, nada nos garante a objetividade delas. O vulgo, o senso comum, acredita num mundo material objetivo, acredita na objetividade de seu conhecimento, imagina ingenuamente que fora dele há cores das quais as folhas da árvore se revestem, uma resistência acumulada no tronco da árvore, um calor que, como um fluido sutil, circula nas diversas partes do objeto considerado; mas a análise psicológica já nos levou à conclusão de que não saímos de nós mesmos quando percebemos as coisas materiais, que a rigor se poderia supor a não-existência desses objetos sem que a aparência se modificasse; o conhecimento que temos da natureza poderia ser representado como um vasto sonho, a percepção sensível poderia ser definida, tal como fazem os idealistas e o próprio Stuart Mill[3], como um conjunto de sensações presentes ou possíveis.

E, por fim, aqueles que declaram com os idealistas que não há mundo exterior fazem menos suposições gratuitas do que aqueles que afirmam sua existência; o que não significa que têm razão. O que se pode deduzir disso é que *a priori* e em virtude da análise psicológica pura e simples não se pode afirmar como indiscutível a realidade objetiva das coisas naturais; a dúvida é permitida e até mesmo se impõe.

Se agora passarmos da percepção dos assim chamados corpos materiais para a observação íntima, isto é, do eu, deparamos com as mesmas dificuldades e as mesmas razões de dúvida. Dizemos que, quando falamos de coisas exteriores, de objetos materiais, em última análise só estamos falando de sensações experimentadas por nossa pessoa, donde se concluiria que, julgando conhecer o que é externo, na realidade conhecemos apenas a nós. Mas será que realmente conhecemos a nós mesmos? Quando falamos de nós, do eu, de um ser uno, idêntico, que alcançamos pela consciência, estamos falando de um objeto real, existente por si só? Ou não se poderia afirmar, também aqui, que somos enganados por uma aparência, e acreditar numa ilusão?

Convém lembrar que o eu é percebido pela consciência, que nada mais é do que uma aparência assumida por alguma coisa; uma soma de sensações, por exemplo, que em nada se parece com uma pessoa.

Vamos esclarecer esse ponto: quando olho uma paisagem através de um binóculo, nada prova que essa paisagem não esteja pintada nas lentes do binóculo, pois o efeito produzido seria idêntico. Se afirmo o contrário é porque posso separar-me do binóculo e olhar a olho nu e porque vejo a paisagem propriamente dita. Já quando se trata da percepção exterior, não é mais assim. Quando vejo objetos materiais, quando julgo percebê-los, quem me diz que esses objetos não estão figurados no interior de minha alma? [77] O efeito produzido seria o mesmo, visto que é isso que acontece no sonho e que o sonho tem para nós a aparência da realidade; com mais razão ainda o mesmo se dará a propósito da consciência. Ela vê um eu uno e idêntico; mas quem nos diz que essa percepção não se deve ao fato de nossa consciência, nossa faculdade de conhecer, ser feita de tal modo que vê como una e como idêntica a coisa da qual toma conhecimento? Talvez o que chamamos de eu seja apenas um grupo de sensações que, atravessando nossa inteligência, toma a forma de um ser uno e idêntico, assim como os raios luminosos que atravessam uma lente convergem para um mesmo ponto. Nossa alma seria essa lente e a unidade não pertenceria realmente a nosso eu, seria uma simples forma imposta ao eu pela faculdade que toma conhecimento dela. Assim, mesmo quando julgamos nos percebermos, conhecermos nossa pessoa, quando julgamos descer às profundezas de nosso ser, quando julgamos chegar a uma realidade palpável, indiscutível, nada nos garante a existência real, a existência objetiva de um eu, de uma pessoa, de um ser uno e idêntico. Também aqui nossa consciência bem poderia ser apenas uma imagem infiel ou mesmo uma imagem inteiramente criada pelo espírito.

Por fim, consideremos, em terceiro lugar, a razão. É a faculdade que nosso espírito possui de enunciar princípios universais e necessários, princípios de causalidade, de identidade, de finalidade; é também a faculdade que nosso espírito possui de coordenar por meio desses princípios os materiais de nosso conhecimento e assim construir raciocínios que se chamam, de acordo com o princípio ao qual recorrermos, dedução, indução, raciocínio por analogia.

Muitos filósofos que negam a certeza dos sentidos ou da consciência, que nos declaram incapazes de chegarmos por uma ou outra dessas faculdades a uma realidade objetiva, a uma realidade existente fora do espírito de quem as concebe, imaginam, entretanto, que a certeza encontrará na razão um refúgio inexpugnável. De fato, como afirmar que o princípio de contradição, por exemplo, tem existência apenas em nosso pensamento? É admissível que 2 mais 2 possam dar ao mesmo tempo 4 e 5^4? Parece que aqui a realidade absoluta tem forçosamente de ser conforme com o que nosso espírito concebe; temos forçosamente de chegar ao objeto. Não só não vemos um quadrado que seja ao mesmo tempo redondo e quadrado, como é impossível que tal contradição se realize algum dia. Por isso o princípio de contradição não é apenas uma lei de nosso pensamento, é uma lei que se impõe às coisas, uma lei objetiva. O mesmo se poderia dizer do princípio de causalidade, por exemplo. Não só não podemos representar-nos fenômenos sem causa como também a experiência nos mostra efetivamente que nunca um fenômeno se produz sem causa, de tal modo que a realidade objetiva do princípio de causalidade parece indiscutível.

Assim se admite, a rigor, que nossa percepção do mundo exterior seja um sonho, que nossa percepção seja uma ilusão devida à constituição de nosso espírito; mas o que se tem uma grande relutância em admitir é que os princípios racionais de causalidade e de contradição sejam apenas exigências de nossa inteligência, em vez de serem leis reais que governam objetivamente a natureza das coisas. Entretanto, também aqui a dúvida é possível; aliás, os maiores filósofos deram exemplo disso, Kant particularmente.

É preciso lembrar que a própria análise que fizemos da razão nos incentiva a colocar sob suspeita o valor objetivo dos princípios racionais.

[78] Todos aqui se lembram da origem que atribuímos a esses princípios: dissemos que eles derivam da própria forma de nosso espírito, de nossa inteligência, de sua constituição. Nosso espírito, como dizíamos, visa antes de tudo a unir e a simplificar, e os princípios racionais são apenas processos de unificação e de simplificação; mas quem nos diz que as coisas exteriores, caso existam, se curvam às exigências de nosso espírito? Não podemos representar-nos a contradição de 2 mais 2 darem 4 e 5 ao mesmo tempo[5]. Mas quem nos diz que as coisas obedecem à mesma regra? Empregando o exemplo de Stuart Mill, quem nos diz que num planeta distante não existem quadrados que sejam redondos e quadrados? Quem nos diz que, no mundo que habitamos, não existem objetos nos quais a contradição se encontra realizada e que precisamente por essa razão escapam à nossa percepção, são para nós como se não existissem? É o que Kant afirmará. É claro que, se o princípio de contradição é a lei do conhecimento, se ele se impõe a tudo que pensamos, não podemos pensar, não podemos perceber exceções a esses princípios, o que não os impedirá de existirem objetivamente. Se é permitido revogar assim como dúvida a realidade objetiva do princípio de contradição, o que diremos do princípio de causalidade? Já sugerimos que esse princípio nada mais era que um artifício que nosso espírito utiliza para colocar ordem no co-

nhecimento dos fenômenos, para interligá-los. Expusemos a crítica de David Hume[6] tentando provar que entre os fenômenos da natureza não existe ligação de causalidade; isso seria uma ficção do espírito, pela qual nos habituamos a considerar os fenômenos como se prolongando uns nos outros. – Portanto, é permitido indagar até que ponto podemos confiar nos sentidos, na consciência e na razão. Esse é o problema da legitimidade do conhecimento ou de sua objetividade. Sobre esse ponto, existem entre os filósofos divergências profundas. Formaram-se escolas diversas: o dogmatismo, o ceticismo, o probabilismo; vamos enumerá-las sucessivamente.

[2ª Aula]

Ceticismo

A palavra ceticismo tem muitos sentidos. Diz-se às vezes "um cético" para designar um homem mundano que dá pouca atenção e pouco valor às crenças menos ou mais estabelecidas, ou que pelo menos afeta dar-lhes pouca atenção. De modo geral, é chamado de cético todo espírito que, por afetação ou por causa de sua sinceridade, não compartilha certas crenças geralmente aceitas sobre a religião ou a sociedade, por exemplo. É preciso notar que sendo o ceticismo, como mostraremos, um estado de dúvida, ou seja, um estado de suspensão de julgamento, quem nega de modo formal não é cético. O ateu sincero é convicto: acredita firmemente numa verdade diferente da que geralmente é ensinada. Portanto, nesse caso as palavras cético e ceticismo estão mal empregadas. Também se costuma dar o nome de ceticismo a certo estado de indiferença do espírito, dizer que Montaigne, por exemplo, é um cético porque na medida do possível evita afirmar. Quer dizer então que ele considera toda afirmação como ilegítima? Isso não é plausível. Se cuida de não afirmar demais, é para evitar os excessos, a intolerância de sua época. Nós aqui manteremos o nome ceticismo para um sistema filosófico: é o sistema que declara que o espírito é incapaz de conhecer e, [79] consequentemente, de afirmar; que sobre todos os pontos o pró e o contra podem ser igualmente sustentados, ou seja, são insustentáveis. O cético abstém-se de pronunciar-se; ele não tem fé, não acredita na razão, considera-a corrompida pelo erro.

Assim definido, o ceticismo pode assumir duas formas principais, de acordo com a natureza dos argumentos em que se fundamenta. Há o ceticismo mais moderno, cuja forma foi dada por Kant e que é chamado com mais precisão de ceticismo idealista ou, como se diz simplesmente, idealismo. Examinaremos sucessivamente essas duas doutrinas.

Ceticismo propriamente dito – O ceticismo data de Pírron[7], e em História da Filosofia já citamos seus principais chefes. Os pirrônicos baseavam-se principalmente nos muitos erros e ilusões a que o espírito humano se entrega. Será que é preciso enumerar essas ilusões? Primeiramente, se nos limitarmos à percepção exterior, vemos que nossos sentidos nos induzem em erro consideravelmente. Chegou-se a escrever tratados sobre as ilusões da visão, da audição, do tato etc.; a lista é longa. É quase impossível afirmar num determinado momento que nossos sentidos não estão nos enganando. Todo erro reconhecido começou sendo uma verdade; e não estamos nos referindo apenas às qualidades propriamente ditas da matéria, mas às relações que nossos sentidos julgam perceber entre as qualidades, os fenômenos. Imaginamos, por exemplo, que os fenômenos sucessivos estão ligados por uma relação de causalidade. Os céticos antigos, antes de David Hume, criticaram essa noção de causa; tentaram mostrar que nossos sentidos não percebem nada disso. Essa é uma ilusão tenaz e entretanto universal.

Se passarmos do campo da sensação para o da razão pura ou discursiva, deparamos com ilusões não menos numerosas. Não há questão especulativa ou moral sobre a qual não se discuta, sobre a qual não tenham sido defendidas e aceitas ideias que hoje são consideradas por todo mundo como ideias falsas. As variações das ideias morais e de jurisprudência foram invocadas pelos céticos em apoio à sua tese; e mesmo as ciências que parecem mais sólidas, aquelas cujo método parece à primeira vista estar a salvo de toda e qualquer objeção, mesmo essas ciências se renovam constantemente. Quantos erros, em Física, por exemplo, durante muito tempo passaram por verdades incontestáveis!

Em resumo, estamos continuamente nos enganando: a ilusão é frequente. Isso porque a lei de nosso conhecimento quer assim e todo mundo admite até certo ponto. Como, num determinado momento, sabermos que estamos certos? O erro, como sabemos, apresenta-se com todas as características da verdade; só se torna erro mais tarde, quando alguém mostra toda sua vacuidade e toda sua falsidade. A dúvida é não só permitida como imposta presentemente pelo bom-senso, pela razão. Devemos abster-nos de afirmar, porque toda afirmação pode ser errônea; não devemos acreditar, porque toda crença pode ser uma ilusão. Abstendo-nos de nos pronunciar, abstemo-nos de cometer um erro possível.

Portanto, o ceticismo sob essa forma baseia-se inteiramente em que não há critério para distinguir se uma afirmação é verdadeira ou falsa, visto que o falso frequentemente apresenta as características do verdadeiro, sem o que não se explicaria que tantos erros tenham imperado durante tanto tempo. Essa primeira forma do ceticismo é facilmente refutável. Realmente, basear-se, a fim de negar toda verdade, no fato de que o espírito comete erros é admitir que há uma verdade [80] e que em certos casos o espírito a conhece; pois, afinal, como saberíamos que estamos sujeitos a cometer erros, se num bom número de casos não tivéssemos reconhecido que havíamos nos enganado? Mas reconhecer que estávamos enganados é estar de posse da verdade e ver que a opinião que tínhamos até então não estava de acordo com ela. Se o espírito fosse incapaz de alcançar a verdade, nunca reconheceria seus erros; portanto o ceticismo se tornaria impossível. O que fornece um argumento ao ceticismo é que muito frequentemente o espírito foi levado a reconhecer seu erro, o que equivale a dizer que frequentemente acabou descobrindo a verdade. Portanto, ele é capaz de alcançá-la, e a própria doutrina que estamos examinando admite implicitamente isso. A bem dizer, tudo o que se provaria com um argumento desse tipo é que na prática nunca estamos absolutamente seguros de estar de posse da verdade, já que muitos juízos se apresentam a nós com as características de uma evidência perfeita e mais tarde se prova que estavam errados, donde se concluiria que nunca se deve afirmar muito categoricamente. Ora, isso é incontestável, e somos os primeiros a afirmá-lo; nunca se deve julgar que se está diante de uma verdade absoluta: toda verdade deve ser considerada como sujeita a discussão; devemos admitir a contradição e até mesmo procurá-la.

Com isso não queremos dizer que a convicção seja condenável; o homem precisa estar convicto sobre certos pontos. Precisa acreditar numa verdade, e é justamente porque acredita firmemente nela que não deve hesitar em ouvir as razões dos outros, persuadido de que sua ideia triunfará se for verdadeira e de que, se for falsa, existe uma verdade mais merecedora de conquistar sua convicção do que a opinião anterior. Estamos nos referindo principalmente às ideias morais, às verdades puramente racionais, mas a certeza é muito mais fácil de ser obtida quando se trata de uma constatação pelos sentidos. Dizem que os sentidos são enganadores; sim, sem dúvida, quando consideramos isoladamente seus dados respectivos, quando pedimos a cada um informações que ele não pode fornecer. Quando, por exemplo, perguntamos aos olhos qual é o relevo, a forma de um objeto tridimensional, e quando comparamos entre si os dados dos sentidos, quando os criticamos, quando corrigimos uns por meio dos outros, podemos chegar a uma certeza quase absoluta, pois como alguém provaria que estamos errados?

Conclusão – O ceticismo em sua primeira forma praticamente não resiste à discussão. Isso não quer dizer que sempre o tenham discutido. Precisamos acautelar-nos contra certos argumentos invocados na Antiguidade e aos quais falta profundidade e até mesmo lealdade. Assim, um filósofo antigo, para provar que o movimento é uma realidade, punha-se a andar, como se os céticos algum dia tivessem negado a aparência do movimento. Mas afirmavam que era uma pura aparência, um fantasma, e que não havia nada real. Outros dizem que um cético nunca aplica suas teorias na prática, que não irá, por exemplo, jogar-se debaixo de um carro; está convicto de que esse carro o atropelaria e, portanto, acredita numa verdade universal, numa lei geral; mas a essa objeção os céticos antigos responderam que sua dúvida não atingia a aparência das coisas, mas simplesmente o fundo, o real. Nesse sentido, há leis aplicáveis às aparências. Quem contestaria isso? Mas as leis gerais governam apenas o que parece ser; não correspondem a verdades gerais, absolutas, objetivas. Por fim, dizem que o cético pretende que não se deve afirmar nada e entretanto ele afirma alguma coisa, afirma que duvida, que a dúvida se impõe; em resumo, afirma que não se deve afirmar nada. Mas [81] não existe nisso uma contradição real. O cético poderia empregar a forma interrogativa, como fizeram alguns antigos. Nada me impede de substituir "eu não sei" por "que sei eu?"; e mesmo deixando de lado essa sutileza lógica, o cético poderia muito bem afirmar que seu próprio princípio não rege o fundo das coisas, a realidade, a qual é inacessível ao nosso espírito. Dirá que se limitou a estudar as aparências e que das aparências se pode extrair a seguinte proposição: "Na maior parte do tempo a aparência não corresponde à realidade." A própria proposição não será mais que uma aparência. Todas essas refutações do ceticismo não o atingem profundamente. Mas ele não conseguiria responder à seguinte objeção: se há um erro e você declara que há um erro, é porque existe uma verdade, e você mesmo está admitindo que em certos casos estamos de posse dessa verdade; senão, como afirmar que em outros casos estamos enganados?

[3ª Aula]

Ceticismo (continuação)

O ceticismo assumiu nos tempos modernos uma nova forma; ele se fundamenta na crítica do espírito humano e extrai seus argumentos da própria análise de nossa faculdade de conhecer. Já em Montaigne encontramos um argumento que também havia sido apresentado, porém com menos precisão, pelos antigos. É que nada prova a conformidade da razão com as coisas. Realmente, convém lembrar que a inteligência é um instrumento e nada nos prova que esse instrumento não deforme as coisas quando nos fornece o conhecimento delas. Como dissemos, se olho uma paisagem com um binóculo, nada me prova *a priori* que essa paisagem não esteja pintada nas lentes; se estou convicto do contrário, é porque posso fazer abstração do binóculo e a paisagem não deixa de existir. Ela é visível a olho nu e, quando considero as coisas materiais ou espirituais através desse instrumento, dessa faculdade de conhecer chamada inteligência, nada me prova que essa inteligência não tenha alterado ou mesmo inventado o que acredita perceber. O que seria preciso para ter certeza do contrário? Seria preciso que um árbitro decidisse entre a inteligência e as coisas, seria preciso imaginar um ser dotado de uma inteligência completamente diferente da nossa, de um pensamento constituído de modo totalmente diferente e que nos dissesse se, sim ou não, ele vê as coisas de um modo diferente do nosso. Mas também a ele poderiam ser feitas as mesmas objeções, dizer-lhe que só percebe, só julga por meio de sua inteligência, a qual altera, deforma ou cria, de modo que ele mesmo, por sua vez, seria obrigado a recorrer a uma outra inteligência diferente da sua, e assim por diante.

Em outras palavras, para provar que nossa inteligência não se engana seria preciso, como diz Montaigne, "um outro instrumento judiciário", e assim sucessivamente, sem fim. A razão é incapaz de demonstrar a si mesma sua própria veracidade, pois só poderia fazer isso usando a si mesma, raciocinando, e a questão é justamente demonstrar a legitimidade do raciocínio: ficamos andando em círculo se quisermos provar aos outros e provar a nós mesmos que a inteligência pode confiar em si mesma; somos obrigados a fazer uso de nossa inteligência para dar prova disso. A prova dada por ela mesma não tem autoridade. Estamos na posição de um homem que desde o nascimento tivesse diante dos olhos óculos azuis e enxergasse em azul todos os objetos materiais. Consequentemente, seria incapaz de dizer se essa cor pertence às coisas ou às lentes de seus óculos; só poderia convencer-se recorrendo [82] aos outros homens que não usam óculos, perguntando-lhes como veem as coisas; mas, se todos os homens estivessem na mesma situação dele, nunca se poderia resolver a questão. A dúvida seria eternamente permitida.

Essa argumentação dos céticos é profunda e, aliás, irrefutável. De fato, a razão nunca poderá provar a si mesma que tem razão e é impossível provar matematicamente que todo conhecimento não é uma ilusão. No entanto, é permitido primeiramente mostrar a que consequências tal doutrina levaria. Não é apenas a inteligência humana que deverá desconfiar de suas forças e desesperar de conhecer; é a própria inteligência divina; pois, afinal, não podemos comparar a inteligência de Deus com a nossa e, entretanto, justamente porque Deus conhece as coisas, conhece-as graças a uma faculdade de conhecimento, e nada lhe prova que não é essa faculdade de conhecimento que inventa o que conhece, que cria o que julga perceber; Deus não pode demonstrar a si mesmo o contrário a não ser servindo-se de sua inteligência, ou seja, da faculdade cuja veracidade ele procura provar a si mesmo. Portanto, tal argumentação se aplica ao próprio Deus, a um Deus perfeito; chega-se à estranha conclusão de que o próprio ser perfeito é incapaz de conhecer com certeza. É que no fundo dessa argumentação cética há um postulado com o qual, de nossa parte, hesitaremos em concordar; esse postulado é o seguinte: só é certeza o que está demonstrado. Para que a inteligência possa ter confiança em suas forças, é preciso que possa provar a si mesma que não se engana. Mas será verdade que para ter certeza de uma coisa é preciso tê-la demonstrado? Isso foi defendido por grandes espíritos, Pascal[8] em particular, mas é contrário à experiência, ao resultado que a própria análise da certeza nos fornece. De fato, já na Antiguidade, Aristóteles fez ver que toda demonstração supõe e implica verdades indemonstráveis. Recordemos o que foi dito a propósito do silogismo, que é a forma mais perfeita de raciocínio. O silogismo consiste em extrair a conclusão da premissa maior: admite-se a premissa maior sem dúvida, porém essa mesma premissa maior poderia ser a conclusão de um silogismo anterior, mas haveria então uma premissa maior anterior a essa que era aceita; e remontando assim se chegaria a uma premissa maior que se teria aceitado como evidente, de modo que todo raciocínio, por mais rigoroso que possa ser, implica a existência de um ou vários princípios admitidos como evidentes, que se abriu mão de provar; de modo que a demonstração não é a única fonte da certeza, a certeza da demonstração é apenas uma certeza derivada, há algo tão certo e mesmo mais certo, ou seja, aquilo em que ela se baseia e que é evidente por si mesmo. Prova disso é que uma inteligência perfeita seria aquela que nunca necessitasse de demonstração nem de raciocínio, que visse todas as coisas com plena e total clareza, que as visse por intuição, sem necessidade de razão. O raciocínio é um sinal de imperfeição. Consiste simplesmente em fazer passar para as consequências a luz que iluminava os princípios, sendo estes luminosos por si mesmos, digamos assim.

Se assim é, com que direito se afirma que, para ter certeza de que a inteligência não se engana, seria preciso ter demonstrado a veracidade da inteligência? Acreditamos firmemente que nossa inteligência é capaz de chegar à verdade. Para nós isso é tão evidente quanto o princípio de contradição, por exemplo. Portanto, quem declarar que essa evidência não é suficiente deveria ir até o fim e dizer que a inteligência do princípio de contradição não é suficiente e precisa ser demonstrada. Mas então a demonstração se torna impossível, pois [83] dissemos que ela se baseia inteiramente no princípio de contradição. Em outras palavras, ou se admite que uma verdade está suficientemente estabelecida quando é evidente, caso em que é preciso confiar na inteligência, pois a veracidade de nossa inteligência nos parece evidente; ou então se declara que a evidência não é uma característica suficiente, que uma verdade verdadeira é uma verdade demonstrada, mas então se cai em contradição, visto que não há demonstrações possíveis a não ser graças a princípios indemonstráveis e que são admitidos porque são evidentes.

O ceticismo, sem mudar completamente de natureza, moderou-se primeiramente com Berkeley e Hume e depois com Kant, que em sua *Crítica da razão pura* desenvolveu um sistema que poderia ser chamado de idealismo transcendental.

[4ª Aula]

Idealismo

O idealismo não chega precisamente a dizer que nossa inteligência é incapaz de conhecer, mas dá à palavra conhecer um sentido particular. Conhecer é na realidade deformar, alterar, transformar; é submeter às exigências da inteligência os objetos reais; para empregarmos a expressão de Kant, é "impor as formas da inteligência à matéria do conhecimento", de modo que o espírito permanece encerrado em si mesmo, por assim dizer. Ele percebe vagamente que existem coisas, objetos diferentes, independentes de si; mas, quando quer conhecê-los, é forçado a fazer deles ideias, ou seja, moldá-los à sua própria imagem, e assim só conhece a si mesmo.

Vamos resumir rapidamente as ideias de Kant, o idealista por excelência.

1º Considerando-se os objetos exteriores, só os conhecemos se os localizarmos no espaço e no tempo. Ora, segundo Kant, o espaço e o tempo nada mais são que formas de nossa sensibilidade, o que significa que o tempo e o espaço são como molduras criadas por nosso espírito e dentro das quais colocamos as sensações que experimentamos. Um certo número de sensações nos é dado; essas sensações, assim que são experimentadas por nós, vêm instalar-se, por assim dizer, em determinadas formas que nosso espírito se representa, que chamamos de tempo e de espaço e que não têm nenhuma realidade objetiva. São simples representações de nosso espírito; de modo que, no que diz respeito aos objetos exteriores, podemos afirmar apenas uma coisa: que nos são dadas sensações que são a matéria de nosso conhecimento. De onde vêm essas sensações? O que as excita na alma? Nada sabemos sobre isso. Existem coisas que excitam essas sensações? Kant o admite, mas a título de simples possibilidade. Isso é problemático, diz ele, de modo que, resumindo, a suposta exterioridade dos objetos materiais deve-se unicamente a que os localizamos no espaço e no tempo, e, como o espaço e o tempo são apenas uma representação totalmente subjetiva, não saímos de nós mesmos quando julgamos conhecer objetos exteriores. Querem compreender essa teoria por meio de uma comparação? Consideremos uma dessas paisagens maravilhosamente pintadas numa tela. Ela inteira cabe numa superfície plana, e entretanto vemos objetos que se perdem ao longe. A ilusão é tão forte que parece que teríamos de caminhar muito tempo para alcançá-los. Qual é a causa disso? É que simplesmente aplicamos a esse quadro o que Kant chama de [84] forma de espaço tridimensional. Como conhecemos o espaço, como temos a ideia dele, aplicamos essa ideia às imagens planas, as únicas que nos são fornecidas, e elas próprias se instalam sob a forma que trazemos assim.

Do mesmo modo, o que nos é dado de sensações de calor, forma etc. é toda a matéria que nos é fornecida, e aplicamos a essa matéria a forma de espaço, donde resulta que ela assume a aparência de objetos exteriores a nós e diferentes de nós, a aparência objetiva, em resumo.

2º Consideram-se agora os juízos por meio dos quais o espírito estabelece relações entre os fenômenos que percebeu ou que julgou perceber? Também aqui se vê que a inteligência não pode sair de si mesma, na medida em que ela dá uma forma ao objeto de que toma conhecimento e que não se pode dizer se esse objeto é tal como parece, se existe realmente. Quando julgamos, estabelecemos relações de causalidade, de finalidade etc. Kant não tem dificuldade em demonstrar que essas diferentes noções de causalidade, de finalidade etc. são, como ele diz, simples categorias do entendimento, o que significa que nada mais são que exigências de nosso espírito. Não apenas nada prova, segundo ele, que haja nas coisas uma causalidade real, objetiva, como além disso tal pretensão não teria sentido, visto que a causalidade não é mais que um processo de unificação, uma relação totalmente ideal que o espírito estabelece entre fenômenos para uni-los para "pensá-los", como diz ele.

3º Se do juízo se passar para o raciocínio, vê-se que também aqui a razão ilude a si mesma quando julga passar do que parece para o que é. Realmente, afirmamos, por uma série de raciocínios que se interligam, afirmamos, digo eu, a existência do absoluto, de uma causa primeira etc. Mas, segundo ele, pode-se igualmente bem provar o contrário. Kant estabelece assim quatro antinomias, às quais ainda voltaremos, ou seja, quatro pares de raciocínios; em cada par são provados ao mesmo tempo o pró e o contra. Prova-se, por um lado, que o Universo é finito e, por outro lado, que é infinito; que a matéria é divisível e que não é. Prova-se que existe um ser contingente e necessário, que tudo está determinado e sujeito a leis fatais e, por outro lado, que a liberdade existe; donde ele conclui que os raciocínios e os princípios em que se baseiam são relativos à nossa inteligência; que, quando pretendemos afirmar alguma coisa sobre o que está acima de nós ou em nós, perdemo-nos em absurdos.

Em resumo, o que chamamos de objetos exteriores é conhecido por nós somente como um conjunto de matérias agrupadas no espaço e no tempo, que são apenas representações subjetivas; o que chamamos de noções do entendimento, causalidade, finalidade etc. são apenas formas de nosso espírito, modos de agruparmos, de ligarmos coisas; o que chamamos de noções racionais, ideias de absoluto etc. são apenas traduções de certas exigências de nosso espírito quando se ocupa com raciocínios lógicos. Donde se conclui, por fim, que não podemos sair de nós, que nosso conhecimento é relativo à nossa faculdade de conhecer, que nos movemos no mundo dos fenômenos sem nunca chegarmos aos números, isto é, ao que está por trás da aparência. É bem verdade que

Kant faz uma exceção em favor da lei moral, a qual nos abre uma janela para o absoluto e ultrapassa o mundo dos fenômenos, mas nesse momento ele deixa de ser idealista e se torna dogmático. O idealismo propriamente dito é a doutrina que acabamos de expor, a que está contida na *Crítica da razão pura*.

[5ª Aula]

Idealismo (continuação)

[85] Expusemos os princípios fundamentais do idealismo; a questão é saber até que ponto tal sistema pode ser aceito e considerado como uma representação da verdade. É evidente que não se trata de refutar o sistema. Um sistema filosófico geralmente é uma construção que tem sustentação; não se pode abalá-la a não ser pondo em evidência um vício íntimo, isto é, uma contradição inerente à doutrina. Quando essa contradição não existe, e é o caso do idealismo, só o que se pode é formular algumas dúvidas, mostrar que todas as probabilidades estão mais do lado oposto.

Devemos notar que, como todo conhecimento, para se tornar o que é, passou necessariamente pelos enquadramentos da inteligência, é impossível provar que ele não tome desses enquadramentos a forma que parece pertencer-lhe. Entretanto, indaguemos se não haveria para uma teoria totalmente oposta argumentos igualmente convincentes.

Primeiramente, dizem-nos que o espaço e o tempo poderiam muito bem ser apenas formas de nossa sensibilidade. Concordamos facilmente com os kantianos que, se o espaço e o tempo têm uma realidade objetiva, sem dúvida essa realidade difere, até certo ponto, do que ela nos parece ser; mas acaso disso se conclui que seja nula?

Admitamos por um momento que o tempo não existe, por exemplo, exceto em nossa faculdade de conhecer; que nada real, nada objetivo corresponde a essa representação. Como se explicará que os fenômenos astronômicos se sucedam de tal modo que se pode apontar a época determinada para a ocorrência de um deles? Pode-se prever um eclipse lunar que acontecerá daqui a um século. Preveem-no com apenas um minuto de erro; portanto, é forçoso supor que o que chamamos de dois anos, um século, um mês, um segundo, corresponde nas coisas propriamente ditas a algo real que chamarão como quiserem, mas que é causa de os fenômenos se sucederem numa ordem determinada e constante. Se o tempo fosse apenas uma representação puramente subjetiva, não se compreenderia que seja possível estabelecer leis científicas rigorosamente verdadeiras, sempre confirmadas pelos fenômenos e que têm como objetivo precisamente determinar as épocas em que esses fenômenos se produzem e o tempo que levam para se reproduzirem. A mesma demonstração poderia ser feita sobre o espaço; e o que resulta dessa crítica é que, sem poder afirmar que haja fora e independentemente de nós um tempo e um espaço tais como nos aparecem, pode-se entretanto declarar que existe uma certa causa que atribui aos fenômenos uma ordem determinada no conhecimento que deles temos. O tempo e o espaço têm portanto uma realidade objetiva; isso não está demonstrado absolutamente, mas é infinitamente provável.

Passemos agora ao que Kant chama de categorias do entendimento e consideremos a causalidade, por exemplo. Concordamos com os kantianos, já tínhamos concordado, que sem a menor dúvida a causalidade é uma noção fornecida pela consciência e transferida por nós para o mundo dos fenômenos; mas será verdade que nos fenômenos e na realidade objetiva não há nada que corresponda à relação de causalidade? Será uma pura ficção a ideia de causa na matéria? Se assim fosse, seria um tanto difícil explicar as sucessões constantes dos fenômenos.

Vamos retomar um exemplo já conhecido, aquele da bola de bilhar que vai se chocar com uma outra: entre o movimento da primeira e o da segunda, como dizíamos, a única relação percebida é uma relação de sucessão, sem dúvida; mas como se explica que essa sucessão seja invariável? [86] É forçoso que haja algo que seja causa dessa sucessão invariável, algo que faça com que a um grupo de condições determinadas suceda um fenômeno determinado. Esse algo não pode ser designado por uma palavra, não é percebido por nós, e entretanto existe, visto que constatamos a ordem constante dos fenômenos. Portanto, é muito provável que, se a causalidade propriamente dita não é uma realidade objetiva, haja nas coisas, no que existe objetivamente, alguma relação, alguma ligação que se traduz para nós sob forma de causalidade. Portanto, a causalidade não é uma palavra vã.

Não levaremos essa crítica até o fim porque pretendemos mostrar, a propósito das provas da existência de Deus, que há fortes presunções em favor de uma teoria radicalmente oposta à interpretação que Kant deu da ideia de absoluto. Basta concluirmos dizendo que o idealismo é o sistema pelo qual todo filósofo prudente deve principiar. Por fim, o idealismo não elabora hipóteses; limita-se a advertir contra nossa tendência a objetivarmos o que é subjetivo, a atribuirmos a coisas reais independentes de nós o que só existe em nosso espírito e em nós mesmos. Mas o idealismo é constantemente comprometido pelas descobertas científicas que nos revelam nos fenômenos uma ordem que nem sequer pressentimos, donde se pode concluir que não contribuímos para ela e que há realmente nessa ordem algo real e objetivo absolutamente.

[6ª Aula]
Dogmatismo

O ceticismo geralmente só aparece numa época já avançada do desenvolvimento filosófico. A dúvida não é o estado normal do espírito; somos mais inclinados para a confiança. É pelo dogmatismo que a filosofia principia. O que se chama de dogmatismo é mais um hábito mental do que um sistema: é a tendência a considerar como real tudo o que é pensado e como objetivo o que parece objetivo, a acreditar, em resumo, que nosso espírito é o espelho fiel da realidade e que nossas faculdades, desde que as usemos adequadamente, são fontes legítimas de verdade. O dogmatismo pode assumir várias formas, e por isso não se pode formular sobre ele um julgamento absoluto.

1º Há um dogmatismo popular, aquele do senso comum que consiste em erigir como realidade, sem nenhuma espécie de crítica, toda objetividade, tudo o que toca fortemente os sentidos ou o entendimento; assim, as cores, os sons, as variações de temperatura são coisas que modificam profundamente o estado de nossa alma. São sensações internas, e por isso o vulgo faz delas imediatamente, sem exame, realidades objetivas; sentem um profundo espanto quando ouvem alguém afirmar que o calor, o som, a cor são apenas, fora de nós, movimentos vibratórios, que correspondem a alguma coisa; e espantam-se ainda mais se lhes disserem que a análise de um assim chamado objeto material acaba abalando a fé que se poderia ter em sua exterioridade ou sua existência objetiva e absoluta. Ele afirma que há corpos e que esses corpos são o que parecem; mas, se passarmos do campo dos sentidos para o do entendimento, encontramos sobre as questões morais o mesmo dogmatismo taxativo e superficial que sobre as questões físicas e propriamente científicas.

[87] Quantas pessoas erigem em verdade absoluta, em verdade objetiva, aquilo que é apenas um puro juízo da educação! Não pretendemos afirmar que toda convicção referente às questões morais seja uma convicção banal; mas é certo que a animosidade que colocam nessas questões, o horror que em tal caso sentem pela contradição e os ódios envenenados que essas questões despertam provêm de que, por uma ilusão de ótica interna, se podemos falar assim, erige-se, transforma-se em realidade objetiva, em verdade universal, uma opinião que frequentemente está relacionada com a constituição de nosso espírito, com nosso caráter, com nossa educação, com nossa personalidade moral. Esse dogmatismo taxativo e superficial é condenável, é a fonte da maioria dos erros; exclui até mesmo o progresso, porque exclui o livre exame, a discussão profunda.

O criticismo, como é chamada a doutrina de Kant, nada mais é que uma reação contra um dogmatismo exagerado; mas podemos ir mais longe e afirmar que o dogmatismo absoluto é um sistema contraditório, pois as aparências são continuamente opostas umas às outras, contradizem-se, e, se atribuirmos a todas elas uma mesma parcela de realidade, acabaremos considerando como igualmente verdadeiras, como igualmente reais, proposições contraditórias, o que equivale a dizer que o dogmatismo exagerado mal se distingue do ceticismo. Consideremos a percepção exterior, por exemplo. É indiscutível que a matéria nos aparece sucessivamente, dependendo do ponto de vista que adotarmos, como infinitamente divisível ou como composta de elementos indivisíveis e definidos; as duas aparências impõem-se com a mesma força, e entretanto é preciso inevitavelmente admitir que uma delas é ilusória. Em outras palavras, é preciso admitir que existem certas ilusões que se devem à própria constituição de nosso espírito, e entre as duas hipóteses que acabamos de fazer há uma que nesse caso é uma ilusão da inteligência, um erro. O mesmo se diria das questões que são levantadas tanto sobre a matéria como sobre as coisas morais. O dogmatismo absoluto leva à realização dos contrários, leva, em outras palavras, ao que chamamos de ceticismo.

2º Há um dogmatismo mais restrito, que consiste em diferenciar diversas espécies de certezas, de acordo com a faculdade que está em jogo no conhecimento, e considerar algumas dessas faculdades como infalíveis e outras como sujeitas a caução e só tendo valor se estiverem em conformidade com aquelas. Essa ideia será discutida por Hume quando abordarmos o problema da evidência e das diversas espécies de certezas; por enquanto vamos dizer apenas que a distinção de diversas espécies de certezas também pode, se for levada longe demais, conduzir ao ceticismo. Por fim, no caso em que duas dessas certezas se contradisserem sobre um determinado ponto, como resolver o impasse? Uma ou outra terá razão, ou as duas, e o espírito ficará suspenso.

3º Por fim, um dogmatismo verdadeiramente filosófico é aquele que começa pela dúvida e como que resulta dela, é o dogmatismo de Bacon, de Descartes, de todos os grandes pensadores. Eles começaram por uma crítica profunda do conhecimento; resignaram-se a considerá--lo como um instante ilusório; examinaram seus graus e separaram o que estava solidamente estabelecido, o que era apenas provável e o que era totalmente duvidoso. O dogmatismo é parcial precisamente porque é inteligente; consiste em admitir tudo o que se apresenta com razões sólidas; portanto, como já dissemos no começo, não é um sistema filosófico, uma doutrina; é apenas o hábito de raciocinar certo e só se pronunciar com perfeito conhecimento de causa.

[7ª Aula]

A evidência e o critério de certeza

[88] O estudo das doutrinas idealistas e céticas e o exame crítico dessas doutrinas levaram-nos à conclusão de que nosso espírito não é incapaz de alcançar a verdade, que existe uma verdade absoluta e não apenas um conjunto de crenças ou de opiniões relativas ao nosso espírito. Por outro lado, frequentemente nos enganamos, e essa mesma infinidade de erros nossos prova bem que a verdade, embora exista, não é coisa fácil de ser alcançada. A questão que surge então é a seguinte: por qual sinal distinguiremos o verdadeiro do falso? Qual é a característica essencial com a qual a verdade se apresenta a nós? O que a torna aceitável, ou então, qual é seu critério? O critério é a regra por meio da qual comparamos e distinguimos. O critério da verdade seria, portanto, uma fórmula que permita distinguir o verdadeiro do falso, o real da aparência. Tal critério deve existir, se for verdade que há uma verdade. Qual é ele?

1º Se devemos acreditar em certos filósofos, entre os quais é incluído, mas muito erradamente, Leibniz, a marca da verdade seria a não-contradição. Reconheceremos uma proposição verdadeira por ela não ser contraditória e por também não contradizer uma proposição anteriormente admitida; mas é fácil ver que tal teoria é totalmente insuficiente. Há uma infinidade de verdades certas cujo contrário não implica contradição, e entretanto as duas proposições contrárias não podem ser ambas igualmente verdadeiras, e nessa teoria o seriam.

Se digo, ao ver um objeto material, "ele existe", estou certo disso. Enuncio uma verdade que, realmente, será preciso interpretar filosoficamente, mas que mesmo assim é uma verdade; o contrário dessa verdade não tem nada de absurdo; pode ser afirmado e até mesmo o afirmaram. A não-contradição é um signo muito claro; ora, se fosse o critério da verdade, não se discutiria tanto sobre o que é verdadeiro e sobre o que é falso: imediatamente se veria o que é defensável e toda discussão seria eliminada. O que acontece, como disse muito bem Leibniz, é que a não-contradição é o signo, a característica, da possibilidade, não da realidade. Se concebo um objeto, uma existência, melhor dizendo, que não encerre contradição interna e também não esteja em contradição com realidades constantes, ela é possível. O herói de um romance não existe, mas é *possível*, porque sua conduta é lógica, ele poderia ter vivido, talvez exista um dia, mas, para que exista realmente a não-contradição não basta; é preciso que uma característica nova, aliás bastante difícil de se definir, venha somar-se ao possível, digamos assim, e provoque sua realização. Aliás, suponhamos por um momento que se considere como verdadeiro tudo o que não é contraditório: com que direito se estabelecerá tal regra, com que direito se considerará que ela é verdadeira? Por qual sinal reconhecemos que essa proposição não é falsa? Só pode ser porque ela nos parece evidente.

Parece-nos evidente que aquilo que é lógico, aquilo que se sustenta e não é contraditório, é real e verdadeiro. Há, portanto, um critério da verdade anterior à contradição. Poderia ser que fosse a evidência, mas antes de chegar a essa conclusão vamos examinar uma outra teoria.

2º O senso comum foi proposto por Fénelon e principalmente pelo escocês Reid[9] como critério da verdade. Segundo esses filósofos, verdadeiro é aquilo que é admitido e reconhecido como tal pelo senso comum. A filosofia escocesa, aliás, baseia-se [89] inteiramente nesse princípio. As verdades do senso comum são vistas como incontestáveis e erigidas em verdades absolutas, em verdades filosóficas. Muito haveria a dizer sobre esse ponto. Sem dúvida o senso comum tem razão numa infinidade de casos, e isso acontece porque o que assim chamamos nada mais é que o resumo das experiências de muitos séculos; os erros populares foram se corrigindo pouco a pouco por essa mesma infinidade de experiências sucessivas e acumuladas. Mas não se deveria pedir ao senso comum o que ele é incapaz de fornecer. Em geral ele só se pronuncia sobre o que é de utilidade prática e adota sobretudo as soluções que, na medida do possível, são conformes com as aparências e em seguida, na medida do possível, conformes com a utilidade prática, até mesmo aquelas que facilitam a linguagem e são expressas mais comodamente.

Foi assim que o senso comum admitiu durante séculos a legitimidade da escravidão, que a Terra era necessariamente plana, do contrário os habitantes dos antípodas correriam risco de cair no céu, que o Sol e os astros em geral giram ao redor da Terra etc. Quando se trata de citar erros cometidos e aceitos universalmente, a única dificuldade é escolher. Entretanto, erros foram sendo sucessivamente corrigidos por algum homem mais sábio ou mais inspirado que os outros. Ele estava em contradição com o senso comum e entretanto estava com a verdade. Portanto, a verdade não é aquilo que parece para o senso comum.

O senso comum, se o considerarmos de um novo ponto de vista, diz que há no corpo calor, cor, peso, e de fato essa é a maneira mais cômoda de falar. É provável que o homem a conserve ainda por muito tempo ou mesmo que a conserve para sempre. Entretanto, isso é contrário à verdade científica, e o senso comum, precisamente porque até certo ponto é escravo das palavras com que se expressa, conservará durante muito tempo as ilusões que a física hoje se empenha em destruir. Por fim, devemos lembrar que o senso comum, embora pareça estar a salvo de toda parcialidade, é na realidade um sistema problemático, hipotético como todos os outros. Confiar no senso comum é admitir *a priori* que a realidade é conforme com as aparências, é adotar, portanto, o que se chama de realismo metafísico, que transforma os fenômenos em números.

Portanto, quando se trata de questões um pouco científicas, o senso comum não merece mais fé absoluta do que um filósofo que tivesse refletido pouco, pois a reflexão vulgar é sempre superficial. Admitamos por um momento que o senso comum seja juiz da verdade em última instância e que ele possa nos fornecer um critério; como estabeleceremos a veracidade desse critério? Só poderá ser considerando as principais proposições aceitas pelo senso comum e mostrando que elas são a expressão da verdade; mas então é porque há um outro meio de discernir o verdadeiro do falso; senão, como saberíamos que o senso comum tem razão? Agora falta apenas examinarmos uma doutrina muito próxima da anterior, aquela que escolheria como critério da verdade o consentimento universal.

3º Antigamente as provas extraídas do consentimento universal eram numerosas, principalmente sobre as questões morais, a existência de Deus e a imortalidade da alma. É ainda com argumentos desse tipo[10], mas também com outros, felizmente melhores. Acabamos de ver que o senso comum frequentemente se engana; ora, o consentimento universal nada mais é que a expressão do senso comum; os homens só se põem de acordo sobre as aparências, sobre aquilo que impressiona imediatamente a consciência, [90] os sentidos e a razão; mas, quando se trata de se pronunciarem sobre o que existe realmente, sobre o que está por trás da aparência, o consentimento universal não pode ser um critério suficiente. Aliás, o que é o consentimento universal? É o consentimento de todos os homens em particular. Ora, se para qualquer um deles tomado isoladamente não há verdade absoluta, como poderia haver para o conjunto deles?

Vamos esclarecer esse ponto. Isolamos o homem da massa da humanidade; se só for verdade aquilo que é universalmente reconhecido como tal, esse homem, para pronunciar-se, deverá aguardar o parecer da massa, e enquanto não o conhecer não haverá para ele nem verdadeiro nem falso, e assim será para cada um dos outros tomados isoladamente; e se o parecer de cada um deles tomado isoladamente é correto, como o da massa não o seria? Será inútil alegar que a própria concordância das crenças é uma fraca presunção em favor de sua legitimidade; já dissemos que para uma crença ser universalmente compartilhada basta que as aparências sejam as mesmas para todos os homens; ora, é esse o caso de todas as ilusões importantes.

Somos levados assim a indagar se devemos buscar o critério da verdade em outro lugar que não na própria verdade e se a evidência não seria, em última análise, o critério da verdade quando uma proposição se apresenta ao nosso espírito com plena e total clareza e de tal modo que se impõe a nós e parece arrebatar nossa adesão; em resumo, se quando ela é evidente é verdadeira: *"index veri verum"*. A verdade é por si mesma seu próprio critério, e realmente, que outro critério se poderia invocar sem voltar inconscientemente a este? Qualquer que seja o critério a que eu recorra, só posso estabelecer sua veracidade por meio de um raciocínio se o estabelecer; mas esse juízo só ganhará minha adesão porque será evidente e a evidência é que será o verdadeiro critério. Mas, se não procuro estabelecer a veracidade do critério é porque a considero evidente, e sempre volto a cair nesta conclusão: a evidência é o critério da certeza, da verdade. Mas então quantos erros, quantas ilusões vão se tornar verdades; já não dissemos que a ilusão forte se apresenta com todas as características da verdade, que ela adota a marca da evidência? Tudo o que impressionar fortemente nosso espírito se tornará verdadeiro. E a verdade será apenas algo subjetivo e relativo ao nosso espírito, em vez de ser o objetivo e o absoluto. Para responder a essa objeção é preciso distinguir duas espécies de evidência: a primeira, que não é uma evidência, é o que se poderia chamar de evidência fenomenal, a evidência de fato, ou, melhor dizendo, a evidência dos sentidos, da memória e da imaginação. É erroneamente que se atribui a característica de evidência à percepção exterior, por exemplo; seria muito possível que ela desse apenas aparências; por isso Descartes recusa formalmente a característica de evidência a tais objetos. "Vejo o Sol, diz ele, mas sua existência não me está nem um pouco provada, não tenho certeza dela, talvez esteja sendo vítima de uma bela ilusão, e o mesmo aconteça quando me lembro de alguma coisa. Acaso não posso tê-la sonhado em vez de tê-la visto, meus sonhos não me apresentam o aspecto de uma realidade percebida?" Mas há uma outra evidência que é a verdadeira, que é a única, que não pode ser enganosa; é a evidência para o entendimento, como diz Descartes, ou seja, a evidência abstrata, aquela que não supõe a ação dos sentidos, da memória ou da imaginação, e sim um esforço da razão. É assim que um astrônomo que encontra no final de suas fórmulas e de seus cálculos a necessidade de um sol, de um astro central para nosso sistema planetário, torna evidente a existência do Sol. Aqui a intervenção dos sentidos se torna inútil e é a razão abstrata sozinha que trabalha. A evidência [91] seria a característica de toda proposição fortemente e matematicamente encadeada a outras que, por sua vez, também teriam a mesma relação com outras. Mas como esse encadeamento se dá? Qual é sua natureza? Para saber isso resta-nos apenas examinar o estado de certeza.

[8ª Aula]

A certeza, a crença, a dúvida

A certeza é o estado em que se encontra o espírito na presença de uma verdade que lhe parece evidente. É quase impossível descrever a certeza, precisamente porque é um estado simples do espírito. Tudo o que se pode dizer é que, como a própria palavra indica, ela se traduz por uma certa fixidez, um certo repouso da inteligência; o espírito, quando se sente certo, é libertado de toda ansiedade. Por isso chegaram a defini-la como "o repouso da inteligência na contemplação da verdade". A certeza, portanto, é o estado de espírito que corresponde a essa qualidade das coisas que é chamada de evidência. Por isso a análise da evidência poderá nos fornecer alguns detalhes complementares sobre a natureza das diversas formas de certeza.

Realmente, podemos distinguir várias formas de certeza, cada uma das quais corresponde a uma certa forma da evidência. Com isso não queremos dizer que há várias maneiras de ter certeza: ou se tem certeza ou não se tem; não há meio-termo; mas a certeza nunca é imediata: supõe sempre um certo trabalho intelectual que pode parecer instantâneo, mas que mesmo assim ocupa na realidade uma duração apreciável; e, de acordo com a natureza do trabalho, a certeza à qual se chega poderá ser chamada diferentemente.

1º *Certeza e evidência sensíveis* – Quando percebemos um objeto, estamos certos de percebê-lo, e o mesmo se poderia dizer de toda percepção imediata, qualquer que seja, bem como daquelas que a consciência nos fornece. Quando temos sensações, quando tomamos consciência de um eu, parece-nos incontestável que essa sensação existe e que há um eu, assim como há um objeto exterior. Diremos, portanto, que se chama evidência sensível a evidência que os dados imediatos dos sentidos e da consciência[11] apresentam para nós e a certeza que disso resulta. Acaso não parece também que entramos em contradição com o que foi dito antes? Dissemos que não havia evidência imediata, ou melhor, que toda evidência só se apresenta sob esse aspecto em seguida a um trabalho de encadeamento efetuado pelo espírito. Realmente é isso mesmo, e, por mais imediata que pareça essa certeza sensível de que acabamos de falar, é fácil mostrar que ela é o resultado de um processo, de um trabalho de sistematização efetuado pelo espírito. De fato, para que eu tenha certeza da existência de um corpo não me basta vê-lo; sem dúvida neste momento estou olhando uma mesa que está na minha frente, digo que ela existe, que estou certo disso, que isso é evidente, e julgo que a única razão que tenho para dizê-lo é esta: eu vejo a mesa. Entretanto, suponho que bruscamente, em vez da mesa e dos objetos que a cercam, eu veja com a mesma clareza um edifício da capital: Notre-Dame de Paris, por exemplo. Se nesse caso, como anteriormente, eu tivesse uma percepção muito nítida do objeto, muito distinta, tão nítida como a que tenho desta mesa, desta classe e dos objetos que aqui estão, será que eu acreditaria em sua realidade? teria certeza? haverá evidência para mim? [92] De modo algum. Direi que estou sonhando, que estou alucinado. Nem por um momento me virá a ideia de que isso que estou vendo existe de fato. Portanto, na certeza que eu tinha há pouco da existência da mesa e dos objetos que a cercam entrava um outro elemento além da percepção pura e simples. Esse elemento nada mais é que a possibilidade de ligar essa percepção a toda a série de percepções anteriores, por relações de causalidade. Se acreditei na existência dos objetos percebidos por mim na sala em que estou, é porque antes de percebê-los havia percebido a porta aberta que devia me conduzir para cá. Se acreditei na existência real dessa porta, é porque ela condiz com o restante do edifício, com o pátio para onde ela dá. E assim sucessivamente veríamos que, se acredito nessa ou naquela percepção minha, não é apenas porque ela se apresenta a mim; isso não bastaria; é porque combina com o que a cerca, ou, melhor dizendo, é porque se liga a toda a série de percepções anteriores por laços de causalidade que explicam a passagem de cada uma delas para a seguinte; e a percepção da catedral de Notre-Dame de Paris só poderia ter se apresentado a mim com a característica da evidência se atendesse a essa condição. Para isso seria preciso que essa percepção fosse precedida de todas as percepções que podem explicar a passagem da percepção desta sala para a percepção da catedral de Paris, ou seja, a percepção de um trajeto, a percepção de uma viagem daqui até a estação ferroviária, depois dessa estação a todas as estações intermediárias de Clermont a Paris etc. Chegamos, portanto, a essa definição muito mais profunda da certeza e da evidência sensíveis. Há evidência sensível, e portanto certeza, sempre que uma percepção imediata, simultaneamente clara e distinta, pode ligar-se imediatamente por relações de causalidade a toda a série de percepções anteriores. Quem definisse de outro modo a evidência teria de atribuir ao sonho a mesma dose de existência que à realidade propriamente dita.

2º *Certeza e evidência racionais* – Algumas proposições apresentam-se ao nosso entendimento abstrato com a característica da evidência sem que tenha havido percepção propriamente dita. Parece-nos evidente, por exemplo, que duas quantidades iguais a uma terceira são iguais entre si; são assim também as proposições matemáticas. É impossível duvidar delas; ora, assim como, no caso da certeza sensível, mostramos que uma única coisa era imediatamente evidente, o princípio de causalidade, e que toda percepção recebe sua característica de evidência da possibilidade de ligar-se por uma relação de causalidade (como se diz) a todas as percepções anteriores, assim também é fácil ver que no caso da certeza chamada racional o que é evidente imediatamente é o princípio de identidade ou de contradição. Uma proposição só apresenta o aspecto de evidência racional quando pode unir-se pela relação de identidade a todas as proposições anteriormente aceitas pelo espírito, ou, o que vem a dar no mesmo, quando pode ser imediatamente deduzida delas. As proposições matemáticas são evidentes porque se ligam a proposições anteriormente aceitas, axiomas ou definições, por uma relação de identidade, visto que foram deduzidas delas, e os axiomas, como sabemos, se resumem no princípio de contradição. Um filósofo só tem segurança da certeza, da verdade de seu sistema metafísico porque ele é lógico e em seguida porque pode ser inteiramente deduzido do conjunto de ideias gerais que se encontram em seu espírito e que são como a marca característica de sua inteligência; também aqui a evidência depende da possibilidade de um encadeamento.

[93] 3º *Certeza e evidência morais* – O termo certeza moral é empregado em sentidos muito diferentes. Às vezes se dá o nome de certeza moral à certeza que os dados da consciência apresentam. Já consideramos essa certeza como sendo apenas algo distinto, especial, fizemos dela um caso muito particular da certeza sensível ou supostamente imediata; mas há dois sentidos muito importantes atribuídos a essa expressão.

a / Na maioria dos casos, entende-se por certeza moral não uma certeza propriamente dita, mas uma crença muito firme, e então a evidência moral não é a evidência propriamente dita, é apenas um grau muito alto de probabilidade. Estar moralmente certo de alguma coisa é acreditar profundamente nela e no entanto não estar absolutamente certo: esse é o sentido atribuído a essa expressão na linguagem comum. Por pouco que examinemos e comparemos entre si os diversos casos de certeza moral, veremos que também aqui a certeza se deve a um encadeamento efetuado pelo espírito, mas que aqui as relações efetuadas pela inteligência são de natureza mais problemática, relações de finalidade, por exemplo. Vejo um homem abrindo a boca, falando e fazendo gestos; digo que ele está expressando seu pensamento e que é um ser inteligente. Estou convicto disso; entretanto isso não é absolutamente certo: quem me diz que não se trata de um autômato bem construído? Para ficar certo de que ele pensa seria preciso, por assim dizer, penetrar no interior desse corpo, pensar com seu pensamento; se acredito na existência desse pensamento sem vê-lo, é porque na coordenação dos movimentos produzidos por esse homem, na ordem, no encadeamento de suas palavras, vejo como que a representação de um objetivo, ou seja, o objetivo de expressar um pensamento, donde concluo pela existência dessa inteligência; mas é apenas um grau muito alto, o mais alto possível, de probabilidade; não é uma evidência semelhante à das proposições matemáticas nem àquela apresentada pela percepção pura e simples dos movimentos que esse homem produz.

b / Mas também se dá o nome de certeza moral a um outro e muito diferente estado da inteligência, àquele estado de convicção em que se encontra o espírito quando em presença de certas verdades que se convencionou chamar de morais; estamos falando das verdades religiosas, principalmente da existência de Deus, da imortalidade da alma. Foi nesse sentido que o autor de uma obra sobre *A certeza moral*[12], Ollé-Laprune, tomou a palavra certeza. De onde provém essa adesão espontânea do espírito a certas verdades que nada têm de abstrato como os princípios racionais e que não se demonstram? Provém do sentimento, pelo menos tanto quanto da inteligência. Somos feitos de tal modo que diante de certas verdades nossa personalidade inteira se inclina; essas verdades estão em conformidade com a constituição geral de nosso ser, nós as desejamos não menos do que as compreendemos. Portanto, há aqui uma certeza e uma evidência análogas à anterior; aqui, como nos outros casos, a evidência se deve à conformidade de tudo o que é concebido com toda uma série ou toda uma soma de percepções ou de concepções anteriores. De modo que, resumindo tudo, diremos que a evidência, qualquer que seja, depende sempre da possibilidade de ligar uma percepção ou uma concepção presente a uma série de percepções ou de concepções anteriores, e que essa ligação se opera ora em virtude de uma relação de causalidade, ora pelo estabelecimento de uma relação de identidade ou de finalidade, ora finalmente por uma adesão da personalidade inteira, que declara que o objeto percebido é desejado e como que requisitado por todas as faculdades, por todas as partes dela. A certeza, como acabamos de ver, não admite graus; ou se tem certeza ou não se tem.

[94] Isso significa que outros estados são possíveis para a inteligência, pois nem sempre acontece que ela possa ligar firmemente o presente ao passado. Realmente, ao lado do estado de certeza há dois outros estados: a crença e a dúvida.

A CRENÇA – Poderia ser definida como o estado do espírito quando hesita entre as duas afirmações contrárias, porém pende menos ou mais fortemente para uma delas. Assim, comprei 99 bilhetes de uma loteria de 100 números; acredito que vou ganhar, mas isso não é certo, pois o 100º número poderia ser o vencedor. O céu está coberto de nuvens; acredito que vai chover, mas as nuvens poderiam dissipar-se; e assim sucessivamente. Como se explica que não tenhamos certeza? É que algumas condições do problema nos escapam. Se eu conhecesse todas as condições, todas as razões que costumam causar a chuva, poderia predizer com absoluta certeza sóis e chuvas; mas, como conheço apenas uma única condição, sem dúvida a principal mas não a única, não tenho certeza, limito-me a acreditar.

Se eu conhecesse todas as razões que fazem com que saia um número de loteria em vez de um outro, se soubesse, por exemplo, quem fará o sorteio, quais são as condições fisiológicas ou físicas que dirigirão sua mão para um certo lugar do saco e não para um outro, se estivesse certo de todas as condições do problema, saberia a resposta; mas conheço apenas uma e indiscutivelmente a principal: tenho quase todos os números. E, qualquer que seja o lugar para onde se dirigir a mão que fará o sorteio, ganharei, contanto que não seja para o lugar onde está o número fatal. De modo que, se o estado de certeza é um estado em que se pode ligar tudo o que segue com tudo o que precede, o estado de crença é o estado em que se encontra o espírito quando não pode efetuar essa ligação de um modo firme, porque não está de posse de um dado do problema que é um dado essencial, principal sem dúvida, mas que não é o único. À certeza corresponde a evidência, à crença corresponde a probabilidade; a certeza e a crença são estados do espírito, a evidência e a probabilidade são características atribuídas por nós aos objetos. A evidência e a certeza, como dissemos, não comportam graus; o mesmo não acontece com a crença e a probabilidade. Há graus na crença, assim como na probabilidade; chega-se a medir matematicamente a crença e a probablidade. E Newton instituiu um cálculo especial, chamado cálculo das probabilidades; o princípio desse cálculo é o seguinte. O grau de probabilidade será representado por uma fração cujo numerador exprimirá o número de condições conhecidas e o denominador, o número de condições existentes, ou, falando a linguagem da matemática, o numerador exprimirá o número de casos favoráveis e o denominador, o número de casos possíveis. Por exemplo, comprei 99 bilhetes de uma loteria de 100 números; acredito que vou ganhar, e o grau de probabilidade desse acontecimento é igual a 99/100. Há 99 bilhetes que me farão ganhar, mas há 100 bilhetes que podem sair. Vemos que a probabilidade pode oscilar entre 0 e 1, que são os limites extremos. Uma probabilidade que fosse igual a 1 seria uma fração cujo numerador fosse igual ao denominador, o que significa que o número de casos favoráveis seria igual ao número de casos possíveis, ou ainda, que todos os casos possíveis seriam favoráveis; portanto, não seria mais a probabilidade, a crença, e sim a certeza. Se compro 100 bilhetes da loteria, a probabilidade = 100/100, ou seja, 1, de modo que estou certo de ganhar. Portanto, poderíamos definir a certeza em linguagem matemática dizendo que é o limite da probabilidade.

[95] Se, ao contrário, fizermos o numerador decrescer e o denominador permanecer constante, a fração tenderá cada vez mais para zero, e quando se tornar igual a zero o número de casos favoráveis ou de condições conhecidas torna-se nulo, o que significa que já não há probabilidade, e sim dúvida absoluta.

De modo que, resumindo tudo, a fração que expressa o grau de probabilidade de um acontecimento pode assumir todos os graus desde 0, que corresponde ao caso de incerteza absoluta e que é o limite inferior, até 1, que corresponde ao grau de certeza absoluta e que é o limite superior.

A DÚVIDA – Pode acontecer que o espírito não possua nenhum dos dados necessários para a solução do problema. Nesse caso, ele não pode pronunciar-se, toda e qualquer afirmação é impossível, o pró e o contra parecem igualmente implausíveis; a inteligência duvida.

A dúvida é justamente aquele estado de suspensão do espírito de que os antigos haviam falado, suspensão entre dois contrários. Assim como a certeza era o limite superior da crença, assim também a dúvida é seu limite inferior.

Uma crença pode basear-se em razões cada vez menos sólidas; ela desaparece para dar lugar à dúvida no momento preciso em que essas razões desaparecem. Isso significa que não há graus na dúvida, assim como não há graus na certeza; apenas a crença admite o mais ou o menos. Com isso não queremos dizer, como Roger--Collard, que não se pode duvidar sobre um ponto sem duvidar de tudo, e sim que, quando se duvida sobre um ponto, já não se pode estar menos ou mais incerto sobre esse ponto.

Qual característica do objeto percebido corresponde a esse estado subjetivo chamado dúvida? À certeza corresponde a evidência, como já dissemos, à crença corresponde a probabilidade, à dúvida corresponde o simples possível ou, melhor dizendo, uma igual possibilidade dos dois contrários. Duvidar é estar na presença de dois acontecimentos ou duas proposições contrários ou opostos que parecem possíveis no mesmo grau. Agora se compreende a origem dos diversos sistemas que examinamos anteriormente.

O espírito, como dizíamos, passa ou pode passar por três atos diferentes: certeza, crença e dúvida; e cada um desses estados corresponde à sua razão de ser nas condições que o provocaram. Consequentemente, cada um desses estados é legítimo; ora, o ceticismo, o provável, o dogmatismo consistem essencialmente em considerar um desses três estados como o único legítimo, com exclusão dos outros dois. O dogmatismo pretende chegar à certeza sobre todos os pontos, o probabilismo limita-se a uma simples crença, o ceticismo duvida obstinadamente. Se nossa análise for exata e completa, há casos em que conhecemos todos os dados do problema, em que o presente está ligado ao passado por laços firmes, e portanto temos certeza, devemos ter; mas há outros casos em que esse encadeamento é frágil, em que não conhecemos suficientemente o presente para ligá-lo ao passado e para concluirmos o futuro; então hesitamos, mas nos inclinando para um lado: acreditamos; e por fim há casos em que a dúvida se impõe. Cada um desses três sistemas corresponde a uma tendência de nosso espírito, mas nenhum deles deve ser aceito exclusivamente.

[9ª Aula]

Diferentes concepções da matéria

[96] Já vimos em psicologia que a existência da matéria está longe de impor-se ao gênero humano como uma verdade evidente e certa. A análise que apresentamos da percepção exterior nos fez compreender que o que há de real, de incontestável na percepção se reduz a uma série de sensações sucessivas ou simultâneas; por isso não voltaremos ao sistema da existência dos corpos exteriores, problema que tem seu lugar em metafísica.

Vamos limitar-nos a lembrar que os idealistas afirmam, é bem verdade que em sentidos diferentes de um filósofo para outro, a não-existência dos objetos exteriores; que para Berkeley, teórico do assim chamado imaterialismo, os corpos praticamente são apenas ideias de nosso espírito, e para Malebranche também. Segundo Kant, a suposta exterioridade dos corpos provém de localizarmos a matéria de nossa intuição, ou seja, nossas sensações, no espaço, que é apenas uma forma subjetiva de nossa sensibilidade. Lembraremos também a crítica que fizemos desses diferentes sistemas, crítica baseada inteiramente no princípio de causalidade. Dissemos que indiscutivelmente não ficávamos imediatamente seguros da existência dos corpos, que esse conhecimento não nos era dado como uma verdade imediata, mas que chegávamos a ele por um raciocínio inteiramente fundamentado no fato de que não há fenômeno sem causa. Indiscutivelmente, conhecemos apenas nossas sensações, mas essas sensações têm uma causa e essa causa não somos nós, visto que as sensações são independentes da vontade. Portanto, essa causa é algo diferente de nós, e é precisamente isso que constitui o objeto material, ele é uma causa de sensações, como dizíamos, e assim respondíamos de um lado a Berkeley e do outro a Stuart Mill[13].

Isso dito, deixando de lado a questão da existência do mundo, que consideramos resolvida, indagaremos simplesmente em que consiste o objeto exterior supostamente existente. Como dizíamos, ele só pode ser uma causa desconhecida de sensações e, realmente, nunca, sem a menor dúvida, saberemos em que consiste essa causa. É infinitamente provável que essa causa seja diferente de tudo o que podemos conceber, não sendo, por hipótese, matéria, nem tampouco sendo um puro espírito; visto que não é nem matéria nem espírito, é algo não representável, algo que não corresponde a nenhuma imagem conhecida por nós. Entretanto, não é proibido fazermos sobre a verdadeira natureza dessa causa hipóteses que são todas insuficientes, mas que podem aspirar a ser representações menos ou mais aproximativas da verdade.

a / Primeiramente poremos de lado a teoria escocesa, hoje abandonada, das qualidades primeiras e segundas. Segundo os escoceses, certas qualidades, que seriam a forma, a extensão, o movimento, teriam o privilégio de não ser aparências, representações puramente subjetivas; seriam o que parecem no objeto e fora de nós, seriam os elementos constitutivos da matéria. Os escoceses baseiam-se principalmente em que essas qualidades são mais estáveis, menos relativas a nosso espírito do que as outras, dependem menos da conformidade de nossos órgãos.

Mas pode-se responder-lhes, com razão, que a forma, a extensão e o movimento só nos são conhecidos como modificações de nossa pessoa, como estados de consciência, sensações, e as mesmas causas que nos fazem duvidar da realidade objetiva de uma [97] sensação nos levariam também a duvidar da existência objetiva da forma, da extensão e do movimento.

b / Se assim é e se todas as qualidades dos corpos nos aparecem nas mesmas condições e se apresentam a nós com os mesmos títulos e cada uma delas revelando-se apenas como uma sensação, um estado de nossa pessoa, como poderemos dar a uma a preferência sobre as outras e dizermos: "Esta aqui é a própria realidade; aquela é uma pura objetividade; esta aqui constitui o objeto"? Não poderá ser em virtude dos raciocínios que os escoceses apresentam, pois nenhuma dessas qualidades considerada em si mesma é superior às outras, nem essencialmente diferente delas.

No entanto, poder-se-á argumentar que do ponto de vista psicológico, por exemplo, é mais cômodo representar-se a matéria como sendo essencialmente constituída por essas ou aquelas qualidades em vez de por esta ou aquela outra. Essa é a única pretensão dos mecanicistas e dos dinamistas. Tanto uns como outros admitem que suas teorias não são verificáveis, que não foram verificadas, que nunca o serão[14]. Mas invocam unicamente razões de comodidade para o espírito e afirmam, cada um à sua maneira, que o corpo material, para ser compreendido, deve ser considerado seja como movimento ou como extensão, seja como força.

Consideremos primeiro a teoria mecanicista. Essa teoria, hoje muito em voga, teve como ancestrais Demócrito e Descartes. O mecanicismo de Demócrito é um mecanicismo físico, o de Descartes é um mecanicismo geométrico. Segundo Demócrito, o que há de real no corpo é o átomo, elemento indivisível, que não possui nenhuma propriedade física, mas simplesmente qualidades matemáticas ou geométricas, que são a forma, a direção, a posição ou a orientação. Esses átomos, portanto, são homogêneos, e as diferenças dessas qualidades dos corpos provêm unicamente das impressões diversas causadas em nossos sentidos pelos diversos agrupamentos, pelas diversas funções, pelas diversas figuras dos átomos que os compõem. Esses átomos estão submetidos a um movimento eterno; nenhum deles foi criado, nenhum deles pode extinguir-se, e o movimento é eternamente o mesmo, na medida em que se transmite mas não se extingue. Portanto, o Universo deve ser concebido como um vasto mecanismo em que os átomos, dotados de um movimento imperecível, se movem em virtude de leis claramente definidas, entrechocando-se, aglomerando-se, formando objetos, seres vivos, mundos, tudo isso fatalmente, em virtude das leis da mecânica e porque são dotados de um movimento determinado, que os leva para pontos determinados do espaço.

Descartes não é partidário dos átomos; segundo ele, a matéria é essencialmente constituída pela extensão e pelo movimento. Atribuem-lhe esta frase: "Deem-me a extensão e o movimento e construirei o mundo." Efetivamente, a ideia cartesiana é que o que há de real nos corpos é unicamente aquilo que se presta ao cálculo, aquilo que abre acesso para a matemática, pois a matemática não tem acesso às qualidades físicas propriamente ditas. Como calcular o calor? A cor? São sensações. A matemática chega apenas à extensão, pela geometria, e ao movimento, pela mecânica; e essas duas ciências, mecânica e geometria, reduzem-se à álgebra, que é a ciência por excelência. Portanto, qualquer que possa ser o corpo material, devemos considerá-lo como sendo apenas extensão modificada por movimentos. O calor deverá ser explicado um dia, diz ele, por movimentos das partes dos corpos; a luz, pelo movimento de alguma matéria menos ou mais ponderável.

[98] E assim Descartes, por meio de um raciocínio *a priori*, declarando que a matéria devia ser considerada unicamente pelas qualidades que oferecem algum acesso aos raciocínios matemáticos, previu as grandes descobertas da Física moderna. O que há de comum entre as hipóteses de Descartes e as de Demócrito? Um e outro consideram a matéria como desprovida de iniciativa, como alguma coisa totalmente inerte, passiva, eternamente submissa às leis inflexíveis da mecânica. Esse é o ponto fundamental. No sistema de Demócrito, quem conhecesse neste momento a posição e o movimento de todos os átomos que compõem o Universo poderia prever com absoluta certeza todos os fenômenos, todos os acontecimentos que terão lugar no futuro, por mais distante que ele possa estar, pois nenhum dos átomos poderá desviar-se da linha que segue em virtude do movimento que o anima, a menos que seja em virtude das leis da mecânica, que é absolutamente necessário levar em conta. E assim também, no sistema de Descartes, quem conhecesse exatamente a posição dos diversos corpos poderia prever e reconstruir o futuro e o passado. Um

mecanismo governa todas as transformações e permite prevê-las. Por isso o fisiologista e psicólogo Du-Bois-Reymond[15] disse que, se o mecanicismo fosse a explicação definitiva do Universo, seria possível chegar a uma vasta fórmula algébrica que nos permitiria não só prever os acontecimentos futuros, como também reconstruir sem auxílio de testemunhos os acontecimentos passados. Saberíamos, pela simples substituição de certos coeficientes nessa fórmula, quem era o Máscara de Ferro: "A mecânica governaria tanto as ações humanas como os fenômenos físicos."

Nem todo mecanicismo vai tão longe, e Descartes limitava o seu aos fenômenos da matéria propriamente dita e da vida; não envolvia nele o pensamento. Mas o que se pode dizer é que o mecanicismo é acima de tudo o sistema que visa a fórmulas matemáticas ou algébricas, que pretende explicar os fenômenos físicos, por mais complicados que sejam, por meio de equações, que considera como real na matéria apenas aquilo que se presta ao cálculo, ou seja, a forma ou a extensão e o movimento. O mecanicismo tem a seu favor algumas grandes descobertas deste último século e dos séculos anteriores.

A descoberta da lei da gravitação mostrou primeiramente que o movimento dos planetas e em geral os movimentos de todos os corpos entregues a si mesmos são determinados por uma lei simples que faz com que se possa prevê-los e calculá-los. À medida que a ciência foi analisando as outras qualidades que não a gravidade, a luz, o calor, o som, foi levada a ver nessas qualidades apenas estados subjetivos de nossa pessoa, atrás dos quais geralmente se encontram movimentos moleculares, vibratórios, de tal modo que, quanto mais se analisa essa matéria mais ela se evapora, deixando no fundo da retorta, por assim dizer, apenas movimentos, elemento para o qual o cálculo tem acesso.

Mas é preciso dizer que, se deixarmos de lado a acústica, em que a teoria mecanicista está fortemente estabelecida, já que o olho pode ver as vibrações das quais a sensação de sons resulta, as outras partes da física estão longe de apresentar o mesmo grau de certeza quando entram em considerações mecanicistas. É assim que num livro recente[16] Stallo mostra as numerosas contradições da teoria mecanicista do calor, da óptica ondulatória e da química atômica. Disso decorre que o mecanicismo, que é o sistema científico por excelência, o mais inteligível para a razão porque é o mais matemático, é apenas uma hipótese cômoda para o espírito, não verificada pela experiência, uma presunção que duas ou três grandes leis da física autorizam, mas nada além disso.

[10ª Aula]

A matéria (continuação e fim)
Diferentes concepções da vida

[99] Diante da teoria mecanicista da matéria sempre se contrapôs a hipótese dinamista, que inclusive é anterior à outra. Ela é mais natural para o espírito humano. Vamos dizer sumariamente em que consiste.

Enquanto o mecanicista faz da matéria algo inteiramente passivo e inerte, o dinamista considera-a como sendo essencialmente força ativa. Esse sistema, que talvez não seja tão satisfatório para a razão, visto que se presta menos ao cálculo, como veremos, é mais satisfatório para a imaginação, porque nos representamos bem apenas aquilo que se parece conosco. Ora, somos forças. É como força ativa que conhecemos nossa alma, e por analogia somos levados a imaginar a matéria como alguma coisa também ativa, da mesma natureza que a alma, apesar de menos complicada. Na Antiguidade o dinamismo assumiu a forma do hilozoísmo. Imaginavam a matéria como um ser realmente animado; assim, os estoicos consideravam todo corpo como impregnado de uma alma que circula nele. Estamos lembrados de que para os estoicos a matéria propriamente dita é apenas um relaxamento do espírito[17].

A substância ativa pode tomar a forma de substância passiva, o que não a impede de conservar sua natureza primitiva e de tornar-se novamente espírito depois que o foi. Mas nos tempos modernos o *dinamismo* assumiu uma forma mais precisa, com Leibniz, e tornou-se *monadismo*.

Segundo Leibniz, o corpo é um composto de mônadas, ou seja, de forças imateriais, de pequenas almas análogas à nossa, porém mais simples. O que nos dá a ilusão da extensão, e mesmo da materialidade, é a multiplicidade dos mundos e das mônadas. Assim que formam um agregado elas apresentam a aparência de uma extensão, mas cada uma isoladamente é um verdadeiro ser espiritual ao qual, para ser alma propriamente dita, faltam apenas a memória e a associação de ideias; e, para ser espírito, apenas o raciocínio e os princípios racionais; mas cada uma dessas mônadas tem como que uma consciência vaga, confusa, irrefletida, instantânea, por assim dizer.

Essa teoria não é uma vã hipótese metafísica. Homens de ciência admitiram-na, e hoje muitos físicos, em vez de considerarem a matéria como um agregado de átomos, o que gera muitas contradições, consideram-na composta do que denominam centros de forças, verdadeiros pontos materiais que têm a propriedade de agir sobre nossos sentidos e de reagir uns sobre os outros.

Essa é a hipótese já antiga de Boscovich[18], retomada por Faraday e Evellin[19]. Sem dúvida é um pouco difícil imaginar pontos imateriais capazes de agir; mas acaso nossa alma não está precisamente nesse exemplo, e no fundo essa concepção não é muito mais clara do que a de um corpo que é extenso – pois é matéria – e que não é extenso – pois é indivisível –, e o que é extenso tem uma direita e uma esquerda e pode dividir-se? Depois de nos acostumarmos com a ideia de que a extensão e a materialidade são aparências devidas à multiplicidade dos elementos percebidos simultaneamente, podemos muito bem admitir que esses elementos se reduzem a forças e portanto a seres, a existências imateriais, e estaremos retornando, até um certo ponto, à hierarquia dos seres proposta por Aristóteles. Supõem-se no grau mais baixo mônadas muito simples que têm apenas um único desejo, um único instinto, desejo esse que se traduz pela atração ou afinidade química.

[100] Depois, mais acima, virão forças mais complexas, mônadas capazes de se organizarem de modo que formem células vivas; e depois, por fim, a alma humana, por exemplo. O espírito será uma mônada que só difere das outras por uma complexidade superior, pela capacidade de representar-se simultaneamente muitas coisas, de ter muitos desejos, muitas inclinações, de hesitar entre elas e, portanto, de ser livre; tal teoria é suficiente para a imaginação: graças a ela a matéria e o espírito já não estão separados por um abismo cavado entre ambos. Passa-se imperceptivelmente do elemento material mais imperfeito para a inteligência mais elevada. Em contrapartida, ela tem o defeito de não ser suficientemente científica; com isso queremos dizer que não se presta, como a hipótese mecanicista, à aplicação rigorosa de um cálculo matemático. Isso porque as diversas formas dotadas de qualidades ou de propriedades diferentes não são mensuráveis; portanto, é impossível compará-las entre

si, pôr em ação o cálculo; por isso o alemão Lange, autor de uma célebre *História do materialismo*[20], declara que o mecanicismo continuará a ser a explicação científica por excelência. Mas, se a hipótese mecanicista se presta melhor às demonstrações científicas, a hipótese dinamista talvez esteja mais próxima da realidade.

O mecanicismo, como disse Leibniz, talvez represente apenas a superfície das coisas. "É a antecâmara da verdade", para empregar sua expressão. O dinamismo penetra na profundeza e na própria essência da matéria.

[11ª Aula]

Diferentes concepções da vida

Vamos agora elevar-nos acima da matéria propriamente dita, vamos indagar o que caracteriza o ser vivo. Sobre a natureza, a origem e a essência da vida, muitas teorias se defrontam; começaremos pela mais simples, aquela que nega que a vida seja algo *sui generis*, aquela que pretende reduzir os fenômenos vitais a fatos físicos ou químicos como os outros. Primeiramente, há um ponto sobre o qual todo mundo está de acordo: que os fenômenos vitais apresentam características que parecem tão distintas das da matéria inerte que para designá-las inventou-se um nome novo; portanto, ninguém contesta a aparência de fenômenos *sui generis*. Quais são esses fenômenos? À primeira vista, o que distingue o corpo vivo da matéria bruta é a presença de uma capacidade pelo menos aparente de reagir contra as forças físicas e químicas, uma espécie de iniciativa. Um corpo bruto entregue a si mesmo sofre necessariamente a ação fatal da gravidade, do calor ou de qualquer outra força física. Em tal caso o fenômeno é inteiramente e absolutamente determinado pelas condições em que ocorre, pode-se prevê-lo de uma maneira, com uma certeza e uma precisão matemáticas. Mas, quando se considera a vida em si mesma em estado imperfeito, rudimentar, mesmo nesses vegetais sobre os quais não se sabe dizer exatamente se são vivos ou se não são, características novas aparecem. Aqui não se pode prever matematicamente o que acontecerá. Duas sementes colocadas no mesmo solo e que apresentam até para a observação científica o mesmo aspecto não se comportarão do mesmo modo. Mas vamos deixar de lado esse ponto, que aliás poderá ser contestado: afirmarão que, se dois seres organizados, apesar de idênticos na aparência, não se desenvolvem do mesmo modo, isso acontece porque certas condições, que não podemos perceber com nossos meios de observação, existem.

[101] Vamos deixar de lado esse primeiro ponto e assistir simplesmente ao crescimento ou desenvolvimento do ser organizado; assistimos a uma coordenação de elementos realmente maravilhosos que parecem tender todos para um objetivo, como funções diversas, digestão, circulação, respiração, que se harmonizam entre si, cada uma sendo a condição da outra. Não só há harmonia entre elas, mas também cada uma é complexa e supõe o jogo de uma infinidade de órgãos que, por sua vez, também se entendem. Que complexidade num pulmão, por exemplo, nos aparelhos circulatório e digestivo! E devemos notar que cada órgão, por sua vez, é composto de tecidos, cada tecido, de células, e que todos esses elementos crescem e se multiplicam isoladamente, e entretanto sempre se combinam de modo que constituam um único todo, um único ser organizado. A palavra indica o que é a coisa, e vamos descer até as profundezas dos tecidos e

considerar a célula. Aí está um ser capaz de desenvolver-se, de alimentar-se, de reproduzir-se, algo realmente maravilhoso no mundo da matéria bruta; portanto, consultando apenas as aparências, há aqui uma real iniciativa, uma capacidade contra a ação fatal e desorganizadora das leis físicas e químicas. É nesse sentido que o fisiologista Bichat disse sobre a vida: "É o conjunto de forças que resistem à morte." Com isso ele quer dizer que sem dúvida os elementos que entram no corpo humano são os mesmos que os da matéria orgânica: O, H, C, Az. Sem dúvida os elementos simples são os mesmos, e prova disso é que depois da morte o corpo se decompõe e recoloca em liberdade elementos simples que tem em comum com a matéria não orgânica; mas durante a vida é necessária uma força especial que luta contra a desorganização, e a prova disso é que, quando essa força deixa de existir, tudo se desfaz. Portanto, a definição dada por Bichat[21] corresponde a uma concepção espiritualista da matéria.

Nossa vida seria uma força à parte, profundamente distinta das chamadas forças físicas e que resiste continuamente a elas, que está sempre em luta contra elas; nossa vida diária seria um combate contra a desorganização e a dissolução que nos ameaçam, porque as forças comuns da matéria tendem e se esforçam para nos englobar novamente em seus domínios; daí a necessidade de alimentar e de reparar continuamente; a máquina viva de Bichat, ao mesmo tempo que é muito espiritualista, reproduz exatamente as aparências. Ninguém pode contestar que a vida se apresenta aparentemente sob esse aspecto; a questão é saber se a realidade corresponde à aparência.

Os materialistas que, como veremos, pretendem suprimir da matéria toda espontaneidade, toda iniciativa, que sonham com um mecanicismo universal, nunca puderam admitir que a vida fosse algo distinto das forças físicas, que a matéria orgânica diferisse da matéria inerte a ponto de se perder a esperança de fazer aquela com esta. Já na Antiguidade havia filósofos inclinados a admitir um ideia desse tipo. Assim, Lucrécio, depois de Epicuro, vê o corpo organizado nascer de uma combinação de átomos mais complexos do que outros; nos tempos modernos, outros, sem serem materialistas de modo nenhum e frequentemente o contrário por causa das tendências idealistas de seus espíritos, relegaram os fenômenos da vida ao número e à ordem dos fenômenos puramente físicos, a fim de obter um lugar à parte para o pensamento, o único ser espiritual, a única força livre; estamos falando dos cartesianos e dos espinosistas. Para Descartes, os fenômenos da vida explicam-se como os da física, pelo simples jogo das forças mecanicistas; apenas em nosso século é que a teoria mecanicista da vida pretendeu apoiar-se em documentos científicos, com Büchner e Moleschott e principalmente com Haeckel.

[102] Afirmou-se que a vida era apenas um exemplo particular de combustão; e essa teoria foi solenemente proclamada pelo físico inglês Tyndall, que, num célebre congresso realizado em Belfort, declarou que na matéria inerte estudada pela química ele via tudo o que é necessário para fazer um ser vivo. Os argumentos dos materialistas são numerosos sobre esse ponto. Baseiam-se primeiramente em que a análise química, aperfeiçoada como é hoje, não conseguiu encontrar nem mesmo nos corpos vivos mais complexos outros elementos além dos que são estudados na química orgânica: O, H, C, Az. Da mesma forma, algumas substâncias orgânicas chegaram a ser fabricadas pelo químico. Assim, Berthelot fez algu-

mas sínteses orgânicas, e é provável que num futuro bastante próximo se façam todas elas.

Em segundo lugar, toda vez que se conseguiu explicar um fenômeno em fisiologia, um fenômeno vital, foi considerando-o como um fenômeno de calor ou de eletricidade; em outras palavras, foi considerando-o como um fenômeno físico-químico.

Por fim, em lugar nenhum, segundo eles, captamos o jogo de uma força dotada de iniciativa ou de espontaneidade. Se essa força existisse, por que esperaria, quando estamos doentes, que tomássemos remédios para então curar-nos? Tal força seria evidentemente muito superior às forças físicas, pobres seres sujeitos à fatalidade das leis naturais. Por que então ela permitiria que estas ajam como bem quiserem? Como se explicaria que sejamos tão sensíveis ao frio, à umidade? Em outras palavras, quando por acaso ocorre uma desordem na matéria viva, essa desordem não se repara por si só, é às forças físicas e químicas que somos obrigados a recorrer: eletricidade etc.; e parece que aqui, como no mundo físico, estamos lidando com fenômenos cuja natureza é necessariamente determinada pelas condições em que eles se produzem.

Em terceiro lugar, sem dúvida hoje é difícil, dizem os materialistas, sustentar que se poderá fabricar uma célula viva, mas nada prova o contrário e, se ainda não se conseguiu, sem dúvida isso se deve à complexidade das coisas físicas e químicas que precisam ser reunidas para que tal objeto se produza; entretanto não há nada absurdo em supor que um ser vivo seja produzido um dia graças à reunião das condições necessárias no fundo da retorta de um químico. Essas condições devem ter se realizado pelo menos uma vez no passado. Um acaso talvez único terá juntado num ponto do espaço justamente as moléculas e as condições de temperatura, de luz etc. necessárias para a eclosão de um germe organizado e vivo. As experiências de Pasteur que provam que, em todos os casos em que um ser parecia produzir-se espontaneamente[22], não provam grande coisa, segundo os materialistas, porque a produção da vida deve ter implicado uma tal multiplicidade de condições diversas, todas químicas, que sem dúvida o acaso não mais produzirá tal combinação.

Graças à teoria da evolução, os materialistas pretendem explicar até mesmo a perfeição e a ordem admirável que encontramos nos animais superiores, nos homens, por exemplo. Apresente o primeiro germe organizado capaz de reproduzir-se; esse primeiro germe organizado dará origem a outros seres de sua espécie, mas que irão sempre se tornando mais complicados, porque serão cada vez mais modificados pelas forças superiores que atuam sobre eles. Irão desenvolver-se unicamente aqueles que forem capazes de adaptar-se a condições de existência mais difíceis, mais complicadas. Daí um aperfeiçoamento graduado no organismo, com as funções dividindo-se ou especializando-se.

[103] É assim que o aparelho tão complexo da retina pode originalmente ter sido apenas uma simples sensibilidade à luz, sensibilidade física, semelhante à da chapa do fotógrafo; e de fato encontramos nos animais inferiores, nos infusórios, por exemplo, um ponto sensível à luz e que constitui seu aparelho óptico[23]. Por que não admitir, dizem eles, que por transições imperceptíveis de aperfeiçoamento graduado esse aparelho visual se tornou o que é, a hereditariedade e a seleção natural fazendo com que as vantagens se conservem e se superponham?

[12ª Aula]

Diferentes concepções da vida (continuação)

Para saber o que vale a concepção materialista da vida, bastará examinar sumariamente cada um dos argumentos em que se baseia.

1º Encontram-se nos corpos organizados os mesmos elementos químicos que na matéria bruta; isso é certo, e também é igualmente certo que hoje se fabricam matérias orgânicas. Mas que algum dia se fabricará a matéria organizada não é plausível; pode-se fazer célula, porém que algum dia se fará uma célula, isto é, um ser capaz de desenvolver a si mesmo, de reproduzir-se, de combinar-se, por assim dizer, com um ser de sua espécie, nada autoriza a crer.

2º Muitos fenômenos orgânicos são explicados fisicamente ou quimicamente, pode-se produzir artificialmente num recipiente uma digestão artificial; isso nada tem de espantoso. Há um princípio especial que governa as operações do espírito e as funções da vida; não é plausível que ele vá opor-se às leis físicas e químicas, como queria Bichat; é mais plausível que as utilize, e seria estranho que fossem encontrados no corpo humano elementos diferentes dos que se encontram na matéria bruta. Não é plausível que haja forças físicas e químicas especiais para o corpo humano. A questão é saber se as leis físicas e químicas funcionam sozinhas e sem um princípio superior para fazer ou conservar algo que se assemelhe a um ser organizado.

3º A suposta força vital, segundo nos dizem, está à mercê das forças físicas e químicas e sempre se submete às suas exigências. Em primeiro lugar, isso não é totalmente exato. De fato, a mesma mudança de temperatura sempre aumenta ou diminui proporcionalmente duas barras de cobre do mesmo comprimento; sobre seres diferentes ela poderia produzir efeitos diferentes. Portanto, até agora a ciência não provou que a influência das forças físico-químicas tenha sobre o organismo uma influência determinada cujo resultado possa ser calculado matematicamente. Ao contrário, parece que o ser vivo possui uma capacidade de reação, uma atividade própria que lhe permite resistir à força brutal e puramente física. Com isso não queremos dizer, com Bichat, que a alma esteja realmente em luta com as forças da natureza inorgânica, e sim afirmamos que as forças não se comportam totalmente do mesmo modo na presença da matéria bruta e da matéria viva. Há, até um certo ponto, indeterminação do efeito.

4º Dizem que nada prova que a célula viva não seja um composto químico formado em condições especiais; sem dúvida nada o prova matematicamente, mas caberia ao materialista provar o contrário, pois devemos observar que se trata de um mecanicismo totalmente novo, que em nada se parece com o mecanicismo conhecido. A única hipótese [104] científica é a que supõe uma causa organizadora nova, e quando se afirma que as forças que agem são tão somente aquelas já conhecidas, é preciso provar o que se está dizendo, mostrar pelo menos a possibilidade de tal resultado; é o que o materialismo é incapaz de fazer. Todas as experiências suscitadas pelos trabalhos de Pasteur levaram à conclusão de que um ser vivo só pode provir de um ser vivo, e que sua organização sempre implica uma outra anterior. Isso foi afirmado até mesmo na Antiguidade mais remota, em que se acreditava numa geração espontânea.

5º Por fim, explicam a disposição e a coordenação dos órgãos pelo jogo da hereditariedade e da seleção natural, mas a hipótese não foi confirmada pelos fatos; e, supondo que fosse confirmada, seria muito difícil explicar pelo simples mecanicismo a maravilhosa adaptação do ser vivo ou do animal ao meio. Sem a intervenção de um princípio especial não se explica que as diferenças vantajosas para a espécie continuem aumentando sempre, acumulando-se em vez de se eliminarem umas às outras. Não importa o que se faça, sempre se volta a cair na ideia de um princípio que protege de um modo ou de outro o indivíduo, a raça, e zela por sua conservação. Em outras palavras, o sistema que distingue um princípio de vida especial, que não o confunde com as forças físicas ou químicas, é eminentemente científico, porque se limita a constatar o estado atual do conhecimento humano; no momento atual, nada prova – e nada provará – que as forças físicas e químicas, por si sós, possam um dia explicar a vida e a organização. O materialismo, ao contrário, é uma hipótese arbitrária, pois identifica sem provas fenômenos que apresentam aspectos diferentes, distintos.

Devemos concluir portanto que, até nova ordem, a concepção espiritualista de um princípio vital, distinto ou não de um princípio pensante mas em todo caso indiscutivelmente distinto das forças que regem a matéria bruta, se impõe[24].

Estamos deixando de lado as diversas teorias da vida que são apenas formas menos ou mais disfarçadas do materialismo e do mecanicismo; é o caso do sistema chamado de organicismo e segundo o qual a vida resultaria da organização. Cada órgão seria constituído à sua maneira, exerceria certas funções determinadas no todo e a vida nada mais seria que uma resultante dessa organização da matéria. Mas de onde vem essa organização? Explica-se pelo jogo das forças físicas e químicas apenas? Volta-se a cair no materialismo ou no mecanicismo. Ou, ao contrário, supõe a intervenção de um princípio especial? Então se chega a uma das duas teorias que vamos examinar.

Na verdade, o organicismo nada mais é que uma forma de materialismo. Mas, quando se supõe, contrariando a hipótese materialista, que a organização da vida exige a intervenção de um princípio particular, duas hipóteses são possíveis, conforme se atribuir a um único princípio ou a dois princípios diferentes a vida propriamente dita e o pensamento,

Aqueles que acreditam em dois princípios distintos foram chamados de vitalistas ou duodinamistas.

Aqueles que consideram o pensamento e a vida como ligados a um princípio único chamam-se animistas.

[13ª Aula]

Vitalismo

[105] O vitalismo em sua forma mais simples consiste em afirmar que o homem compreende dois princípios de ordem espiritual, porém ambos distintos. Um governa o funcionamento do organismo, é causa de a matéria organizar-se em células, as células em tecidos, os tecidos em órgãos, e de os órgãos combinarem-se admiravelmente entre si. É ele que cuida da reparação dos tecidos, que intervém quando estamos doentes, que continuamente supervisiona e coordena. É a ele que devem ser atribuídos os movimentos do organismo, os batimentos do coração, por exemplo. É ele que mantém contra as forças da natureza inorgânica essa luta contínua que Bichat chama de "uma luta contra a morte". É por ele que se explica também a permanência ou a persistência

das formas. Todos sabem que a matéria de que nosso corpo é feito se renova continuamente; como explicar que apesar disso nosso corpo não muda de aspecto geral? É que continuamente essa força intervém para desempenhar o papel de organizador, para manter a matéria constantemente fugidia num molde determinado e persistente. Os vitalistas dão a esse princípio o nome de princípio vital. E ao lado desse princípio vital há um princípio espiritual, também imaterial mas diferente, de natureza superior, mais refinada, por assim dizer. É a ele que estariam reservadas as operações do pensamento, os fenômenos da sensibilidade, da decisão, da vontade, em resumo todos os fatos psicológicos; seria a alma propriamente dita, o princípio pensamento.

Essa doutrina foi brilhantemente defendida por Jouffroy; e pode-se dizer que os vitalistas, quaisquer que sejam suas tendências filosóficas sobre outros pontos, fundamentam-se em duas diferentes categorias de argumentos:

a / Segundo eles, efeitos que diferem de aspecto devem ser atribuídos a causas diferentes. Quando os fenômenos são distintos, não se pode, segundo eles, supor os mesmos princípios. Ora, as funções do organismo, de acordo com eles, são coisas muito diferentes das funções do pensamento; não há nenhuma analogia entre um batimento cardíaco e a construção de um raciocínio instrutivo ou dedutivo. Por conseguinte, visto que há fenômenos vitais que apresentam um aspecto bem determinado e fenômenos psicológicos cujas características não se assemelham às dos fenômenos da vida, é preciso dizer que há, por um lado, um princípio vital que governa as funções orgânicas e, por outro lado, um princípio pensante que está no fundo de nossa vida psicológica inteira.

b / O que prova bem que nossa vida orgânica e nossa vida psicológica são radicalmente distintas, dizem esses filósofos, é que uma é consciente e a outra não é.

Que sabemos do que acontece no interior do corpo? Só nos apercebemos da presença de um organismo quando ele se desarranja, quando ficamos doentes. Esses fenômenos não dependem de nós, esses fenômenos escapam tanto à nossa vontade como à nossa consciência.

Ao contrário, um fenômeno psicológico é consciente até por definição. Ao mesmo tempo que ele se produz, tomo conhecimento de um eu que é seu palco e, até um certo ponto, sua causa. Em geral, tenho sobre a produção e a duração de um fenômeno uma certa influência que pode tornar-se preponderante. Parece, portanto, que há um abismo entre os fenômenos vitais inconscientes e os fatos psicológicos cuja essência é serem percebidos pela consciência. Daí dois princípios, um que age sem ter consciência de si mesmo e de um modo [106] cego, perseguindo obscuramente um objetivo que o Criador lhe determinou, e por outro lado um princípio que tem plena consciência do que faz, um princípio consciente.

[14ª Aula]

Animismo

O animismo, ao contrário, afirma que o homem espiritual se explica inteiramente por um princípio único que rege tanto os fenômenos da vida como os do pensamento. É a mesma alma que move o organismo, que governa os diferentes movimentos do corpo, que coordena os elementos de que o corpo é feito e que, por outro lado, sente, pensa e quer. Essa teoria já é antiga, encontra-se em são Tomás. O animismo não tem dificuldade em refutar os argumentos em que o vitalismo se baseia. Os vitalistas dizem-nos que, quando se trata de fenômenos de aspectos diferentes, deve-se atribuí-los a princípios distintos; mas essa proposição é muito contestável. Acaso não vemos que uma mesma causa no mundo físico produz efeitos muito diferentes e que não têm entre si nenhuma semelhança? Que semelhança exterior existe entre a dilatação de uma barra de cobre e a evaporação de uma superfície líquida? Entretanto esses fenômenos se devem a uma causa idêntica, o calor. Consideremos mesmo o corpo vivo e organizado. As funções orgânicas não têm grande analogia entre si; de um lado, fazer o coração bater e, do outro, seccionar uma célula de modo que ela se reproduza não são fenômenos muito diferentes? Então por que atribuí-los a um único princípio vital? Por que, ao falar desse fato, não admitir que há tantos princípios quantas diferentes funções houver?

Portanto, a proposição fundamental em que se baseiam já está contestada, mas pode-se ir mais longe e afirmar que a diferença entre o fenômeno psicológico e o fenômeno vital não é tão profunda como afirmam. Há no princípio vital uma alma que pensa, sente e quer. Quando ela quer, por exemplo, mover o braço, comunica-lhe esse movimento; portanto, é capaz de mover o corpo, precisamente como o princípio vital; ou então nesse caso será preciso admitir que é o princípio vital que move o corpo e que a alma lhe sugeriu essa ideia – hipótese estranha e inverossímil.

Em segundo lugar, o vitalismo afirma que a alma tem consciência do que faz, ao passo que os fatos psicológicos são inconscientes, daí a necessidade de explicá-los por um princípio *sui generis*; e é esse fato que poderá ser contestado muito facilmente. Não há uma linha de demarcação nitidamente traçada entre o consciente e o inconsciente[25]. Realmente, devemos notar que os fenômenos conscientes se tornam inconscientes graças ao hábito. Assim, quando estou aprendendo a tocar piano, tenho consciência de cada movimento que imprimo a cada dedo; mas, à medida que me torno músico, esses movimentos vão se executando maquinalmente. Acaso se admitirá que é o princípio pensante que toma aulas e que em seguida, em vez dele, é o princípio vital que se encarrega de executar inconscientemente os movimentos que até então o princípio pensante executava? Isso é absurdo. Portanto, é preciso admitir que a alma propriamente dita é capaz de produzir fatos que ao cabo de um certo tempo escapam à consciência clara e distinta e parecem resultar de um puro mecanicismo.

Acaso não conhecemos dentro de cada um de nós determinados estados de consciência vagos e surdos em que, sem deixarmos de ser nós mesmos, já não sabemos ao certo o que somos, em que pensamos nem o que [107] fazemos? Esse é o estado de um homem prestes a adormecer.

O instinto é uma forma de atividade que não poderia ser atribuída ao princípio vital, pois, como já vimos, assemelha-se ao hábito; entretanto na maior parte do tempo o instinto é inconsciente, sua ação é totalmente maquinal. Na associação de ideias, já apontamos a existência incontestável, entre duas ideias aparentemente sucessivas, de certas ideias intermediárias que explicam a passagem de uma para a outra e das quais a consciência entretanto não tem uma representação clara; assim, sem chegarmos a sustentar que há fenômenos psicológicos inconscientes, afirmamos porém que há os que só são percebidos vagamente; mas a recíproca é verdadeira, e se os fenômenos da vida não são conscientes no sentido absoluto da palavra, apesar disso podem chegar a uma consciência vaga, rudimentar, indistinta sem dúvida, mas que mesmo assim existe.

Quando estamos saudáveis, acaso não sentimos que a vida circula em nós? O menor desarranjo não se expressa por um abalo imprimido no organismo e do qual desta vez temos uma consciência totalmente nítida e clara?

Portanto, ainda sobre esse segundo ponto, os fatos em que o vitalismo se baseia podem ser contestados, pois, por um lado, os fenômenos psicológicos podem ser inconscientes e, por outro lado, os fenômenos da vida podem, em certos casos, ser aclarados, embora fracamente, pela consciência difusa[26]. Portanto, parece difícil e principalmente inútil admitir, com os vitalistas, a dualidade do princípio espiritual; mas o animista não se limita à refutação do sistema oposto: pode apresentar argumentos positivos muito sólidos e capazes de forçar a convicção.

Primeiramente, observamos que a alma propriamente dita age continuamente sobre o corpo; a respeito desse assunto não precisamos lembrar o que foi dito neste curso. As paixões só podem ser atribuídas ao princípio que os vitalistas chamam de pensante; entretanto, quantos estragos causam no corpo! A alegria, a tristeza, fenômenos psicológicos por excelência, podem transformar-nos fisicamente; e, se a melancolia produz certos distúrbios no cérebro, no estômago etc., a alegria é o melhor remédio contra determinadas doenças.

Uma brusca comoção moral traduz-se pela alteração do organismo e, inversamente, há uma contínua reação do físico sobre o moral; quando estamos doentes, o curso de nossas ideias difere consideravelmente do que é na saúde. Quando o sangue deixa nosso cérebro ou, ao contrário, aflui para ele, a percepção propriamente dita é substituída pelo sonho; todos os distúrbios do espírito, loucura, alucinação, provêm menos ou mais de um desarranjo cerebral. Será que é preciso citar a influência da idade, do sexo, sobre a postura do espírito, sobre a nuance do sentimento? A enumeração das relações que existem entre o funcionamento do organismo e o exercício do pensamento ou da vontade seria longa e sempre incompleta. Visto que essas funções estão tão estreitamente ligadas, por que não atribuí-las a um princípio único que trabalhe de diferentes maneiras, ora à plena luz da consciência, ora surdamente na sombra? Bastava admitir que isso que chamamos de funções orgânicas é no fundo apenas um hábito hereditário.

Já explicamos no capítulo do instinto como hábitos contraídos pela geração podem, quando são absolutamente necessários à conservação da espécie, transmitir-se por hereditariedade e justamente por isso se tornarem cada vez menos conscientes, com o ser organizado acabando por executar maquinalmente o que fazia com propósito [108] deliberado; por que não admitir que as funções orgânicas, digestão, circulação etc., são algo análogo? Por que não relacioná-las a essa mesma alma que, como sabemos, é capaz de mover o corpo e que em certos momentos, graças a um prodigioso esforço de atenção e de vontade, tende a conquistar uma certa influência sobre os instintos de que ela se dotou? Não podemos, quando queremos influir sobre os movimentos de nossos órgãos, acelerar ou retardar os movimentos do coração, por exemplo? Tal hipótese teria o mérito da simplicidade; por isso é geralmente aceita. Realmente, não é científico supor dois princípios quando a rigor basta um único. Essa suposição só seria científica se houvesse oposição entre as duas categorias de fatos, e isso a experiência não nos prova de modo algum, visto que, ao contrário, nos mostra a contínua transformação do fenômeno vital em fato consciente e do fenômeno psicológico em ato puramente maquinal.

[15ª Aula]
A alma; materialismo, espiritualismo

Até aqui o materialismo se apresentou para nós apenas como o sistema que pretende confundir as forças vitais com as forças físicas e químicas. Tal asserção não é própria do materialismo, como já dissemos. Não se é forçosamente materialista porque se defende essa causa; exemplos, Descartes e Espinosa. Mas o materialista vai mais longe e pretende confundidos com o movimento molecular não apenas a vida, mas, o que é muito diferente, o próprio pensamento. O materialismo completo e absoluto é aquele que não reconhece outra realidade que não a do movimento e da extensão, com o pensamento sendo apenas uma função do cérebro, assim como a digestão é uma função do estômago.

A questão é saber se existe uma substância pensante, e aqui estamos tomando a palavra pensamento em seu sentido mais amplo, aquele que Descartes lhe dava[27]. Queremos dizer com isso a vida consciente inteira, a vida psicológica; trata-se de saber se há uma substância pensante imaterial existente por si mesma, dotada de uma realidade distinta, ou se não há outra realidade verdadeira que não a matéria, a molécula, o átomo dotado de movimento ou de força, sendo o pensamento nada mais que uma propriedade da matéria, como a cor ou a forma; é realmente sob esse aspecto que se apresenta o materialismo mais simples. Por que, pergunta ele, o pensamento ou a consciência não seria uma simples propriedade, um atributo da matéria, como todos os outros atributos? Acaso não vemos que há corpos vermelhos ou azuis e outros que não o são, que a matéria é ora leve ora pesada? Do mesmo modo podemos admitir que certas substâncias materiais são inconscientes e que outras desfrutam o pensamento; essa é uma qualidade como as outras qualidades e, assim como não fazemos da cor um ser distinto do objeto colorido, assim também não devemos fazer do pensamento ou do espírito uma substância real, completa, concreta, existente por si mesma e distinguindo-se da matéria da qual é apenas uma propriedade. É fácil responder a essa argumentação. Para que se pudesse assimilar o pensamento às propriedades da matéria, seria preciso que ela apresentasse as mesmas características que essas propriedades. Ora, quem não vê que entre a cor e a forma, por um lado, e o pensamento, pelo outro, há um abismo?

[109] O que caracteriza as propriedades da matéria, assim chamadas geralmente, é a multiplicidade: uma cor nos aparece sempre como extensa, como podendo ser dividida; a forma implica a existência das linhas e das porções de linhas, porções que por sua vez são compostas; não há nenhuma propriedade física ou química que não apresente essa característica fundamental. Já vimos que, ao contrário, o fato psicológico é essencialmente indivisível, essencialmente uno; não se pode seccionar uma ideia, dividir a pessoa, o eu. Sabemos também que a matéria é essencialmente instável[28]; um corpo material só existe com a condição de mudar sem cessar; continuamente forças físicas agem sobre ele, desgastam-no, deterioram-no, transformam-no, e essa mobilidade é evidente principalmente no corpo vivo.

Uma experiência célebre provou que ao cabo de sete a oito anos não restava no corpo nem uma única molécula idêntica ao que era: outras vieram substituí-la. A vida supõe uma combustão perpétua, uma renovação incessante da matéria organizada; portanto, o corpo vivo é, de todos os corpos, o que mais radicalmente se transforma, e essa transformação opera-se em todos os momentos da vida. Ao contrário, o que chamamos de pensamento ou alma ou simplesmente eu é algo invariável. Quinze anos atrás, nenhuma das moléculas de nosso corpo atual já estava nele, e entretanto era o mesmo eu.

Portanto, o eu se distingue da matéria por ser não apenas uno, mas idêntico[29]. Assim sendo, como identificar com "propriedade e qualidade da matéria" o que não se parece com nenhuma das propriedades físicas ou químicas? Caso se insista em conservar a palavra, em dizer que o pensamento é uma propriedade, um atributo do cérebro, não tem importância: pode-se atribuir à palavra o sentido que se quiser; só que ficará entendido que essa propriedade, o pensamento ou a consciência, é algo que não tem nenhuma espécie de analogia com as outras propriedades da matéria; portanto, é realmente fazer dela algo distinto, algo que vem somar-se à matéria propriamente dita, considerada com seus atributos habituais. Portanto, isso não é mais ser materialista.

Já os antigos, na época de Epicuro[30], apresentaram um materialismo mais firme e mais científico, fazendo-o basear-se nas relações constantes observadas entre o desenvolvimento do corpo e o da vida psicológica. Acaso não vemos, diziam eles, que o ser humano pensa, que o ser humano quer diferentemente, conforme seja jovem ou velho, homem ou mulher? Não está demonstrado que a doença influi no estado de alma, assim como também o suposto estado de alma influi na saúde? Na embriaguez, assistimos à perda da consciência ou a uma diminuição das faculdades intelectuais, porque uma certa dose de álcool foi absorvida, e assim por diante. Se fizermos da alma uma força especial distinta da matéria, do corpo, como se explica que ela acompanhe assim todas suas vicissitudes? Em outras palavras, o princípio de menor ação ou princípio de economia, geralmente adotado nas ciências, quer que não se suponha a intervenção de uma força nova quando tudo puder explicar-se por forças já conhecidas; e, como no homem tudo acontece como se ele fosse apenas matéria, visto que está sujeito a mudanças morais que correspondem exatamente às mudanças físicas ou fisiológicas[31], por que não admitir que aquelas mudanças são apenas um outro aspecto destas, que o físico e o moral são uma única e mesma coisa, que o homem é inteiramente matéria e que em certos casos essa matéria tem o privilégio de tomar conhecimento de si mesma, de raciocinar, de querer? Mas foi sobretudo em nossa época, neste século, que os trabalhos dos fisiologistas forneceram sobre essa questão da natureza da alma documentos que apresentam um valor científico.

[110] 1º Hoje a questão está circunscrita, todo mundo concorda que não é no corpo inteiro, como queriam os antigos, que se deve procurar a manifestação do pensamento, dos sentimentos e da vontade. Todos sabem que o cérebro e o sistema nervoso em geral é que entram em atividade na vida psicológica. Mas a questão é saber qual é o papel do cérebro e qual é sua relação com o pensamento. Segundo os materialistas, o pensamento não é uma substância à parte, o eu não se distingue da matéria cerebral, é o cérebro que pensa, sente, quer, assim como o fígado secreta a bílis; empregando a expressão de um materialista, o pensamento é apenas a secreção do cérebro. Para apoiar essa tese, os materialistas tentam primeiramente estabelecer que a qualidade da alma varia na razão direta da quantidade de matéria cerebral; empe-

nharam-se em medir com muito rigor a circunferência do crânio e o volume do cérebro, em diferentes indivíduos e nas diversas raças; principalmente, executaram pesagens rigorosas. Se a medida da circunferência do crânio não provou grande coisa, como até mesmo alguns antropólogos hoje reconhecem, em contrapartida o peso é um dado do qual se pode tirar partido. Hoje está mais ou menos provado que um cérebro que pesar menos de um quilo é o cérebro de um idiota. Acreditou-se observar nos grandes homens, nos grandes pensadores e particularmente nos grandes matemáticos e nos grandes físicos um considerável desenvolvimento da massa cerebral; também parece estabelecido que a dimensão dos lobos anteriores do cérebro não deixa de ter relação com o desenvolvimento das faculdades intelectuais. Todo mundo, aliás, destacou a fronte fugidia dos idiotas. Apesar disso, até sobre esses pontos se erguem contestações: havia cérebros de homens ilustres e cujo peso não ultrapassava a média; então apelaram para considerações de qualidade, então indagaram se a substância cinzenta não era em maior quantidade ou não era melhor; pura hipótese.

2º Em segundo lugar, os materialistas tentam estabelecer que todo ato de pensamento se reduz a um fenômeno físico ou químico que se produz no interior do cérebro. Segundo eles, o pensamento nada mais seria que uma combustão de fósforo.

3º Eles tentaram localizar nas diferentes partes do cérebro as diferentes qualidades intelectuais ou morais. Como dissemos, já os frenologistas, tendo à frente Gall e Spurzheim, haviam pretendido avaliar o desenvolvimento das diversas faculdades de acordo com a configuração do crânio e as saliências ou reentrâncias que nele observam. Isso equivalia a dizer que em cada circunvolução do cérebro estava localizada uma determinada função da alma ou do eu. O que destruiu a teoria foi a observação de que o crânio não reproduzia em nada os acidentes da superfície cerebral; mas de sua teoria restou que seria possível localizar na massa cerebral as funções intelectuais. Por isso tentativas consideráveis foram feitas nesse sentido, primeiro por Flourens e depois, em nossa época, por Broca.

Dissemos que a terceira circunvolução frontal esquerda geralmente faltava ou estava danificada nos afásicos, isto é, naqueles cuja faculdade de expressar-se pela linguagem está comprometida; era principalmente nessa argumentação que os materialistas se apoiavam. Como admitir, diziam eles, se existe uma alma imaterial distinta do corpo e bastando-se a si mesma, como admitir que ela se subdivida em partes que se alojam cada uma num compartimento determinado do cérebro? Como admitir que ela exista e para que isso lhe serviria? Não será muito mais plausível admitir que a diferentes circunvoluções [111] do cérebro correspondem células nervosas de formas diferentes e capazes de realizar fatos psicológicos também diferentes?

4º Os materialistas destacaram a influência que a quantidade de sangue arterial presente no cérebro exerce sobre o pensamento e a vida psicológica inteira. O fisiologista Brown-Séquardt fez experiências célebres com cães decapitados; provou que, se ao cabo de um certo tempo se infundir sangue arterial no cérebro de um cão decapitado, todos os fenômenos da vida psicológica reaparecem: ele é capaz de mover os olhos e os músculos da face, exatamente como se estivesse vivo. Alma singular, diz Brown-Séquardt, essa que aparece com o fluxo e o refluxo do sangue arterial! Seria possível multiplicar infinitamente os argumentos desse tipo, que todo novo experimento ou análise fisiológica suscitam. Quanto mais a ciência avança, mais se multiplicam os fenômenos que indicam uma correspondência estreita e admirável entre os fenômenos cerebrais e os fatos psicológicos; mas a questão é saber se há identidade entre os dois fatos, e se o pensamento pode ser considerado como sendo apenas a função do cérebro, em vez de ser, como afirmam os espiritualistas, uma substância distinta.

A tese espiritualista é que a alma se distingue do cérebro como o operário se distingue do instrumento. A alma ou o eu é um ser distinto e que se basta a si mesmo, visto que pode livrar-se dos entraves do corpo, viver uma vida indiscutivelmente superior à daqui embaixo. Tem relações estreitas com o corpo – como poderia ser de outra forma? Serve-se do cérebro e do sistema nervoso para querer, pensar e sentir: tem de ser assim.

Por um motivo ou por outro, ele se relaciona necessariamente com o mundo material e precisa de instrumentos materiais como intermediários. Mas são apenas instrumentos e, como diz muito bem o espiritualista, todos os argumentos invocados pelo materialista não provam nada mais que isso. O pensamento, dizem, é tanto mais desenvolvido quanto mais considerável for o cérebro, sem dúvida; mas não poderiam igualmente dizer que o cérebro é tanto mais pensante quanto mais a alma pensar? Não está demonstrado pela própria fisiologia que à força de pensar se desenvolve um cérebro, a ponto de modificar a forma do crânio? Um homem culto, mesmo que de inteligência mediana, não tem a mesma fisionomia que um ignorante.

Se a alma pode existir isolada do corpo que ela anima, por que não atribuir ao desenvolvimento mais considerável do pensamento o volume menos ou mais considerável do cérebro? Acrescentam que toda vez que pensamos o cérebro queima fósforo, mas, se o cérebro é o instrumento do pensamento, seria estranho que esse instrumento não se desgastasse e que uma ação física ou química não resultasse no cérebro de uma tensão do pensamento.

Dizem que conseguiram localizar um certo número de faculdades morais, e de fato está mais ou menos demonstrado que a ablação de certas partes do cérebro suprime certas funções psicológicas. Sabe-se que as galinhas são incapazes de manter o equilíbrio quando se extrai seu cerebelo, e já falamos da descoberta de Broca sobre a circunvolução da linguagem. Mas há um fato igualmente constatado: que em certos casos, quando por um motivo ou outro uma circunvolução do cérebro desapareceu, ela pode formar-se novamente. Como admitir que elas tornam a formar-se sozinhas e que as células vêm por si sós retomar a disposição das antigas? Como admitir isso, se não existir uma alma, princípio do pensamento e da vida ao mesmo tempo, e que vai, por assim dizer, buscar no organismo os materiais necessários para reconstruir a parte da matéria suprimida [112] ou destruída? Por fim, os experimentos feitos com os animais e os homens decapitados são incapazes de provar que a vida psicológica, no sentido em que a entendemos, no sentido de vida consciente, seja realmente restabelecida pela injeção de sangue arterial. Tudo o que se pode dizer é que movimentos da face então se produzem como quando o pensamento a anima; quem nos diz que esses movimentos não são mecânicos e da mesma natureza que os atos reflexos? Sabe-se que a vida puramente vegetativa se conserva durante um certo tempo após a morte, que os cabelos, por exemplo, continuam a crescer; não é impossível que aquilo que tomam por manifestação da vida psicológica nada mais seja que uma contração totalmente mecânica dos músculos, causada pelo enchimento dos vasos.

Conclusão – Todos os argumentos em que o materialismo se baseia valem igualmente, e talvez mais, em favor de hipótese de uma alma distinta do cérebro, mas que se serviria dele como de um instrumento necessário.

Assim sendo, devemos aceitar a hipótese materialista apenas se ela for realmente mais científica que a doutrina espiritualista, isto é, se, por um lado, oferecer garantias de veracidade e se, por outro lado, facilitar as explicações. Ora, está claro que o materialismo, hoje pelo menos, é incapaz de provar que corresponde objetivamente à realidade, pois o que impressiona nosso espírito quando consideramos, de um lado, os fatos físicos e, do outro lado, os fatos psicológicos é a profunda diferença de suas características, uns sendo conscientes e os outros não o sendo. O apego estrito à verdade exige nesse caso que se classifiquem separadamente as duas categorias de fenômenos. Reuni-los e iguala-los é contrário às tendências da verdadeira ciência, que classifica, provisoriamente pelo menos, em categorias distintas os objetos ou fatos que apresentam características diferentes.

Portanto, o materialismo é uma hipótese, ao passo que o espiritualismo se limita a constatar a profunda diversidade de duas categorias de fatos. Mas o materialismo não pode sequer invocar a comodidade das explicações, pois toda explicação materialista do pensamento não só não é cômoda como também é ininteligível. Nunca nos farão compreender como um movimento de moléculas pode ser uma ideia. A identificação entre coisas que não têm nenhuma relação é absolutamente ininteligível, nenhum sistema metafísico é obscuro a tal ponto.

Diremos portanto, para concluir, que a explicação materialista do pensamento é uma hipótese que até agora praticamente não apresenta fundamentos e que nunca, quaisquer que sejam as descobertas da ciência, possuirá esta qualidade necessária a toda hipótese: clareza.

[16ª Aula]

As diversas concepções da natureza
Materialismo, espiritualismo, panteísmo, idealismo

Já conhecemos as duas explicações opostas sobre a matéria, a vida e o pensamento; chegou a hora de pensarmos na natureza em seu conjunto, de indagarmos quais são os diversos meios de compreendê-la; o problema já está parcialmente resolvido, mas ampliando o campo de busca abriremos a porta para novas doutrinas.

[113] A concepção aparentemente mais simples da natureza como um todo é a concepção materialista. O materialista parte da ideia de átomo e imagina átomos em número indefinido espalhados num espaço sem limites; esses átomos são animados por um movimento natural; combinando-se entre si e compondo seus movimentos, como se diz em mecânica, dão origem ao que chamamos de matéria propriamente dita, com suas qualidades físicas e químicas; essa mesma matéria, quando atinge uma complexidade suficiente, torna-se matéria orgânica; e, se os elementos que a compõem forem animados por movimentos rítmicos periódicos que permitam que fenômenos físicos se produzam regularmente, ela se torna matéria viva. A matéria viva difere da matéria bruta apenas por uma complexidade maior nos movimentos que as moléculas realizam, e talvez também por uma complexidade maior da combinação. Essa matéria viva, quando atinge um grau de delicadeza e de complexidade, torna-se a matéria cerebral, a substância cinzenta do cérebro; com isso se torna também o pensamento, o sentimento, a consciência, em resumo, a alma inteira. Essa alma, por ser simplesmente a matéria cerebral considerada de um certo modo e sob um certo aspecto, obe-

dece às mesmas leis que toda espécie de matéria; obedece às leis da mecânica. Portanto, toda e qualquer liberdade é impossível. Quando julgamos tomar uma decisão, estamos sendo vítimas de uma ilusão cuja natureza já foi descrita no curso. Na realidade, cada movimento nosso é determinado por tudo o que o precedia, cada pensamento nosso é fatalmente ocasionado pelos movimentos cerebrais preexistentes, e chegará um dia em que se fará uma física e uma mecânica da matéria organizada. Nessa hipótese, é inútil e mesmo anticientífico supor acima da natureza, fora dela, um ser perfeito que a dirija. Realmente, qual seria seu papel? Como cada molécula material está subordinada a um movimento determinado, como, por conseguinte, cada combinação resulta necessariamente da natureza e do movimento das moléculas que dela participam, e assim por diante, todos os fenômenos, desde o movimento de um grão de areia até o raciocínio mais complicado da mais alta inteligência, estão subordinados às leis fatais e eternas da geometria e da mecânica. Um Deus exterior ao mundo material não poderia mais do que deixar as coisas caminharem como caminham; a própria existência desse Deus seria incompreensível, visto que tudo o que é se reduz à extensão, ao movimento, à matéria e não se pode conceber outra coisa, e visto que justamente por isso o próprio Deus, se o espírito o representasse, ficaria reduzido a não ser mais do que um dos objetos materiais do Universo que conhecemos.

Portanto, ao mesmo tempo que toda liberdade é recusada ao homem pelos materialistas, toda finalidade é excluída da natureza. A natureza é incapaz de visar a fins, pois só há persecução inteligente de um objetivo onde, até certo ponto, houver liberdade; ora, tudo é fatal, tudo se encadeia geometricamente e matematicamente; há causas e efeitos; não pode haver meios e fins.

Por fim, o materialista, ao considerar a alma como um agregado de moléculas e os fenômenos da alma como idênticos aos fenômenos da matéria, é obrigado a recusar à alma o privilégio que a religião nos pede que lhe concedamos; torna-a mortal como o corpo, desorganizando-se como ele, voltando a ser depois da morte o que as células do sistema nervoso voltam a ser: carbono, hidrogênio etc. Essa é a concepção da natureza segundo os materialistas. É um mecanicismo universal, que leva ao determinismo no que se refere às ações humanas e ao ateísmo no que se refere à divindade.

[114] Cientificamente, essa representação do Universo é seguramente a mais simples; não requer nenhum postulado, a não ser a existência de átomos ou de moléculas animados por um eterno movimento e a persistência das leis da mecânica ao longo dos séculos. Tudo o que, de acordo com o senso comum, supõe a intervenção da inteligência, a organização dos seres vivos, por exemplo, se explica por um simples efeito das forças físicas ou mecânicas.

A teoria da seleção natural e da concorrência vital procurará demonstrar-nos como os seres vivos foram pouco a pouco tomando essas formas maravilhosas que admiramos hoje. Não voltaremos à crítica dessa doutrina; seria preciso mostrar como em cada um dos graus dessa espécie de evolução da matéria podem ser levantadas questões a que o materialista terá dificuldade em responder.

Como explicar a transição da matéria bruta para a matéria viva, que difere radicalmente dela por uma infinidade de características?

Como representar-se a identificação da matéria viva e mais particularmente da matéria cerebral com o pensamento, que não apresenta com essa matéria nenhuma analogia? Esses são problemas que o materialismo não resolveu e nunca resolverá, como os próprios materialistas reconhecem.

A teoria oposta é a dos espiritualistas, dos quais Leibniz[32] é o intérprete mais autorizado. A doutrina espiritualista, em vez de admitir um princípio único cuja essência é obedecer a leis matemáticas puramente mecânicas, admite, ao lado dessa matéria, da qual não contesta uma certa realidade objetiva, um princípio totalmente diferente, totalmente oposto, um princípio capaz de inteligência, desde a consciência mais vaga, mais confusa, quase idêntica ao nada, até a reflexão mais profunda; em resumo, um princípio espiritual. Em toda parte o espiritualista capta, põe em evidência a coexistência dos dois princípios conhecidos: um eternamente cego, restrito a uma espécie de fatalidade matemática, o outro livre ou que aspira à liberdade. Já na matéria bruta o espiritualista acredita captar a manifestação de uma inteligência organizadora, mesmo que seja apenas na forma dos cristais; mesmo que seja apenas na própria persistência, ao longo dos séculos, das leis físicas e químicas, que permanecem as mesmas a despeito das contínuas transformações da matéria. Passando para a matéria viva, ele supõe ao lado da matéria bruta um princípio diretor, como diz Claude Bernard[33], um princípio organizador que comanda a harmonia dos órgãos e de seus movimentos, coordenando as partes e fazendo-as convergir para um mesmo fim. O princípio que se encontra em todos os seres vivos pode ser engrossado, digamos assim, por novos atributos e, considerado sob uma forma superior, torna-se a consciência propriamente dita, o pensamento; de modo que há na criatura uma hierarquia, desde o átomo que entra numa combinação química e no qual a consciência, se existir, se encontra em estado confuso, indistinto, até a inteligência humana, a alma propriamente dita, força simultaneamente livre e racional; e não há motivo para pararmos na alma humana, não há motivo para os outros graus da série não serem igualmente reais, embora a experiência não nos faça percebê-los.

Portanto, devemos supor, abaixo do homem e também acima, graus sucessivos de inteligência e de liberdade, e chegamos àquela inteligência perfeita, a uma liberdade absoluta, a um ser que resume em si todas as perfeições constatadas ou conhecidas, à divindade, em suma.

[115] Essa divindade é exterior à natureza, governa o mundo e é causa, primeiramente, das leis estáveis que o estudo da física nos revela e, em seguida, da maravilhosa organização dos seres vivos e pensantes, organização que os materialistas pretendem fazer derivar das leis, leis habituais da matéria pura e simples; portanto, há uma finalidade na natureza.

A natureza foi concebida por um pensamento, construída com base num plano, e incessantemente descobrimos as marcas da inteligência de onde ela saiu; e, assim como há finalidade na matéria, há liberdade no homem, pois essa potência criadora, que em Deus é tão completa e tão absoluta quanto se possa imaginar, nós a possuímos num grau menor, podemos criar, em nossa esfera, podemos imitar, podemos reproduzir a criação[34] por meio de amostras arquitetônicas.

Esta segunda teoria tem a seu favor os espíritos mais eminentes de todos os séculos. Acima de tudo ela não faz hipóteses, não faz mais que considerar os diferentes aspectos, e os atribui a princípios distintos: de um lado os efeitos que parecem não só diferentes mas até mesmo opostos entre si, os efeitos puramente mecânicos, e do outro lado os efeitos cuja ordem e harmonia parecem as manifestações de uma força inteligente.

Partindo disso podemos compreender as definições opostas que foram dadas do materialismo e do espiritualismo. "O materialismo, disse Ravaison[35], é o sistema que pretende explicar o superior pelo inferior." Realmente, o materialista explica a matéria bruta por átomos que se reúnem para formar moléculas, a matéria orgânica por moléculas que se agregam, combinam simultaneamente seus movimentos, e o pensamento pela matéria organizada que alcança uma complexidade maior, como acontece no cérebro, onde as células nervosas se combinam simultaneamente consigo mesmas. De cima a baixo da escala supõe-se que os elementos simples se compõem de modo que formem agregados que se compõem por sua vez, e a superioridade nada mais é que uma complexidade maior.

O espiritualismo, ao contrário, considera que é o superior que explica o inferior, é o pensamento que explica as leis da natureza e é Deus que explica o mundo e que não é, ao contrário, a natureza que produz o pensamento, assim como o mundo não pode ter se criado sozinho.

Assim, resumindo tudo, uns admitem apenas um princípio, princípio de movimento subordinado a leis fatais que o regem, e[36], ao lado delas, o espírito que personifica a liberdade.

Entre esses dois sistemas situa-se um terceiro, esboçado por Heráclito e os estoicos e que tomou com Espinosa uma forma precisa e mesmo matemática; estamos falando do panteísmo.

O panteísmo distingue-se do materialismo por não reduzir, como ele, toda existência à existência puramente física, à matéria; distingue-se do espiritualismo por não poder resignar-se, como ele, a compreender dois princípios totalmente distintos e opostos, um princípio de necessidade e um princípio de liberdade, que viveriam lado a lado e se entenderiam muito bem, por assim dizer. Daí a hipótese ao mesmo tempo obscura e profunda de uma substância que seria simultaneamente una e dupla, matéria e espírito, necessidade e liberdade, dependendo do ponto de vista de que for considerada. É uma mesma força que se traduz, se expressa na natureza inteira, por uma multiplicidade de manifestações. Ora ela se apresenta a nós sob o aspecto de uma força que obedece a uma lei fatal e cujos efeitos estão mecanicamente encadeados, ora toma a forma de espontaneidade, de liberdade, de vida e de reflexão, e esses aspectos são todos diferentes apenas para nosso espírito, que os separa por abstração.

[116] Em si mesma e no absoluto, essa força é ao mesmo tempo múltipla, determinada, livre. Isso pode parecer contraditório. Realmente é contraditório, mas a contradição só nos choca por causa da organização de nosso espírito; por isso o panteísta mais radical, Hegel, chegou a dizer que a contradição é o signo da existência; e em todo panteísmo, desde o de Heráclito até o de Espinosa, encontra-se uma tendência para identificar os contraditórios, isto é, para declarar que na realidade tal como ela existe em si mesma, fora do espírito que a concebe, uma mesma coisa pode ser e não ser, sob o mesmo aspecto e ao mesmo tempo.

Nesse sistema, a divindade, sem ser identificada com a matéria, não pode distinguir-se da própria natureza, do Universo considerado em sua totalidade. O mesmo Universo é material quando o consideramos sob um certo aspecto e Deus quando o consideramos sob outro. Se nos representarmos no Universo a série de fenômenos que se encadeiam e se determinam mutuamente, diremos que ele é simples matéria. Mas, se o admirarmos como manifestação contínua do pensamento e da liberdade, diremos que ele é Deus. Portanto, Deus e a matéria são apenas dois modos diferentes de expressar a mesma coisa, assim como uma verdade geométrica pode expressar-se por um teorema ou uma equação; os dois aspectos são diferentes, mas o fundo é idêntico. No que se refere à liberdade humana, o panteísta pende necessariamente para o determinismo. Isso porque nossos corpos são partes da matéria universal. Nossas almas também são parcelas, fragmentos, do espírito que anima o mundo. Disso se conclui que as decisões de nossa alma estão ligadas ao estado e às decisões do espírito divino. Participamos do pensamento divino, somos expressões fragmentárias dele, mas assim sendo perdemos nossa personalidade; por isso é de esperar que após a morte a alma reingresse nesse grande todo, perdendo toda lembrança do que havia sido antes. Quanto à finalidade, alguns panteístas admitem-na, outros excluem-na, conforme penderem menos ou mais para o materialismo. O que se pode dizer de mais severo contra o panteísmo é que, primeiramente, seu princípio é dificilmente inteligível e, em seguida, que ele está fatalmente condenado por esse princípio a cair ou no materialismo que identifica tudo com o que é matéria ou no idealismo que reduz tudo ao espírito.

Realmente, a matéria e o espírito são coisas tão opostas por suas características que não podemos representar-nos a identidade das duas coisas no absoluto; nunca nos farão compreender como o que é matéria e mecanicismo pode, considerado de outro modo, ser espírito e finalidade; como o que é necessidade por um lado pode assumir por outro o aspecto da liberdade, e vice-versa.

Por isso do panteísmo de Espinosa não tardou a surgir o idealismo, e do panteísmo de Hegel nasceu o materialismo alemão, uns reduzindo a matéria ao espírito e os outros, o espírito à matéria. Há de fato uma última maneira de conceber as relações entre a matéria e o espírito e, portanto, a natureza em sua totalidade: é supor, ao contrário do que fazem os materialistas, que há uma substância única e que essa substância é o espírito, o espírito que se representa a matéria com suas diferentes propriedades, que a representa apenas como uma ideia[37] mais do que uma representação do espírito.

O idealismo assumirá uma infinidade de formas: poderá ser mecaniscista com Descartes, místico com os alexandrinos, por fim panteísta com Fichte e Schelling.

[17ª Aula]

Existência de Deus

[117] Vimos que a concepção espiritualista da natureza implica a existência de um ser perfeito que criou o Universo e o governa.

As provas que foram apresentadas da existência de Deus foram classificadas por Kant. Ele reduz as provas propriamente ditas a três tipos e acrescenta uma última, a única conclusiva, em sua opinião:

1º *Prova cosmológica* – Esta primeira prova da existência de Deus pode assumir muitas formas. Consiste essencialmente em partir do fato de que algo existe e de que há um Universo. Recorrendo então ao princípio de causalidade, afirma-se que esse Universo não pode ser concebido sem um ser que o tenha criado; daí a necessidade de um Deus criador. Pode-se dizer também, expressando a mesma ideia sob uma outra forma, que todos os fenômenos de nossa experiência foram reconhecidos como tendo causas, que essas mesmas causas eram produzidas por outras causas e que, como essa regressão do efeito para a causa não pode prolongar-se infinitamente, é forçoso admitir uma causa primeira que está no começo da série e que não tem causa; ou então se poderá dizer também que o Universo dura e que aquilo que dura só pode ser concebido como havendo tido um começo. O espírito é incapaz de recuar infinitamente no curso da duração; precisa deter-se num ponto determinado, por mais remoto que seja, e dizer: aqui é o começo. Esta prova, sob qualquer forma que assuma, baseia-se, como podemos ver, em considerações de causalidade.

Kant[38] atacou-a vigorosamente, negando a legitimidade das considerações causais. Nesse caso, diz ele, a relação de causalidade nada mais é que uma relação estabelecida por nós entre dois fenômenos. Portanto ela não tem valor, nem sequer tem sentido, quando se pretende estabelecer uma relação entre fenômenos, por um lado, e um ser colocado fora da série de fenômenos.

Vamos explicar o pensamento de Kant por meio de uma comparação. Cada uma das partes do Universo tem peso, visto que se pode supor que é atraída por uma massa determinada; mas o Universo como um todo é pesado ou leve? A questão não tem sentido, pois não existe fora do Universo um corpo que possa atraí-lo e dar-lhe assim uma gravidade. Pois bem, assim também cada fenômeno ou cada objeto parcial do Universo tem uma causa que é um outro fenômeno ou um outro objeto parcial; mas será que a totalidade dos fenômenos e a totalidade dos objetos têm uma causa? Não poderíamos afirmar isso a não ser desnaturando o princípio de causalidade, que nos diz simplesmente que todo fenômeno tem como causa um outro fenômeno, e não que todos os fenômenos têm como causa um ser imutável que não é fenômeno.

2º *Prova físico-teológica* – Aqui não se parte mais daquela simples afirmação de que o Universo existe, e sim de que esse Universo apresenta marcas manifestas de inteligência, ou, como se diz, de finalidade. Essa finalidade, alguns filósofos consideram-na como externa e outros, como interna. Diz-se que um ser manifesta uma finalidade externa quando foi organizado visando a um outro ser ou a um outro objeto. Assim, dizer que um carneiro foi criado para dar-nos lã é acreditar numa finalidade externa; os que levam ao extremo essa teoria fazem do homem o centro da criação e pretendem provar que o Universo é a realização de um plano, com o homem sendo o centro da criação e tudo tendo sido feito para ele.

[118] Hoje a doutrina da finalidade externa está praticamente abandonada[39]. Hegel ridicularizou-a, dizendo que sem dúvida a cortiça fora criada para se fazer rolhas; mas parece difícil contestar a existência de uma finalidade interna, pois cada ser organizado é um todo cujos elementos admiravelmente coordenados parecem tender para um fim determinado, que é a conservação e o desenvolvimento do indivíduo e da raça. Basta olharmos um pouco a anatomia do corpo humano, ou mesmo de um corpo organizado qualquer, para nos impressionarmos com a espantosa complexidade dessas máquinas que ultrapassam infinitamente tudo o que poderia ser construído ou simplesmente concebido pela inteligência humana. Ora, ninguém pensará em afirmar que um relógio, por exemplo, possa ter se feito sozinho, ou, empregando a expressão de Fénelon, que as letras do alfabeto, jogadas para cima, possam ter caído de modo que formassem por justaposição um poema como a *Ilíada* ou a *Odisseia*; como acreditar que os corpos vivos, cuja ordem e complexidade são ainda mais admiráveis, sejam obra do acaso ou tenham se organizado sozinhos? Daí a necessi-

dade de acreditar num Deus criador e organizador, cuja inteligência se manifesta na organização do ser vivo e mesmo na organização geral do mundo, onde tudo revela a ordem e a harmonia. Esta prova, como se pode ver, baseia-se em considerações de finalidade. Kant, ao mesmo tempo que a declara muito respeitável por ser no fundo a crença popular, contesta seu valor. Primeiramente, diz ele, quando muito ela chega a provar a existência de um Deus organizador ou, como diz Platão, demiurgo; não provaria a existência de um Deus criador. Em seguida, se nos ativermos a essa demonstração, declararemos Deus imperfeito, porque julgamos o artesão pela obra, e o Universo está longe de ser perfeito. Ora, um Deus imperfeito é algo inconcebível.

Por fim, atacando o próprio fundamento da prova, Kant declara que ela se baseia numa assimilação ilegítima do trabalho da natureza ao trabalho humano[40], uma certa organização, a experiência nos ensina que esse trabalho é resultado de uma reflexão, mas nada prova que a natureza não possa obter, por algum outro processo que não o pensamento ou a reflexão, o mesmo resultado[41].

Diga-se, de passagem, que essa consideração totalmente metafísica de Kant foi retomada pelos darwinistas, que assim pretendem explicar sem a intervenção de nenhum pensamento organizador as maravilhas da organização.

3º *Prova ontológica* – Esta prova, formulada por santo Anselmo[42], encontrou na doutrina de Descartes[43] sua expressão definitiva. Concebo o maior ser, dizia santo Anselmo, portanto ele existe, pois se não existisse eu não poderia conceber um ser que existisse; este, tendo a mais a existência, seria mais que o outro e não seria no ser maior que eu teria pensado inicialmente, o que é contrário à minha hipótese. Descartes aperfeiçoou essa prova dizendo que, do momento em que tenho a ideia de um ser perfeito, é preciso que ele exista, pois se não existisse lhe faltaria uma qualidade e já não seria num ser perfeito que eu teria pensado inicialmente; portanto, justamente porque é concebido ele existe.

Esta prova, como se pode ver, baseia-se num princípio de contradição. Procura demonstrar que seria contraditório supor um ser perfeito que não existisse, pois isso seria afirmar simultaneamente que o ser no qual se pensa é perfeito e não é perfeito.

Kant considera essa prova como a mais profunda, a mais original e a mais rigorosa das demonstrações propriamente ditas da [119] existência de Deus. Segundo ele, a prova cosmológica e a prova psicológica nada mais são que a prova ontológica, e a prova ontológica disfarçada e enfraquecida; e foi o que ele demonstrou com uma grande profundidade de análise. Mas essa prova ontológica não deixa de ser viciosa, segundo ele; consiste em supor que a existência é uma qualidade, do que resultaria que um ser perfeito concebido como não existente seria concebido como imperfeito. Ora, a experiência não deveria ser assimilada a um atributo: entre a ideia de um ser perfeito concebido como simplesmente possível e a de um ser perfeito concebido como existente não há nenhuma diferença. Nos dois casos é a mesma representação para o espírito; portanto, não se pode dizer que, se pensamos no ser perfeito, é preciso, sob pena de contradição, que ele exista, visto que, ao supô-lo simplesmente possível e não real de fato, temos no espírito exatamente a mesma ideia que se o supuséssemos existente. Podemos ligar à prova ontológica as chamadas provas metafísicas da existência de um Deus; a principal é a que se fundamenta na existência de verdades eternas, ou seja, de princípios racionais imutáveis. Visto que esses princípios são imutáveis, que existiam antes de nós, antes mesmo da criação do mundo, visto que, embora não existissem objetos propriamente ditos, já era impossível que 2 mais 2 dessem ao mesmo tempo 4 e 5, é forçoso que exista uma inteligência eterna na qual as verdades tenham estado representadas ou depositadas desde sempre; senão, onde e como elas existiriam?

Antes de passarmos para a prova moral, é necessário criticar sumariamente essas refutações e objeções de Kant. Sem dúvida é impossível provar que o princípio de causalidade seja aplicável fora do mundo dos fenômenos; mas tudo nos leva a crer que sim, e não há nenhuma razão para supormos que o Universo em sua totalidade não esteja obrigado, como cada uma de suas partes, a ter uma causa; do mesmo modo dizem-nos que a prova físico-teológica leva apenas a um Deus organizador; mas, se a prova cosmológica já demonstrou que esse Deus é criador, isso não basta? Esse organizador, acrescentam, seria imperfeito; mas tentaremos mostrar que o Universo, mesmo construído por um ser perfeito, devia necessariamente ser imperfeito e, portanto, não se pode concluir da imperfeição do Universo a não-existência de Deus.

Por fim, pretendem que a natureza pode organizar-se sem que para isso haja necessariamente, nela ou fora dela, um pensamento organizador. Mas então seria preciso explicar-nos esse novo tipo de processo, e os próprios darwinistas têm dificuldade em conseguir isso.

Resta a prova ontológica, que, concordaremos com Kant, não prova matematicamente, como pretende, a existência de Deus. Entretanto, dessa prova resta alguma coisa, ou seja, que, quanto mais perfeição uma ideia apresenta, mais ela tende a tornar-se uma realidade, de tal modo que sentimos repulsa em não admitir a existência da perfeição absoluta (ver Leibniz).

[18ª Aula]

Existência de Deus (continuação e fim)
Atributos de Deus

Às provas especulativas propriamente ditas deve-se acrescentar a prova de ordem prática ou, empregando a expressão de Kant, a prova moral. Há, diz Kant, um imperativo categórico que existe absolutamente, ou seja, que ultrapassa a esfera do puro fenômeno; ora, já sabemos que, se há uma lei absoluta, é preciso que ela nos imponha sacrifícios, [120] mas é preciso também que esses sacrifícios recebam uma compensação, para que a necessária harmonia entre a felicidade e a virtude concebidas por nós seja efetivamente realizada; e, inversamente, é preciso que a violação dessa lei traga como consequência um castigo; ora, isso só é possível se houver também fora do mundo um ser soberanamente bom e justo que saiba e possa equiparar a recompensa ou a pena com o valor do ato efetuado; é numa vida futura que será realizado esse ideal de justiça a que aspiramos em vão neste mundo.

Segundo Kant, essa é a única prova conclusiva da existência de Deus. Sem irmos tão longe quanto ele, diremos que essa prova é a mais valorizada, a que provoca o assentimento da maior parte dos homens. Realmente, se cremos em Deus, é menos como conclusão de um raciocínio teórico do que como aspiração natural da alma. Queremos, desejamos de todo coração a justiça absoluta, e é por isso que temos confiança no futuro, pensamos que essa justiça impossível aqui na Terra é realizada em algum lugar. É o que expressamos de outro modo quando dizemos que acreditamos em Deus porque nosso sentimento nos inclina a acreditar, porque temos a fé. Nesse sentido, Ollé-Laprune chegou a dizer que a crença em

Deus dependia pelo menos tanto da vontade quanto da inteligência; e, levando sua tese até as últimas consequências, esse filósofo declara moralmente culpados os ateus, mesmo sinceros e convictos, porque, diz ele, em vez de seguirem o caminho totalmente traçado pelo sentimento e deixarem-se guiar pela luz interior, desviaram-se, quiseram confiar unicamente no raciocínio e portanto é sua vontade que é culpada.

Essa prova moral pode assumir muitas formas. A prova extraída do que chamam de vivo sentimento interno não é outra coisa; sentimos, por assim dizer, que há um Deus, mas esse sentimento nada mais é que uma forma daquela aspiração natural da alma a uma justiça absoluta; ou, também, invocarão o consentimento universal. Mostrarão que todos os povos acreditaram e acreditam em Deus, embora frequentemente essa crença tenha sido pouco esclarecida, embora frequentemente Deus tenha sido mal compreendido. Essa crença universal se deve a que toda alma humana, sob pena de deixar de ser uma alma humana, concebe um ideal de justiça perfeita e não se resigna a considerá-lo como ilusão ou quimera.

Assim, a fé em Deus faz parte de nossa própria natureza e é por isso que a existência de Deus praticamente não precisa ser demonstrada cientificamente. Como compreenderam muito bem os grandes filósofos: Descartes, Leibniz, Kant, basta constatar que concebemos o infinito, o absoluto, o bem, e a partir disso o problema está resolvido pelo simples fato de o levantarmos.

Os atributos de Deus

A questão agora é determinar os atributos, ou seja, a natureza do Deus cuja existência já mostramos. Qual será o caminho a seguir? Conhecemos na realidade apenas a nós e, portanto, só podemos conceber Deus por analogia conosco mesmos. Daí um grande perigo quando nos empenhamos em representar-nos Deus ou descrevê-lo: corremos o risco de cair num antropomorfismo raso. Como disse Voltaire: "Se Deus fez o homem à sua imagem, este lhe pagou na mesma moeda."

Entretanto, deve-se notar que entre os atributos da alma humana há alguns que são sinais de perfeição, que fazem a excelência dessa alma, que lhe comunicam uma verdadeira dignidade; portanto, é de presumir que essas mesmas qualidades devem encontrar-se também no ser perfeito, mas levadas ao extremo ou, melhor dizendo, infinitas.

[121] Inversamente, constatamos que certos atributos são sinais manifestos de imperfeição ou, melhor dizendo, que nossa imperfeição se deve à presença de tais atributos. Portanto, será preciso eliminá-los. Daí duas categorias de atributos:

1º Os que concebemos pela eliminação de certas características essencialmente imperfeitas e puramente humanas. São os atributos negativos, ou melhor, metafísicos.

2º Aqueles cuja ideia obtemos elevando à perfeição os atributos ou qualidades do homem. São os atributos positivos, ou melhor, morais.

Atributos metafísicos – Em primeiro lugar, Deus é uno. Com isso queremos dizer que há apenas um Deus e que esse Deus não contém em si nenhum elemento que possa dividi-lo. Vamos retomar esses pontos um a um. Só pode haver um único ser perfeito, pois, se houvesse vários, sendo todos perfeitos e portanto idênticos, não se distinguiriam de Deus, o que equivale a dizer que não haveria vários. Só concebemos a existência de vários objetos idênticos se os distinguirmos pelos lugares diferentes que ocupam no espaço, o que aliás cria uma diversidade entre eles. Mas o ser perfeito, como vamos tentar demonstrar, não pode estar no espaço; disso resulta que várias perfeições absolutas coincidiriam e formariam uma única. Será que essa crença na unidade de Deus é natural ao espírito humano? Será que é adquirida? Renan[44] é de opinião que as raças semíticas são naturalmente monoteístas, mas que os arianos são politeístas e só chegam ao monoteísmo à custa de cultura e de reflexão. Mas esses dois pontos, e principalmente o primeiro, são muito contestados.

Dizemos em seguida que Deus não pode conter nenhum elemento que seja de molde que o divida. De fato, toda multiplicidade é sinal de imperfeição, pois, se a essência de Deus contiver um elemento propriamente dito, ou esse elemento é imperfeito, o que é contrário à natureza de Deus, ou é perfeito, e nesse caso se confunde com Deus, que é a própria perfeição, e não pode ser representado como um elemento que entra na sua composição. Mal conseguimos representar-nos vagamente essa unidade absoluta que entretanto engloba todas as perfeições possíveis. É que essas diversas perfeições só são pensadas em separado graças a um esforço de abstração; na realidade elas se confundem numa perfeição única, assim como os raios multicores compõem, por sua junção, ou melhor, por sua síntese, um raio único de luz branca.

Os filósofos alexandrinos, totalmente compenetrados da unidade de Deus mas compreendendo-a mal, excluíam da substância de Deus o pensamento e todos os atributos que são concebidos por meio de uma imagem: seu Deus ininteligível era realmente privado da vida[45]. É preciso compreender que, se Deus é uno, é de uma unidade que engloba todas as perfeições, sem que entretanto nenhuma dessas perfeições se justaponha às outras; cada uma delas representa Deus integralmente, mas representado sob um certo aspecto e visto por nós de uma certa maneira.

2º Deus é imutável: essa imutabilidade resulta da própria perfeição, pois, se Deus mudasse, seria ou para tornar-se perfeito, ou para permanecer perfeito, ou para deixar de sê-lo. Tornando-se perfeito ele não muda, o que é precisamente o que se quer demonstrar; e se deixar de ser perfeito não é mais Deus. Portanto, de todo modo a hipótese de um Deus que mude é contraditória; mas essa imutabilidade não é a inação absoluta. Só conseguimos representar-nos Deus como [122] eternamente em repouso, mas sua atividade é uma atividade que não se estende no tempo e que portanto não supõe mudança. Encontraríamos um pálido reflexo de uma atividade desse tipo no cientista que contempla longamente uma verdade que descobriu e que está totalmente entregue a essa contemplação imóvel e no entanto sempre ativa.

3º Dessa dupla série de considerações resulta que Deus não poderia ser situado no tempo; expressamos isso dizendo que ele é eterno, pois sabemos que o tempo é a condição das coisas que mudam, e Deus não muda. O tempo supõe uma sucessão de estados, e o estado de Deus é sempre o mesmo, o da perfeição absoluta. Ser eterno não é durar incessantemente, é escapar à duração, estar fora dela, viver num presente que, por assim dizer, sobrevive a si mesmo, não conhecer nem passado nem futuro, ver de uma só vez o que para nós parece decorrer no tempo, ocupar anos e séculos.

4º Por fim, se a imutabilidade de Deus o coloca fora da duração, sua unidade coloca-o fora do espaço; expressamos isso dizendo que a imutabilidade é um dos atributos divinos. Com isso queremos dizer não que Deus ocupa o espaço inteiro; tal teoria só pode fazer parte do panteísmo; então Deus seria extenso e, portanto, divisível. Com isso queremos dizer que Deus está fora do espaço, o que supõe que está simultaneamente em toda parte e em parte alguma.

[19ª Aula]

Atributos de Deus (final)
A Providência

Devemos considerar sucessivamente as faculdades e qualidades da alma humana e perguntar-nos o que elas se tornam quando são elevadas à perfeição.

1º *A personalidade* – Deus é uma pessoa, visto que é uno e idêntico; e essa personalidade não poderia ser análoga à nossa, pois a percepção de nosso eu está intimamente ligada à percepção de nosso corpo, de nossa vida psicológica passada, de nossas sensações, de nossos sentimentos, mesmo de nossas paixões, e Deus não tem nem corpo, nem passado, nem vida psicológica propriamente dita, visto que não se desenvolve e que está num presente eterno; por isso alguns filósofos negaram a personalidade divina e, sem falar dos panteístas, que identificam Deus com a substancialidade das coisas e portanto não fazem dele uma pessoa separada, poderíamos citar idealistas e místicos que receariam limitar Deus ao considerá-lo uma pessoa. Realmente, é bem verdade que nós outros, seres imperfeitos, só tomamos conhecimento de nosso eu porque nos sentimos limitados e como que detidos pelo choque do não-eu, e que Deus, como não pode sofrer uma oposição desse tipo, não pode conhecer-se da mesma maneira. Por isso ninguém sustentou que a personalidade divina fosse da mesma natureza que a personalidade humana, necessariamente imperfeita, mas disso não se conclui que Deus não seja uma pessoa.

2º *A liberdade* – Devemos atribuir a Deus a vontade livre, visto que ela é signo e condição de perfeição. Mas também aqui seria preciso não confundir a liberdade divina com a liberdade humana. O homem é livre com uma liberdade inferior chamada livre-arbítrio e que consiste na capacidade de optar entre o bem e o mal, entre [123] a paixão e o dever. Na natureza divina não é possível existirem tais hesitações; ela vai para o bem naturalmente e sem esforço, ou melhor, é eternamente boa, pois a ação, no sentido que damos a essa palavra, produz-se no tempo e, pelo menos sob essa forma, não pode ser atribuída ao ser perfeito. Portanto, a liberdade divina é comparável à de um sábio que tivesse se tornado a virtude em pessoa e não conhecesse mais nada além do bem. Esse aí não hesitaria e nunca deliberaria. No entanto, acaso ele não seria mais livre do que aquele que é obrigado a esforçar-se e a lutar contra forças ou tendências inferiores inimigas do bem? Por isso Leibniz chegou a dizer que a liberdade de Deus consiste numa necessidade moral que o determina para o bem. Também aqui os panteístas afirmarão que em Deus a liberdade é tão inexistente quanto a personalidade. Deus, segundo eles, desenvolve-se como uma definição geométrica da qual decorrem indefinidamente teoremas; tudo está determinado na série, e Deus é simplesmente a própria série vista em sua totalidade. Mas o problema mais grave que a liberdade divina suscita é o que foi debatido pelos tomistas e pelos scotistas, ou seja, pelos partidários de são Tomás e de

Duns Scot[46]. Tratava-se de saber qual é exatamente a amplitude do poder e da liberdade divinos. Será que Deus pode tudo querer indiferentemente, ou será que não está sujeito, como nós, a certos princípios intelectuais ou morais? Na ordem puramente moral, a questão é a seguinte: Deus poderia agir mal se assim quisesse, e mesmo poderia querer isso? E na ordem intelectual o problema é saber se Deus poderia isentar-se do princípio de contradição, se poderia fazer o absurdo ser verdade e 2 mais 2 darem ao mesmo tempo 4 e 5.

Os tomistas e os scotistas restringem o problema a esta última questão; eles mostraram bem as dificuldades que tanto uma como outra das duas soluções opostas apresentam. Se o princípio de contradição depende da livre vontade de Deus, nossos raciocínios podem de um dia para outro desmantelar-se, pois sua única razão de ser é um capricho. Se esse princípio se impõe até ao próprio Deus, então é porque algo existe independentemente dele, ele sofre uma imposição.

São Tomás, colocando a inteligência de Deus acima de sua vontade, declarava que os princípios universais são de tal natureza que Deus nada pode mudar neles. Duns Scot, ao contrário, pretendia que a liberdade de Deus era superior à sua inteligência, e assim a livre vontade da divindade criaria princípios a que sua inteligência se submeteria sucessivamente. Esta última solução foi adotada por Descartes. Segundo ele, Deus é livre com uma liberdade de indiferença, ou pelo menos que assim nos parece, pois sem dúvida essa liberdade de indiferença é regida por leis que ignoramos. Vamos abster-nos de decidir sobre essa questão difícil. Diremos simplesmente que, quando a imaginação se transporta para essas alturas, não pode sequer compreender como a ação e a escolha são possíveis para um ser que não está na duração;

portanto, devemos desistir de conceber de um modo adequado a liberdade divina.

3º *A inteligência* – Devemos eliminar da inteligência divina todas as operações que são sinais de imperfeições: a memória, que supõe a duração; a perfeição sensível, que supõe a multiplicidade; a imaginação, que admite o menos e o mais; mesmo o raciocínio, que implica a incapacidade de chegar imediatamente ao objetivo. O pensamento divino só pode ser intenção pura, algo análogo ao estado em que ficamos quando nos encontramos em presença da evidência absoluta; entretanto, aqui é preciso fazer uma distinção profunda. Quando pensamos, distinguimo-nos do objeto pensado; há um eu e um não-eu, um sujeito e um objeto. Deus não poderia dividir-se assim, e por isso [124] Aristóteles fazia da inteligência divina um pensamento alheio ao mundo e que seria apenas, como ele diz, "o pensamento do pensamento". Deus só poderia pensar-se a si mesmo. Não chegaremos a tanto, e nos recusamos a representar-nos um Deus imóvel e inútil, alheio ao Universo, sendo que esse Universo, em nosso entender, é obra sua. Por outro lado, como imaginar que Deus conheça o mundo, coisa distinta dele, sem sair de si mesmo? Só podemos repetir que aqui a imaginação é impotente, e voltamos às palavras de Espinosa: "A inteligência divina só pode assemelhar-se à inteligência humana como o Cão, constelação celeste, se assemelha ao cão, animal que late."[47]

4º *O sentimento* – Seria absurdo supor em Deus movimentos de sensibilidade análogos aos nossos: a sensação, a paixão, o desejo são incompatíveis com sua natureza, pois sempre são sinal de uma necessidade e portanto de uma imperfeição. Mas a perfeição e a imutabilidade não excluem o sentimento e particularmente o amor. É natural que Deus ame os seres que criou e nos quais encontra algo de sua perfeição, é natural principalmente que os ame tanto mais quanto mais estes tiverem desenvolvido em si os germes de bondade, de perfeição, que ele depositou em suas almas; precisamente porque Deus é amor, juntamente com inteligência e vontade, é que ele criou seres aos quais transmitiu uma vida distinta; assim, somos levados a falar da criação e das relações de Deus com o mundo como Providência.

A CRIAÇÃO – Não devemos tentar representar-nos por uma imagem o ato que fez surgir algo de nada; desta vez, nossa fé inabalável no princípio de causalidade deve deixar-se abalar, uma concessão deve ser feita, e é natural que não possamos compreendê-la, pois nossa experiência natural nunca nos forneceu exemplos análogos. Entretanto é preciso admiti-la em nome do próprio princípio de causalidade.

Leibniz pretende que as mônadas imperfeitas surgiram de Deus pelo que ele chama de fulgurações. Os idealistas mazóticos da escola de Alexandria transformam a criação em carnação[48]. O Universo teria surgido necessariamente de Deus, do qual seria apenas a refração, por assim dizer. O objetivo dos panteístas foi precisamente simplificar o problema da criação, identificando Deus e o Universo. Nesse sistema, Deus não é, ele se torna, é como o Universo com o qual se confunde, em vias de formação. É assim que Hegel faz tudo o que é, ou parece ser, surgir da contradição primordial e puramente abstrata entre o ser e o não-ser.

As teorias panteístas do início deste século foram substituídas em nossos dias pelas teorias evolucionistas, que, também elas, pretendem dispensar a criação.

De um modo infinitamente sutil e difuso teriam surgido, pelo que Spencer[49] chama de duplo processo de integração e desintegração, todos os graus do ser; uma evolução contínua explicaria as formas mais complexas, mas persiste o problema de saber como alguma coisa existe e de onde vem essa matéria difusa; por mais sutil ou tênue que seja o ser primitivamente imaginado, seja a matéria sutil, difusa, de Spencer ou a aposição lógica de Hegel, sempre o mesmo problema se manifesta. Como alguma coisa pode ter nascido de nada? E, em última análise, é sempre a um ser perfeito que retornamos, a um ser que basta a si mesmo e que existe precisamente porque é perfeito, sem que nada diferente possa ter-lhe dado origem.

[20ª Aula]

A Providência (continuação e final)
O problema do mal
O otimismo e o pessimismo

[125] Deus não se limitou a criar o mundo. Sem chegar ao ponto de dizer, com Descartes, que ele recomeça continuamente o artifício da criação, pode-se afirmar que a todo momento ele intervém para cuidar que a ordem e a harmonia continuem a reinar. Quando se considera o ser perfeito como zelando especialmente pela conservação, pelo aperfeiçoamento do Universo[50], dá-se a ele o nome de Providência. Muitos gostariam que o homem fosse o centro da criação. Deus teria como função proteger especificamente o homem e só haveria Providência para o ser humano; foi essa crença, errônea, em nossa opinião, que suscitou o tão difícil problema do mal. Indagou-se como um ser perfeito poderia ter criado

um mundo tão imperfeito como o nosso, no qual a vida parece ser apenas um longo sofrimento; o mal existe e parece que, se Deus o quis, falta alguma coisa à sua bondade e, portanto, à sua perfeição; se não o quis, então a coisa se fez sem ele e apesar dele: portanto, não é todo-poderoso.

Leibniz tentou inocentar a Providência das recriminações que o pessimismo lhe dirige; concorda que existe mal neste mundo e até mesmo distingue três espécies de males:

1º *O mal metafísico* – É a imperfeição, sob qualquer forma que se apresente. Seria impossível negar que o mundo em que vivemos é um mundo imperfeito. Prova disso é que, mesmo com nossa inteligência limitada, concebemos para uma infinidade de objetos a possibilidade de um estado melhor. Por que Deus, podendo fazer o melhor, preferiu fazer o pior?

2º *O mal físico* – Sofremos com a doença, com a pobreza, sofremos com a perda dos nossos; em outras palavras, há na vida humana um número infinito de dores. Por que Deus, que criou tudo, criou a dor, quando podia abster-se disso? Por que essa injustiça que quer que alguns sejam ricos, privilegiados, enquanto outros, a maioria, nascem e morrem na miséria? Seria possível multiplicar as perguntas desse tipo, e os moralistas não tiveram dificuldade para mostrar a parcela de sofrimento na vida aqui no mundo.

3º *O mal moral* – Esse se refere ao pecado, ao esquecimento ou à violação do dever. Também existe e pode ser constatado. Nossa vontade é fraca, nossa razão é vacilante, com excessiva frequência o sentimento e a paixão levam a melhor. Por quê? Por que Deus quis que o pecado fosse possível e que o homem se degradasse pelo crime ou pela má conduta?

A essas diversas concepções, Leibniz respondeu rigorosamente: diz que o mal metafísico é necessário, pois sem ele o mundo seria perfeito e consequentemente se confundiria com o próprio Deus; portanto, não seria mais o mundo e não teria sido criado. Portanto, toda criação é imperfeita, sob pena de contradição. O sofrimento é um mal, mas sem ele não sentiríamos a alegria. Já no *Fédon*[51] Sócrates salienta que o prazer só é possível por contraste com a dor; e vimos em psicologia que, como toda sensação é uma mudança, uma alegria contínua seria uma alegria imperceptível e inconsciente; além disso, o sofrimento, segundo Leibniz, na maioria dos casos é uma advertência salutar; a dor física, especialmente, informa-nos que um órgão nosso está afetado e que é preciso socorrê-lo; sem ela, a doença infalivelmente nos levaria.

[126] Por fim, seria absurdo ressentir-se com Deus por haver permitido o pecado, pois, se nos fosse impossível agir mal, não teríamos nenhum mérito em agir bem. O que dá valor à virtude é sempre termos opção entre ela e seu contrário. Sem a faculdade de escolher, como poderíamos aspirar à benevolência, à proteção divina, e considerar-nos como fazendo parte da cidade de Deus? Em seguida, considerando o assunto mais do alto, Leibniz estabelece que o mal resulta naturalmente da ordem geral das coisas. Quando Deus criou o mundo, uma infinidade de possíveis agitava-se em seu espírito, todos eles ambicionando a existência. Deus escolheu o melhor desses possíveis e é por isso que o melhor dos mundos possíveis é o mundo que Deus criou. Entretanto, é preciso pensar na imensa multiplicidade de elementos que entram nele e que, estando subordinados a

leis gerais, às vezes se confrontam, se entrechocam, donde resulta o mal.

Quando nos queixamos de um mal, é porque nos julgamos sozinhos no Universo, é porque relacionamos tudo conosco; mas, se considerássemos a totalidade das coisas, veríamos que só poderíamos ser poupados desse mal se males muito maiores fossem suscitados em algum outro ponto do Universo, de modo que o mundo em sua totalidade não mais seria o melhor possível.

Vamos esclarecer essa ideia com exemplos familiares. Sem a menor dúvida é um mal morrer num acidente ferroviário, e entretanto quem ousaria afirmar que a invenção da ferrovia seja uma invenção lamentável? Os dois trens que se chocaram iam ambos numa velocidade vertiginosa; são os benefícios do vapor, mas a mesma velocidade pela qual tanto podemos felicitar-nos foi, nesse caso particular, a causa de um grande mal; e para que esse mal não ocorresse teria sido preciso que leis excelentes, que comandam o movimento da máquina e permitem que nossa indústria se desenvolva, tivessem sido abolidas. A excelência do mundo deve-se precisamente ao fato de leis imutáveis o governarem; cada uma dessas leis, considerada à parte, é boa, mas a ação combinada de várias delas poderá, em certos casos, gerar um mal que entretanto será composto apenas de bens. É por isso que Deus não quis o mal, só quis o bem, mas o encontro e o choque de vários bens podem produzir um mal, porque o Universo criado é necessariamente imperfeito e esses elementos limitam-se e entravam-se mutuamente[52]. Leibniz expressa essa ideia dizendo que o mal "tem uma causa deficiente e não, eficiente" (*malum habet causam deficientem non efficientem*)[53]. Isso significa que o mal não tem causa, que não foi desejado pela Providência, que apenas o bem tem uma causa eficiente e o mal nasce por si só, graças à combinação de elementos dos quais nenhum é um mal. Assim entendido, o otimismo é uma grande e notável teoria. De fato, seria pueril afirmar que tudo é para o melhor para cada um de nós. Voltaire, fingindo entender assim o otimismo leibniziano, não teve dificuldade em ridicularizá-lo num romance famoso (*Cândido*)[54]. Não se poderia defender tampouco o otimismo dos que pretendem que Deus quis o bem não do indivíduo, mas de toda a raça humana. Acaso não vemos que raças são sacrificadas a outras e que o homem oprime uma boa parte dos seres criados? O que se deve dizer é que o Universo, tomado em seu conjunto e considerado como uma obra de arte, é o mais belo, o melhor que se possa imaginar; e quanto a nós, homens, nós sofremos, mas podemos reconfortar-nos com a ideia de que o sofrimento está na ordem geral das coisas. É assim que nossa crença no otimismo pode melhorar nossa sorte: para ser feliz, basta ver o lado bom das coisas, e é a [127] isso que se chega quando se parte da convicção de que há uma providência, de que ela não quis o mal, de que tudo aqui no mundo tem no bem sua razão de ser e de que mesmo esse sofrimento do qual nos queixamos contribui para fazer com que o conjunto seja harmonioso e belo.

[21ª Aula]

O pessimismo

O pessimismo consiste em afirmar que a parcela do mal é a maior no Universo e que o conjunto das coisas é ruim. Corresponde, como o otimismo, aliás, a certas tendências da natureza humana. Por isso tem se apresentado, sob formas diversas, em todas as épocas.

Podem-se encontrar tendências ao pessimismo nos cirenaicos e nos epicuristas. Hegésias[55] aconselhava o suicídio; mas foi principalmente na Índia que o pessimismo se desenvolveu, sob influência das ideias budistas. A religião de Buda ensina que o nada (nirvana) é desejável; por isso é a esse aniquilamento, ou seja, à supressão da consciência e da reflexão, que o budista convicto visa. Mas foi sobretudo em nossa época que o pessimismo recebeu uma forma científica. Já no início deste século, poetas e particularmente românticos haviam posto em moda a aversão pela vida (Byron). As grandes reviravoltas sociais do final do século passado haviam lançado as almas num desalento mesclado de ceticismo. Foi em meados deste século que Schopenhauer erigiu o pessimismo em sistema filosófico. Schopenhauer parte de uma ideia filosófica bastante obscura, a de que a vontade é o princípio universal do movimento e da vida. Essa vontade existe já no mineral, em estado obscuro; acaso não vemos que a matéria opõe uma resistência à nossa pressão e não *quer* ceder? No vegetal, essa vontade, já menos confusa, manifesta-se por uma infinidade de formas sucessivamente assumidas. Por fim, no animal ela atinge a plena consciência de si e no homem é servida por um pensamento. Assim, a vontade, ou, como diz Schopenhauer, "o querer viver", é o princípio universal das coisas; ora, esse querer viver é um absurdo, porque a vida só pode desenvolver-se com a condição de destruir a vida. Acaso não vemos que nas florestas as plantas disputam continuamente o ar que respiram e se sufocam silenciosamente? Os animais só subsistem com a condição de se entredevorarem; o próprio homem só vive de ameaças. Mas consideremos no homem a vontade em si mesma: quando ela é atendida, o estado que disso resulta para a alma chama-se prazer.

No caso contrário, há dor. Ora, como a essência da vontade é querer, ela não pode ser satisfeita sem logo em seguida tornar a querer, de modo que todo prazer é efêmero e uma necessidade, ou seja, uma dor muito mais duradoura e mais intensa prontamente o sucede; assim, empregando as próprias expressões do filósofo: "Nossa vida nada mais é que uma história natural da dor, que pode ser formulada assim: querer sempre, sofrer sempre, depois morrer. E assim sucessivamente pelos séculos dos séculos, até que nosso planeta se desagregue em pedacinhos."[56]

Por isso, o verdadeiro sábio deve visar ao aniquilamento desse querer viver que é a fonte de toda miséria; para isso o suicídio é insuficiente, pois suprime o indivíduo, não a raça; é preciso devotar-se ao ascetismo e ao celibato, desistir das lutas, das alegrias deste mundo. O pessimismo prega a renúncia cristã. O discípulo de Schopenhauer, Hartmann, substituiu a vontade absoluta de seu mestre pelo inconsciente, princípio universal da existência, que deu origem às coisas e [128] à vida por sua união com a ideia encontrada num dia infeliz. Essa metafísica não difere essencialmente da de Schopenhauer, apesar das aparências; o que o pessimismo de Hartmann tem de original é que ele afeta um cunho de precisão científica. O filósofo fez um balanço dos prazeres e dos sofrimentos e pretendeu estabelecer por estatística que a cada prazer da infância, da adolescência, da maturidade ou da velhice correspondia sempre uma dor mais intensa. Se a humanidade suporta a vida, é graças às ilusões a que se entrega: acreditou que a felicidade podia ser encontrada aqui na Terra; depois, desiludida, julgou que podia contar com a felicidade numa vida diferente e, por fim, hoje situa a felicidade no futuro; acredita nos progressos, espera uma época de civilização e de alegrias sem mescla; são os três estágios da ilusão. É inútil refutar longamente o pessimismo. A humanidade apega-se à vida, o que prova que a vida é boa, mas consideremos primeiramente a ideia fundamental do pessimismo alemão; a vida, segundo nos dizem, consiste sobretudo num desejo, numa tendência para satisfazer necessidades múltiplas; podemos admitir isso. Mas o que não aceitamos é que todo desejo ou tendência seja uma dor. Acaso não vemos que a esperança é uma alegria e que a satisfação momentânea da sensibilidade é um prazer menor do que aquele que desfrutamos em querer sempre buscar o melhor, em lutar e em tender para um estado diferente daquele em nos encontramos? Quanto à estatística de Hartmann, ela é incompleta; criticaram-no por haver comparado os prazeres internos às dores violentas e não ter levado em conta esse estado mediano da sensibilidade em que quase sempre nos encontramos, que é um prazer contínuo apesar de fraco, um contentamento geral pouco notado porque é habitual: além disso, ele quis submeter ao cálculo sentimentos e paixões; ora, as coisas que não ocupam espaço escapam à medição. Por fim, pode-se dizer que o pessimismo é menos um sistema do que um estado de alma, uma predisposição para achar a vida má porque se tem um aborrecimento, uma tristeza, ou mesmo simplesmente porque assim se descobre um modo de dizer coisas bonitas e de ser aplaudido. A aversão à vida não é algo natural; é uma doença. Por isso o pessimismo, embora professado com frequência, não desempenha um papel importante na História da Filosofia.

[22ª Aula]

Imortalidade da alma

Kant diz que três perguntas são de extremo interesse para cada um de nós[57]. Quem sou? O que devo fazer? O que tenho a esperar? As duas primeiras questões foram estudadas em psicologia, em moral e em metafísica; resta a última.

Será que estamos destinados a uma vida melhor, ou a alma perecerá e se dispersará com o corpo? Em todas as épocas se acreditou, sob uma forma ou outra, na imortalidade da alma. Não é preciso lembrar que as religiões antigas ensinavam a ressurreição ou a sobrevivência das almas, que os pagãos acreditavam nos infernos e nos Campos Elíseos. Filósofos como Pitágoras[58], sem dúvida seguindo nisso uma tradição oriental, davam crédito à metempsicose. Por fim, muito antes do cristianismo, pensadores como Sócrates e Platão[59] acreditaram numa alma espiritual e numa vida futura em que essa alma, liberta dos entraves corporais, seria restituída àquela pureza nativa; e em todos os povos se encontra essa fé na imortalidade, menos ou mais pura, menos ou mais clara, porém profunda, e é por isso que foi possível invocar [129] como prova da imortalidade da alma o consentimento universal. Em conformidade com o hábito das Escolas, costuma-se classificar as provas dessa imortalidade. São divididas em três categorias:

1º *Provas metafísicas* – Baseiam-se na lei da conservação da força: vemos que nada morre, nem uma única partícula se perde, é impossível um átomo de matéria desaparecer. Por que a alma escaparia a essa lei? Por que só ela seria mortal? Vemos que, assim como a matéria, a força não se perde. Ora, a alma é uma força, visto que produz pensamentos, atos e mesmo movimentos. Assim, a alma seria a única força capaz de voltar ao nada. Nosso espírito recusa-se a acreditar nisso. Na verdade, essa prova suscita uma objeção. Vamos levar até o fim a analogia. Diz-se que o corpo se conserva: é bem verdade, mas se desfaz; uma força não desaparece, é bem verdade, mas se transforma, em virtude da comparação.

Pode-se responder que a alma difere do corpo por sua complexidade e sua unidade, que difere de uma força física qualquer pela consciência que tem de si mesma. Ora, sendo una, ela não poderia decompor-se como o corpo; para ela não há meio-termo entre permanecer o que é e não ser mais nada; e, como esta última hipótese foi dada como inadmissível, é a primeira que deve ser adotada. E quanto a afirmar que a alma se transforma como qualquer outra força, isso só seria possível se a alma não fosse essencialmente consciente; então a consciência poderia separar-se dela; mas, como a consciência é o próprio fundo de sua natureza, ela só pode continuar a existir se conservar essa consciência. Portanto, ela continua a ser o que é, a não ser que desapareça inteiramente.

2º *Provas psicológicas* – Essas provas baseiam-se em que todas as faculdades de nossa alma aspiram à imortalidade.

A / A *sensibilidade* tem como objetivo a felicidade; procura-a aqui no mundo e praticamente não a encontra; não há prazer que não seja precedido e seguido de um sofrimento e, embora a vida em sua totalidade seja antes boa do que má, há um fundo de amargor, como dizia Lucrécio, em todas nossas alegrias. Principalmente a obrigação de fazer o bem nos desvia, na maioria dos casos, daquilo que o interesse ou o prazer exigiria.

Acaso não é plausível que essa felicidade suprema a que nossa sensibilidade aspira seja algo mais que um verdadeiro sonho? Seria possível compreender essa sede de felicidade se em alguma parte não houvesse com que saciá-la? E, considerando a sensibilidade sob um outro aspecto, vê-se que é não apenas a faculdade de sentir alegria, mas também a capacidade de ter inclinações e de amar. Nosso amor busca o belo aqui no mundo, mas como essa beleza terrestre é imperfeita! Ela só tem valor porque contém em si uma parcela da beleza divina, da beleza eterna. Será que essa ascensão de nosso coração para o belo não deve continuar num mundo onde nos será dado contemplar a beleza absoluta, aquela que ilumina as coisas aqui na Terra, igual a um sol, como diz Platão?

B / Nossa *inteligência* aspira à verdade, e o amor à verdade, que diariamente inspira belos atos de dedicação, também se encontra, menos ou mais intenso, em todas as almas; mas a verdade pela qual chegamos à ciência é uma verdade relativa; nosso curso inteiro só tem provado isso. Acaso parar aí é o que queremos? Não será plausível que a ciência, mesmo a mais completa e mais profunda, seja apenas uma preparação infinitamente elementar para conhecimentos com um outro alcance, [130] não concebemos, por exemplo, um estado em que a alma, desembaraçada do corpo através do qual vê as coisas como atrás de um véu, contemple a verdade absoluta, tal como ela é em si e não apenas tal como parece? Cícero dizia, aliás seguindo Platão, que a vida é somente uma preparação para a morte; o mesmo se poderia dizer da ciência deste mundo, em suas relações com essa intuição superior dos puros espíritos.

C / Se nossa sensibilidade e nossa inteligência direcionam-se por si mesmas para o belo e o verdadeiro, é ao bem que a *vontade* aspira. Persegue-o, não sem se perder ou às vezes cair no caminho; entretanto, mesmo então o remorso, o arrependimento advertem-na de que podia e devia fazer ainda melhor. Ora, por muita que seja a força com que essa vontade esteja armada, seu esforço para o bem continua sempre insuficiente; o bem absoluto é um ideal que perseguimos mas não conseguimos alcançar; os estoicos diziam que não tinha havido na Terra nem um único homem realmente sábio. É que não existe virtude perfeita aqui no mundo, é que a vida mais pura, mais sublime, não está isenta de algumas hesitações, de algumas dúvidas, às vezes mesmo de algumas fraquezas, de intenções que por terem ficado ocultas nas profundezas da alma não são menos condenáveis do ponto de vista da justiça absoluta. Entretanto, em certas almas o esforço é intenso, prossegue e acentua-se durante toda a vida. Será preciso parar aí? A morte porá bruscamente um fim nessa ascensão contínua e difícil da vontade rumo ao bem ideal? O senso de justiça que temos revolta-se contra tal pensamento; acreditamos firmemente que essa marcha continuará, sem dúvida mais fácil porque então os desejos, os instintos e todas essas tendências obscuras da alma que provêm de um contato com o corpo terão desocupado o lugar.

3º *Prova moral* – Para dizer a verdade, esta última prova está no fundo de todas as outras.

Kant[60] colocava-a entre os postulados, mas entre esses postulados da razão prática que têm infinitamente mais valor do que uma demonstração em regra. É extraída da necessidade de uma harmonia entre a felicidade e a virtude.

Já mostramos, e não voltaremos a isso, que a virtude atrai naturalmente a felicidade para sua companhia, e que a união sonhada e exigida por nós entre esses dois termos pouco se realiza aqui na Terra. Sendo assim, é num mundo melhor que devemos situar essa realização de nossas esperanças mais caras, juntamente com a da eterna justiça.

É por isso que o mesmo raciocínio que, segundo Kant, estabelece de modo totalmente prático a existência de Deus justifica nossa crença na imortalidade da alma. É preciso que a alma seja imortal para que se faça justiça, e nossa fé na imortalidade nada mais é que esse profundo sentimento de justiça que é inato a todos nós e que explica a eclosão das noções morais; por isso é um erro querer demonstrar a imortalidade da alma à maneira de um teorema de geometria. Tudo o que se pode fazer é estabelecer contra os materialistas que a alma não é um composto de átomos, que ela é simples, indivisível e portanto espiritual; para passar da ideia dessa espiritualidade para a de imortalidade é necessário um intermediário, a convicção de que existe uma justiça absoluta, eterna, e um Deus perfeito para realizá-la.

[23ª Aula]
Religião natural

[131] Já demonstramos a existência de Deus e a necessidade de acreditar numa Providência. Sendo assim, é natural indagarmos quais são os deveres que temos de cumprir para com a pessoa divina. Está claro que deixaremos de lado os deveres especiais prescritos por cada religião específica aos que nela nasceram ou a adotaram sinceramente. Há uma diferença entre as religiões propriamente ditas ou reveladas e a religião natural. As primeiras surgiram de uma revelação: Deus tendo se mani-

festado aos homens por meio de certos fenômenos que escapam às leis gerais da natureza. Mas a religião natural é independente do testemunho da autoridade e, em suma, da história. Recorre apenas à razão pura e parte desta verdade que todos podemos constatar: temos a ideia da perfeição e somos naturalmente levados a crer que Deus existe, que ele nos criou e que zela pela natureza. Jules Simon, autor de uma obra sobre a religião natural[61], diz que nossos deveres para com Deus se resumem nesta fórmula simples e admirável: "Precisamos conhecê-lo, amá-lo, servi-lo." E realmente essa fórmula implica a consagração a Deus das três faculdades de nossa alma: inteligência, sensibilidade, vontade. Vamos considerar sucessivamente cada um desses três termos.

a / Precisamos conhecer Deus. Isso depende de nós? Sim, sem dúvida, pois, como a ideia de perfeição é a mais positiva de todas as ideias, um ser humano não poderia ficar alheio a ela sem com isso deixar de merecer o nome de homem. Mas, dirão, muitos negam Deus. Existem ateus e, se o forem sinceramente, pode-se recriminá-los por não se resignarem a uma crença que rejeitam? Responderemos que entre os ateus talvez haja mais de um que possui o verdadeiro sentimento religioso sem se dar conta disso. Se caísse em si, ele faria tábula rasa dos argumentos ditados pelo vão desejo de brilhar ou de deixar de lado o que chama de rotina. Perceberia que acredita na perfeição, no progresso, no bem; que, se discute e argumenta, é para apressar sua realização, que lhe parece necessária. Ora, aquele que crê na realização necessária do bem é um espírito religioso. Bastaria que avançasse um pouco mais nesse caminho para descobrir que essa perfeição com que sonha e que deseja não poderia realizar-se sem se personificar num ser perfeito. Foi nesse sentido que Ollé-Laprune disse em sua obra sobre a certeza moral[62]: "Sempre se pode acusar aquele que não crê em Deus de não haver feito um esforço mental suficiente; um pouco de ciência afasta-nos de Deus, como já disseram, muito de ciência leva-nos a ele." Realmente, vemos que os maiores espíritos de todos os tempos: Descartes, Newton, Voltaire, Rousseau, acreditaram em Deus. Portanto, até um certo ponto querer conhecer Deus é um dever. Não devemos, sobre uma questão tão grave, deixar-nos extraviar pelo desejo ao mesmo tempo muito orgulhoso e muito vaidoso de pensar diferentemente dos outros; negar Deus nada tem de original, o ateísmo é tão antigo quanto a filosofia, porque toda verdade, mesmo evidente, provoca discussão e atrai a afirmação contrária. Seria imperdoável, em questões dessa espécie, não procurar a verdade com toda a alma, como dizia Platão.

b / A sensibilidade também tem deveres para com Deus. Devemos amá-lo; aliás, como não amá-lo quando o conhecemos? Todo amor tem sua razão de ser numa qualidade, isto é, numa perfeição real ou aparente do objeto amado. Donde se conclui que Deus, sendo a própria perfeição, é amado simplesmente porque é concebido, mas esse amor a Deus deve manifestar-se tanto quanto possível por meio de atos; [132] chegamos assim à terceira categoria de deveres religiosos.

c / Devemos servir a Deus, isto é, nossa vontade deve colocar-se inteiramente à sua disposição. Não se deve julgar que o poder de Deus seja caprichoso; a vontade divina confunde-se com o bem. Sendo perfeita, ela só pode querer a perfeição. Portanto, servir a Deus é comportar-se como pessoa de bem, praticar a justiça e a caridade, amar seus semelhantes e fazer sacrifícios por eles. Agindo assim, aumentamos a perfeição das coisas criadas, aceleramos o triunfo do direito sobre a força e do bem sobre o mal, e acaso não é servir a Deus contribuir para o aperfeiçoamento de sua obra? Por isso as mais diversas religiões coincidem em pregar a justiça e o amor, embora a algumas delas aconteça interpretarem bastante mal essas duas ideias. Isso significará, como às vezes se afirma, que toda pessoa de bem deva ser considerada como um espírito religioso? Não temos de emitir aqui um juízo, queremos simplesmente distinguir duas noções. Um espírito religioso é aquele que acredita num bem moral absoluto cujo triunfo posterior neste mundo ou numa outra vida está assegurado; para ele a justiça não é apenas uma simples convenção ou uma forma de utilidade; está convicto da natureza transcendente dessa justiça e, sem precisamente fazer o bem em virtude de uma recompensa, não quer resignar-se a crer que o esforço que faz seja trabalho perdido e que nada restará do bem que houver feito. Ao contrário, aquele a quem faltar toda tendência religiosa será muito honesto, embora alguns cheguem a afirmar que há um certo mérito e ao mesmo tempo uma certa inconsequência em devotar-se a ideias morais que considera como ideias vazias alimentadas pela hereditariedade e em que não acredita. Mas o que o caracterizará é que, ao mesmo tempo que faz o bem, considera o bem um logro, não acredita no progresso, no aperfeiçoamento nem no triunfo posterior da justiça. Portanto, o único espírito realmente irreligioso é o pessimista convicto. Entretanto ele pode ser um perfeito homem de bem. Quem pratica a religião natural tal como acabamos de descrevê-la deverá, além disso, sujeitar-se às cerimônias de um culto determinado? Sobre esse ponto, que cada qual consulte a si mesmo. O que é reprovável é afetar incredulidade com relação a uma religião por orgulho, vaidade ou fanfarronice. O que é enormemente condenável é alardear convicções religiosas e praticar um culto por interesse ou simples respeito às convenções, quando, após madura reflexão, se está convencido de que ele não tem razão de ser; nos dois casos há hipocrisia, e hipocrisia é sempre condenável. O que é preciso recomendar a todos é a tolerância: toda manifestação de fé, mesmo ingênua, é digna de respeito porque é sincera; seria absurdo zombar dela. Em todo caso, isso é indigno de um filósofo. Mas, argumentando, só deverão ser qualificadas como pessoas de bem aquelas que, depois de sinceramente e muito refletirem, não creiam ou imaginem que não creem.

Mas essa mesma religião natural não exige certas práticas, independentemente de qualquer religião revelada, que estejam de acordo com a religião natural? Seria, por exemplo, a prece, que foi definida por Bossuet como "uma elevação da alma"[63]. Isso é muito belo e muito verdadeiro. Platão dizia que a pessoa pouco a pouco se torna semelhante ao objeto de suas contemplações, que as almas se embelezam pensando no que é belo; assim, a alma eleva-se no contato com a ideia mais pura e mais alta de todas, a da perfeição. Orar a Deus nada mais é que fixar a atenção nessa ideia de perfeito, e orar-lhe com fervor é colocar nisso a alma inteira. Portanto, de qualquer maneira que vejamos a religião natural e o que nos prescreve, ela se apresenta como um esforço da alma para aperfeiçoar-se e imitar a Deus na medida do possível.

[24ª Aula]

Definição da metafísica

[133] A palavra metafísica foi inventada por Aristóteles. Ele deu esse nome a uma obra que escreveu na sequência de sua *física*, daí o título de *metafísica*. Mas, por

uma feliz coincidência, essa palavra poderia oferecer a quem a analisasse uma definição muito clara da própria metafísica: ela tem como objeto o que está por trás das coisas físicas, das aparências. As ciências propriamente ditas estudam apenas fenômenos, que elas agrupam e relacionam tanto quanto possível com leis; assim, a física descreverá as propriedades dos corpos, calor, cor etc. A fisiologia se ocupará das funções, de seus mecanismos, de suas inter-relações. A psicologia tem como objeto os sentimentos, as paixões, as ideias, o juízo, as ações voluntárias etc. Mas devemos notar que tudo isso são fenômenos, são aparências. Isso porque as propriedades físicas da matéria só são conhecidas por nós como sensações. Os fenômenos da vida são apenas ações sob as quais percebemos um princípio do qual a fisiologia não pode tratar porque o microscópio não o alcança. O estudo dos fatos psicológicos é um estudo totalmente fenomenal, como sabemos e já dissemos. Um sentimento, uma ideia... Tudo o que fizemos foi agrupar em psicologia esses diversos termos, buscar leis, mas raciocinando com base em aparências.

A metafísica pretende captar por trás das aparências a realidade, por trás do fenômeno o ser. Daí uma série de questões que foram sucessivamente examinadas por nós.

1º Haverá possibilidade de ir além do fenômeno e adentrar até o ser ou a substância? Essa é a questão geral que devia ser examinada em primeiro lugar. Pois, se os céticos tivessem razão, ou mesmo os idealistas, se todo e qualquer ponto de vista sobre o absoluto nos fosse vedado, a metafísica não teria razão de ser; foi por isso que colocamos antes de mais nada o problema da certeza e tentamos afastar as teorias que pretendem restringir nossa ciência ao conhecimento das aparências ou dos fenômenos.

2º Partindo então do postulado de que o conhecimento do ser e do absoluto não nos é vedado, começamos por aquela realidade que nos pareceu a mais simples, a matéria. Indagamos em que ela podia consistir, fazendo abstração da aparência que assume para nós na sensação. Vimos que duas explicações eram possíveis, uma pela força, a outra pelo movimento; que, aliás, o mecanicismo e o dinamismo eram igualmente problemáticos.

3º Então, indo além da matéria bruta, consideramos a vida, da qual os fisiologistas estudam apenas as manifestações; pode ela reduzir-se a um conjunto de ações físico-químicas (mecanicismo, organicismo), é ela a aplicação de um princípio especial (vitalismo), esse princípio não se confundiria com o princípio pensante (animismo)? Destas duas doutrinas a última nos pareceu a mais plausível.

4º Depois subimos mais ainda e do âmbito da vida passamos para o do pensamento; também aqui a psicologia e a lógica estudam apenas manifestações, mas a questão era saber qual é o próprio princípio do pensamento, se também ele se reduz a um movimento físico ou a uma combinação química (materialismo) ou se não deveria ser considerado, mais irrefutavelmente [154] ainda que a vida, como constituído por um princípio imaterial situado fora da extensão (espiritualismo e idealismo).

5º Consideramos então a natureza em sua totalidade, matéria por um lado, espírito pelo outro, não como ela se apresenta a olhos que a olhem, ou a um espírito que a perceba, ou mesmo a uma ciência que estude seus fenômenos, e sim como ela deve ser em si, no absoluto, movimento por um lado, pensamento pelo outro, e vimos que, a despeito da hipótese panteísta, essa natureza não bastava a si mesma.

6º Daí a questão da existência de Deus e de seus atributos. Pudemos conceber o ser perfeito, sem com isso afirmarmos sua existência. E, se ele existe, desempenha com relação à natureza o papel de criador e de providência; portanto, não importa o que digam os pessimistas, o problema do mal se coloca naturalmente na sequência de todos os outros.

7º O conhecimento de Deus forneceu-nos, por sua vez, informações novas sobre a natureza ou pelo menos sobre essa porção da natureza que nos interessa mais: a alma humana. A ideia de perfeição divina e de justiça eterna levou-nos a afirmar a imortalidade da alma; também aqui pudemos ir indefinidamente além do âmbito do que é percebido, ou seja, dos fenômenos; penetramos no absoluto, no que está além e acima da existência presente diretamente conhecida por nós. E os preceitos da religião natural são simplesmente um corolário dessas diversas verdades metafísicas. Só se pode crer em Deus com a condição de amar e servir essa perfeição.

O método

Vê-se que a metafísica forma um todo perfeitamente coordenado, com o filósofo seguindo o andamento dialético que vai do inferior para o superior. Passa-se da matéria para a vida, da vida para o pensamento, do pensamento para a totalidade das coisas criadas, dela para o criador, e vê-se que em cada grau da série se deve acrescentar algo ao que antecede para obter uma explicação suficiente; não se poderá explicar a vida com a matéria por si só, nem o pensamento com a vida, nem Deus puramente com a ideia que temos dele. Mas por qual processo se distingue, em cada uma dessas etapas, qual é o elemento novo que intervém e que deve ser acrescentado a todos os outros? É por um método de construção *a priori*, por hipóteses. A metafísica é a ciência de construção por excelência; mas nem por isso se deve julgar que seja uma ciência problemática, uma charada, como pretendem os ignorantes. A metafísica nada mais faz que elevar à sua mais alta expressão o procedimento essencial de toda ciência, qualquer que seja ela. De fato, dizíamos que o cientista deve construir uma hipótese e em seguida procurar estabelecê-la extraindo consequências dessa hipótese e vendo se a experiência as verifica. O metafísico não faz outra coisa. Ele partirá, por exemplo, da ideia da substância infinita que é a única existente (Espinosa) e estabelecerá que, extraindo matematicamente as consequências dessa hipótese, chega-se precisamente a um conjunto de coisas, a uma natureza idêntica ao que observamos. Pode-se acusar a verificação de frequentemente ser incompleta, de desprezar muitos fatos reais, mas então é o filósofo que deve ser criticado, e não a metafísica. Assim Espinosa não reconheceu a personalidade e a liberdade humanas, que entretanto são fatos de experiência.

[25ª Aula]

Relações com as outras ciências

[135] Vamos considerar primeiramente as ciências que não são propriamente filosóficas; a história nos ensina que entre as grandes descobertas científicas, pelo menos aquelas que se referem ao fundo das coisas e renovam a ciência em sua totalidade, não há nenhuma que não tenha se originado de uma ideia metafísica, mesmo

que errônea. Poderíamos citar as belas descobertas a que os matemáticos da Antiguidade foram conduzidos pelas ideias pitagóricas, a invenção, ainda em matemática, da geometria analítica por Descartes e do cálculo diferencial por Leibniz, ambos originários de considerações metafísicas sobre o espaço e a continuidade. As ciências físicas devem ao cartesianismo a reforma que as tornou tão fecundas e que consiste em partir da hipótese metafísica de que todo fenômeno deve ser explicado, em última análise, pela extensão e o movimento. O grande impulso imprimido às ciências naturais data da hipótese da evolução, à qual Hegel não está alheio e que Spencer desenvolveu tão brilhantemente, Spencer que foi chamado de o último dos metafísicos. Assim, quer consideremos as ciências matemáticas, físicas ou naturais, vemos que todas recebem seu impulso da metafísica.

Falta apenas compararmos a metafísica com as outras ciências filosóficas e particularmente com a psicologia e a moral.

1º *A psicologia* – Primeiramente devemos dizer que existe uma escola segundo a qual a psicologia não teria nenhuma espécie de relação com a metafísica. Estamos nos referindo à psicologia puramente empírica dos positivistas contemporâneos. Segundo Stuart Mill e Spencer, a psicologia é tão somente uma ciência de observação interior. É tão independente da metafísica quanto da Química, por exemplo. Segundo Wundt, Lotze, Ribot[64], seria uma ciência de observação externa, uma ramificação da fisiologia, mas essas duas escolas têm em comum o fato de repudiarem todo parentesco entre a psicologia e a metafísica, que segundo elas é o incognoscível.

Isso estabelecido, pode-se dizer que as outras escolas se dividem em duas categorias: umas fazem da psicologia um simples corolário da metafísica, as outras consideram a psicologia como devendo preceder e fundamentar a metafísica. Vamos considerar as duas doutrinas sucessivamente.

A / A primeira teoria é a dos grandes filósofos dos séculos passados, especialmente os cartesianos. Os cartesianos partem de uma hipótese metafísica referente à natureza da alma, e dela extraem por dedução os fenômenos psicológicos e as leis que os governam, sendo que a observação pela consciência nunca é mais do que um processo de verificação. Assim, Descartes parte da hipótese de que a alma é apenas pensamento e sua psicologia é puramente dedutiva. Espinosa estabelece como princípio que a alma é um modo do pensamento e pretende encontrar geometricamente todas as paixões e afecções da alma sem recorrer a nenhuma observação. Acusaram esse método de ser aventureiro e tinham razão. É preciso observar, não se pode reconstituir *a priori* a alma humana. Mas a psicologia dedutiva, ou racional, como se diz, muito honra aos que a cultivaram.

B / Em nossa época, com Royer-Collard[65], Jouffroy e Cousin, a psicologia tornou-se uma ciência especial cujo método é a observação pela consciência e que, a rigor, bastaria a si mesma. É essa psicologia que é a nossa, ou quase. E [136] pudemos chegar ao fim de nosso curso de Psicologia sem nunca recorrermos a uma hipótese metafísica. Até aqui, imitamos os positivistas, mas, ao passo que estes suprimem toda metafísica e consideram os estudos psicológicos como um fim, nós os tratamos como um meio, com a psicologia tendo como objeto principalmente conduzir a uma metafísica. E realmente, a nosso ver, a metafísica baseia-se na psicologia. Indiscutivelmente é uma ciência de construção e de hipóteses, mas as hipóteses não são feitas ao acaso em metafísica; é a psicologia que as sugere e as verifica. Assim, resolvemos a questão da certeza, ou melhor, o problema metafísico da objetividade das coisas, reportando-nos para isso à análise que havíamos feito, em psicologia, de nossas faculdades de conhecer e do mecanismo de nossos conhecimentos. É no estudo psicológico da percepção exterior que baseamos nossa teoria da matéria. É na consideração das propriedades e qualidades do pensamento constatadas pela observação psicológica que fundamentamos a distinção entre a alma e a matéria, o próprio espiritualismo. A demonstração da existência de Deus e a descrição de seus atributos resultam da análise a que submetemos uma noção que nosso espírito nos fornece, a ideia de perfeição. Afinal, acaso não é o estudo empírico das aspirações da alma que fornece a melhor prova de sua imortalidade? Esse foi o caminho que seguimos constantemente em metafísica; a psicologia fornecia sempre o ponto de apoio. O conhecimento da metafísica baseia-se na psicologia, ou antes, deriva dela, mas, inversamente, em seguida aclara-a com uma nova luz.

2º *A moral* – Aqui a moral prática está fora de questão: ela decorre da moral teórica, sem apelar para nenhuma noção metafísica; mas vamos considerar a própria moral teórica. Também neste caso tudo depende do ponto de vista que adotarmos.

A / Também aqui os empiristas pretendem dispensar toda metafísica, fazendo a lei moral derivar da busca do prazer, dos cálculos do interesse ou simplesmente das inclinações naturais da alma; nessa teoria a moral dependerá, quando muito, da psicologia. A observação psicológica, dirão, nos leva a constatar que só o prazer nos interessa ou que sentimos simpatia por nossos semelhantes, e mostrarão que a busca inteligente do prazer ou da simpatia de outrem dá naturalmente origem às noções morais; o que caracteriza essa moral separada de toda metafísica é que ela é incapaz de chegar a um imperativo categórico; em outras palavras, não explica a obrigação[66], pois do fato de a simpatia dos homens ser-nos agradável nunca se concluirá que devamos buscá-la.

B / Inversamente, uma grande doutrina filosófica fará da moral a única metafísica possível: essa é a ideia de Kant. Segundo Kant, como veremos, toda busca metafísica nos está vedada, pois o raciocínio não conseguiria ultrapassar o âmbito do relativo. Mas a intuição da lei moral, ou, como ele diz, do imperativo categórico abre--nos uma janela para o absoluto. Aqui, e somente aqui, ultrapassamos o mundo dos fenômenos e contemplamos uma realidade metafísica, algo que existe em si, o dever. Nós adotamos em grande parte essa doutrina; como Kant, acreditamos que o conhecimento da lei moral não é um conhecimento como os outros; mas divergimos dele quando afirma que fora do conhecimento da lei moral todo conhecimento metafísico nos é vedado.

C / Isso porque, a nosso ver, a moral baseia-se ao mesmo tempo na psicologia [187] e na metafísica. Primeiramente na psicologia, pois como pensar numa explicação das leis morais se não começarmos por observá--las e analisá-las? Mas essa análise não nos basta, ela sempre nos leva apenas a constatar o que é. O que *deve* ser não se constata; em outras palavras, para descobrir a origem da lei moral é preciso ultrapassar o âmbito dos fatos e da experiência, é preciso indagar o que é o homem em si mesmo, abstraindo-se as aparências; e encontramos que, considerado em si mesmo, em sua natureza metafísica, ele é antes de tudo razão, antes de tudo um fim; donde se conclui que a razão deve governar o restante do homem; portanto, uma moral que admite a ideia de obrigação não poderia dispensar considerações metafísicas.

Mas às vezes colocam a questão de outro modo, perguntam se a moral tal como a entendemos dispensaria a teodiceia, o que pode ser enunciado mais claramente da seguinte maneira: é possível construir uma moral obrigatória sem levar em conta a existência de Deus e seus atributos? A isso respondemos "sim" e "não" ao mesmo tempo.

Rigorosamente não é impossível, pois, quando quisemos descobrir a origem da lei moral, deixamos de lado a teodiceia. Mostramos apenas que, tratando-se do ser humano, isso seria restringir-se a uma moral primeiramente incompleta e em seguida instável. Seria incompleta porque o imperativo categórico, sob sua forma abstrata, não satisfaz a alma; queremos algo mais, queremos que o cumprimento do dever não seja estéril e que a justiça absoluta seja realizada em algum lugar; isso supõe a existência de Deus. Em seguida, essa moral seria instável, porque sempre poderiam dizer-nos: "Com que direito você considera a razão como essencial e o fim último de todas as coisas?" Talvez não encontrássemos outra resposta além desta: "Porque tudo se explica, em última análise, pela razão, porque a razão é o princípio universal das coisas, em suma porque há um Deus perfeito e porque nossa dignidade é tanto maior quanto mais imitarmos a perfeição de Deus."[67]

NOTAS

Advertência

Nestas notas, quando citamos um curso de Bergson, a página indicada é a do caderno de anotações do aluno. Essa paginação – de 12 a 174 (do caderno I do aluno) para o curso de psicologia e de 75 a 137 (do caderno II do aluno) para o curso de metafísica – é mencionada entre colchetes no texto desses cursos.

HENRI HUDE

I
Notas do curso de psicologia

1, p. 14 – Portanto, o pensamento de Bergson é o seguinte: a psicologia existe como ciência apenas com base nos dois princípios que permitem a definição do fato psicológico. A filosofia poderá ocupar-se de fundamentar esses dois princípios contra os que os negam. Estabelecerá, num primeiro momento, que o fato psicológico não admite medição; num segundo momento, que ele não ocupa espaço. Esses princípios serão fundamentados por um método duplo, um deles consistindo em tratá-los como hipóteses verificadas pelos fatos e necessárias para seu entendimento, e o outro consistindo em aprofundar, pela meditação intuitiva, o próprio conteúdo desses princípios. O *Ensaio sobre os dados imediatos da consciência* fundamenta o primeiro princípio, *Matéria e memória* fundamenta o segundo. Essas duas obras formam um todo orgânico, fundamentando filosoficamente a psicologia como ciência, enquanto os fatos psicológicos rigorosamente observados possibilitam a verificação das hipóteses metafísicas. A consciência é então determinada como liberdade e como memória.

2, p. 16 – Evidentemente se trata da faculdade de falar, cuja localização seria evidenciada pela observação dos afásicos. Assim, fica claro que, já na 2ª aula de seu curso de psicologia, Bergson enuncia qual será o meio de demonstração da tese de sua segunda obra, tese que por sua vez foi enunciada na aula anterior. Compreende-se que ele tenha sido "transportado para o terreno da memória" (*Matière et mémoire*, p. 164).

Esses fatos se opõem totalmente à ideia de que o livro sobre *Matéria e memória* teria sua origem na surdez da filha de Bergson e de que essa obra constituiria um desenvolvimento um pouco à parte no corpo do pensamento bergsoniano.

Tais fatos obrigam também a atenuar a participação da invenção criadora no decorrer da maturidade de Bergson. Esta pareceria dedicada mais à verificação de hipóteses e à conceitualização de intuições datadas do período de Clermont. Entretanto, a sequência do desenvolvimento sobre a teoria de Broca mostra quanto o pensamento de Bergson teve de evoluir para tornar-se o que se tornou.

Essa evolução poderá ser estudada mais detalhadamente quando, nesse mesmo curso de psicologia, o leitor chegar à 27ª aula, que trata da memória.

3, p. 17 – Bergson aceita aqui o paralelismo psicofisiológico. Isso sem dúvida autoriza a afirmar que a doutrina desta aula é claramente anterior ao *Essai sur le données immédiates de la conscience* [*Ensaio sobre os dados imediatos da consciência*], no qual o paralelismo é negado (p. 97).

Por outro lado, não parece que aqui Bergson também tenha reconhecido, no paralelismo psicofisiológico concebido como integral, o meio-termo obrigatório de toda demonstração e do determinismo das ações humanas – isso será reconhecido no *Ensaio* – e da localização dos fatos de consciência – como será reconhecido em *Matéria e memória*.

Lembramos que, no início do terceiro capítulo do *Essai* (pp. 93-4), Bergson admite primeiramente que o determinismo de nossas ações está estabelecido se: 1º a série dos movimentos mecânicos for regida por uma necessidade estrita; 2º a série dos estados de consciência for estritamente paralela à série material. Ele começa por questionar o paralelismo estrito das duas séries, limitando-se a enfatizar seu cunho problemático. Mas concentra as forças numa crítica da teoria que atribui um valor absolutamente universal ao princípio de conservação da energia.

Portanto, a evolução intelectual de Bergson terá consistido sobretudo na promoção do papel teórico desse problema do paralelismo.

4, p. 19 – Este é sem dúvida um texto apropriado para esclarecer o sentido da noção de imediatidade em Bergson. Ver também p. 71 e curso de metafísica de Clermont, pp. 91 ss.

5, p. 19 – Provavelmente é na questão do inconsciente que fica mais visível a evolução entre o curso de psicologia de Clermont e o do liceu Henri IV (13ª aula, 2ª seção, pp. 183-98). Ver mais adiante neste curso pp. 52, 54 e nota. 63, p. 101.

6, p. 20 – Encontraremos outros indícios de que nessa época Bergson aceitava a teoria evolucionista em sua forma mais radical, a que admite a hereditariedade das características adquiridas. É bem verdade que o prof. Bergson sempre enfatiza o caráter hipotético da evolução e se precavê contra uma interpretação materialista desta. Seu pensamento parece ser que: 1º a evolução é muito altamente provável; 2º ela coloca problemas insuperáveis para a teoria espiritualista, que entretanto é muito legítima. Bergson parece ter adiado durante muito tempo a hora de um confronto. Mas os cursos posteriores a *Matéria e memória* portam muitos indícios de sua preocupação em elaborar, através dos mais diversos estudos, como veremos, uma concepção mais adequada da evolução (ver o curso sobre as ideias gerais e as aulas sobre a alma em Plotino, dados em 1899, a serem publicados posteriormente).

Talvez não seja um engano dizer que ele ouviu soar essa hora quando tomou conhecimento dos trabalhos de Hugo de

Vries, *Di Mutationstheorie*, Leipzig, 1901-1903 (cf. *L'évolution créatrice*, pp. 548-9). A teoria das mutações, primeira teoria realmente positiva, baseada em experimentos controlados, ao derrubar o evolucionismo clássico dominante finalmente tornava empiricamente aceitável e demonstrável a concepção filosófica que Bergson elaborara da evolução. Então ele escreveu *A evolução criadora* com muita rapidez, "como num sonho".

7, p. 21 – Wilhelm Wundt (1832-1920), fundador do primeiro laboratório de psicologia (em Leipzig). Apesar de experimentador, ele não exclui as hipóteses filosóficas (*Eléments de psychologie physiologique* [Elementos de psicologia fisiológica], 1874).

8, p. 21 – Théodule Ribot (1839-1916), após alguns anos passados como funcionário do serviço de registros públicos, ingressou em 1862 na Ecole Normale. Em 1865, efetiva-se como professor de filosofia; leciona em Vesoul e em Laval. Em 1885, é convidado a ensinar psicologia experimental na Sorbonne. Por fim, em 1889, uma cadeira de psicologia experimental e comparada foi criada para ele no Collège de France. Membro do Institut de France, dedicou-se à direção da *Revue philosophique*, que fundou em 1876. Sua bibliografia é considerável. Na época em que Bergson lecionava em Clermont, ele já havia publicado: *La psychologie anglaise contemporaine*, 1870; *L'hérédité psychologique*, 1873; *La philosophie de Schopenhauer*, 1874; *La psychologie allemande contemporaine*, 1879; *Les maladies de la mémoire*, 1881; *Les maladies de la volonté*, 1883; *Les maladies de la personnalité*, 1885; *La psychologie de l'attention*, 1888. Depois que Bergson deixa Clermont, ele publicará ainda: *La psychologie des sentiments*, 1896; *Evolution des idées générales*, 1897; *Essai sur l'imagination créatrice*, 1900; *La logique des sentiments*, 1905; *Essai sur les passions*, 1907; *Problèmes de psychologie affective*, 1910. Contribuiu para a psicologia em *De la méthode dans les sciences, La psychologie*, t. I, pp. 229-57, Alcan, 1909. Todas suas obras foram publicadas pela Alcan. Seus três pequenos volumes sobre a memória, a vontade e a personalidade, que mostram o que o método patológico consegue, exerceram imensa influência. Bergson em Clermont conhece em Ribot sobretudo o vulgarizador das psicologias inglesa e alemã. Apenas ao voltar para Paris é que se defrontará longamente, e muito diretamente, com a obra original de Ribot e sobretudo com seu livro de 1881 sobre a memória (ver *Matière et mémoire*, pp. 240-70).

9, p. 22 – Bergson torna a admitir a hereditariedade das características adquiridas; cf. nota 6. p. 20.

10, p. 23 – Ver, *infra*, a aula sobre "O sonambulismo", curso de psicologia de Clermont, 43ª aula, pp. 166-8.

11, p. 26 – Victor Cousin (1792-1867), professor de filosofia na Ecole Normale e depois na Sorbonne, ministro da Educação Nacional, ministro da Instrução Pública, reinou, pelo menos administrativamente, sobre a filosofia na França durante várias décadas, principalmente sob a monarquia de julho. Sua obra principal é *Du vrai, du beau, du bien* [Da verdade, do belo, do bem] (1845). Fazia questão de ser filósofo oficial e tendia a considerar os professores de filosofia como um regimento encarregado de divulgar seu pensamento para servir o bem público. Seu gosto pelo poder, o talento político, a arte de edulcorar seu pensamento ao sabor das necessidades estratégicas e a índole imperiosa valeram-lhe uma reputação assustadora e talvez exagerada. A parte mais duradoura de sua obra será sem dúvida o considerável impulso que deu aos estudos gregos através de belas traduções de Platão e Proclo. Também mandou editar Descartes e Pascal. Sobre ele pode-se consultar ainda a obra de P. Janet, *Victor Cousin et son oeuvre* [Victor Cousin e sua obra] (1885).

12, p. 28 – Théodore-Simon Jouffroy (1796-1842), professor adjunto na Ecole Normale em 1830, professor de filologia latina e grega no Collège de France (1833), membro da Academia de Ciências Morais em 1838. Tradutor em 1826 de *Esquisses de philosophie morale de Dugald-Stewart* [Esboços de filosofia moral de Dugald-Stewart], o filósofo escocês adversário de Hume, com um prefácio notável; tradutor de *Oeuvres complètes de Thomas Reid*, em 6 volumes, 1828-1835; publicou *Mélanges philosophiques* [Miscelâneas filosóficas], 1833; um *Cours de droit naturel* [Curso de direito natural], 3 volumes, 1835-1842; seu *Cours d'esthétique* [Curso de estética] foi publicado postumamente, em 1843. Sobre Jouffroy, é interessante ler a obra de Léon Ollé--Laprune, *Théodore Jouffroy*, Paris, Perrin, 1899.

13, p. 28 – Thomas Reid (1710-1796) fundou a escola escocesa do *common sense*. Inicialmente pastor, depois professor de filosofia em Aberdeen e Glasgow, publicou sua obra principal, *An inquiry into the human understanding on the principle of common sense*, em 1764. Uma tradução francesa, pouco notada pelos contemporâneos, foi publicada em 1768 em Amsterdam. Mas a tradução clássica é a de Jouffroy. Sobre a obra de Reid podem ser consultados o estudo de Dauriac, *Le réalisme de Reid*, 1889, e o de Sciacca, *La philosophie de Thomas Reid*.

14, p. 30 – William Hamilton (1788-1856), um dos principais filósofos escoceses. Advogado em 1813, deixa a profissão para dedicar-se ao estudo da história da filosofia. Sua obra mais original talvez seja *Dissertations sur la philosophie et la littérature, sur la réforme de l'éducation et de l'université*, 1752. O texto a que Bergson se refere é a conferência XLII de suas *Lectures on metaphysics*.

15, p. 31 – Trata-se de Charles Richet (1850-1935), fisiologista, prêmio Nobel em 1913. Bergson faz referência aqui à tese de Richet: *Recherches expérimentales et cliniques sur la sensibilité* [Pesquisas experimentais e clínicas sobre a sensibilidade], Paris, Masson, 1877. Richet retomará esses temas em seu artigo "Dor" do *Dictionnaire de physiologie*, Alcan, 1895; em seu livro *L'homme et l'intelligence*, Alcan, 1883; em seu *Etude biologique sur la douleur* [Estudo biológico sobre a dor], comunicação apresentada no 3º Congresso Internacional de Psicologia, Munique, 1896. Bergson cita Richet em *Les données immédiates*, p. 27, sempre sobre o tema da dor.

16, p. 32 – Cf. *infra*, curso de metafísica de Clermont, aula sobre "O pessimismo", pp. 127-8.

17, p. 32 – Comparar com *Matière et mémoire*, p. 180.

18, p. 33 – Comparar com o curso de psicologia do liceu Henri IV, 1894-1895, pp. 188-9.

19, p. 34 – Durante todo este curso de Psicologia de Clermont, encontraremos no espírito de Bergson esta equivalência: Spencer = os evolucionistas = o evolucionismo.

Se observarmos agora que, em Clermont, Spencer é o autor cujo nome se repete mais regularmente e também com mais frequência (cf. o índice dos nomes de autores, no final do volume), teremos uma ideia da importante preocupação que o evolucionismo constituía para o jovem prof. Bergson.

Portanto, podemos ver neste curso um documento que corrobora a narrativa, escrita bem mais tarde, em 1922, em que Bergson, contando a história de seu espírito, lembra o grande interesse que o pensamento de Spencer lhe despertou (*La pensée et le mouvant* [O pensamento e o movente], p. 1254).

Em contrapartida, se nos limitarmos unicamente aos documentos de que dispomos, não podemos aceitar sem reservas a análise posterior por Bergson desse interesse precoce, da insatisfação que se somava a ele, dos projetos, direcionamentos e hipóteses que disso resultaram. Essa análise parece decorrer mais da reconstrução que do testemunho.

Os cursos deixam transparecer sem dúvida o interesse de um espírito "preciso" por uma doutrina que se liga às "coisas" e aos "detalhes dos fatos". Entretanto, portam somente a marca da inquietude que a evolução suscitava num espiritualista. Não indicam que esse sentimento, no fundo bastante comum, tenha nascido de alguma meditação sobre o tempo.

É bem verdade que não temos as anotações dos cursos de que Bergson estava encarregado no mesmo momento, na Universidade de Clermont, sobre as noções básicas da mecânica, que certamente abordava o tempo e, talvez, os *Premiers principes* de Spencer.

Entretanto, a constante referência a Leibniz nos cursos de Clermont (cf. o índice dos nomes de autores), bem como a problemática geral, sugerem muito mais, quanto a esses cursos, um tratamento leibniziano da mecânica. O que concluir?

Sem dúvida o interesse pelo tempo pode ter nascido, muito naturalmente, em torno de reflexões sobre a ideia de evolução.

Não haverá porém indícios positivos de uma origem diferente? Não será antes no esforço para constituir uma psicologia realmente científica que se deve buscar a origem da intuição da duração? Seria essa nossa opinião, e não podemos, ao lermos esses cursos, aceitar sem crítica a narrativa de *O pensamento e o movente*, onde Bergson parece exagerar muito seu positivismo juvenil. Nos cursos não há sinal de um momento sequer em que Bergson não tenha concordado com as principais teses do espiritualismo.

20, p. 34 – Gustav Theodor Fechner (1817-1887), físico alemão, tentou transpor para a psicologia os métodos científicos. Rejeita uma *Naturphilosophie* construída *a priori*. Mas escreveu textos cheios de humor contra o materialismo médico; lança uma ponte entre a ciência e a metafísica (chama sua doutrina de "um broto da árvore de Schelling"), com a dupla ideia da animação universal e do paralelismo psicofísico. Mas o mesmo pensador, que escreveu *Nana ou la vie sensitive des plantes* [Nana ou a vida sensitiva das plantas] (1848) e *Le Zend-Avesta ou des choses du ciel et de l'au-delà* [O Zend-Avesta ou sobre as coisas do céu e do além] (1851), foi quem enunciou a lei psicofísica: "A sensação é proporcional ao logaritmo da excitação" (*Eléments de psychophysique*, 1860) e quem fundou a estética experimental depois de 1871.

21, p. 35 – No *Essai*, p. 37, Bergson faz referência a Delboeuf e a seu *Eléments de psychophysique* [Elementos de psicofísica], Paris, 1883. Um pouco adiante, pp. 39-40, ele discute mais longamente suas experiências sobre a sensação de luz.

22, p. 36 – Paralelamente a suas aulas no liceu Blaise-Pascal, Bergson foi encarregado de um curso sobre o livro *Ética*, de Espinosa, na Universidade de Clermont.

23, p. 36 – O *Tratado das paixões* é a única obra de Descartes a que o prof. Bergson faz referência em Clermont; menciona-a com bastante frequência (ver no final do volume o índice das obras citadas como referência).

Por outro lado, há uma forte influência cartesiana em teoria do conhecimento (ver *infra*, pp. 169-72). Note-se que Bergson cita a obra de Descartes pelo título apócrifo de *Tratado das paixões*. O título original era *As paixões da alma*.

24, p. 39 – Alusão a L.-A. Prévost-Paradol, *Etudes sur les moralistes français* [Estudo sobre os moralistas franceses], Paris, 1865, pp. 257-71.

25, p. 40 – Pode-se comparar a passagem que tem início aqui com *Les deux sources de la morale et de la religion* [*As duas fontes da moral e da religião*], p. 1174.

26, p. 44 – O termo instinto reaparece com insistência nesta aula, mas com um significado um tanto oscilante. Haverá duas explanações sobre o instinto:

1ª curso de psicologia de Clermont, 36ª aula, pp. 135-41;
2ª curso de psicologia do liceu Henri-IV, 11ª aula, pp. 132--46 *bis*.

27, p. 44 – O prof. Bergson aponta aqui uma lacuna da especulação filosófica. Pode-se supor que, num espírito como o seu, um vácuo como esse não podia deixar de exigir uma resposta. Mas qual? Nesse momento ele pode apenas mencionar uma admiração decepcionada por Espinosa.

Ver também, *infra*, a 25ª aula deste curso de psicologia, principalmente pp. 91 e 92.

28, p. 49 – A obra de Bossuet *Introduction à la philosophie ou de la connaissance de Dieu et de soi-même* [Introdução à filosofia ou

Sobre o conhecimento de Deus e de si mesmo] teve sua primeira edição, sem nome de autor, lançada pela editora Amaulry, de Paris, em 1722. A classificação das paixões encontra-se em seu capítulo primeiro, nº 6. Deve-se notar que essa classificação é a mesma de São Tomás na *Suma teológica*, Ia-IIae, Qu. 23. – Bergson confunde aqui dois pontos de vista: a divisão das paixões segundo a contrariedade entre o bem e o mal, como quando se distingue entre o amor e o ódio, o desejo e a aversão, e a divisão das paixões segundo a contrariedade entre o concupiscível e o irascível, ou seja, também segundo a contrariedade entre o bem simples e o bem árduo, difícil. Nesse sentido, o amor e a audácia ou a esperança se opõem, embora se trate de paixões que visam todas diretamente a um bem.

A única edição que aparentemente Bergson pode ter consultado é a edição Didot de 1860. O tomo I dessa edição compreende: *De l'instruction de Mgr le Dauphin* [Da instrução de Monsenhor o Delfim] (a Inocêncio IX), *Traité de la connaissance de Dieu et de soi-même* [Tratado do conhecimento de Deus e de si mesmo], *Discours sur l'histoire universelle* [Discurso sobre a História universal], *Politique tirée de l'Ecriture sainte* [Política extraída das Santas Escrituras], *Défense de la tradition et des saints Pères* [Defesa da tradição e dos Santos Padres].

29, p. 50 – Louis Bourdaloue (1632-1704), jesuíta, célebre pregador do século XVII. Sua fama na época superava a de Bossuet. A edição que Bergson pode facilmente ter conhecido data de 1864 (Paris, Gaume frères). O texto a que Bergson se refere, sem restringir-se a citá-lo literalmente, encontra-se no segundo volume, *Carême*, Sermon pour le mercredi de la quatrième semaine [*Quaresma*, Sermão para a quarta-feira da quarta semana], 3ª parte, pp. 88-9. O leitor poderá consultar Anatole Feugère, *Bourdaloue, sa prédication et son temps* [Bourdaloue, sua pregação e seu tempo], 1876.

30, p. 50 – Pascal, *Pensées, Oeuvres complètes* [*Pensamentos, Obras completas*], ed. por Jacques Chevalier, fragmento 447 (6), Pléiade, 1954, p. 1221. Brunschvicg, fragmento 277.

31, p. 51 – O manuscrito traz aqui: "capazes de produzir poderosamente", sem complemento de objeto direto.

32, p. 52 – Embora se trate aqui apenas de "faculdades intuitivas", é válido observar que o termo intuição aparece pela primeira vez no curso de lógica de Clermont. A propósito do método experimental, Bergson destaca a necessidade da hipótese e o cunho misterioso de seu nascimento e dos passos mentais que conduzem a ela. "Temos a intuição vaga do que procuramos e de que há algo a ser procurado" (pp. 196-7); ele identifica "intuição ou adivinhação" (p. 200).

33, p. 53 – Eduard von Hartmann (não confundir com Nicolas Hartmann), ex-aluno da escola de artilharia de Berlim, tentou em sua *Philosophie de l'inconscient* uma síntese de Leibniz, Schelling, Hegel, Schopenhauer e Fechner. O fundamento criador das coisas, o "Inconsciente", é a Vontade universal que tende à libertação; mas de imediato a inteligência, o espírito, liga-se a ela e é o meio para a libertação. Porém Hartmann baseia-se em ciências especializadas, psicologia, parapsicologia etc. É o primeiro defensor declarado do neovitalismo em biologia. Filósofo pessimista, será, assim como Schopenhauer, atacado por Nietzsche. *Philosophie des Unbewussten*, t. VII a IX de *Ausgewählte Werke*, Leipzig, W. Friedrich, s. d.; trad. francesa D. Nolen em 2 vols., Paris, Germain Baillière, 1877. Escreveu também *Kritische Grundlegung des transcendantalen Realismus*, 1875.

34, p. 56 – Essa é a primeira versão bergsoniana da célebre análise cartesiana conhecida como "do pedaço de cera", IIe *Méditation*, ed. Adam-Tannéry, t. IX, pp. 23-5; texto latino, ed. A.-T., t. VII, pp. 30-2.

35, p. 58 – *Traité de la nature humaine* [Tratado da natureza humana], livro I, 3ª Parte, seção XIV; edição original: *A treatise of human nature, being an attempt to introduce the experimental method of reasoning into moral subjects*, Books I and II, London, 1739.

36, p. 62 – Compare-se com o curso de psicologia do liceu Henri-IV, cap. XIII, seção 2: "Consciência do eu e problema da personalidade", pp. 154-82, que integra muito mais o desenvolvimento histórico na essência do eu.

37, p. 65 – G. A. Hirn havia publicado em 1868 sua *Théorie mécanique de la chaleur* [Teoria mecânica do calor]. Refinará suas conclusões, encaminhando-se para um questionamento do mecanicismo radical, numa segunda obra, *Recherches expérimentales et analytiques sur les lois de l'écoulement et du choc des gaz* [Pesquisas experimentais e analíticas sobre as leis de circulação e choque dos gases], publicada em Paris em 1886. São essas as experiências de Hirn que Bergson cita no *Essai*, p. 96. Mas a influência da segunda obra de Hirn ainda não se manifesta nesta aula de psicologia: Bergson ainda permanece integralmente mecanicista sobre a questão do calor.

38, p. 68 – No século XVII, o problema havia sido proposto por Molyneux a Locke, que o abordou em seu *Essai sur l'entendement humain* [Ensaio sobre o entendimento humano], II, IX, seção VIII. Cf. William Cheselden, *Anatomy of the human body*, 6ª ed., Londres, H. Voodfall, 1768; e Ernst Platner, *Neue anthropologie für Aerzte und Weltweise, mit besonderer Rücksicht auf physiologie, pathologie, u, s.*, Leipzig, L. Crusias, 1790. – Compare-se com o curso de psicologia do liceu Henri-IV, 1894-1895, cap. XIV: "A percepção exterior", pp. 213-24.

39, p. 70 – J. Stuart Mill, *An examination of Sir William Hamilton's philosophy*, Londres, 1865; traduzido por E. Cazelles, Paris, 1869. O capítulo a que ele se refere aqui é o décimo primeiro da obra.

40, p. 70 – Deve-se ver sempre em Bergson um pensador que se propõe "continuar a obra dos cartesianos". (*Le parallélisme psychophysique et la métaphysique positive* [O paralelismo psicofísico e a metafísica positiva], Société française de Philosophie, sessão de 2 de maio de 1901, em *Mélanges* [Miscelâneas], textos publicados e anotados por André Robinet, Paris, PUF, 1972, p. 493).

41, p. 73 – É assim que se apresenta para o prof. Bergson, em Clermont, por volta de 1887, o problema da essência da matéria. Aqui este lhe parece comportar duas soluções plausíveis, uma das quais, o mecanicismo, é mais "cômoda", e a outra, o dinamismo, é mais "clara".

No *Essai* (pp. 93-4), ao contrário, Bergson considera-se no direito de decidir em favor do dinamismo.

42, p. 74 – São os dois objetos da razão. Bergson estuda-os sucessivamente. Estuda os princípios diretores do conhecimento nas 21ª, 22ª, 23ª e 24ª aulas; estuda as ideias racionais nas 25ª e 26ª aulas. A terminologia é kantiana.

43, p. 77 – O texto do manuscrito era o seguinte: "É assim que os filósofos materialistas negam toda espécie de finalidade, que mesmo os panteístas, isto é, os filósofos que acreditam em deus *(sic)*, Espinosa, por exemplo, consideram toda espécie de finalidade como absurda etc." A incisa "isto é, que acreditam em deus" está evidentemente corrompida. Comparar, por exemplo, com as aulas sobre Deus no curso de metafísica de Clermont.

44, p. 78 – Na discussão a seguir, o prof. Bergson estuda sucessivamente as teses idealistas (22ª aula) e empiristas (23ª aula), antes de fixar-se numa tese espiritualista (24ª aula). Essa discussão tripla representa bem o estado do debate filosófico dos anos 1880.

45, p. 78 – Experiência significa aqui, como foi dito (21ª aula, pp. 73-4), o conjunto de dados imediatos cujo conteúdo não parece necessário, mas contingente. Assim não está afastada já de início a possibilidade de dados imediatos ou intuitivos cujo conteúdo fosse necessário.

Portanto, experimental significa aqui imediato *e* contingente. E *a priori* significa aqui imediato e necessário. Portanto, pode haver intuição do *a priori* e sem isso não seria legítimo mencioná-lo. Quanto ao restante, a doutrina permanece flutuante, e os problemas, muito abertos.

46, p. 81 – A escola espiritualista francesa nunca optou pela hipótese de um eu transcendental. Não que a ignore (ver Bergson, curso sobre Kant no liceu Henri-IV, 1894-1895); mas ela parece gratuita e extravagante, tão viva é nesses pensadores a consciência da identidade completa entre a pessoa individual e o eu que pensa, julga e constrói a ciência. É por isso que a ideia de *a priori* vai dar, por um lado, no inatismo espiritual e biológico e, por outro lado, no misticismo (ver o curso sobre Plotino no Collège de France, 1899, pp. 94-5: "O criticismo é no fundo um misticismo").

O idealismo alemão só se torna positivo quando reinterpretado por eles em termos do espírito subjetivo.

47, p. 85 – Ver curso de metafísica de Clermont, pp. 102-3, e curso de psicologia de Clermont, *infra*, pp. 138-9.

48, p. 91 – O sistema de William Hamilton inspirava-se simultaneamente em Reid e Kant. Sua teoria sobre a ideia de Absoluto encontra-se num artigo, "The philosophy of the Unconditioned", publicado na *Edinburgh Review*, t. I, 1829.

49, p. 91 – O manuscrito dizia: "Sem dúvida, quando se fala de causa primeira e de coisas criadas, pensa-se em objetos etc."

50, p. 94 – Ver *Traité de l'existence et des attributs de Dieu* [Tratado da existência e dos atributos de Deus], Parte I, *in medio*, nas *Oeuvres* de Fénelon, Paris, Hachette, 1867, t. III, p. 37: "É mesmo no infinito que meu espírito conhece o finito... Contudo, só concebemos o finito atribuindo-lhe um limite, que é uma pura negação de uma extensão maior. Portanto, nada mais é que a privação do infinito; e nunca poderíamos representar-nos a privação do infinito se não concebêssemos o próprio infinito, assim como não poderíamos conceber a doença se não concebêssemos a saúde, da qual ela é apenas a privação."

Ver também, p. 38: "A ideia de infinito está em mim como a dos números, das linhas, dos círculos, de um todo e de uma parte. Mudar nossas ideias seria anular a própria razão. Avaliemos nossa grandeza pelo infinito imutável que está impresso dentro de nós e de onde nunca pode ser apagado."

Ver ainda, p. 39: "Nós o conhecemos tão bem [o infinito] que excluímos dele toda e qualquer propriedade que marque o mínimo limite. Por fim, conhecemo-lo tão bem que é unicamente nele que conhecemos todo o restante, como se conhece a noite pelo dia e a doença pela saúde."

51, p. 94 – A valorização de Cousin, a julgar pelas páginas de *O pensamento e o movente* dedicadas a Ravaisson (La vie et l'oeuvre de Ravaisson, *La pensée et le mouvant*, pp. 1462-5), nunca foi considerável. Mas esse juízo ficará atenuado quando se ler, mais adiante, no curso de metafísica de Clermont, p. 135, 1º, B, a aprovação de Bergson à psicologia cousiniana.

52, p. 100 – A. Gratacap, *Théorie de la mémoire* [Teoria da memória], Montpellier, 1886. Essa obra deve se incluída entre as fontes importantes de *Matéria e memória*.

53, p. 101 – É flagrante o contraste entre esta breve 27ª aula sobre a memória quase inteiramente programática e o enorme capítulo XV que, em Paris, trata do mesmo tema (curso de psicologia do liceu Henri-IV, pp. 250-72).

Entretanto esta aula é das mais instrutivas. As peças do quebra-cabeça estão todas aí: hábito, conservação espontânea das lembranças, lembranças inconscientes, referências a Ribot e a Leibniz, focalização na lei fundamental da amnésia, reflexão sobre os fatos de reminiscência súbita e até o exemplo, que se tornou famoso, da lição que é decorada (*Matière et mémoire*, cap. 2, pp. 225-7). Mais adiante (29ª aula de psicologia, p. 107), tratará também da memória pura, revivência do passado vivido. Acrescente-se a tudo isso o que já havíamos ressaltado (nota 2, p. 16) a propósito da distinção entre os fatos psicológicos e os fatos fisiológicos: a presença da futura tese de *Matéria e memória* e de seus futuros meios de demonstração, distinção entre a alma e o corpo, não localização das lembranças, experiências sobre afasia.

54, p. 102 – *Léviathan*, 1ª parte, cap. III, edição latina de 1668, p. 10.

55, p. 102 – *Traité de la nature humaine*, livro I, 1ª parte, seção IV.

56, p. 102 – Alexander Bain (1818-1903), professor em Aberdeen. Bergson refere-se à sua obra de 1855, *The sense and the intellect*, trad. francesa *Les sens et l'intelligence* [Os sentidos e a inteligência], 1885. Talvez a tenha lido em inglês. Cita Bain no *Essai* três vezes (pp. 18, 63 e 106), uma vez em *Matière et mémoire* (p. 270), e duas vezes em *Le rire* [O riso] (pp. 384 e 446).

57, p. 105 – Mas também os milagres da analogia, fundamentada no princípio de finalidade (curso de lógica de Clermont, p. 334), às vezes fazem do poeta, esse sonhador, um adivinho cuja imaginação, cujos saltos e voos encontram intuições admiravelmente profundas e verdadeiras (ver a aula seguinte, sobre a imaginação).

58, p. 106 – Os elementos críticos desta aula serão consideravelmente ampliados no curso de psicologia do liceu Henri-IV, caps. XVI e XVI *bis*, pp. 273-306.

59, p. 107 – Note-se aqui a primeira aparição do termo memória pura.

60, p. 109 – L.-F. Lélut, *Du démon de Socrate, spécimen d'une application de la science psychologique à celle de l'histoire* [Do demônio de Sócrates, espécime de uma aplicação da ciência psicológica à da História], Paris, 1856.

61, p. 110 – Estas palavras de Buffon foram atribuídas por Littré ao *Discours de réception à l'Académie* [Discurso de recepção na Academia], mas não estão lá. Lalande (cf. *Vocabulaire technique et critique de la philosophie*, art. "Génie", p. 384 – [*Vocabulário técnico e crítico da filosofia*, ed. Martins Fontes, 1993; art. "Gênio", p. 441]) não conseguiu solucionar esse pequeno mistério. Trata-se sem dúvida de uma tradição oral. – O mesmo acontece com as palavras de Newton citadas por Bergson algumas linhas adiante. Gaston Laurent, *Les grands écrivains scientifiques* [Os grandes escritores científicos], p. 84, apresenta-as como uma confidência.

62, p. 110 – Bom-senso, vontade, concentração organizadora da personalidade – os fatos opostos à tese de Lélut são aproximadamente os mesmos que Bergson oporá, bem mais tarde, à tese de Janet (em *De l'Angoisse à l'Extase* [Da angústia ao êxtase], citada em *Les deux sources*, p. 1.169) que identifica o misticismo com um distúrbio mental.

63, p. 110 – *Pensées*, fragmento 104 (361-362), ed. Jacques Chevalier, Pléiade, 1954, pp. 1116-7. Pascal ali fala três vezes de loucura, porém, mais do que qualificar de louca a imaginação, mostra o poder da imaginação e a loucura do mundo. Brunschwicg, fragmentos 82, 84, 85, 275; Lafuma, notas 44, 551, 531, 975.

64, p. 110 – Malebranche, *La recherche de la vérité* [A busca da verdade], II-1, c. 8, § i; ver também II-3, c. 1, § 4.

65, p. 110 – No *scolion generale* dos *Principia*. A única tradução francesa ainda é a da marquesa de Châtelet, *Principes mathématiques de la philosophie naturelle* [Princípios matemáticos da filosofia natural], (1756); reed. fac-similar Blanchard, 1966. Ver Koyré, *Etudes newtoniennes*, Gallimard, col. "Idées", 1968.

66, p. 113 – A fórmula não é exatamente essa em Taine. Apesar de preso a uma concepção empirista, Taine reconhecia um valor e uma fecundidade na abstração pela razão explicativa. Ver principalmente *De l'intelligence* (1ª ed., 2 vols., Hachette, 1870), 2ª ed., t. II, pp. 391 e 426; ou ainda *Histoire de la littérature anglaise*, t. V, 6ª ed., p. 365. – Em geral, pode-se dizer que as citações de Bergson são exatas quanto ao fundo e muito livres na forma. Provavelmente ele cita de memória e não hesita em suprir com a imaginação as imperfeições da memória. – Sobre a abstração em Taine, J.-L. Dumas, Taine lecteur de Hegel, em *Etudes philosophiques*, abril-junho de 1972.

67, p. 114 – Não é surpreendente observar que Bergson, no momento em que expõe a imaginação em sua atividade fabuladora, imediatamente inclui o "acaso" entre as fabulações do homem moderno?
É o mesmo procedimento que será seguido em *Les deux sources*, pp. 1067-101.

68, p. 118 – *Logique de Port-Royal*, parte II, cap. 3: "Ce que c'est qu'une proposition et de quatre sortes de propositions" ["O que é uma proposição e sobre quatro tipos de proposição"]; edição original: *La logique ou l'art de penser*, contenant, outre les règles communes, plusieurs observations propres à former le jugement [A Lógica ou arte de pensar, contendo, além das regras comuns, várias observações apropriadas para formar o juízo], ed. Charles Savreux, Paris, 1662.

69, p. 126 – Sobre essa questão, o curso de referência é o que foi professado na Ecole Normale Supérieure em 1898, sobre "As ideias gerais em suas relações com as palavras, as imagens e as coisas".

70, p. 128 – Darwin, *L'expression des émotions* [A expressão das emoções], trad. francesa Costes, 1ª ed., 1872; 2ª ed., 1874, pp. 29 ss.

71, p. 129 – Ver L. de Bonald, *Législation primitive*, ed. Le Clère, 16 vols., 1817-43; vols. 2, 3, 4, *passim*.

72, p. 129 – Platão, *Cratyle* [Crátilo], 388e-390e.

73, p. 129 – Max Müller, professor em Berlim; não confundir com seu homônimo de Oxford, especialista em história das Religiões. O texto a que Bergson se refere é a 9ª aula de sua *Science du langage* [Ciência da linguagem], traduzida para o francês em

1866. Max Müller publicou também *Nouvelles leçons sur la science du langage* [Novas aulas sobre a ciência da linguagem]. Bergson indica essas duas obras na bibliografia sumária anexada a seu curso sobre os signos e a linguagem, em seu curso de Psicologia do liceu Henri-IV, 1894-1895, p. 340. Além disso, um exame detalhado das opiniões de Max Müller pode ser encontrado no Cours sur les idées générales [Curso sobre as ideias gerais], na Ecole Normale Supérieure, pp. 18-21 e 25-7.

74, p. 131 – Este pequeno parágrafo torna-se um longo capítulo no Cours sur les idées générales, pp. 23-68.

75, p. 132 – W. Hamilton, *Lectures*, IV, 138, 140; trata-se do assim chamado "Curso" de Hamilton. Citado por John Stuart Mill, *Examen de la philosophie de Hamilton*, trad. E. Cazelles, G. Baillière, 1869, pp. 373-4. Via de regra, toda vez que Bergson fala de Hamilton é possível encontrar a passagem correspondente no livro de Stuart Mill. Se, por outro lado, levarmos em conta a importância do número de referências a Mill nesse curso de Clermont, é razoável pensar que Bergson conhecia Hamilton principalmente por intermédio de Mill.

76, p. 133 – *Essai sur l'origine des connaissances humaines* [Ensaio sobre a origem dos conhecimentos humanos], Parte I, seção II, cap. 1, § 15.

77, p. 136 – *As geórgicas*, canto IV, v. 146 ss., sobre as abelhas.

78, p. 136 – *Essais*, II, XII, *Apologie de Raymond Sebond*, ed. P. Villey, PUF, 1978, t. I, pp. 455, 463, 472. "Não é por um juízo verdadeiro e sim por louco orgulho e obstinação que nos preferimos aos outros animais e nos apartamos de sua condição e companhia."

79, p. 137 – Fala-se de "horloge" [relógio de maior porte] no *Traité de l'homme* [Tratado do homem] (ed. Pléiade, p. 807, ed. Adam-Tannéry, t. XI; e de "montre" [relógio pequeno, individual] em *Principes de la philosophie*, liv. IV, § 203, ed. A.-T., t. IX, p. 321. A teoria do instinto encontra-se no *Traité de l'homme*, com o nome de "movimentos exteriores", *De l'homme*, ed. A.-T., t. IX, p. 193, Pléiade, p. 867. Ver também *Description du corps humain* [Descrição do corpo humano], ed. A.-T., t. XI, p. 225 (publicado por Clerselier em 1664, em apêndice ao *Traité de l'homme*); *VIe Méditation*, ed. A.-T., t. IX, p. 67. Cf. Canguilhem, *La formation du concept de réflexe aux XVIIe et XVIIIe siècles* [A formação do conceito de reflexo nos séculos XVII e XVIII], Paris, PUF, 1955.

80, p. 140 – *Origem das espécies*, cap. VII e VIII, *passim*.

81, p. 143 – Montaigne, *Essais*, liv. I, cap. XXIII, início, ed. P. Villey, PUF, 1978, pp. 108-9.

82, p. 144 – *Introduction à la médecine expérimentale*, G. Baillière, 1865, liv. II, cap. II, seção 5, pp. 209 ss.

83, p. 144 – Paul Bert, *Conférences sur l'influence des changements considérables de la pression de l'air sur les êtres vivants* [Conferências sobre a influência das mudanças consideráveis da pressão do ar sobre os seres vivos], Paris, Impr. de Lahure, 1876, in-8º, 28 pp. – Bergson cita ainda a obra de Paul Bert, *Les travaux de Claude Bernard* [Os trabalhos de Claude Bernard], Paris, 1881, em *La pensée et le mouvant*, p. 1436, ver errata p. 1577.

84, p. 151 – O estudo da liberdade é ao mesmo tempo uma questão particular do programa e um ponto de vista em que é possível abarcar toda a psicologia ou estudo da alma. Consequentemente, o *Ensaio sobre os dados imediatos da consciência* é ao mesmo tempo um estudo preciso de uma questão e uma síntese de psicologia filosófica.

85, p. 153 – É a resposta tradicional da teologia, por exemplo, de são Tomás de Aquino, *Somme théologique* [Suma teológica], 1ª Pars, Qu. 14, art. 13.

86, p. 154 – E. Boutroux, *De la contingence des lois de la nature* [Da contingência das leis da natureza], Alcan, 1ª ed., 1874, pp. 83-4.
– O texto de Bergson parafraseia o de Boutroux sem nunca reproduzi-lo exatamente. – Note-se que os cursos de Boutroux (no prelo, Editions Universitaires, 1989 e 1990) são uma fonte importante das aulas do prof. Bergson. Comparem-se assim as *Leçons sur Socrate* de Boutroux e as de Bergson, a serem publicadas no volume III dos cursos de Bergson, pela PUF.

87, p. 155 – Boussinesq (1842-1920) primeiramente ministrou um curso de matemática pura e aplicada no Institut Industriel du Nord de la France (Lille); depois, na Faculté des Sciences de Paris, ministrou sucessivamente um curso de mecânica, de física experimental e de física matemática e cálculo das probabilidades. Esses cursos foram editados. Escreveu trabalhos sobre hidrodinâmica, sobre dispersão da luz, sobre propagação do calor nos meios heterogêneos; em resumo, sobre todas as partes da física matemática. Sua obra principal é *Conciliation du véritable déterminisme mécanique avec l'existence de la vie et de la liberté morale* [Conciliação do verdadeiro determinismo mecânico com a existência da vida e da liberdade moral], Paris, 1878.

88, p. 156 – Jean Buridan (1300-1358), reitor da Universidade de Paris, comentador de Aristóteles e lógico. Em seus escritos não há vestígio do burro que sente igualmente sede e fome e morre entre um cocho de aveia e um balde de água por não saber qual dos dois escolher primeiro; talvez seja uma lembrança de aulas orais. Atribuiu-se à sua posição epistemológica sobre o problema da demonstração o fato de ele não chegar à certeza filosófica na questão da liberdade. Pelo menos rejeita ao mesmo tempo o indiferentismo de Duns Scot e o determinismo.

89, p. 156 – Não se poderia afastar mais energicamente toda e qualquer teoria irracionalista da liberdade e da escolha. Mas ainda é preciso saber o que é a razão: ver anteriormente, pp. 93 s.

90, p. 157 – No *Ensaio*, o aspecto moralizador da doutrina é atenuado, mas não há como duvidar que é realmente o conflito entre a paixão e o dever que se encontra oculto atrás da expressão "conflitos de motivos" (*Essai*, p. 106). – Esse é um exemplo da reserva de Bergson com relação à candura do prof. Bergson.

91, p. 159 – O manuscrito traz: "Em nosso desejo entram muitos elementos etc."

92, p. 161 – Kant, *Critique de la raison pratique* [Crítica da razão prática], Parte I, liv. I, cap. 1, §§ 5 e 8.

93, p. 161 – O curso de psicologia de Clermont, que culmina com o estudo da liberdade, encerra-se com o estudo das relações entre a alma e o corpo. O projeto de um estudo dessas relações aparece no final deste curso, como se impunha desde o início, cf. p. 14.

94, p. 163 – Mais uma vez somos forçados a constatar que essa grande explicação das relações entre a alma e o corpo, que pertence à metafísica, pode e deve ser preparada por uma série de estudos de fatos psicológicos significativos.

Esses fatos são principalmente o sonho, os estados de sugestão e mais geralmente o que se refere à "ciência psíquica" (hoje se diria parapsicologia). O que eles têm o mérito de esclarecer é a relação entre o cérebro e o pensamento, ou a influência do esforço. Preparam para uma abordagem das relações entre a alma e o corpo, entre a consciência e o organismo.

Como se sabe, *L'énergie spirituelle* [*A energia espiritual*] reúne um conjunto de estudos sobre esses diversos temas.

Por isso, embora *L'énergie spirituelle* (1919) seja uma coletânea de textos escritos entre 1901 e 1913, posteriores portanto a *Matéria e memória* (1896), conviria considerá-lo como um trabalho logicamente intermediário entre *Ensaio sobre os dados imediatos* e *Matéria e memória*.

95, p. 164 – L.-F. Maury, *Le sommeil et les rêves*, Etudes psychologiques sue ces phénomènes et les divers états qui s'y rattachent, suivies de Recherches sur le développement de l'instinct et de l'intelligence dans leurs rapports avec les phénomènes du sommeil [O sono e os sonhos, estudos psicológicos sobre esses fenômenos e os diversos estados que se ligam a eles, seguidos de Pesquisas sobre o desenvolvimento do instinto e da inteligência em suas relações com os fenômenos do sono], Paris, 1861.

96, p. 164 – *Op. cit.*, p. 161.

97, p. 166 – *Macbeth*, ato V, cena 1.

98, p. 166 – A. Binet, *La psychologie du raisonnement. Recherches expérimentales sur l'hypnotisme* [A psicologia do raciocínio. Pesquisas experimentais sobre o hipnotismo], Alcan, 1866.

99, p. 167 – *Essai de psychologie générale* [Ensaio de psicologia geral], Alcan, 1891.

100, p. 168 – Ch. Féré é citado no *Essai sur les données immédiates de la conscience*, p. 30, mas não se trata então de hipnotismo. Bergson remete à sua obra *Sensation et mouvement* [Sensação e movimento], Paris, 1887, para ressaltar a coincidência entre a sensação e o aumento do tônus muscular.

101, p. 170 – É extremamente notável que Bergson, após seu curso de psicologia, tendo evocado como horizonte de sua reflexão futura os problemas referentes à união entre a alma e o corpo, sinta necessidade de acrescentar uma aula sobre os seres vivos e seu psiquismo inferior.

Entretanto, sabemos que o problema do evolucionismo já preocupa Bergson; que a teoria leibniziana dos graus de perfeição, com sua continuidade, lhe ofereceria um modo aceitável de conceber a evolução (p. 171); que ele cuida de caracterizar com precisão a estrutura da alma dos animais; que a noção de instinto foi para ele objeto de atenção e motivo de perplexidade (ver 36ª aula); que ele se preocupa em fazer o trabalho da razão, isto é, em ligar os fatos à série inteira de suas condições (24ª aula, pp. 88-9).

Como achar estranho que, tendo começado pela psicologia pura, que é a mais fácil de se conhecer, e já tendo se direcionado para a antropologia, que deve ligar o fato psicológico às suas condições fisiológicas e físicas, ele veja intuitivamente como objeto de uma interrogação posterior a série dos seres vivos da qual é provável que nosso corpo seja solidário?

E já vê essa série sob o aspecto de uma progressão do psiquismo e da liberdade – ideia que já está em Ravaisson.

Acreditamos que não há aqui um projeto consciente; mas tendemos a pensar que há no prof. Bergson antecipação inconsciente de suas preocupações futuras.

102, p. 170 – Mais uma vez, Bergson cita bastante livremente. Horácio fala de *mutae bestiae, 2 Sat.* 3, 219; Estácio fala de *muta agna, 5 Theb.*, 334; Quintiliano, por sua vez, evoca os *muta armenta*, 1, 2, 20 e 1, 10, 7 de *Inst. Or.*; por fim, Cícero, orador como o anterior, é bem verdade, fala de *mutae pecudes, Ad Quint. Fr.*, I, 8.

103, p. 171 – Bergson cita em substância (apenas em substância) as *Lettres à Arnauld* [Cartas a Arnauld] (28-11 e 16-12-1686; 30-4-1687) e aproximativamente os *Principes de la nature et de la grâce fondés en raison* [Princípios da natureza e da graça fundamentados na razão], § 6.

104, p. 172 – Descartes, *Discours de la méthode* [Discurso do método], Parte V, ed. Adam-Tannéry, t. VI, p. 59; *à Mersenne*, 20-2-1638, ed. A.-T., t. II, p. 525; *à Elisabeth*, 31-1-1648, ed. A.-T., t. V, p. 112, em que ele anuncia o tratado *De la formation du foetus* [Da formação do feto]; *à Newcastle*, 23-11-1646, ed. A.-T., t. XI, p. 576; ver também a maquinaria descrita em *Traité de l'homme*, ed. A.-T., t. XI. – Quanto a Malebranche, ele é explicitamente a favor dessa teoria; *Recherche de la vérité* [Busca da verdade], ed.

Vrin-CNRS, t. I, pp. 90, 208, 237, 438; t. II, pp. 34, 104-6, 111, 7150-2; t. IV, pp. 231, 233. A discussão sobre a inteligência dos animais encontra-se em: t. I, pp. 368-9; t. II, pp. 152, 392-5; t. III, p. 211. Eles não podem sofrer, pois são inocentes do pecado, t. II, p. 104; t. III, pp. 236-7. Leibniz, após alguns textos mecanicistas, combate os animais-máquinas e afirma sobre a alma dos animais, com uma reserva formal: *Discours de métaphysique*, § XII; projet dune lettre à Arnauld [projeto de uma carta a Arnauld], de novembro de 1686; à Arnauld, Prenant, p. 221; *Système nouveau de la nature* [Sistema novo da natureza], final do § 2.

105, p. 174 – Lucrécio, *De rerum natura*, liv. IV, v. 987-1.010.

II

Notas do curso de metafísica

1, p. 75 – Na verdade, Bergson antecipou-se, em psicologia, quando foi abordada a infalibilidade da consciência (ver curso de psicologia, 7ª aula, pp. 18-9).

2, p. 75 – "Pretendemos continuar a obra dos cartesianos" (ver Prefácio, p. 2, e nota 5). A metafísica do prof. Bergson começa por uma primeira meditação que soma aos argumentos dos céticos os do criticismo kantiano. Mas não devemos deixar-nos enganar, e Bergson só duvida para rejeitar o que for frágil e chegar à rocha.

3, p. 76 – *La philosophie de Hamilton*, trad. E. Cazelles, Germain Baillière, 1869, pp. 215-20.

4, p. 77 – Sobre as verdades eternas, Lettres à Mersenne [Cartas a Mersenne] de 15-4-1630, 6-5-1630, 27-5-1630; ed. Adam-Tannery, t. I, pp. 145, 149, 150, 152.

5, p. 78 – "Não há impossibilidade nem na concepção nem, tanto quanto sabemos, na coisa. A impossibilidade resulta apenas das condições da linguagem" (J. Stuart Mill, *Système de logique inductive et déductive*, trad. fr., t. I, pp. 121 ss.).

6, p. 78 – *Traité de la nature humaine*, liv. I, 3ª parte, seção XIV.

7, p. 79 – Os antigos consideravam Pírron como o fundador da escola cética (c. 360-270). Acompanhou Alexandre em sua campanha no Oriente, antes de 323. A tradição diz que conheceu então um dos sábios da Índia. A doutrina própria de Pírron se explicaria pela mistura de lembranças democritianas e de influências dos faquires. Não há nada que não seja incognoscível na natureza; nada sabemos, e nosso pensamento não distingue o verdadeiro do falso.

Seu discípulo Tímon (320-234) anteriormente havia sido dançarino. Para ele, os sentidos e o intelecto nos enganam igualmente. A única atitude é o silêncio, a suspensão do julgamento recomendada por Pírron.

A Academia de Platão toma uma direção cética com Arcesilau (314-240) e Carnéades (214-129).

Cf. Jean-Paul Dumont, *Le scéptique et le phénomène. Essai sur la signification et les origines du pyrrhonisme* [O cético e o fenômeno. Ensaio sobre o significado e as origens do pirronismo], Vrin, 1972.

Bergson deve ter consultado Waddington, *Pyrrhon et le pyrrhonisme*, Paris, 1877.

8, p. 82 – Pascal, Réponse au R. P. Noël [Resposta ao padre Noël], 29-10-1647, ed. Jacques Chevalier, Pléiade, pp. 371-2. O que Bergson diz é bastante estranho, pois basta ler a carta para constatar que nela Pascal distingue as verdades obtidas por demonstração e as verdades de princípio ou indemonstráveis, aquilo que "por si só apareça tão claramente e tão distintamente aos sentidos ou à razão, conforme esteja sujeito a um ou à outra, que o espírito não tenha nenhum meio de duvidar de sua certeza". Ora, é justamente isso que Bergson acrescenta como crítica. Donde é lícito inferir que Bergson, pelo menos até a época do *Ensaio,* conheceu Pascal apenas de segunda mão, e duvidosa – o que é bastante raro para um pensador francês, sobretudo dessa época e atento à obra de Lachelier.

9, p. 88 – Fénelon, *Traité de l'existence de Dieu* [Tratado da existência de Deus], Paris, 1712, II, 1, 7; Thomas Reid, *Inquiry into the human understanding on the principles of common sense*, Edimburgo, 1764, *passim*.

10, p. 89 – Completar certamente com: "que se pretende provar essas verdades".

11, p. 91 – Algumas expressões desse desenvolvimento poderiam parecer de molde que restrinja o alcance do que foi dito antes (curso de psicologia, pp. 18-9) sobre a infalibilidade da consciência.

12, p. 93 – Léon Ollé-Laprune, *De la certitude morale* [Da certeza moral], Paris, Belin, 1880; 2ª ed., Paris, Editions Universitaires, 1989.

13, p. 96 – Veremos que alguns anos mais tarde, no liceu Henri-IV, a tese sobre a existência da matéria será demonstrada pelo absurdo e não mais pelo princípio de causalidade (Trois leçons de métaphysique, 3ᵉ Leçon [Três aulas de metafísica, 3ª aula], pp. 27-38).

14, p. 97 – Parece que em sua tese, no início do capítulo III, pp. 93-4, Bergson já ultrapassou esse ponto de vista. Depois da tese, em todo caso, Bergson considerou que podia ir além dessa problemática, e constataremos isso lendo seus cursos no liceu Henri-IV (Trois leçons de métaphysique du lycée Henri-IV, 1894-1895).

15, p. 98 – Sua obra *Über die Grenzen des Naturkennens*, Leipzig, 1892, é citada por Bergson em *L'évolution créatrice*, p. 527. Para um leitor dos cursos, Du-Bois-Reymond é um velho conhecido, pois Bergson se refere a ele em Clermont e, mais tarde, no liceu Henri-IV, em 1894-1895 (curso de psicologia, liceu Henri--IV, p. 76), em que cita sua intervenção no congresso dos cientistas naturalistas em Berlim, em 1881, "Os sete enigmas do mundo". Esse cientista alemão parece ter interessado a Bergson pela precisão e rigor de sua posição determinista.

16, p. 98 – J.-B. Stallo, *La matière et la philosophie moderne* [A matéria e a filosofia moderna], 1884, citado por Bergson no *Essai sur les données immédiates de la conscience*, p. 96.

17, p. 99 – A influência dos estoicos sobre Bergson não foi devidamente ressaltada até agora. Entretanto, quando se leem os cursos de história da filosofia antiga do liceu Henri-IV, sem dúvida datados de 1894-1895, fica claro que é neles que Bergson encontrou – ou em contato com eles que precisou – as noções de tensão, de extensão, de simpatia, que desempenham um papel tão grande em seu pensamento já em seu segundo livro.

18, p. 99 – Roger-Joseph Boscovicz (1711-1787), matemático e astrônomo, jesuíta. Fundador do observatório de Milão, trabalhou em Paris de 1774 a 1787. Contribuiu para difundir na Itália as teorias de Newton. Em *De maculis solaribus*, 1736, apresenta a solução geométrica do problema do equador de um planeta, determinada por três observações de uma mancha. Tem um lugar na história da filosofia por sua *philosophia naturalis* (cf. nota anterior). Em 1785 publicou *Opera pertinentia ad opticam astronomicam*.

19, p. 99 – F. Evellin, *Infini et quantité* [Infinito e quantidade], Paris, 1880; citado em *Les données immédiates* (p. 76) e em *L'évolution créatrice* (p. 758). A tese latina de Evellin foi dedicada a Boscovich; intitulou-se: *Quid de rebus vel corporis vel incorporeis senserit Boscowicz* (Paris, 1880); foi certamente por ela que Bergson conheceu Boscovich e seu *Philosophia naturalis, theoria redacta ad unicam legem virium in natura existentium* (1758).

20, p. 100 – Friedrich Albert Lange, *Geschichte des Materialismus und Kritik seiner Bedeutung in der Gegenwart*, Interlohn, 1876, t. II, Parte II, cap. 1. Ver também o capítulo 4, sobre Darwin (*Histoire du matérialisme et critique de son influence à notre époque* [História do materialismo e crítica de sua influência em nossa época], trad. B. Pommerol, com uma introdução de D. Nolen, Paris, Reinwald & Cie, 1877, t. II, p. 166). – O próprio Lange não é materialista, e sim mais kantiano. Acrescenta depois da frase citada por Bergson: "A concepção mecanicista do Universo não pode desvendar-nos a essência íntima das coisas" (p. 167).

21, p. 101 – Xavier Bichat (1771-1802) fundou a histologia. Foi ele que descobriu, por meio de tratamentos químicos, que os órgãos eram formados de elementos que pareciam ter sido tecidos e aos quais deu o nome de "tecidos". Distinguiu vinte e um deles. Suas pesquisas foram continuadas por Schwann. Estava persuadido da existência da "força vital" (*Traité des membranes*, 1800; *Anatomie générale*, 1801).

22, p. 102 – Completar aqui: "é preciso reconhecer na realidade o desenvolvimento de um germe vivo preexistente".

23, p. 103 – É interessante notar que o estudo do olho desempenhará um papel capital em *L'évolution créatrice*, onde, aliás, este parágrafo reaparece com poucas variações, p. 547.

24, p. 104 – Essa conclusão se impõe cientificamente e, por assim dizer, fenomenologicamente, apenas no plano dos fenômenos. Resta saber se ela se imporia metafisicamente. Bergson pensará que sim quando escrever *A evolução criadora*. Mas é que terá reajustado as relações entre o ser e o fenômeno.

25, p. 106 – O leitor atento a esse problema terá certamente notado como, ao longo de todo o curso de psicologia de Clermont, depois de rejeitar inicial e globalmente a ideia de fenômeno psíquico inconsciente (7ª aula, p. 19, nota 5), Bergson é levado a falar sucessivamente de raciocínios pouco conscientes; de associações de ideias distantes em que a consciência das ideias intermediárias nos escapa e entretanto permanece latente e recuperável; de lembranças que haviam se tornado inconscientes; da presença ativa mas despercebida dos princípios racionais; de sentimentos que ficam fora do campo da consciência etc.

Sua oposição ao espiritualismo exagerado é que lhe inspira uma primeira simpatia pela noção de inconsciente, que nele permanece sempre adjetival (ver curso de psicologia do liceu Henri-IV, notas sobre o capítulo XIII, 2ª seção).

26, p. 107 – A comparação dessa fórmula com, por exemplo, *L'évolution créatrice*, p. 610, poderia ajudar a esclarecer sobre a tríade instinto, inteligência, intuição.

27, p. 108 – *Principes de la philosophie*, liv. I, art. 9, 53, 63, e *IIᵉ Méditation*, Adam-Tannery, t. IX, p. 22.

28, p. 109 – Comparar com *supra*, curso de psicologia de Clermont, p. 1.

29, p. 109 – É o único texto destas aulas no qual seria possível basear-se para afirmar que elas expressam apenas uma doutrina impessoal, alheia ao verdadeiro pensamento bergsoniano. A menos que o pensamento de Bergson seja mais sutil e nuançado do que se disse ou se acreditou...

30, p. 109 – Epicuro, *Epître à Hérodote* [Epístola a Heródoto], 65, ed. Cyril Bailey, Olms, Hildenstein, p. 40.

31, p. 109 – Comparar com *supra*, curso de psicologia de Clermont, p. 17.

32, p. 114 – Ver *supra*, curso de psicologia de Clermont, p. 56.

33, p. 114 – *Introduction à la médecine expérimentale*, Paris, G. Baillière, 1865, p. 142.

34, p. 115 – O manuscrito continuava assim: ... reproduzir a criação "por meio de amostras arquitetônicas", o que é bastante enigmático... – Leibniz, *Monadologie*, § 83.

35, p. 115 – Ravaisson, *La philosophie en France au XIXe siècle*, 1868, reproduzido na col. Corpus des philosophes français, Fayard, 1984, p. 232.

36, p. 115 – Completar aqui: "os outros admitem ademais".

37, p. 116 – Completar aqui: "e para o qual ela não é".

38, p. 117 – Kant, *Crítica da razão pura*, I, divisão II, *Dialética transcendental*, livro II, cap. III, 5ª seção.

39, p. 118 – Hegel apresenta esse finalismo como um problema antigo, frequentemente ridicularizado, nunca resolvido; cf. *Enciclopédie des sciences philosophiques*, §§ 204 ss. Estamos aqui na presença de uma tradição oral. Não parece que Bergson conheça Hegel melhor que de segunda mão. Em contrapartida, leu mais de perto Schopenhauer (ver *infra*, a aula sobre o pessimismo, pp. 127-8). – Por outro lado, constatamos que no início de sua carreira Bergson descartava a ideia de um finalismo radical. Compare-se com *L'évolution créatrice*, pp. 526-32. Com o passar do tempo, Bergson tornou-se mais finalista, e é mais finalista nos livros do que nos cursos.

40, p. 118 – Complementar aqui, para ler: "e, na presença de uma certa organização, a experiência etc.".

41, p. 118 – Assim, na discussão sobre a existência de Deus, seria em Kant que se deveria ir buscar o princípio que, em *A evolução criadora*, fundamentará a dupla crítica do mecanicismo e do finalismo habitual. Isso tenderia, portanto, a confirmar a ideia de que o principal problema a que Bergson visa em *A evolução criadora* é o problema de Deus.

42, p. 118 – Santo Anselmo, *Proslogion*, caps. II-IV; trad. Koyré, Ed. Bibliothèque des textes philosophiques, pp. 13-7.

43, p. 118 – *Ve Méditation*, Adam-Tannery, t. VII, pp. 65-9 (texto latino); A.-T., t. IX, pp. 52-4 (trad. fr.).

44, p. 121 – Ernest Renan, *Histoire générale et comparée des langues sémitiques* [História geral e comparada das línguas semíticas], liv. I, cap. I, 8ª ed., Calmann-Lévy, 1928, pp. 5-7. A primeira edição é de 1855.

45, p. 121 – O que Bergson diz aqui é interessante principalmente para se conhecer Bergson. Sabemos, por seus cursos de Clermont sobre história da filosofia antiga, que serão publicados no segundo volume dos Cursos de Bergson, que ele ainda não conhecia, a não ser muito indiretamente, a filosofia neoplatônica. Portanto, o texto do curso não remete a nenhuma referência precisa num autor específico. Mas nos esclarece sobre a noção de "Deus vivo" em Bergson: sem dúvida esse termo se opõe ao Deus do espinosismo, que possui o que Bergson chama de "eternidade de morte" (*La pensée et le mouvant*, pp. 1418-9; *L'évolution créatrice*, p. 706); mas ele terá começado por opor-se ao Deus da teologia negativa.

46, p. 123 – São Tomás (1225-1274) é, por assim dizer, intelectualista. Para ele a razão determina a vontade, pelo conhecimento dos valores e dos fins. É no conhecimento de Deus, na *visio divinae essentiae*, que reside a suprema beatitude. E, em Deus, a vontade está subordinada ao conhecimento e a ação, à Sabedoria. – Duns Scot (1265-1308) valoriza o indivíduo de um modo diferente do pensamento tomista. O homem é acima de tudo não um ser que conhece, mas um ser que quer: é a vontade que o leva ao conhecimento. É na vontade, e não na razão, que está a fonte da felicidade. Mas, principalmente, Duns Scot afirma que também em Deus a vontade tem primazia. O bem é bem porque Deus assim quer; o mal é mal porque Deus o proíbe – e não o contrário. Deus poderia ter estabelecido um código moral totalmente diferente. Não há uma escala objetiva de valores, anterior e à qual se possa atribuir a ordem do ser, como ensina o tomismo. Compreende-se também que a afirmação da vontade totalmente livre de Deus reforça a afirmação do caráter indemonstrável dos dogmas que remetem à vontade divina, como a Encarnação e a Redenção.

47, p. 124 – *Ética*, liv. I, prop. 17, escólio.

48, p. 124 – O termo carnação situaria esses "idealistas mazóticos" na esfera de influência gnóstica ligada às doutrinas da ensomatose [queda no corpo]. Mas o termo mazótico é uma transliteração errônea sob a qual é difícil reconhecer algo conhecido.

49, p. 124 – Spencer, *Premiers principes* [Primeiros princípios], trad. E. Cazelles, Paris, 1871, *passim*.

50, p. 125 – A evolução dos seres vivos é obra de Deus providência, que "zela pelo aperfeiçoamento de sua criação".

O verbo criar, como veremos claramente ao ler os cursos do liceu Henri-IV, tem dois sentidos diferentes na linguagem de Bergson: fazer passar do nada para o ser – e nesse sentido apenas Deus cria – e, em segundo lugar, produzir algo novo e original, e nesse sentido um artista, um cientista, um homem livre são criadores, poderíamos dizer criativos. Mas, como toda produção original tem algo de criador no sentido forte, a criatividade dos criativos supõe o concurso do Criador.

O termo evolução, na língua do prof. Bergson, passará a significar a manifestação do poder criativo de um ser criado, quando esse ser pertence ao reino dos vivos e dos pensantes ("Cada consciência tem sua duração, que nada mais é que sua evolução e o desenvolvimento de sua história", *Trois leçons de métaphysique*, p. 24). Por extensão, ela designará esse ser propriamente dito.

51, p. 125 – Platão, *Phédon*, 60 b-c.

52, p. 126 – As considerações sobre "a desarmonia evidente e chocante" em *L'évolution créatrice*, p. 711, não parecem contestar fundamentalmente essa problemática do jovem Bergson.

53, p. 126 – Na *Teodiceia*, § 33, Leibniz menciona essa fórmula como um "ditado", ou uma "máxima", citada em latim no meio do texto francês. No *Discurso de metafísica*, § 30, ele atribui a ideia a santo Agostinho, e Prenant remete a *De civitate Dei*, liv. XII, cap. 7, em que a fórmula está explícita.

54, p. 126 – Voltaire, *Candide*, publicado em janeiro de 1759.

55, p. 127 – Ver A. Rivaud, *Histoire de la philosophie*, PUF, 1948, t. I, p. 157: "A tradição afirma que, desesperando de alcançar a beatitude, ele (Hegésias) por fim se suicidou, depois de recomendar o suicídio a seus amigos." A única fonte é Diógenes Laércio. Os adversários dos cirenaicos, principalmente os autores cristãos (santo Agostinho, *De civitate Dei*, VIII, 3), é que pretenderam mostrar as contradições dos cirenaicos. Bibliografia sobre os cirenaicos em J. Humbert, *Socrate et les petits socratiques*, PUF, 1967, pp. 289-93.

A. Rivaud, em sua *Histoire de la philosophie*, p. 354, diz sobre Epicuro: "Na verdade, a alegria dos epicuristas se parece com a alegria dos monges, mas sem o elemento essencial, o elã místico, a abnegação, a chama da caridade." Cf. E. Zeller, *Die Philosophie der Griechen, in ihrer geschichtlichen Entwicklung dargestallt*, Leipzig, 1844-1852. O tomo III só foi traduzido em francês em 1884.

56, p. 127 – Mais uma vez, pode-se constatar que Bergson não fazia questão de citar com exatidão. Se o fundo do pensamento é fiel a Schopenhauer, é quase certo que temos aqui uma imitação que resume, aliás muito bem, *Le monde comme volonté et comme représentation* [O mundo como vontade e como representação], trad. fr. por A. Burdeau, PUF, 1966, liv. IV, pp. 389-411.

57, p. 128 – Kant, *Logique* (1800); trad. Alexandre J.-L. Delamarre, Pléiade, t. III, 1986, p. 1297.

58, p. 128 – Sobre a metempsicose e a transmigração das almas, as principais fontes são as seguintes: Servius, *Commentaire sur l'Enéide*, II, 68 (a alma estaria destinada a percorrer diversas peregrinações através de corpos de homens e de animais); Filolau, *apud* Claudiano, *De statu animae*, II, 7 (a alma separada do corpo leva uma vida incorpórea, se tiver sido julgada digna disso; senão, está destinada aos castigos do Tártaro). Cf. Jules Girard, *Le sentiment religieux chez les Grecs* [O sentimento religioso entre os gregos]: entre os gregos, essa doutrina da metempsicose não parece ter sido uma doutrina filosófica propriamente dita, e sim uma das tradições dos mistérios órficos.

59, p. 128 – Platão, *Phédon*, 73 *a* 2, 106 *b* 1, 106 *d* 3; *République*, X, 608 *d* 3 e 611 *e* 3; *Phèdre*, 245 *c* 5, 246 *b* 6; *Lois*, XII, 959 *b* 3; Xenofonte, *Les mémorables de Socrate* [Memoráveis de Sócrates], liv. I, cap. IV.

60, p. 130 – Kant, *Critique de la raison pratique*, Parte I, liv. II, cap. 2, V.

61, p. 131 – Jules Simon, *De la religion naturelle*, 1856, 2ª ed., Hachette, 1856, p. 365; e também em: *Le devoir* [O dever], 3ª ed., Hachette, 1855, pp. 41 ss.

62, p. 131 – Não se trata de uma citação literal, e sim de um resumo do sétimo e último capítulo de *De la certitude morale* [Da certeza moral], Paris, Belin, 1880, pp. 341-415.

Ollé-Laprune era professor adjunto de filosofia na Ecole Normale na época em que Bergson era aluno lá. Foi durante a permanência de Bergson na Ecole que, por um ano, Ollé-Laprune foi suspenso de suas funções por haver assinado um relatório constatando uma violação dos direitos cívicos pelos poderes públicos. Sabe-se que então seus alunos lhe enviaram o testemunho escrito e assinado de sua respeitosa afeição.

Ele acabara de defender sua tese sobre *A certeza moral*. Parece ter causado uma profunda impressão no espírito do estudante Bergson. Certamente teve participação no retorno de Bergson a Deus e ao espiritualismo.

63, p. 132 – Citação aproximativa, *Second catéchisme de Meaux, pour ceux qui sont plus avancés dans la connaissance des mystères* [Segundo catecismo de Méaux, para os que estão mais avançados no conhecimento dos mistérios], Parte III, cap. 3. *Oeuvres Complètes*, t. XXV, Besançon, Gauthier frères, 1828, p. 129.

64, p. 135 – Note-se porém que, para Lotze, a ação recíproca das coisas individuais no mundo requer que elas sejam embasadas por um fundamento substancial em comum, que é um Espírito pessoal, origem de toda realidade espiritual e corporal. A consideração mecânica do mundo deve incorporar-se a uma doutrina da finalidade. Diferentemente do paralelismo de Fechner, Lotze considera de um ponto de vista existencial a ação recíproca da alma e do corpo. Ao panteísmo de Fechner ele opõe o teísmo de sua *Métaphysique*, 1879. – Wilhelm Wundt, por sua vez, propunha uma metafísica idealista. Mas, em vez de admitir substâncias espirituais, ele considera a corrente viva da vida espiritual captada por nós na experiência interior e que porta o caráter criador da Vontade schopenhaueriana (*Eléments de psychologie physiologique*, 1874).

65, p. 135 – Royer-Collard (1763-1845) fora nomeado para a Sorbonne sem ter formação acadêmica. Um volume avulso dos *Essais* de Reid foi para ele o que *L'homme* de Descartes havia sido para Malebranche. Para o "Doutrinário", a razão combate as tendências tirânicas de direita ou de esquerda em nome de um meio-termo cujo teor é estritamente determinado. O tutor dessa racionalidade é precisamente a clareza. Royer-Collard escreveu muito pouco: *Fragments philosophiques*, ed. Schinberg, 1913. Manteve extensa correspondência com A. de Tocqueville sobre o tema da liberdade.

66, p. 136 – Em seus cursos de moral em Clermont em 1886 e depois no liceu Henri IV em 1892-1893, o prof. Bergson parte da análise da obrigação (como em *As duas fontes*, cap. I) e chega a uma definição que tenta sintetizar a obrigação kantiana e o amor ao Bem.

67, p. 137 – Em outras palavras, Bergson define nossa razão por uma relação com a ou uma participação na Razão. A moralidade reduz-se então ao amor à Razão e suas leis. Essa Razão é precisamente Deus. Isso vem diretamente de Malebranche, provavelmente por intermédio de Ollé-Laprune (*La philosophie de Malebranche*, Paris, Alcan, 1870). Ver curso de psicologia de Clermont, p. 93.

POSFÁCIO
A CRIAÇÃO DO BERGSONISMO

I

Ciências e filosofia em Bergson

Bergson começou sendo positivista, até mesmo cientificista[1].

Isso quer dizer que para ele o objetivo das ciências era constituir um capital, sempre crescente, de fatos comprovados e de leis estabelecidas. Os fatos podiam ser físicos, se dependessem de uma experiência externa, feita por meio de nossos sentidos, ou psicológicos, se dependessem de uma experiência interna, feita por meio de nossa consciência.

Mas esses fatos que constatamos, essas leis que estabelecemos não podem permanecer como "fatos diversos", "verdades de detalhes". Procuramos uni-los, reunir num único corpo de verdade todas as verdades especiais e abarcar num pensamento cada vez mais amplo o maior número possível de fatos com suas ligações. Esse espírito

---

1. *La pensée et le mouvant* [*O pensamento e o movente*], Introdução (Primeira Parte), p. 1254.

de síntese é tão poderoso quanto o espírito de análise que nos leva a detalhar cada vez mais. Ambos formam o espírito científico. Mas, no sentido forte, o espírito científico reside principalmente no espírito de síntese.

Caso o cientista possua o espírito de síntese num grau eminente, será chamado também de filósofo. Portanto, o filósofo não é um exilado da cidade das ciências. É seu soberano, no sentido em que, para Rousseau, o povo é soberano: ou seja, toda ciência particular participa dessa soberania. Basta-lhe aprofundar-se rumo a seus próprios princípios, querer ligar-se às outras, encontrar seu *status* no conjunto, refletir sobre seus métodos. Então, todo cientista tem acesso a uma ordem de questões filosóficas, mesmo que, em geral e na medida em que não se interroga sobre problemas desse tipo no curso habitual de sua vida científica, não seja denominado filósofo.

Eis o que o jovem prof. Bergson dizia sobre esse assunto a seus alunos de Clermont:

"O espírito filosófico confunde-se com o espírito científico e, se às vezes distinguimos um do outro, é porque a ciência, principalmente nos tempos modernos, frequentemente tem sido obrigada a dividir em vez de unir, a multiplicar os capítulos em vez de reduzi-los a um único. Esse é de fato um trabalho provisório ao qual toda ciência deve se dedicar. É necessário começar pelo estudo preciso dos fatos particulares. Muitos cientistas até mesmo se limitam a isso e contentam-se com haver chegado a um grande número de verdades de detalhes. Essa tendência é chamada de espírito de análise; e reserva-se o nome de espírito sintético ou filosófico para a tendência contrária, que consiste em agrupar, simplificar, unir, generalizar, e que é a tendência científica por excelência."[2]

---

2. Introdução geral do curso de Clermont, 3ª aula (*final*, p. 8. – É nisso que Bergson se distingue claramente das duas correntes filosóficas

II

Filosofia e metafísica em Bergson

O esforço de síntese leva-nos a escalar a árvore de Porfírio. De gênero em gênero, remontamos aos sujeitos e predicados mais gerais. Chegamos, por exemplo, à matéria e ao espírito. E a primeira das leis, a lei constitutiva de um sujeito, é a que se formula em sua definição. Portanto, a síntese realiza-se por uma tentativa para definir os sujeitos primeiros.

"O que é a matéria? O que é o espírito? A metafísica propõe-se responder a essas duas perguntas essenciais. Pois não se deve julgar que o físico, o naturalista, o historiador, o filólogo se preocupem em saber qual é a natureza exata desses dois objetos.

"O naturalista examina no microscópio os tecidos vivos; descreve a matéria viva, busca as leis de sua organização. Mas o que é a vida? Em que ela difere do movimento puro e simples? O que é ela, quando considerada em si mesma, abstraída de suas manifestações? Essa é uma questão de metafísica. O naturalista nunca descobriu e nunca descobrirá a vida no campo de seu microscópio. Vê apenas suas manifestações.

"De fato, nenhuma ciência particular vai além da aparência, do fenômeno, do que parece, e a metafísica tem precisamente como objeto ir além do fenômeno, buscar o que existe atrás dele. – Então há alguma coisa atrás do fe-

---

predominantes no final do século XIX: o positivismo e o idealismo. A filosofia não é uma simples crítica, é um saber. Se não o fosse não valeria sequer uma hora de trabalho. Uma pessoa se torna um filósofo porque deseja saber. Começa pelas diversas ciências e avança rumo a uma ciência que as reúne e as completa, como as colunas do templo se elevam até o frontão.

nômeno? É isso que importa mostrar a fim de provar que a metafísica não persegue quimeras vãs."³

O pensamento do jovem Bergson parece bastante claro. A síntese total, que é obra da filosofia, passa por um esforço de definição dos sujeitos primeiros (e, dos predicados primeiros, Bergson cita em particular o movimento). Entretanto, o método das ciências positivas inclui um estrito fenomenismo, que as impede de tentar tal esforço de definição. Pois essa definição só pode visar à própria essência das coisas, para além das propriedades e das manifestações. É por isso que a filosofia será uma metafísica. Essa ciência deve mostrar a existência de uma essência das coisas para além do fenômeno, e dizer qual é essa essência.

"A metafísica tem, portanto, um objeto bem determinado: o conhecimento da essência última das coisas. Foi nesse sentido que Aristóteles chegou a defini-la como a ciência dos primeiros princípios e das primeiras causas."⁴

Qual será a ordem que teremos de seguir? Começaremos pela metafísica? De forma nenhuma, e sim pela física e pela psicologia.

"A metafísica não pode constituir-se sem estudos preliminares, pois não é no primeiro passo que se consegue penetrar até os princípios essenciais de uma coisa. É preciso ter estudado primeiro suas propriedades. Assim sendo, antes de fazer estas duas perguntas: o que é a matéria? o que é o espírito? seria muito conveniente, segundo parece, proceder a um estudo especial e científico das propriedades da matéria e das propriedades do espírito."⁵

---

3. Curso de filosofia de Clermont-Ferrand, Introdução, p. 9.
4. *Ibid.*, p. 10.
5. *Ibid.*, p. 10.

III

O projeto de uma metafísica da natureza

Chegando a Clermont, Bergson começa por estudar a física, ou seja, em sua perspectiva, as manifestações, propriedades e fenômenos da matéria. Mais globalmente, mune-se metodicamente de uma fortíssima cultura científica de primeira mão, organizada e profundamente meditada.

Sabíamos também que Bergson, ao chegar a Clermont, estava trabalhando numa tese sobre os fundamentos da mecânica. Podemos sem grande risco de erro admitir que esse enunciado abrangia uma metafísica da natureza. Não é difícil imaginar o programa dessa pesquisa. Da descrição cinemática dos movimentos e do conhecimento das leis que governam a relação entre os espaços e os tempos, subiria para a concepção da força e da energia. Procuraria, seguindo Leibniz ou Ravaisson, passar da noção de força para a de espontaneidade, e finalmente desta para a ideia de uma espontaneidade radical e absoluta que fosse espiritual, criadora e generosa. Bergson teria retomado assim o programa de Ravaisson em sua tese sobre *O hábito*, ao mesmo tempo dando às deduções deste um rigor superior.

Sabemos com certeza que Bergson em Clermont havia abandonado esse projeto. Por quê?

Em primeiro lugar, ele parece, em certa medida, ter cedido ao ceticismo. De fato, em seu curso de metafísica de Clermont[6], declara que é impossível decidir quem pode estar com a razão, se os mecanicistas ou os dinamistas, na questão da essência da matéria. Parece só ter posto de

---

6. Curso de metafísica de Clermont-Ferrand, 1887-1888, p. 97.

lado a incerteza nesse assunto nos anos em que acabou de redigir sua tese[7]. Mas se limita a retomar quanto ao essencial as principais conclusões do dinamismo pampsiquista de origem leibniziana, enriquecido pela reflexão subsequente de toda a escola francesa espiritualista, de Maine de Biran a Emile Boutroux.

Portanto, é muito possível, em segundo lugar, que Bergson tenha julgado que o filão, se assim posso dizer, estava esgotado, que as mais belas descobertas já haviam sido feitas e que não havia mais matéria para uma obra muito original em metafísica da natureza. Sem dúvida teria pensado de outro modo se tivesse precisado escolher seu caminho trinta anos mais tarde. Ele viu a revolução científica da virada do século, mas permanece um clássico no que se refere à teoria física.

Por fim, os cursos de Clermont manifestam claramente um interesse forte e precoce pelo estudo crítico do evolucionismo. Já nesse momento fica claro que, se Bergson tentar uma metafísica da natureza, será no contexto de uma filosofia da biologia. Mas, "como esse lhe parece ser um empreendimento muito grande", teve a sabedoria de adiá-lo para a época da maturidade.

Foi assim que Bergson inverteu a ordem de sua pesquisa e que esse pensador de orientação principalmente cosmológica direcionou-se preferencialmente para a psicologia e para uma metafísica do espírito, de que *Os dados imediatos da consciência* constituem o primeiro ramo e *Matéria e memória* constitui o segundo. E apenas em *A evolução criadora* é que ele apresentará conjuntamente sua metafísica da natureza e sua metafísica do espírito, no contexto de um estudo centrado na metafísica da natureza viva.

---

7. *Ibid.*, nota 9.

IV

Ensino e descoberta

Mas como se efetuou a conversão de Bergson ao estudo do espírito? É muito possível que o estudo da tradição dinamista o tenha levado da consideração da força para a da alma e da alma para o espírito. Bergson sempre aderirá a uma concepção monadológica neoleibniziana[8]. É possível que investigações sobre o espírito lhe tenham parecido necessárias para o avanço de seus trabalhos. Ele mesmo nos diz, em *O pensamento e o movente*, que foi conduzido do tempo matemático para o tempo real, para "essa duração que a ciência elimina, que é difícil conceber e expressar, que sentimos e vivemos"[9].

O estudo dos cursos de Bergson obriga a relativizar esses elementos de autobiografia intelectual. Entra neles uma boa parte de simplificação e reconstrução. Se é exato que Bergson passou, aliás bastante precocemente, do cientificismo evolucionista de seus vinte anos para o espiritualismo, sem dúvida essa passagem não teve o caráter linear e simples sugerido pelo primeiro ensaio de *O pensamento e o movente*. Bem ao contrário, diversas linhas de reflexão levaram-no indutivamente a conclusões que acabaram recruzando-se.

Citaremos assim a reflexão crítica sobre Espinosa. O materialismo não tardou a parecer para Bergson uma posição bastante superficial e instável, que estava num caminho descendente rumo ao espinosismo. Todos os vestígios que nos restam do que ensinou sobre Espinosa

---

8. Ver *Trois leçons de métaphysique du lycée Henri-IV* [Três aulas de metafísica do liceu Henri-IV], *passim*.

9. *La pensée et le mouvant*, p. 1255.

mostram-nos um Bergson estritamente oposto a Espinosa "necessarista" e "panteísta".

Talvez todas suas pesquisas não o tivessem levado às suas descobertas se não tivesse precisado lecionar. Especificamente, deve ensinar filosofia grega e começa pelos pré-socráticos[10]. Chega a Parmênides. É uma iluminação. Ainda mais rigoroso que Espinosa, lá está Parmênides. E o interesse das posições de Parmênides reside ademais em seu caráter verificável ou refutável, como ressalta do exame dos argumentos de seu discípulo Zenão. Mas isso não se revela de imediato a Bergson. Ele conclui aporeticamente um curso sobre Zenão: "Seja como for, em presença do movimento é sempre preciso admitir ou que a realidade é absurda ou que é ilusória."[11]

Mas nos parece que o fator determinante dessa evolução intelectual foi a obrigação de lecionar psicologia.

As imposições do magistério não foram para Bergson um mero ganha-pão. Forneceram-lhe ocasião para encontrar a si mesmo. Será que a psicologia tinha atrativos para ele? Nada leva a crer que sim, quando se observa como está distante dos assuntos para os quais, espontaneamente, Bergson se direciona. Mas eis que ele tem de dar aulas sobre os temas do programa de psicologia. Com um grande senso do dever, empenha-se. Trabalho escolar? Que seja, ou de encomenda. Mas era-lhe impossível limitar-se a repetir. Seu gênio eclodia em tudo o que fizesse. Tendo de lecionar psicologia, recria-a. Recriando-a descobre a si mesmo. O desvio pelo programa foi para ele o desvio pelo essencial.

---

10. Sobre os pré-socráticos, as aulas mais importantes estão no enigmático caderno preto, dado por André Ombredane a Jean Guitton em 1922. A datação desse curso de Bergson é complexa. Entretanto, Jean Gouhier conseguiu estabelecer, num estudo ainda inédito, que ele é anterior a *Matière et mémoire* (1896).

11. Caderno preto, aula sobre Melisso (*fim*).

V

A ciência psicológica

A crítica da psicofísica por Bergson não deve induzir-nos em erro. Bergson quer uma ciência psicológica, em cujo prolongamento poderá surgir a metafísica do espírito. Mas o que é uma ciência psicológica? Para Bergson, uma ciência consiste primeiramente em fatos. É desse modo que há nele algo do positivista e do empirista. Toda ciência começa pela observação. Com a psicologia deve acontecer a mesma coisa. Bergson parece deixar de lado as objeções do racionalismo filosófico. Na realidade, volta a encontrá-las mais tarde: seu empirismo é um empirismo muito original, que se combina de modo bastante inesperado com zonas de racionalismo rigoroso, na unidade de um mesmo método.

Em todo caso, Bergson é levado a fazer-se em primeiro lugar a pergunta: o que é um fato psicológico? Pergunta à qual Bergson, diante de seus alunos do liceu, responde assim:

"Definimos os fatos psicológicos de um modo preciso dizendo que esses fatos têm como característica própria poderem ser localizados na duração mas não no espaço, ocuparem tempo mas não extensão. É nisso que eles se distinguem dos fatos físicos.[...]

"Os fenômenos chamados de psicológicos não podem ser conhecidos pelos sentidos. Então, como temos conhecimento deles? Por uma faculdade especial, que teremos oportunidade de estudar com detalhes e que se chama consciência. É ela que nos informa que estamos tristes ou que estamos alegres, que tomamos uma resolução, que nossos pensamentos se voltam para determinado bem. A consciência é, portanto, uma faculdade de observação interior.[...]

"Por fim, devemos destacar que todo fenômeno que ocupa extensão se presta à medição. Assim, medimos uma dilatação, uma atração, um movimento etc., mas, inversamente, só podemos medir o que ocupa extensão. Isso porque toda medida implica uma superposição efetuada ou possível. [...] Ora, os fatos psicológicos, como não ocupam espaço, não podem ser superpostos; portanto, não são mensuráveis.[...] Essa é uma terceira característica do fato psicológico. Apesar de real, apesar de passível de intensidade, ele possui uma intensidade que não pode ser medida.

"Portanto, para concluir, o fato psicológico é aquele que, ocupando um lugar na duração, não ocupa um lugar na extensão; que, escapando aos sentidos, só é percebido pela consciência; por fim, que, apesar de sujeito a intensidade, não admite medida."[12]

Nessa aula liminar de Clermont, cuja substância é simplesmente enriquecida quando ele leciona em Paris no liceu Henri-IV, Bergson atém-se a delimitar um campo de estudo. Diz quais fatos serão observados e por qual capacidade de conhecer, ou seja, primeiramente por qual faculdade de observação, também denominada intuitiva, eles o serão.

Com isso não pretende penetrar no âmbito filosófico, mas simplesmente permitir que a ciência psicológica reconheça seu objeto e seu principal meio de observação, o que para ela é a primeira condição para existir.

Mas, por outro lado, está bastante bem informado sobre os trabalhos de seus contemporâneos em psicologia para ver qual oposição se cria de imediato entre ele e

---

12. Curso de psicologia de Clermont-Ferrand, 1887-1888, pp. 13-4.

aqueles. Conhece as ideias de Wundt e de Fechner[13]. É até mesmo muito provável que tenha começado por examinar o que elas diziam ser e queriam ser: uma psicologia científica. Mas não o conquistaram. Essa psicologia científica só o é na intenção e na proclamação. Analisando-a, descobre por que ela fracassou: o motivo é que os fatos psicológicos foram olhados através do prisma do espaço.

Bergson, mais uma vez, situa-se aqui unicamente no nível científico. A ciência começa pela observação. Não há dúvida de que é preciso juntar à observação, quando for possível, a experimentação e a hipótese acompanhada da indução. Mas "onde ter ideia dos fenômenos, se não nos próprios fenômenos?"[14]

Se a psicologia fisiológica ou a psicofísica não são uma psicologia científica, é simplesmente porque não observam os fatos de que pretendem falar. Se os observassem, como pretenderiam medir algo cuja característica mais manifesta é escapar essencialmente à medição?

Bergson não lhes reprova suas tendências reducionistas. Essa seria uma crítica filosófica.

Como, hoje mais do que nunca, essas são questões atuais, seja-nos permitido inserir aqui algumas observações sobre o fisicalismo integral.

Bergson aqui é totalmente científico. Quando decidiram medir o que absolutamente não é mensurável, acaso tornaram-no mais mensurável do que não era e nunca será? Limitaram-se a desistir de estudar o fato não mensurável e voltaram-se para o estudo de fatos mensuráveis, conexos aos primeiros, admitimos, mas diferentes. Em outras palavras, em nome de uma ideia *a priori* da ciência

---

13. Ver, no *Essai*, as pp. 39-50.
14. Curso de lógica de Clermont-Ferrand, 1887-1888, p. 200.

e do científico, impediram o nascimento de uma ciência nova.

E, quando disserem que o espírito não existe, em que estarão mais avançados um milímetro que seja? Terão manifestado certas emoções antiteológicas ou outras. Mas a ciência psicológica terá ganhado em quê? Acaso a alegria, a dor, as ideias, as decisões terão deixado de apresentar-se a nós? Acaso o que se apresenta não é um fato ou um fenômeno?

Se eu decretar que a matéria não existe, fico quite com a física? – O vasto mundo continua aí, com seus fenômenos e com a ordem deles por descobrir. Se decretar que o Universo material e o cérebro humano em particular são apenas representações de meu espírito e que é por pura ilusão que lhes empresto uma outra forma de existência, acaso tenho o direito de substituir a física pela observação psicológica de meus estados de consciência representativos considerados como tais? Admito que os prejulgamentos materialistas nos sejam, no Ocidente, mais habituais que outros. Mas seria fácil encontrar outros continentes nos quais a opinião pública tenderia mais espontaneamente para prejulgamentos idealistas ou acosmistas.

Por que então não dizer simplesmente que a alegria, a dor, as ideias, as decisões etc. se apresentam a nós, são portanto fatos ou fenômenos e que nos resta observá--los, antes de levar mais longe, se for possível, seu conhecimento? Admitamos por um momento que um som se reduza objetivamente a uma vibração do ar. Como físico, estarei autorizado a ignorar o som enquanto qualidade sensível segunda, como se dizia outrora. Mas e como psicólogo? Quero observar cuidadosamente tudo o que ocorre em meu cérebro quando ouço um som. Mas todos esses fenômenos neurológicos não se parecem em nada com o fenômeno psicológico da audição do som. Dirão que aqueles correspondem a este e que a sensação do som é para a atividade cerebral correspondente o que a qualidade sensível segunda é para a vibração do ar: uma simples aparência, que a ciência ignora para ir à realidade. Ora, a proporção aqui não é a mesma, pois estamos num âmbito em que a realidade do fato se concentra precisamente em sua aparência. Por isso, querer passar aqui da aparência do fato para sua realidade é deixar de lado um fato para estudar um outro e, a pretexto de negar uma essência hipotética, rejeitar todo um bloco de fatos.

Assim o método bergsoniano começou sendo nada mais que a promoção da observação no interior dos estudos psicológicos, seu acesso à idade experimental. E, se a física teve de passar por uma idade teológica antes de chegar a seu estado positivo, parece que a psicologia, por sua vez, só possa chegar a seu estado positivo saindo de sua idade antiteológica.

É esse o positivismo bergsoniano.

VI

Os fundamentos da ciência psicológica

As duas primeiras obras publicadas de Henri Bergson – *Ensaio sobre os dados imediatos* e depois *Matéria e memória* – formam um todo coeso cuja organicidade é facilmente compreendida a partir das definições liminares da ciência psicológica e do fato psicológico.

Que o fato psicológico, apesar de passível de intensidade, não admite medida é a tese do *Ensaio sobre os dados imediatos*.

Que o fato psicológico, ocupando um lugar na duração, não ocupa um lugar na extensão é a tese de *Matéria e memória*.

Essas duas obras filosóficas estabelecem sucessivamente, por uma reflexão e uma verificação profundas, as duas características principais que entram na definição do fato psicológico. E seu segundo resultado está na determinação da consciência como liberdade e como memória, como ser e como espírito.

Dos dois princípios da ciência psicológica, um é mais facilmente demonstrável: "O fato psicológico não admite medida"; acrescentamos que ele pode ser demonstrado independentemente do segundo princípio. Por outro lado, ocorre que, de todas as questões filosóficas, o problema da liberdade é o único cuja solução depende apenas do princípio de não-mensurabilidade.

Compreende-se então como o conteúdo do *Ensaio* se achava determinado pela própria natureza das coisas. Primeiramente, a verificação e o aprofundamento do princípio de não-quantificabilidade dos fenômenos psicológicos, em seus dois aspectos sucessivos: os fatos psicológicos não têm intensidade mensurável; não apresentam uma pluralidade aritmeticamente enumerável. Em segundo lugar, a consequência desse princípio, ou seja, a refutação do determinismo. A liberdade será confirmada, visto que é um dado de experiência e que não há um princípio que, opondo-se a ela, nos force a jogar essa experiência na categoria das ilusões enganosas. Em terceiro lugar, a liberdade é um ponto alto de onde somos como que forçados a enxergar a totalidade da alma humana em sua unidade múltipla, em sua vida e em seu ser: e é isso que constitui o alcance considerável do *Ensaio sobre os dados imediatos*.

Quanto ao segundo princípio, Bergson medita sua verificação já desde os cursos em Clermont. Ele deve combater os partidários da localização dos fatos psicológicos. Praticamente, o debate vai girar em torno das localizações cerebrais. Mas a teoria das localizações é forte apenas num ponto: o da memória, e mais precisamente o da memória da linguagem articulada, desde que as observações de Broca puseram em evidência a presença, nos afásicos, de lesões cerebrais localizadas com precisão na terceira circunvolução frontal esquerda.

"Acaso os trabalhos de Broca provam que a fala reside num ponto determinado do cérebro?"[15]

É assim que, para Bergson, tão logo nos dispomos a verificar isso, vemo-nos "transportados para o terreno da memória"[16].

Seria possível acompanhar as ondulações da reflexão bergsoniana sobre o problema da memória desde a época de sua permanência em Clermont. Ele já maneja todas as peças do quebra-cabeça: hábito, conservação espontânea das lembranças, lembranças inconscientes, referências a Ribot e a Leibniz, enfoque na lei fundamental da afasia, reflexão sobre os fatos de reminiscência súbita e até o exemplo, que se tornou famoso, da lição que é decorada. Fala até mesmo da memória pura, revivência do passado vivido. Mas, embora todas as peças do quebra-cabeça estejam ali, ainda estão longe de assumir seu lugar futuro. Bergson ainda não inventou a solução. Peças fundamentais são manejadas apenas para serem imediatamente postas de lado, particularmente a noção de inconsciente. A noção de hábito fica onerada de um equívoco que impede a distinção clara entre as duas memórias.

Admitamos que a organicidade das duas primeiras obras de Bergson possa ser considerada provada. Em

---
15. Curso de psicologia de Clermont-Ferrand, 1887-1888, p. 16.
16. *Matière et mémoire*, Prefácio, p. 164.

todo caso, de acordo com o que acabamos de dizer, ele teria escrito apenas um *Ensaio sobre os fundamentos da ciência psicológica.*

Isso seria verdade se os dois princípios tivessem sido integralmente elucidados. Mas não é o que acontece. O fenômeno psicológico não é simplesmente aquele que não ocupa espaço, e sim aquele que ocupa duração sem ocupar espaço.

Se as duas obras são construídas segundo uma ordem cujo significado está na luta das ideias filosóficas, seu núcleo mais central está no aprofundamento da noção de tempo, que fornece a base da ontologia bergsoniana, renovando simultaneamente os conceitos de ser, de substância e de criação. É então que se torna igualmente possível uma metafísica positiva do espírito.

VII

A metafísica do espírito

O termo metafísica opõe-se ao termo fenomenologia[17]. Para Bergson, uma ciência é essencialmente uma fenomenologia, um conhecimento de fenômenos. A ciência física é uma fenomenologia física; a ciência psicológica, uma fenomenologia psíquica. A metafísica, ao contrário, é um conhecimento daquilo que é absolutamente, não simplesmente do Absoluto, de Deus, mas de tudo o que é, tal como é. No fundo, o termo "metafísica" abrange tudo o que o criticismo qualifica de dogmatismo e que

---

17. Seja-nos permitido utilizar este termo num sentido um tanto inusitado, para designar um aspecto do pensamento bergsoniano ao qual ele se aplica com muita propriedade.

Bergson qualificaria simplesmente de realismo: um conhecimento do real, e não simplesmente de impressões que despertariam em nós sob sua ação, qualquer que seja a coordenação que possamos dar a essas impressões.

Para Bergson não há diferença fundamental entre o fenômeno e a aparência, pois ele sempre assume o ponto de vista de um conhecimento do ser. Um fenômeno bem ligado aos outros por relações de causalidade e leis naturais certamente não será confundido, por exemplo, com um sonho ou uma alucinação. Mas, do ponto de vista de um conhecimento do ser, suas posições são pouco diferentes. No máximo se poderia dizer que então um sonho é a aparência de uma aparência, um reflexo de reflexo. Isso não impediria o fenômeno de ser apenas uma aparência, qualquer que seja, por outro lado, sua aparência de exterioridade, de independência ou mesmo sua aparência de ser.

Portanto, as ciências atingem apenas as aparências – entenda-se aqui: as aparências bem fundamentadas, bem ligadas, coerentes. A metafísica quer atingir a realidade em si. Assim pensa Bergson em Clermont. Mais tarde, em Paris, lecionando no liceu Henri-IV, ele refinará sua posição. Mas não revisará o espírito fundamentalmente realista de seu pensamento[18].

Portanto, a ciência psicológica tem como objeto os fenômenos ou aparências psicológicos. Pode-se inclusive dizer que o que a caracteriza como ciência é essa indiferença pelo ser e essa reserva que a faz excluir toda posição ou não-posição de ser. Trata-se de descrever as aparências como se a realidade do mundo fosse uma questão que não se coloca e que não exige nenhuma resposta,

---

18. Ver *Trois leçons de métaphysique du lycée Henri-IV, 1894-1895*, pp. 27-38.

positiva ou negativa. Por isso o que Bergson chama de ciência psicológica ou psicologia científica corresponde bastante bem ao que atualmente é chamado de fenomenologia. E ele opõe essa psicologia como ciência rigorosa à psicologia comum, que mistura inextricavelmente o estudo científico das aparências que constituem o objeto próprio dessa ciência, o estudo científico de outras aparências arbitrariamente identificadas com as primeiras (fatos neurológicos, por exemplo) e posições metafísicas geralmente materialistas.

Agora, introduza-se a questão das posições de ser: a psicologia científica vai aprofundar-se em metafísica. Como assim?

Bergson indaga primeiramente o que nos autoriza a estabelecer uma diferença entre a aparência e a realidade. Ele faz uma comparação.

"Suponhamos que eu olhe uma paisagem através de óculos de cor azul. Todos os objetos me parecerão de cor azul, e é aos próprios objetos que essa coloração me parecerá pertencer. E se eu não refletisse que estou portando óculos azuis, diria que essa cor pertence aos próprios objetos. E entretanto elas pertencem apenas a meus óculos. – Assim também percebemos as coisas materiais ou imateriais através desse prisma chamado inteligência. Veremos no curso que nossa inteligência deforma muitas coisas ao considerá-las, e apenas quando conhecermos o funcionamento dessa inteligência, quando tivermos estudado seu mecanismo, é que saberemos até que ponto e dentro de quais limites poderemos confiar nela."[19]

Bergson nunca aceitou a ideia do transcendental. Quando parece kantiano, está pensando em Bacon. Para

---

19. Curso de filosofia de Clermont-Ferrand, 1887-1888, Introdução geral, p. 11.

ele as formas *a priori* não deixam de ter relação com os *idolae tribus*.

"Os erros da tribo são erros que de certo modo expressam a conformação de nosso espírito. De uma ponta à outra (da análise dos erros em Bacon), a mesma ideia domina, a ideia de que nosso espírito não reflete diretamente as coisas, de que há desproporção entre o espírito e as coisas; de que o espírito impõe às coisas que pensa sua própria forma e consequentemente as deforma: é um *speculum inaequale*. Kant, como veremos, tem uma ideia análoga. Mas, ao passo que para Kant o espírito que impõe sua forma às coisas cria assim a verdade, porque a verdade é relativa ao entendimento, para Bacon, ao contrário, essa imposição da forma do espírito às coisas é a fonte de erro por excelência."[20]

Através desses textos, fica bastante claro que a aparência refletiria a própria realidade em vez de deformá-la, se nosso espírito pudesse ser um *speculum aequale*. Ora, as formas de nosso espírito capazes de deformar a realidade são em número de duas: o espaço e o tempo. O que se conclui disso, com relação aos fatos psicológicos?

Em primeiro lugar, como esses fatos não ocupam espaço, é impossível deformá-los verdadeiramente por meio dessa primeira forma. Quando muito não os reconheceremos, substituindo-os por um símbolo ou por uma representação espacial. E, em segundo lugar, a própria forma do tempo nada mais é que um símbolo espacial do tempo efetivamente dado. Ou melhor, o tempo espacializado, e apenas ele, pode ser considerado uma forma do espírito. Se não deformamos o tempo efetivamente dado ao tentarmos vê-lo através do prisma do es-

---

20. Cours d'histoire de la philosophie moderne [Curso de história da filosofia moderna], liceu Henri-IV, 1894-1895, p. 299 (75).

paço, o tempo não pode mais passar por um *a priori* que impuséssemos às impressões do sentido interno. Como conclusão, deixemos de lado os símbolos espaciais: a noção de forma *a priori* não significa mais nada real, pelo menos no âmbito dos fatos psicológicos. Por conseguinte, a diferença entre a aparência e a realidade não tem fundamento. E nosso conhecimento dos fatos psicológicos é identicamente um conhecimento da realidade psicológica, no sentido numênico da palavra realidade. Esse conhecimento bem pode ser parcial; não é mais relativo. Temos pé no ser. Tocamos diretamente nosso espírito e o ser de nosso espírito. E o dado imediato que é preciso aprofundar para nele reconhecer simultaneamente a verdade da alma e o segredo do ser é a duração[21].

HENRI HUDE

---

21. Ver nosso estudo sobre *Bergson*, t. II, Paris, Editions Universitaires, 1990, pp. 124-43.

ÍNDICE DOS NOMES DE AUTORES

Este índice remete ora ao curso de psicologia de Clermont-Ferrand (abreviado aqui Psi. Cl.), ora ao curso de metafísica de Clermont-Ferrand (abreviado aqui Met. Cl.), de acordo com as páginas mencionadas entre colchetes no texto destes cursos, ou seja, as páginas dos cadernos do aluno.

Alcuíno, Psi. Cl., 103
Anselmo (santo), Met. Cl., 118
Aristóteles, Psi. Cl., 29, 20, 31, 41, 77, 79, 82, 142, 145, 149, 150, 171; Met. Cl., 82, 99, 124, 133
Arnauld (A.), Psi. Cl., 118
Agostinho (santo), Psi. Cl., 39, 152

Bacon (F.), Psi. Cl., 82; Met. Cl., 87
Bain (A.), Psi. Cl., 60, 102
Balzac (H. de), Psi. Cl., 49
Bastian (Ch.), Psi. Cl., 173
Bentham (J.), Psi. Cl., 95
Berkelet (G.), Psi. Cl., 70; Met. Cl., 83, 96
Bernard (C.), Psi. Cl., 12, 127, 144; Met. Cl., 114
Bert (P.), Psi. Cl., 144
Berthelot (R.), Met. Cl., 102
Bichat (X.), Met. Cl., 101, 103, 105

Binet (A.), Psi. Cl., 23, 166
Boileau (N.), Psi. Cl., 133
Bonald (L. de), Psi. Cl., 129
Boskowicz (R. Y.), Met. Cl., 99
Bossuet (J.-B.), Psi. Cl., 49, 153
Buda, Met. Cl., 132; Met. Cl., 127
Bourdaloue (L.), Psi. Cl., 50
Boussinesq (M.), Psi. Cl., 155
Boutroux (E.), Psi. Cl., 154
Broca (P.), Psi. Cl., 16, 162; Met. Cl., 110, 111
Brown-Séquard (C.-E.), Met. Cl., 111
Buffon (G.-L.), Met. Cl., 110
Buridan, Psi. Cl., 156
Byron (G. G. N.), Met. Cl., 127

Charcot (J.-M.), Psi. Cl., 23, 166
Cícero, Met. Cl., 130
Comte (A.), Psi. Cl., 15, 114
Condillac (E.), Psi. Cl., 112, 133, 149

Cousin (V.), Met. Cl., 26, 94, 135
Darwin (Ch.), Psi. Cl., 22, 43, 128, 137, 138, 139, 140, 171; Met. Cl., 118, 119
Delboeuf (J.), Psi. Cl., 35
Demócrito, Met. Cl., 97, 98
Descartes (R.), Psi. Cl., 29, 50, 51, 71, 79, 87, 121, 132, 137, 149, 172; Met. Cl., 87, 90, 97, 108, 116, 118, 120, 123, 125, 131, 135
Du Bois-Reymond (E.), Psi. Cl., 66; Met. Cl., 98
Duns Scott (J.), Met. Cl., 123

Epicuro, Met. Cl., 101, 109
Esquirol (E.), Psi. Cl., 169
Evellin (F.), Met. Cl., 91

Faraday (M.), Met. Cl., 91
Fechner (G. T.), Psi. Cl., 34, 35
Fénelon (F.), Psi. Cl., 94; Met. Cl., 88, 118
Féré (Ch.), Psi. Cl., 23, 168
Fichte (J. G.), Met. Cl., 116
Flourens (P.-M.), Psi. Cl., 136; Met. Cl., 110

Gall (J.), Psi. Cl., 16; Met. Cl., 110
Gratacap (A.), Psi. Cl., 100

Haeckel (E.), Met. Cl., 101
Hamilton (W.), Psi. Cl., 29, 30, 91, 132
Hartmann (E. von), Psi. Cl., 53; Met. Cl., 127, 128

Hegel (G. W. F.), Met. Cl., 116, 118, 124, 135
Hegésias, Met. Cl., 127
Heráclito, Met. Cl., 115, 116
Hirn (G. A.), Psi. Cl., 65
Hobbes (T.), Psi. Cl., 95, 102
Hume (D.), Psi. Cl., 58, 62, 83, 86, 102; Met. Cl., 78, 79, 83, 87
Huyguens (C.), Psi. Cl., 63

Janet (P.), Psi. Cl., 77
Jouffroy (Th.), Psi. Cl., 28, 127; Met. Cl., 105, 135

Kant (E.), Psi. Cl., 81, 87, 119, 120, 161; Met. Cl., 77, 78, 79, 83, 84, 85, 86, 87, 96, 117, 118, 119, 120, 128, 130, 136
Kepler (J.), Psi. Cl., 109

Lamartine (A.), Psi. Cl., 109
Lange (F. A.), Met. Cl., 100
La Rochefoucauld (F.), Psi. Cl., 41, 42
Leibniz (G. W.), Psi. Cl., 52, 53, 54, 55, 56, 71, 73, 78, 79, 80, 81, 87, 88, 99, 100, 114, 125, 133, 135, 155, 171; Met. Cl., 88, 99, 114, 119, 120, 123, 124, 125, 126, 135
Lélut (L.-F.), Psi. Cl., 109
Locke (J.), Psi. Cl., 82, 83
Lotze (R. H.), Met. Cl., 125
Lucrécio, Psi. Cl., 36, 174; Met. Cl., 101, 129

ÍNDICE DOS NOMES DE AUTORES

Malebranche (N.), Psi. Cl., 50, 70, 110, 172
Maury (l.-F.), Psi. Cl., 164
Montaigne (M.), Psi. Cl., 136, 137, 143; Met. Cl., 78, 81
Montesquieu (Ch.-L.), Psi. Cl., 47
Müller (M.), Psi. Cl., 129, 130, 132

Newton (I.), Psi. Cl., 66, 110, 113; Met. Cl., 94, 131

Ollé-Laprune (L.), Met. Cl., 93, 131

Pascal (B.), Psi. Cl., 50, 110, 122; Met. Cl., 82
Pasteur (L.), Met. Cl., 102, 104
Perez, Psi. Cl., 22
Platão, Psi. Cl., 32, 41, 82, 114; Met. Cl., 118, 125, 128, 129, 130, 131, 132
Prévost-Paradol (L.-A.), Psi. Cl., 39
Pirro // Pírron, Met. Cl., 79
Pitágoras, Psi. Cl., 144; Met. Cl., 128

Ravaisson (F.), Met. Cl., 115
Reid (T.), Psi. Cl., 28, 43, 69; Met. Cl., 88
Renan (E.), Met. Cl., 121
Ribot (Th.), Psi. Cl., 21, 98, 100; Met. Cl., 135
Richet (Ch.), Psi. Cl., 23, 31, 166, 167, 168

Rousseau (J.-J.), Met. Cl., 131
Royer-Collard (J.-P.), Met. Cl., 95, 135

Schelling (F. G. J.), Met. Cl., 116
Schopenhauer (A.), Met. Cl., 127, 128
Simon (J.), Met. Cl., 131
Sócrates, Psi. Cl., 32, 159; Met. Cl., 128
Spencer (H.), Psi. Cl., 22, 33, 44, 60, 85; Met. Cl., 124, 135
Spinoza (B.), Psi. Cl., 31, 36, 44, 50, 91; Met. Cl., 108, 115, 116, 134
Spurzheim (J. C.), Psi. Cl., 16; Met. Cl., 110
Stallo (J. B.), Met. Cl., 98
Stuart Mill (J.), Psi. Cl., 31, 60, 62, 70, 71, 72, 76, 81, 83, 84, 87, 95, 102, 104, 106, 155, 158; Met. Cl., 76, 78, 96, 135

Taine (H.), Psi. Cl., 53, 71, 112, 113
Tomás de Aquino, Met. Cl., 106, 123
Tyndall (J.), Met. Cl., 102

Virgílio, Psi. Cl., 136
Voltaire, Met. Cl., 120, 126, 131

Weber (E. H.), Psi. Cl., 35
Wundt (W.), Psi. Cl., 15, 21, 207, 308; Met. Cl., 135

Young (Th.), Psi. Cl., 65

Impressão e acabamento:

tel.: 25226368